文源丛书

文源讲坛

——山西省领导干部历史文化讲座

（第2辑）

山西省图书馆 编

山西出版集团 山西人民出版社

图书在版编目（CIP）数据

文源讲坛——山西省领导干部历史文化讲座.第2辑/石焕发主编；山西省图书馆编.—太原：山西人民出版社,（2010.12 重印）

ISBN 978-7-203-06909-6

Ⅰ.①文… Ⅱ.①石… ②山… Ⅲ.①文化史—中国—干部教育—学习参考资料Ⅳ.①K 203

中国版本图书馆 CIP 数据核字（2010）第 163558 号

文源讲坛——山西省领导干部历史文化讲座　第2辑

主　　　编：石焕发
责任编辑：张建英
助理编辑：李　鑫
装帧设计：谢　成
出 版 者：山西出版集团·山西人民出版社
地　　　址：太原市建设南路 21 号
邮　　　编：030012
发行营销：0351-4922220　4955996　4956039
　　　　　0351-4922127（传真）　4956038（邮购）
E - m a i l：sxskcb@163.com　发行部
　　　　　sxskcb@126.com　总编室
网　　　址：www.sxskcb.com
经 销 者：山西出版集团·山西人民出版社
承 印 者：太原红星印刷厂
开　　　本：787mm × 1092mm　1/16
印　　　张：27.75
字　　　数：380 千字
版　　　次：2010 年 8 月第 1 版
印　　　次：2010 年 12 月第 2 次印刷
书　　　号：ISBN 978-7-203-06909-6
定　　　价：48.00 元

目 录

序 —————————————— 中共山西省委常委、宣传部长 胡苏平

姚景源 国家统计局总经济师
中国宏观经济分析 ———————————————————— 1

刘铁民 中国安全生产科学研究院研究员
突发事件的应急管理 ———————————————————— 39

邓小南 北京大学教授
"祖宗之法"与北宋政治 ——————————————————— 79

行 龙 山西大学教授
水资源与山西社会变迁 ——————————————————— 113

王渝生 中国科技馆研究员
科学的昨天、今天和明天 ———————————————————— 135

金元浦 中国人民大学教授
转型时期的文化软实力 ——————————————————— 175

王小广　国家发改委经济研究所研究员
2009 年宏观经济走势及政策取向 ----------------------------- 207

刘　勇　北京师范大学教授
文化的地域性与文化创新 ------------------------------- 245

鲍鹏山　上海电视大学副教授
孟子的人格与思想 --------------------------------- 293

吴建民　中国外交学院教授
吴建民眼中的世界外交风云 ---------------------------343

周海宏　中央音乐学院教授
走进音乐的世界
　　——兼谈艺术在人类生活中的意义 ------------------ 377

单霁翔　国家文物局高级建筑师、注册城市规划师
留住民族文化的"根"与"魂"
　　——我国文化遗产保护的现状与展望 ---------------- 399

陈　晋　中共中央文献研究室研究员
毛泽东的读书生涯与政治实践 ----------------------- 421

序

中共山西省委常委、宣传部长　　胡苏平

　　手头的这部书稿，是"文源讲坛——山西省领导干部历史文化讲座"精彩内容结集汇编的第二辑，沉甸甸的，很有分量，翻阅一遍，获益良多，值得嘉许。

　　近三年前，在省委、省政府的支持下，省委组织部、省委宣传部、省直工委、省文化厅，四委厅合作，共同主办了"文源讲坛——山西省领导干部历史文化讲座"，同时以富有举办讲座经验的山西省图书馆为具体承办单位。讲座一经举办，就很快在省城太原产生了轰动效应。随着听讲人数的与日俱增，最初的山西省图书馆报告厅已远远不能适应讲座的基本需求，地点频频更换、扩大，这是十分令人欣慰和值得关注的好现象。目前，"文源讲坛"业已发展成为山西省响亮的文化品牌，成为全省领导干部不可或缺的文化大餐。

　　"文源讲坛"成功的经验在于：

　　"文源讲坛"顺应了学习型社会的根本要求。党的"十六大"明确提出要建立学习型社会、学习型政党。十七届四中全会要求把党的思想理论建设放在首位，重点抓好领导干部的理论和业务学习，带动全党的学习，努力建设学习型政党、学习型社会。要求必须面对国际国内两个大局来提高认识，要求领导干部加强学习，每一个组织都要成为学习型组织。胡锦涛总书记也多次强调："领导干部要勤奋好学、学以致用，这是对领导干部的基本要求。"可见，学习对于领导干部来

说，不仅是自我的精神追求，更是时代赋予的重要责任。终身学习是领导干部永恒的主题。讲座以其独特的优势自然成为领导干部加强学习、提高修养的一条重要途径和方式。

"文源讲坛"实现了资源利用的最大化。"文源讲坛"是一个系列栏目，是从2000年开始，由山西省图书馆陆续创办的。目前已形成"星期日讲座"、"网上公益课堂"、"暑期中学生讲座"等多个固定栏目。"文源讲坛——山西省领导干部历史文化讲座"是在以上几大讲座成功经验的基础上新设立的一个品牌栏目。创立伊始，重点在于为提高全省领导干部人文素养和执政水平服务，同时也以各种方式为全体读者服务，如在"网上公益课堂"上共享，真正实现了各类讲座资源的最大化利用，这也是"文源讲坛"深入人心的原因所在。

"文源讲坛"紧扣了时代的脉动。讲座的好坏与成功与否，最终是要看领导干部和读者对讲座内容的感受，看是否与时代保持了同频共振的步伐。"文源讲坛——山西省领导干部历史文化讲座"无疑是很好地把握了这一点。无论古今中外、自然人文，无论经济政治、文化外交，从主讲嘉宾到主讲选题，皆经过充分酝酿，深思熟虑，都直接或间接地关照现实，服务现实。仅以收入本辑的近一年多来的讲座内容来说，2009年中国宏观经济走势与政策取向、突发事件的应急管理、中国宏观经济分析、转型时期的文化软实力等讲座，就紧紧扣住全球应对金融危机这个大文章，提振信心，鼓舞斗志；紧紧抓住近一两年来国内自然灾害频发的事实，提醒并帮助人们重视并学习掌握应急管理知识……讲座不再是束之高阁的象牙之塔，而真正成为学习知识、解决问题的社会大课堂。

当然讲座的成功离不开省委、省政府领导的重视和支持，离不开有关部门和单位的精心组织，离不开造诣极深的专家、学者，更离不开广大干部和读者的热情参与，他们是讲座越办越好的根本保证。

值此专辑编成出版之际，略述片言，谨以志贺。

中国宏观经济分析

时　间：2008 年 6 月 23 日

地　点：山西省图书馆报告厅

主　讲：姚景源

姚景源,硕士研究生毕业,现任国家统计局总经济师。著名经济学家,我国宏观经济形势分析重要专家,中国经济 50 人论坛成员。北京大学、清华大学、吉林大学兼职教授。曾任国家经委副处长,商业部政策研究室副处长、国际合作司处长、副司长,中国国际贸易促进会商业行业分会副会长、常务副会长,国内贸易部商业发展中心主任,中国商业联合会副会长、秘书长,安徽省政府副秘书长,安徽省阜阳市政府代市长、市长,安徽省统计局局长、党组书记,国家统计局新闻发言人等职。

主要从事宏观经济研究,曾就中国流通体制改革、对外经济贸易、三农问题、中国宏观经济运行分析等方面,提出数百篇内部研究报告。

今年（2008年）年初三月份两会的时候温家宝总理讲过，今年是中国经济最为困难的一年。如果那个时候总理讲中国经济今年是最困难的一年，有一些同志还不甚理解，但是现在时间过去了近半年，恐怕大家都理解总理为什么讲今年是中国经济最为困难的一年。当时为什么总理讲今年是中国经济最为困难的一年呢？就是因为我们现在面对的是一个错综复杂的国际、国内经济局面，面对着诸多的不可测因素。大家知道，中国经济是2003年开始进到一个新的增长周期的，那么我们今年中国经济遇到的问题是过去五年来从来没有遇到过的困难，如果我们把这些个困难做一下梳理的话，大概是这样：

我们先来看国际因素。

现在，影响中国经济的错综复杂的国际因素排在第一位的是美国次贷危机，美国次贷危机是怎么一回事呢？在美国，有一种贷款机构叫做次级贷款机构，这个次级贷款机构主要是向低收入群体发放贷款的，主要的对象是低收入群体。在2000年8月以前，美国的次级贷款机构预测美国的房价是要大幅度地上扬，就是说未来美国房价的走势是要大幅度上涨，所以它就决定向美国低收入群体发住房抵押贷款。为什么次贷机构敢向低收入群体发住房抵押贷款呢？因为它预测房价可能要大涨，将来即使这些低收入群体还不起贷款，但是房价是上涨的，还不起贷款我可以收房子。由于房价是上涨的走势，所以它会升值，贷款机构不怕，它认为没有风险。那美国低收入群体这些人他们也敢要这笔贷款，为什么呢？他们也预测这个房价将来得大涨，将来要还不起这笔贷款，可以卖房子。由于房价是上涨的，所以卖房子之

后可以还钱，还有钱可赚，也就是借贷双方都建立在对美国房价未来走势是大涨这么一个判断上面来。

在美国，从2000年开始到去年，一共划出了12000亿美元左右的住房抵押贷款，也叫次级贷款。结果从2000年到去年，在美国谁也没判断出来两个问题，一个问题就是由于美国经济出现双赤字，就是财政赤字再加上贸易赤字，那么在双赤字状况下，美联储（相当于我们国家的中国人民银行总行）为了稳定美国经济就大幅度地持续加息，就是提高利率。2005年到2006年这一年，美联储就提了十七次利率，一年就加息十七次，我们国家从去年（2007年）到现在的加息是六次，它就加了十七次。那么美联储大幅度地提高利率就导致这些低收入群体，拿了住房抵押贷款买房子的这些人就还不起贷款了。因为利率提高，还不起贷款了。还不起贷款怎么办呢？他就只好把自己这个房子交给了次级贷款机构。去年一年，美国有230万个家庭由于还不起贷款，把房子交给了次级贷款机构。第二，美国的房价不是大涨，相反的是大跌。今年一季度，美国的房价同比又下降了13%。我前一段时间见了一位从美国回来的朋友，他告诉我2000年的时候十万美元的一块地现在两万美元就可以买到。地价跌得更厉害！那么房价不是大涨，相反是大跌，这些次贷机构收到了房子，房子没涨价相反是跌价，是贬值，所以他收到房子之后就导致了次贷机构破产。如果这个问题只影响到这儿，那还不是很大。那么，大问题在哪里呢？美国这些次级贷款机构它当初发放了这个住房抵押贷款之后，它把它发的这个住房抵押贷款和它自己其他的金融产品结合到一起打包，在资本市场上作为一个新的金融产品就卖了，谁买了它新的金融产品呢？基金、银行、保险公司。那么基金、银行、保险公司这些金融机构买了住房抵押贷款成份的金融产品之后，又把这些和自己其他的金融产品结合到一起打包在资本市场上再卖。这样卖来卖去问题就大了，大到一个什么程度呢？就是全世界主要的基金、银行、保险公司都买了，我们国家也有银行买了。所以这样,次级贷款就由第一线还不起住房抵押贷款的人被迫交房子,交房子引起房子价格大跌,继而导致次级贷款机构破产。由于次级贷款机构当初把次级贷款和其他的东西打包作为新的金融产品卖来卖去,所以现在在美国,一个股民,一个基民,谁也说不清楚他手里这张股票包含没包含次级贷款的成份,包含多少,谁也讲不清楚。

关于美国的次贷危机风险的讨论,现在在美国国内就分两派,一派代表人物叫斯蒂格利茨(Joseph Stieglitz),这个人给克林顿总统当过经济顾问,他认为现在因为这件事情很严重,不亚于 1997 年亚洲金融危机对整个世界金融的冲击。还有一个代表人物可能大家也熟,这个人和中国关系很好,他常来中国,是摩根士丹利(Morgan Stanley)的亚洲区主席,叫史蒂芬·罗奇(Stephen Roach),这个人认为美国的次贷问题虽然很大,但美国的自我调节能力很强,他认为下半年有希望走出次贷阴影。不管怎么样,现在美国的次贷危机给整个世界经济带来一个什么样的影响呢?它导致世界经济的增长速度下降。现在国际货币基金组织已经连续三次调节了世界经济的增长率,去年世界经济增长率是 4.9%,现在连续调了三次,调到 3.7%,比去年增速要下降 1.2 个百分点,这不是小数。

美国的次贷危机对中国现在的影响已经显现出来了。我们中国社会科学院数量经济研究所做了一个数学模型,这个数学模型分析,认为如果美国经济增长速度回落一个百分点,会影响中国出口 5 个点,是这么个关系。研究所去年年底搞出这个模型之后,我看了以后问过汪同三教授,是不是把它分析得重了一些?现在看不重,比如说我们看今年广交会,美国人来的客商人数同比下降 13.3%,签约额下降了 9.9%,那么美国的次贷危机对于中国的影响是什么呢?首先表示为美国增速减弱,然后对中国的出口需求减弱,就影响到中国的出口。次贷危机现在还在继续发展,这也是今年中国经济非常重要的一个不可

测因素，就是不知道它今年会发展到一个什么样的程度，我们已经在一季度明显地看出次贷危机对中国出口的影响。

第二就是美元贬值。大家知道美元这几年是大幅度地、持续地贬值，美元贬值就使人民币被迫升值，到下个月（7月）21号，是我们汇改三周年。三年以前，一个美元合人民币是8.27元，这是三年以前，一美元等于人民币8.27元；两年前，2006年的12月31号，一个美元合人民币7.8078元；去年12月31号就成了7.3046元；这个礼拜五一美元等于6.88元。所以我们看到由于美元持续地、大幅度地贬值，就使咱们人民币被迫升值。人民币升值对我们是个什么样的影响呢？最直接的影响就是削弱中国出口商品的竞争力，所以现在中国的出口是两面受到挤压，一方面，美国次贷危机对我们中国产品的出口需求减弱，另外一方面，美元贬值使人民币被迫升值，我们的出口竞争力又下降。因此今年一季度，中国的宏观经济就出了一个大问题，什么问题呢？就是出口增速下降。大家知道，中国的出口这么多年来，我们都是逐月、逐季在上升，结果今年一季度，我们出口的增长速度回落了6.4个百分点，4月份大约又下降了8.8个百分点，5月份我们下了很大力气促进出口，出口有了较大的恢复，但是5月当月同比还是下降0.6%。出口增速的回落是多年来所没有遇到过的，这个恐怕在山西还不甚明显，现在你到长三角、珠三角去看，就是广东、浙江、江苏去看，出口导向型的企业现在日子非常难过，比如说纺织、服装、家具、制革这一类企业，这是你看资本市场层面。

我们再来看商品市场这个层面。现在你看世界商品市场，不但是我们中国涨价，而且是全世界都涨价。我先说石油，大家都知道，原油去年年初的时候，国际市场上一桶原油价格是50多美元，现在突破130直逼140美元，那我们国家是个什么问题呢？现在世界市场上原油价格暴涨对中国经济的冲击就更大。为什么对我们冲击大呢？我们现在是世界上第二大石油消费国，排在第二消费国，我们现在石油消费是个什么构成呢？咱讲去年，去年在中国石油消费当中，国产这一块，是 1.87 亿吨，剩下是进口的，进口了多少呢？进了 1.8 亿吨，就是说我们中国目前的石油消费，国产和进口基本上是各占一半，我们作为世界第二大石油消费国，50% 左右的石油却依赖进口，所以国际市场上油价大涨对中国经济的冲击就更大，这是第一。第二，我们这个油价还有一个什么问题呢？我们是原油价格和国际接轨，但是我们成品油价格（汽油和柴油价格）是政府管制，结果这样就形成了价格倒挂，这价格倒挂导致什么问题呢？其一，今年一季度，我们全国规模以上的工业企业利润增幅回落（下降）了 27.3 个百分点，这也是多年来所没有的。什么原因呢？就是油价倒挂、电价倒挂。两大行业，石油加工去年一季度它是盈利 145 亿人民币，今年同时期亏损 239 亿，还有一个电力，我们电力行业去年一季度的时候盈利率是 66.7%，今年同时期负 61%，所以电价倒挂、油价倒挂就使整个国民经济运行出了问题。我们现在看全国绝大多数省汽车加油都排大队，我们的柴油、汽油价格刚刚调了，汽、柴油每吨都上调了 1000 块钱，但比国际市场还低，所以现在全世界的飞机、轮船都到中国来加油，香港那边的大卡车都拖到深圳来加油，所以这种油价倒挂、电价倒挂就使整个宏观经济运行出了问题，这是国际上原油价格暴涨对中国经济带来的冲击。

其二，我们看粮价。现在世界市场上粮价大涨，粮价涨到什么程度呢？小麦一季度涨了 2.1 倍，大米涨了 40% 多，大豆涨了 78%，玉米涨了 25.5%，为什么国际市场上粮价大涨呢？一个重要的原因是油价大涨，就是原油价格大涨，很多国家就把粮食作为生物能源开发的一个主要原料。因此粮食就从食品领域退出来了，进到了生物能源开发区，所以粮食的供给就减少，库存就减少，到去年年底的时候，全世界的粮食库存总量降到了 3.14 亿吨，3.14 亿吨什么概念呢？就是粮食的库存量占一年消费量的比例降到了 15%，这个国际上有一个警戒点（就是警戒线），警戒线是多少呢？18%。就是去年年底的时候，世界粮食

的库存量降到了警戒线以下 3 个百分点，所以世界粮食价格大涨。你看前一段日子菲律宾、越南有一天大米翻了一番，我们国家前一段时间广东的米价也开始上扬，所以中央决定在东北调 1000 万吨大米进到南方平抑粮价。再一个，世界市场上现在大宗贸易产品（就是初级贸易产品）价格也都在上涨，这些产品为什么涨呢？和美元贬值有直接关系。就是全世界大宗的初级贸易产品都是用美元标价，比如说我这个杯子，原来在国际贸易中我用美元标价，我标一个美元卖它，现在美元贬值了，那我还卖一个美元我不赔了吗？所以全世界以美元标价的大宗的初级贸易产品全都涨价，整个世界在商品市场上一片涨声。

我们知道，现在是经济全球化，在经济全球化状态下，这种世界经济上资本市场层面和商品市场层面的问题它都要传导到我们国内，这是中国经济过去多年来没有遇到过的困难和问题，这是国际因素。

我们再看国内。2 月份下大雪，雨雪冰冻，5 月份又大地震，严重的自然灾害也是多少年所未有的，从经济这个层面来看，我说两句话可以概括，一个叫做物价上涨，还有一个是股市动荡。我们去年 CPI 同比上涨达到 4.8%，4.8% 是什么概念呢？从 1997 年到 2007 年这十年间，物价最高涨幅的一年就是去年，4.8%。进到今年，一月份到了 7.1%，二月份 8.7%，三月份 8.3%，四月份 8.5%，五月份有所回落，7.7%。现在我们 1—5 月份平均下来是 8.1%，还是一个相当高的高位，所以这些国际、国内的困难是我们过去从来没有遇到过的。那么在这种复杂的国际、国内形势面前，又面对着诸多的困难和不可测因素，在这个时期我们怎么办呢？6 月 13 号大家知道中央召开了省委书记、省长会议，这次会议重要的目的，总书记和总理都讲了，就是要把我们大家对整个经济形势的分析和判断统一到党中央、国务院对整个经济形势的分析和判断上面来。这次会议上，总书记和总理都明确地指出，面对这么一个复杂的国际、国内局面，面对着诸多的困难和不可测的因素，我们现在很重要的是要做到两点：第一，要正确地估计中国经济的有利条件和积极因素，从而增强信心；第二，要充分地认识我们所面对的困难和问题，增强风险意识和忧患意识。那怎么样做到这两点？就是我们既能够看到中国经济的积极因素和有利条件，进而增强信心，同时我们另一方面又充分地看到我们所面对的问题和挑战，增强风险意识和忧患意识，我觉得关键就在于我们现在要全面、完整地把握中国经济。怎么样才能够做到全面、完整把握中国经济呢？我觉得关键做到两点：第一点就是要把握住中国经济的基本面，或者说就是要看到我们的积极因素和有利条件。大家知道，总理是在"两会"的时候讲的，他说中国经济今年是最为困难的一年，同时他也强调了，说中国经济的基本面是好的。地震前总理在老挝开会，他再次强调，说中国经济的基本面是好的。6月13号，这次省委书记和省长的工作会议，总书记在会上又再次强调，说中国经济的基本面是好的，我觉得理解这些很重要。那么什么是经济的基本面呢？经济的基本面就是整个国民经济运行当中本质的部分、主流的部分，这叫基本面。我们怎么样来理解党中央、国务院讲的"中国经济的基本面是好的"呢？我是用四句话十六个字来概括的，这四句话十六个字叫做："增长较快、结构趋优、效益提高、民生改善。"我说你不但看整个国民经济可以用这四句话十六个字来概括它的基本面，就是我们看山西的经济，你总结30年来山西改革开放实践、看我们今天山西的经济，我觉得同样它也是"增长较快、结构趋优、效益提高、民生改善"。这四句话十六个字是去年年底的时候写到了中央经济工作会议的文件，就是用这四句话来表述中国经济的基本面，没有分歧，大家都赞成，现在的问题是什么呢？现在的问题是我们还要往下分析，分析什么呢？就是要我们找出这个基本面形成是个什么原因，或者说是什么力量支撑这个经济增长面，就是说支撑中国经济基本面形成的基本力量是什么？这个基本力量我们就可以把它概括成四个化，哪四个化呢？就是工业化、城镇化、市场化、国际化。我说中国经济之所以能够形成"增长较快、

结构趋优、效益提高、民生改善"是一个基本面特征，支撑它的基本
力量是什么呢？就是工业化、城市化、市场化、国际化。那么这四个
化就为中国经济增长提供了一个内在的、强劲的支撑力量，然后使中
国经济形成我刚才说的那样四句话十六个字的基本面特征。我们现在
来看这四个化在2008年发没发生变化，它是一个什么样的状态。

我先来谈工业化。那么工业化现在在中国正处在一个什么样的状
态呢？我先举一个汽车工业的例子。你分析中国的汽车工业就能看出
中国工业化的迅速进程，拿我们国家的汽车年产量来说，1992年全国
汽车总产量达到100万辆，然而我们从年产100万向年产200万这个
平台过渡只用了八年，但从200万到300万我们仅仅用了三年，从300
万到400万就用了一年的时间。2006年中国的汽车产量是727.9万辆，
去年（2007年）是888.6万辆，今年我现在预测它肯定要突破1000万
辆。所以你看这一个汽车工业的发展你就能看出中国工业化的进程，
工业化的速度。现在你可别小看汽车，咱们全国现在的31个省、市、
自治区，除了西藏没有汽车工业，剩下这30个省、市、自治区全有汽
车工业。因为它拉动得太强，一个汽车工业可以拉动相关156个行业，
汽车可以拉动钢铁、拉动电子、拉动化工，汽车的玻璃可以拉动玻璃
工业，汽车的轮胎可以拉动橡胶工业，就是汽车的坐椅它还拉动纺织
品工业，了不得的拉动，所以你看一个汽车工业的发展你就能看出中
国工业化的进程。

再看一个钢铁。山西现在也是钢铁大省，我说我们中国的钢铁从
李鸿章、盛宣怀那个时代就梦想成为一个钢铁大国，但是直到1949年
中国的钢产量是多少呢？1949年的时候我们全国的钢产量是年产15万
吨。现在是多少呢？我们去年的日产量就是138万吨，所以我们现在
真正是世界上最大的钢铁大国。那么我们看汽车、看钢铁，我们就能
看出中国工业化的进程，就是这种迅速推进的工业化，为中国经济增
长提供了一个内在的、强劲的支撑力量，就形成了我刚才说的四句话

十六个字的基本面特征。

现在全世界的经济学家对中国的工业化有一点看法一致，什么一致呢？就是我们现在仅仅是处在工业化中期，发达国家现在都已经进到后工业化阶段，那么这意味着什么呢？就意味着我们中国这个工业化要想完成全部，这个路还有相当长的一段时间。你换一个角度来看这个问题，就意味着在今后相当长的一个时间里，工业化它还会继续地为中国经济增长提供强劲的支撑力量，所以在这个意义上来说，支撑中国经济基本面形成的基本力量——工业化，没有发生变化。

第二就是城镇化，或者叫城市化。改革开放之初1978年，我们国家有城镇人口是一亿七千万，现在是多少呢？现在是五亿七千万，你看这三十年多了四亿城镇人口。净增四亿城镇人口，这样迅速推进的城市化、城镇化，使我们看到的是一个什么现象呢？就是现在我们整个中国大中小城镇都在扩建，都在大兴土木。整个中国现在是什么呢？我说整个中国现在就是个大工地。我不知道你们知道不知道，现在中国一年消耗的水泥占了世界水泥消耗总量的50%。我到澳大利亚和新西兰去访问，我和我们团里同志说，我们注点意看一看，这两个国家能看到多少吊车，就是起重机。两个国家我们待了十多天，虽然没有去全，但主要城市我们都去了，我们一共就看见三部吊车。你说在中国，你说咱们在太原，咱们谁能把这个吊车讲清楚？我说你无论在哪个城市，不管站在哪一个位置，东南西北四个方向你看一下，绝大多数都能看见吊车，整个中国就是个大工地呀。前一段时间英国一个杂志发表了一篇文章，咱们的《参考消息》把它转载过来了，英国杂志发表这个东西说什么呢？它说现在全世界70%的起重机都在中国。我也不知道人家是怎么统计出来的，反正我们是做不到。它说70%的起重机都在中国，所以这种城市化、城镇化就使整个中国成为一个大工地，这个大工地就为中国经济的增长提供了一个内在的、强劲的支撑力量。为什么我们的经济有我刚才说的那四句话十六个字的基本面特

征呢？城市化、城镇化是一个基本力量。我们现在的城市化率是多少呢？44%，全国平均是这个数。44%是什么概念呢？发达国家都是70%到90%，我们这个44%比全世界平均水平还低，所以你从这个角度来说，今后我们城市化的路还有一个相当时间要走，相当长的时间来完成城市化呀。我是讲过，从现在开始到2020年全面小康，全面小康的过程就是中国城市化迅速推进的一个过程。我去年到重庆去做农业普查，跑了几个县，回来之后我跟汪洋同志汇报（当时汪洋同志是重庆市委书记），看了农村之后啊，我觉得真正解决农民问题在于减少农民。我们国家农民的人均耕地不到二亩地，你就算农民孩子比我们城里多这么一个、两个，一家五口人的话也就十亩、八亩地吧？你说让农民靠十亩、八亩地走向小康、走向富裕，我觉得不可能。更何况你现在看农村哪有年轻人啊？都是老头、老太太，要不就是小孩子，所以我觉得解决农民问题关键在减少农民，减少农民使农民的人均资源能够增加，在这个时期我们再来实施产业化、规模化恐怕是个根本途径。怎么样减少农民呢？减少农民就得加快城市化，城市能够迅速地发展就能够吸纳更多的农民。我在重庆搞调研，现在农民工（重庆的民工）进到城里的有5%，这5%要是扩大到50%农民问题就解决了。我们给国务院搞农民工调查时就讲过，可千万别单看农民工一个月拿多少钱，农民工进城打工我觉得更深层次是改变了他的人生观、价值观。我说一个农村小姑娘过去没有进城打工、没有改革开放，她这个人生轨迹不就非常简单吗？你说一个小姑娘不就长到二十来岁就嫁人，嫁完人之后就生孩子养猪，老了给孩子娶个媳妇，然后就老了、死了……人生轨迹非常简单啊！但是现在她进到城里打工，她的人生观、价值观会发生很多变化呀，她内心想嫁个什么样的人，她都有一个新的想法。就算她没实现又回到原来的位置，还嫁给了一个农民，一旦她有了孩子，她对她这个孩子的教育绝对跟她原来农民母亲对孩子的教育有本质的不一样。所以城市化、城镇化它不仅是我们一个经济发展的根本途径，也是提高整个民族素质、建设和谐社会的一个途径。所以从这个角度来说，城镇化今后还会继续为中国经济增长提供强劲的增长力量，这在 2008 年也没发生变化，这是第二，就是城镇化。

第三就是市场化。总书记在十七大报告当中讲，他说我们党选择市场经济是一个根本性的选择，十七大要解决什么问题呢？十七大就是要解决举什么旗、走什么路的问题。那走什么路呢？就是走建设有中国特色的社会主义这条路。什么是有中国特色的社会主义？具体就是社会主义市场经济，就是走社会主义市场经济之路。现在是 2008年，往前推 100 年是 1908 年，近 100 年，我们中华民族做了三次大的选择，第一次选择孙中山先生领导我们，选择什么呢？选择推翻帝制建立民国。民国建立，民国这些领导人他们的本来目的是要带领我们的民族走西方国家走过的路。但是帝国主义列强不让我们走他们走过的路，毛主席过去有过一段论述讲这一段历史，毛主席说这些人把西方当作先生，但是先生不但不教我们学生，还老打我们学生。所以他们路线不对，搞来搞去，把咱们中国搞到了个半殖民地半封建。没办法，这个时候毛主席领导我们第二次选择。毛主席领导我们选择什么呢？就选择推翻三座大山，建立社会主义新中国。社会主义新中国建立起来了，我们中国人民站起来了，站起来以后我们遇到些什么问题呢？我们遇到的问题就是经济搞不上去，由于咱们从苏联那儿引进了一整套的计划经济，搞来搞去，我说温饱都没有根本解决。你说现在肉涨价咱们不少同志都有点意见，我小的时候是在东北长大，我在东北的时候，我们还小的时候一个人供应半斤肉、三两油，都发票，限量的。现在全国人均每人每月消费肉 2.2 公斤，我们小的时候发票，一个月半斤肉、三两油，你说那个时候穿衣服要布票，吃饭要粮票，什么都是票，搞来搞去温饱都没有根本性解决。我前段时间跟年轻人学到了新词汇，说两个小姑娘走到一起突然发现一个问题，什么问题呢？就是两个人穿的一样的衣服碰面了，觉得有点不好意思，现在标明这

种尴尬的状态啊有一个专用名词，叫这个"撞衫"，就是撞车的"撞"，衣衫的"衫"，说不好意思你看咱们两个人今天"撞衫"了，就是两个人穿一样的衣服碰到一起了。我听了以后我就想，改革开放之前，我们那个时候是布票阶段，那个时候我们全国人民穿衣服都得凭布票，那个时候中国人的衣着男女老少从款式到颜色不都基本一样吗？那不是全国人民大撞衫吗！也没这个词啊！你看看现在，你找两个人穿一样的衣服确实是不容易，那真得有个专用名词来表现它，所以计划经济搞来搞去温饱都没有得到根本解决。再加上十年"文化大革命"，把整个中国经济推到了一个崩溃的边缘。在这个时候，是邓小平同志领导我们这个党、领导我们民族进行第三次选择，选择什么呢？就是选择社会主义市场经济。我们选择了市场经济，中国的经济面貌不是发生了根本性的变化吗？我给你们举一个浙江的例子。义乌是个县级市，我们普查它这个县有 68 万人，有 10 万人在外面做生意跑买卖，还剩 58 万人，58 万人这是人口数，那边我们再来查它什么呢？再来查它经济法人加个体户有多少，有多少呢？它有 11 万个工商营业执照。义乌这个地方 58 万人对应的是 11 万个工商营业执照，这义乌人去了老弱病残不都是老板了吗？义乌的人均储蓄存款突破 10 万元，它是小商品的集散地，小商品琳琅满目，物美价廉，现在每年全世界圣诞节期间的圣诞礼品当中的 70% 都是从义乌出口去的。我去的时候，义乌小商品摊位（就是卖小商品这个摊位），10 平方米左右一个的有 48000 个，48000 个摊位什么概念？你看一分钟，你得看两个月你才能看完，就这么多。我看了以后就想，包括我爱人，不少女同志不都愿意逛商场吗？总觉得天天逛得不解渴、没逛够，这样的人你都把她送到义乌去。义乌的领导跟我讲，他说义乌过去非常穷，没有任何资源，穷到什么程度呢？这个县的人主要工作是干什么呢？主要工作叫"鸡毛换糖"。什么是"鸡毛换糖"呢？就是他用粮食，比如说麦芽糖跟人家换鸡毛，他再把这鸡毛拿回来后扎成鸡毛掸子，他再卖这个掸子。过去义乌人主要就是干这个，叫"鸡毛换糖"。我听了以后，觉得人家义乌这个"鸡毛换糖"很伟大。为什么呢？仔细来分析这个"鸡毛换糖"是个什么行为呢？说到本质上，它是个商业行为。说明什么呢？说明人家义乌人要摆脱贫困、要走向富裕，人家知道利用商业，知道走市场经济之路，我觉得这是关键，就是走什么路。我们常说"解放思想"，常讲"观念决定一切"，什么观念呢？就是知道不知道走社会主义市场经济这条路，这个观念。义乌人走了市场经济之路，所以人家发展了，人家富裕了，这不就是走什么路的问题吗？所以我们看市场化、市场经济就使中国经济它充满生机、充满活力。我到浙江嵊县去看，嵊县是个小地方，小地方有点儿名气在哪里呢？它是越剧的发源地之一。我爱人就是嵊县人，原来在家里她总说我，她说你们东北没有文艺，说你们那个二人转都太土气，她说你看人家一说越剧《梁山伯祝英台》、《红楼梦》都是这些。我原来也觉着确实是比我们高雅，我去年出差路过到浙江，去嵊县看了一下，嵊县那儿有个越剧博物馆，你们也要去那儿看一看。那个博物馆怎么介绍呢？介绍越剧的起源，越剧起源历史非常晚，到去年才 100 年。这个越剧怎么起源的呢？说过去嵊县这个地方非常穷，穷到什么程度呢？说嵊县人主要工作是要饭（讨饭），然后嵊县这个地方人他这个要饭跟别的县城人、别的地方的人不一样，他有特点，什么特点呢？就是他到人家富人家门口他先唱一段，唱完一段再要。他唱的一段就是越剧的起源。我听了以后我觉得很好，我回家里跟我爱人说，我说你以后再别吹你那个，我说你那是要饭的，你高雅什么高雅？要饭的是你的起源。就是说嵊县那地方过去非常穷，但是我现在去一看，富得了不得，富到什么程度呢？它是全世界最大的领带生产地，咱们男同志扎的领带全世界总产量八亿条，浙江嵊县这一个小县生产多少呢？八亿条中的三亿五千万条。你看看，我估计现在有可能接近四亿条了。就是说全世界领带总产量的一半在咱们中国浙江一个小县里面生产。咱们现在在大商场里买这个好领带，高档、

名牌上千块钱一条吧，告诉你，都是那儿生产的，你到那儿去买，便宜！我说了以后有人说是不是假冒伪劣？我听了以后我觉得这些同志太不了解民营经济了。你到那儿去看一看生产车间，一流的装备，都是进口的，来料加工、来样加工。先进到什么程度？设计指令在意大利，意大利把设计指令通过电脑可以直接传导到嵊县的生产车间这个裁剪刀具上，这刀具怎么运行指令源于意大利。有的同志，一说民营经济就假冒伪劣，你到嵊县看一看就知道什么叫民营经济。这就是市场经济给我们带来的变化。十七大总书记明确提出，我们要坚定不移地推进改革开放，要进一步发展和完善市场，要进一步发挥市场配置资源的基础性作用。所以说2008年乃至今后，我们市场化还会继续成为支撑中国经济基本面形成的基本力量，这一点也没发生变化。

第四就是国际化。我曾经讲过，国际化不用再讲什么历史，我问大家一个问题：我们现在出国，国外还有什么东西可买？问这一个问题就解决了。现在满世界都是"中国制造"，你好不容易买点东西拿回来了，你仔细找一找，不知道哪个很小的标签上面写着"Made in China"（中国制造），让你又买回来了。我到英国去莎士比亚故居看，莎士比亚故居隔壁有个小店，卖纪念品，我们说买点儿纪念品吧，结果拿一个一看是中国制造，再拿一个一看还是中国制造啊！你说买什么呢？你说我们买了不等于把这个东西出口转内销了吗？我挺感慨，你看我们中国商品现在已经打到了莎士比亚家的隔壁。

我到英国格林威治天文台，在小学地理课就学过格林威治天文台、本初子午线……现在到了那里，怎么地也得买个纪念品拿回去，结果我认认真真地看，大到两个人能抱过来的地球仪，小到非常小的钥匙链、指南针都是中国制造，没有办法买，你买什么呢？都是中国制造，满世界是中国制造。好几年以前我去美国，我儿子特崇拜美国NBA篮球，让我一定给他买个带NBA标志的篮球，到了美国商店，把这个篮球拿出来，我一看有NBA的标识，拿过来再仔细一看，上面有一行小字，Made in China——中国制造。我说我不要了，我换个商场，再拿出来一看，还是中国制造。我就问，我说有没有美国制造？后来人家卖东西的告诉我：没有，都是中国制造。你说怎么办呢？我后来一想，这孩子他对我们寄这么大的希望，你说现在咱们大家说孩子的事不都是大事吗？你说怎么办？我说那这球我买吧！我说球我买了，你们把气给我打足，我把这个打足了气的篮球我坐飞机从美国抱回中国，回到家里把篮球交给孩子，我说这个球是中国制造，但是这个气是在美国打的。要不没有办法完成任务啊！你们都比我年轻，将来这孩子长大了管你要这么个篮球，你真就用我这么一个办法，没有别的办法。满世界都是中国制造。现在不但满世界中国制造，现在是满世界都是中国人。我去年又去一趟美国，到美国大家肯定都有个共同路线，忙完了正事你不都得走一走看一看吗？我从曼哈顿上船，一上船，全船好几百号人，我一看80%是咱中国人，说话南腔北调，哪儿的声音都有。现在这中国人就跟当年的日本人一样。上个世纪70年代，日本经济高速增长，日本国力增强，日本人有钱了，那个时候满世界都是日本人，戴着眼镜，背着照相机，到哪儿就拍照，然后抢购。我给你说，现在中国人的形象就是70年代日本人的形象。你说不是吗？咱们不是有句话叫做"下车就撒尿，见景就拍照，见东西就抢购"。现在中国人嘛，满世界都是中国人。过去我们出国可能有的同志觉得我们语言不太好（外语不太好），出国影响交流，困难，现在没问题了，现在你走到全世界无论哪个国家，那老外很远看见你过来他就喊，他说"你好"。全会说中国话。不少人还会说"有发票"，这话都会说。我到莫斯科咱们中国大使馆，咱们中国大使馆有个站岗的，你到站岗点下车，有个俄军在那儿站岗，我一下车，站岗的俄军就给敬个礼，说"同志，你好"，这在国外老外管叫你"同志"你不觉得挺热乎吗，我马上还个礼，我说"你好"，紧接着下一句就来了，"同志，你有香烟吗？请给我一包。"这话都会说。现在不用我们学外语了，老外都学中文了。据

教育部统计，现在全世界 2200 所大学开了中文课程。过去谁学中文呢？现在全世界 2200 所大学开了中文课程。为什么他们学中文呢？还不就是中国经济发展了吗，我们强大了吗！现在我们改革开放 30 年，回顾这 30 年开放走过来的路程你不感慨万千吗？回顾我第一次出国，当时在国家经委工作，1984 年我第一次出国，那时候出国比现在还有点待遇，一个人给 500 块钱置装费，意思好像是你别像在国内似的，穿得太差给国家丢脸，这回出国了，给你 500 块钱补助，你得买两套好衣服。我们其实拿了 500 块钱都舍不得花，当时我们中央机关（我不知道省政府是不是也这样）有个福利，就是说机关里有不少做好的成衣，你可以借。我们都是借的，反正大小穿上差不多能行了，全团穿的都一样出国，都是借的，借的衣服，箱子也是借的，箱子里面装一箱子方便面，到国外就是泡方便面攒点外汇，那个时候出国回来可以到出国人员服务部买个免税指标，当时像我们家里第一个冰箱、彩电基本上都是在国外泡方便面攒的钱买的。我第一次是到联邦德国，我们在法兰克福机场一下飞机，第一个不理解是什么呢？就是人家的商场。那时候国内也没有超市的概念啊，我们说看人家这个法兰克福飞机场里这商店是怎么一回事啊？这个逛商店的人、买东西的人随便用手把人家摆在货架上的东西拿下来用手摸着看，那时候国内是不允许你摸卖的东西的，我们说这怎么就随便把东西从货架上拿下来用手摸？接着我们就想第二个问题，这要有偷东西怎么办呢？你看第二个，那个时候阶级斗争的弦就绷得紧，觉悟高啊！我们马上想到第三个问题，说可别万一这资本主义的人偷了东西赖咱们社会主义，那人家谁丢东西赖我们怎么办呢？我们几个就统一了，统一什么呢？全把手背到后背在超市里面看。所以我们那时候出国都没敢用手摸人家外国的东西，就怕谁偷东西赖我们！你说这不就是中国人最开始走向国际吗，就这么个形象。我们下了飞机要坐火车到科隆，我们代表团都是第一次在外国坐火车，一上火车人家服务员就送来各种饮料，我们一商量就说我们就说不喝，我们得给国家节省外汇。我倒不是说现在就不好，那时候真的就那种思想，那时候真觉得国家还穷，我们出国花这么多外汇，还是给国家节省点儿吧！我们不喝。过一会儿送饭来了，大家说饭得吃啊，饿了这么长时间，吃饭！吃饭之前人家又送酒，都倒好的酒在盘子里装的端过来了，我们说酒我们不喝。那时候饭吃了得准备交钱，我们团里面管钱的说了，他说我得找个厕所，原来怎么回事？我们全团外汇不归他管吗，他出国以前在国内叫他老伴把我们团的外汇都给他缝到裤衩里面了，他得找厕所往出拿。其实那时候80年代初，咱们中国人出国的人啊这外汇基本上都放在这个位置，当时商店还专门卖这种内裤，上边有个拉链放钱的，现在没了，这种商品都没了，当时基本钱都放在这里。我说人家发达国家的人都不知道咱们的钱放在这个位置，要知道都有可能拒收啊。等到我们下火车也没人收钱来，后来我们才知道（人家告诉我们）这些东西都是免费的，把我们后悔坏了。

我们这30年就是这么走过来的，要看今天中国的宏观经济，我把它做一个梳理和归纳，把握今天的宏观经济特别好把握，叫做"4321"，怎么个4321呢？"4"是中国经济总量世界第四，现在是美国第一，日本第二，德国第三，中国第四。"3"是什么呢？"3"是进出口贸易量世界第三。"2"是什么呢？利用外资量世界第二。"1"是什么呢？国家外汇储备量世界第一。咱们到4月30日国家外汇储备是17600亿美元。我不知道你们知道不知道1978年是多少？2亿美元。你看我们现在，17600亿美元，这是4月30日的数据。我说30年前谁能够预测到中国经济在30年后会有"4321"这样一个成就啊？没人能够预测到。美国鲍尔森，财政部长，他一上台就说，现在世界经济增长是两大发动机。哪两个发动机呢？一个是美国，一个是中国。30年前谁能够想到美国的财政部长会在公开的讲话中把中国和美国并列提为是世界经济增长的两大发动机呢？

　　我讲这些宏观经济可能有的同志觉得不像，我是干这个的，可能你觉得稍稍还生疏点，我给你举个具体例子你就更明白了。具体什么呢？咱们国家信息产业部党委中心组学习叫我去，我在信息产业部讲，我说其实看中国经济，包括看宏观经济，不用看其他的，要看具体一点，就看信息产业部管的这个产品就行。就是咱们现在打电话的手机，研究中国的手机就能研究出中国的经济。我们国家的手机最早出现是1987年，到1989年的时候全国总量是多少呢？是1万部，1989年全国有1万部手机。那个时候手机叫"大哥大"，拎着满街走，往哪儿一坐往桌子上一立，而且一打电话声音都很大，很张扬，有意地让周围的人都得看到。为什么呢？因为那个时候全国手机就1万部，它是身份的象征、是财富的象征、是地位的象征。当年打电话要不那么打也属于浪费资源，经济学把这种行为叫做"炫耀式消费"。当时我们的主管部门（我那个时候就在商业部，我们商业部和邮电部就是信息产业部的前身）曾经搞过预测，就是预测到2000年中国的手机能到多少呢？当时预测数是80万部。结果真到了2000年，中国的手机到了多少呢？8700万部。你看看，预测80万部，实际到了8700万部，差100多倍，预测和实际，还有什么意义呢！前一段时间我写了一篇稿子，说30年中国改革开放的实践证明，关于中国经济发展的预测基本都不准。我们中国的手机从1万部开始，2000年是8700万部，到2006年是多少呢？46008万，2007年12月底是54800万部。从1万部到54800万部，18年的时间，神话般地发展，全世界没有一个国家做到的。胡祖六先生有一本书，叫《中国经济的五大神话》。他送给我看了以后，我给他提了个建议，再增加一个中国经济的神话，什么神话？就是手机的发展，神话般地发展。

　　我到加拿大去，我的一个大学同学在加拿大的温哥华UBC（The University of British Columbia）大学当教授，UBC是加拿大很有名的大学。我去了吃饭把他请来了，我们吃过饭以后我说你先别走，你得给我写个手机号码，我光有你家里电话还不好找你呀，有时候找不到你。他说手机我是一直准备买，现在也已经列到预算了，很快就买了。我们是同学我好说他呀，我说你看你在这儿混个教授，你连个手机都没混上。我说你看咱们国内，卖白菜的都有手机，我说人家有人告诉我捡垃圾的都有手机，你在这儿混个教授都没手机。我还有一个大学同学在美国，我们在一起聊，他说听说现在高档手机都有拍照的功能。我说你怎么还处在"听说"阶段呢？我不知道你们有没有这个经历，我告诉你们，你们要出国或在国内接待老外，你要想把这老外震住，最简单的就是把咱们手机拿出来跟他们手机比一比，现在咱们中国人手里这手机你到国外比外国人的手机不是先进多少的问题，是先进几代，得按代来算！摩托罗拉去年是进到中国 20 年，它庆祝，也请我去。摩托罗拉进到咱们中国它本来是想利用咱们廉价劳动力生产出来产品以后销到海外市场去赚钱，后来它发现了，不用了，全世界最赚钱的地方就在中国。所以你看，摩托罗拉在中国市场上就赚了大钱。

我在信息产业部讲过一句话，你们千万别误解我，现在咱们上班走一半，一摸口袋说手机没带，多数人得回家拿去，如果说上班走一半是钱包没带，多数人往前继续走。我说手机从一万部到几亿部神话般地发展，在中国有一个特点，什么特点呢？就是咱们从中央到地方就没有过一个文件要求大家用手机，一个没有文件推动的事有如此神话般的发展说明什么呢？这说明中国经济增长的动力是源于中国经济内在的体制与机制。为什么总理上个礼拜还在讲"中国经济内生的增长动力仍然强劲"呢？就是这个道理。所以我觉得，我们越是在困难的情况下，越是在复杂的局面下，越是要看到我们的积极因素和有利条件，越是要看到中国经济基本面是好的。那什么是基本面呢？就是我刚才说的增长较快、结构趋优、效益提高、民生改善。那么支撑这个经济基本面它的基本力量是什么呢？对于中国来说，这个基本力量就是工业化、城市化、市场化、国际化。那么这个基本力量在 2008 年

没有发生变化，所以说中国经济增长内在的增长动力仍然强劲。我们的经济增长的基本面是好的，这是第一，我觉得大家要全面、完整地把握中国经济是非常必要的。

第二，要全面、完整地把握中国经济，就要对中国经济所面对的矛盾和问题有一个深刻的认识，我们不能回避问题，必须要深刻地认识中国经济所面对的矛盾和问题。

中国经济就深层次来说，最主要、最根本性的问题是什么呢？还是结构问题。怎么来看这个结构问题呢？有这么几个方法或者角度，第一种方法，在经济学上叫生产法。什么叫生产法呢？就是你站在生产这个角度，站在供给这个角度，来看三大产业，一产、二产、三产，来看这三大产业和国民经济增长的关系问题。我们中国的经济结构是一个什么样的深层次问题呢？就是我们现在整个经济增长主要依赖第二产业支撑，我们的第一产业——农业，太薄弱了。我就举一个例子，这个猪肉肉价从去年到现在涨了一年多了，目前猪肉依然比原先价格高出60%左右，什么原因呢？原因很多，但主要一条就是像肉这么重要的一个消费品，它的生产供给是建立在千家万户小生产的基础上。咱们国家生猪供给、饲养60%以上靠农民散养，你说这么重要的一个消费品，它的生产、供给建立在千家万户小生产这么一个局面上，能不出问题吗？所以国务院今年拿出25亿人民币来扶持养猪的产业化、规模化。

再有一个我觉得我们的考核制度也有关系，你说我们现在干部考核，考核什么？考核GDP。你这一考核GDP抓农业的就吃亏了，你说一个省、一个市，你当了市长要抓农业、抓粮食，你这个市要想增产一亿斤粮食有多大难度？就算你增产了一亿斤粮食，一亿斤粮食卖多少钱？现在一公斤粮食平均一块五，一亿斤就卖七千五百万，七千五百万不能够都进到GDP里来啊！进到GDP的叫增加值，增加值意味着什么呢？就是你七千五百万减去中间投入，减什么投入呢？七千五百万要减去化肥、种子、农药、农机折旧，汽、柴油都得减啊。你说减了这些，这粮食还有多少钱能进到 GDP 里来？

再看第三产业，现在我们第三产业是什么问题呢？比重太低，全世界发达国家第三产业都占到70%了，美国第三产业在整个经济当中的分量占80%。全世界的发展中国家，第三产业的比重占到平均数是51%。我们是多少呢？我们去年是 40.1%。40.1%是什么概念呢？就是我们中国去年第三产业在整个经济当中所占比重比全世界发展中国家平均数还低 10 个百分点。那么现在我们这个结构问题就是积累的矛盾开始凸显了，凸显在哪里呢？我们主要靠第二产业支撑经济，干到现在导致了资源与环境约束日益加剧。为什么我们现在资源与环境约束日益加剧？为什么煤电油运全面紧张？为什么环保压力越来越大呢？就是我们主要靠第二产业支撑经济增长，所以现在遇到了资源与环境约束日益加剧的问题。第一产业农业长时间薄弱，到现在长时间演变的问题也爆发了，什么问题呢？农产品价格全面上涨，于是推动通货膨胀。第三产业是吸纳劳动力最多的一个产业，但是我国现阶段第三产业的比重偏低，导致现在就业压力巨大，我们就业压力大到什么程度？按照联合国规定的标准，联合国有一个标准它叫"劳动年龄人口"。什么叫"劳动年龄人口"呢？16 岁到 65 岁这一档人叫劳动年龄人口。我们2004 年，16 岁到 65 岁这一档人全国是 9.09 亿人，你说我们 9.09 亿人是什么概念呢？大家知道，全世界最发达的国家是 7 个，美国、日本、英国、德国、法国、意大利、加拿大，这叫七大发达国，这七大发达国的人口总数加在一起比咱们中国劳动年龄人口还少三个亿，所以中国就业压力巨大。但是我们恰恰是吸纳劳动力最多的这个产业——第三产业太薄弱，比重太低，所以现在就业压力越来越大。今年 7 月份全国要有 550 万个大学毕业生毕业离校，你说有多大的就业压力？所以从生产看，中国经济这种结构问题到现在，问题全面凸显，主要靠第二产业支撑经济，干到现在，资源与环境的约束日益加

剧，煤电油运全面紧张，第一产业薄弱导致农产品价格全面上涨，推动通货膨胀，第三产业比重过低，导致就业压力越来越大，这个看生产结构、生产角度。

再换一个角度，叫做需求角度，经济学叫"需求法"，你从需求角度来看中国经济，我们是什么问题呢？大家知道，看需求就是看三大需求：投资、消费、出口，这三大需求俗话也叫"拉动经济增长的三驾马车"，我们是个什么结构问题呢？我们中国经济增长现在主要是靠投资和出口，消费对整个经济增长的贡献率远远不够。这三驾马车是两匹"骏马"——投资和出口，还有一个消费是一头"瘦驴"，对经济增长的贡献率远远不够。你看我们这个结构到现在也出大问题了。什么问题呢？长时间依赖投资拉动经济，大量的投资意味着什么呢？大量的投资意味着大量的生产能力的形成，大量的生产能力形成了，我们国内的消费不能够得到相应的增长，那产能过剩的问题我们就绕不过去、躲不过去，所以中国经济长时间以来投资拉动，现在始终是处在一个产能过剩的风险当中。可能有的同志说，产能过剩我们叫了好几年，好几年也没出大问题呀！没出大问题是什么原因呢？因为我们现在是出口大国。你比如说去年，去年咱们全国出口总量12000亿美元，12000亿美元按照现在的汇率来乘，乘以7，那么84000亿人民币出口了，去年全国的国内生产总值是多少呢？24万亿人民币。全国的国内生产总值24万亿人民币，84000亿的出口，你说出口做了多大贡献呢？要没有这么大的出口，我们中国早就产能过剩了。万一真到了产能过剩，我们是什么结局？真到了全面产能过剩，我们就是企业关停运转，职工下岗失业，就这个结局。我刚才说了，今年一季度开始，美国次贷危机，再加上美元贬值，人民币被迫升值，现在已经导致我们出口增速回落，一季度下降6.4个百分点，4月份又下降8.8个百分点，这可不是小数。我们不是说这84000亿东西都回到国内呀！回来一部分也是了不得的事。现在有的同志说下半年出口还能够有所反弹，能够继续回升，我说回升也不行啊！大家知道，我们长时间以来出口拉动经济，拉来拉去，贸易顺差越来越大，大量的贸易顺差使我们央行（就是中国人民银行总行）被迫发行人民币对冲，然后就产生流动性过剩，流动性过剩第一个突出表现就是货币发行量增加，本来一方面物价上涨，另一方面再增发钞票，这不是火上浇油吗？所以宏观经济也遇到这样一个两难选择。因此从需求的角度看，我们这种长期地依赖投资和出口拉动型的经济也难以为继，到现在也没有可持续性。

第三我们再来看我们的增长方式。现在我列举几个数字，大家就好理解中国经济的增长方式了。我们现在一年消耗的钢材量占了世界钢材消耗总量的 30%，我们现在一年消耗的煤炭量占了世界煤炭消耗总量的 35%。那我们现在的产出占世界总产出多少呢？我们去年中国的产出占世界总产出 6%，这么一看不就看出问题来了吗？我们现在一年用了全世界 30% 的钢材、35% 的煤炭，但是我们的产出却仅占世界总产出的 6%，说明什么呢？说明我们中国经济的增长是建立在高消耗的基础上，我们是高消耗在支撑高增长，我们中国经济的增长方式是依赖物质资源消耗的一种增长方式。所以总书记在中央经济工作会议上讲，一定要把中国经济增长驱动力转到创新上面来。

我在英国考察服装市场，英国的服装就男装来说，60% 到 70% 都是中国制造。我看了一下价格，像西服、夹克衫都要上百英镑一件，最便宜的衬衣，中国产的，30 英镑一件。我当时去的时候，一英镑折合人民币 15 块，现在人民币升值，值 13 块了。15 块的话，最便宜的一件衬衣 30 英镑，不是 450 块人民币一件吗？我不知道你们知道不知道我们出口一件要多少钱，我们出口这服装的均价，就是西服、夹克衫、毛衣、衬衣加在一起，平均每件 3.5 美元，3.5 美元不就是 30 块钱人民币吗？钱都叫人家赚走了。什么原因呢？虽然 60% 到 70% 都是中国制造，但是没有一个中国品牌，牌子都是人家的，我们没有自主知识产权，没有创新，所以我们只能在国际分工的末端赚一点微薄的加工费

而已。因此中国经济深层次的结构问题现在直接导致了中国宏观经济出现两个失衡，哪两个失衡呢？一个是对内失衡，对内失衡表现为什么呢？表现为我们的投资率逐年上升，消费率下降，这是对内失衡。对外失衡什么表现呢？双顺差。大家知道，我们贸易是顺差，资本项目也是顺差，所以这两个失衡是中国经济的大问题。我们回到现实生活当中，任何问题都可以从这两个失衡里边找出原因。从去年到现在，中国宏观经济最大的问题是什么呢？从去年到现在，咱们最大的一个问题就是物价上涨。我刚才说了，去年 CPI 同比上涨达到 4.8%，达到十年来最高涨幅，今年 1-5 月份为 8.1%。物价上涨就给我们亿万民众的基本生活带来了支出的压力，而且它又不是一个简单的经济问题，如果任其发展的话，也会影响社会稳定，所以现在我们第一位的任务就是一定要把物价过高、过快涨幅遏制住。关于物价上涨，我是去年讲过中国的价格上涨是结构性上涨。我讲了结构性上涨之后挨了一些小报和网民的一顿批判，把我批判得够呛，铺天盖地批判我。他们说你看，现在物价都涨到这个份上了，你还在那儿讲结构性上涨，你这不是掩盖问题、粉饰太平吗？后来我讲了一下，结构性上涨，不是否定价格上涨，这是两码事。价格涨和不涨是个客观事实，这不是谁能否定的。经济学家的责任是什么呢？不是讲涨和没涨，这是低层次，经济学家的任务是讲要找出涨的原因和特点，然后提出解决方案来，这是经济学家的责任。

我为什么讲是结构性上涨呢？就是说第一，你看我们现在的价格上涨带有典型的结构性特征。什么特征呢？去年的 4.8%，其中的 4.0%是由于食品价格上涨造成的。4.0：4.8 等于多少呢？83.3%，就是说去年中国的物价上涨达到十年来最高点，83.3%的原因是食品价格上涨造成的。今年 1-5 月份是 8.1%，8.1%当中食品价格上涨占多大份量呢？84.7%，就是我们现在物价还处在这样高的一个上涨压力下，84.7%的原因还是食品价格上涨了，比如说猪肉涨 68.3%，食用油涨 42.8%，蔬菜涨 27.7%，就还是肉禽蛋菜这些个食品，所以带有典型的食品价格上涨为主的特征。那为什么这些食品价格上涨呢？根本原因还是刚才我讲的，中国经济结构上的深层次原因，就是我们经济结构农业基础长时间薄弱呀！到现在，于是就表现成肉禽蛋菜、农产品价格全面上涨，这也是一个深层次的原因，中国结构的失衡。我再说一个大的结构问题，现在农民在家里面养猪，一口猪赚 500 块钱左右，他到城里打工，一年下来万八千收入没问题，去掉各种消费，还能拿回老家 5000 块钱左右，拿回老家 5000 块钱不就相当于在农村家里养 10 口猪吗？你说他怎么选呢？他是选我在家养 10 口猪，还是选我在城里打一年工呢？显然多数农民都选择到城里打工。现在全国农民工进城的大约 1.3 亿，这上亿的人原来在农村是养猪的，现在他们到城里打工，这不就不养猪了吗？他到城里打工不但不养猪了，他还变成吃肉的了，所以这个肉价能不涨吗？再有一个，这几年我们城里公务员涨工资、企业涨工资、发奖金，谁给农民涨工资啊？没有人管啊！所以我讲过，我说这回农产品价格上涨是市场对我们城乡利益的一次再调整，是市场给农民涨工资。我们去年全国农民人均收入 4140 元，4140 元是什么概念呢？比上一年净增加 553 块。553 是块什么意思呢？1978 年到 2007 年三十年改革开放，中国农民增收绝对额最高的一年就是去年，553 块。什么原因呢？农产品涨价起了主要因素、主要作用。

　　我给你们举一个我身边的例子，我的司机在北京，他父母在河北农村，我说你父母在河北农村，也没多少事，那么点儿地用不了多长时间就种完了，我说我建议你们家养点儿猪，我看养猪能赚钱。听我的，他们家养了两头母猪，我跟你说，这两头母猪去年那赚大钱了，去年两头母猪下了三窝小猪，前两窝 29 个，卖了 10600 块钱。他说他爸、他妈算账，净赚 8000。当然农民算这净赚他没抛掉工钱，那你说8000 块钱对河北一个农民，老两口在种地之余，也是了不得的收入啊！所以我现在就找几个养猪的样本户来分析农民，我现在给他们家指导，

我说你们家今年就养母猪、卖小猪。为什么呢？大家都知道，现在中央财政拿钱，一头母猪给补100块钱，然后再给每一头母猪买60块钱保险，现在母猪都进保了，是不是？我说你们养母猪赚钱吧？没问题吧？这是第一。第二，我说现在饲料价格居高不下，那你卖小猪，小猪就吃妈妈奶，这段时间也不用交钱。还有一个，我说这个农产品有一个价格规律，经济学叫"蛛网理论"。什么叫"蛛网理论"呢？叫做"本期产量决定本期价格，本期价格决定下期产量"。你可别小看，这个理论很重要。为什么这个农产品经常表现为波动，就是说今年多、明年少，后年又多、大后年又少？就是蛛网理论，就是"本期产量决定本期价格，本期价格决定下期产量"。所以现在我们各种政策、措施下去，我觉得我们农民养猪再加上我们产业化、规模化的发展，我们这个猪肉迟早有一天还得研究"肉多了，价格降下来了"怎么办？所以我说你们家得养母猪、卖小猪，这样风险就小。农民在这次肉禽蛋菜涨价当中得到了好处。农民得到好处，谁受了损失呢？不就是我们吗？我们买肉的受损失。我们受损失，其实更多的损失还是集中在低收入群体，他们受损失更大。所以你看，我们各级党委、政府都决定对全国提高低保水平，对低收入群体的都给补贴。我觉得这次应当说肉禽蛋菜全面涨价有三大好处：第一大好处有助于农民增收；第二大好处使我们大家都深刻地认识到为什么三农问题是全党工作的重中之重；第三，我说推动了社会保障体系的完善。你说咱们这个财政这几年都以30%左右的速度增长，然而大家都知道社保低，低保水平也不高，离退休人员的离退休费用也该涨，但是始终没下决心，就是去年开始这肉一涨价，决心下了，全国都提高了，所以我说有三大好处。

我在讲到涨价的时候，说过经济学上有一个定理叫做"替代本能"，什么叫"替代本能"呢？就是说任何一种商品都有替代品，它都不能够凭借它自身的使用价值形成自然垄断。所以所有的商品，不管是什么商品都有替代品，有替代品就产生竞争。这种状况下，一种商品价格上涨了，消费者有一个什么办法去抵制它呢？我买它的替代品，涨价幅度不高的替代品。比如我们现在的猪肉，猪肉不是涨了 68.3% 吗？那对不起，我不买你了。我买谁呢？我买牛肉啊！牛肉现在全国上涨不到 50% 啊！牛肉再涨那我也不买了，我买水产品。全国水产品去年价格一路走低，去年海南一个养虾的企业家来到北京，过来一次要找我吃饭，我说我也不认识你，怎么跟你吃饭呢？你有什么事？他后来告诉我说没什么事，就是想听我给他分析分析，他这个虾价啥时候能涨上来。今年 2 月份下大雪把这个水产品价格涨上来了，今年全国水产品价格涨了 16%。其实消费者都是在选择替代品。我有时间经常到商场看肉价，我看见最大的变化是卖肉摊前的人少了，就是大家都选择替代品了，这是人的本能，不用懂经济学。

去年我就讲，我说 CPI 可以成为全国普及率最高的词汇，都怪 CPI，然后都骂 CPI 上涨，我说其中有相当部分人不是心疼我们的肉禽蛋菜涨多少，给他生活带来多大的压力，不是这个。他心疼什么呢？他心疼我这个 CPI 一上去，人民银行就加息。人民银行一加息他股市就跌，他心疼他的股票损失，所以说起来他是代表他自己的利益，表面上他说他代表广大人民群众的利益，其实是代表他自己的利益。涨价的事，有几点我觉得我们要谈，第一点，猪肉，肉禽蛋菜长时间地薄弱，供给不足，成本上升，你说能不涨吗？另外，现在中国这个价格很复杂。复杂在哪里呢？它有国际因素。全世界油价大涨，粮价大涨，这是我们能左右的吗？也是我们左右不了的。你别小看这个替代，替代本能最终产生的经济学叫"替代效应"，什么是"替代效应"呢？就是你看，比如大家都买牛肉，都买牛肉那牛肉也大涨，等到都买海鲜，海鲜也大涨，于是你看到市场上由于这种替代本能导致的现象，经济学上叫做"替代效应"。什么叫"替代效应"呢？就是涨价的面越来越宽、涨价的商品越来越多，咱们现在就是这个状况。所以这个价格由结构性上涨转到明显的通货膨胀是个规律，如果不加以宏观调控

的话，它就必然地要从结构性上涨转到明显的通货膨胀，因此现在党中央、国务院决定要把防止价格上涨由结构性上涨转到明显的通货膨胀作为宏观调控的第一位。怎么样做到防止价格由结构性的上涨转到明显通胀呢？就是做到"另一个防止"。

"另一个防止"是什么呢？就是防止经济增长由偏快转向过热。现在中国经济增长由偏快转向过热有三大表现，哪三大表现呢？第一叫"固定资产投资，增长速度过快"；第二叫"货币与信贷投放过多"；第三叫"对外贸易顺差过大"。投资速度增长过快我刚才讲过了，你说我们信贷投放，去年咱们全国计划投放是 2.9 亿人民币，实际上投了 3.6 万亿。今年一月份单月就投入 8000 多亿，去年是 3.6 万，今年一月就 8000 多亿。为什么五月份央行存款准备金率提了 1 个点？因为五月份又出现反弹，这是货币与信贷投放。贸易顺差，2006 年我们是 1775 亿美元，这么大的顺差导致流动性过剩，于是我们提出要减顺差，到了2007 年不但没减下来，相反上升到 2622 亿美元。今年现在 1-5 月份780 亿美元，五月份单月就进来 202 亿美元的顺差。现在复杂在哪里呢？就复杂在这三个"过"，就是固定资产投资增长过快、货币与信贷投放过多，加上外贸顺差过大。这三个"过"不是孤立的，它交织在一起互相推动。我们来分析外贸顺差，外贸顺差意味着什么呢？外贸顺差就是说这东西卖到国外去了，美元回到境内了。按照法律规定，一个国家只能是本地流通，就是我们国家只能是人民币流通，外汇不能流通。美元不能流通怎么办呢？就要求咱们的中央银行发行同比率的人民币和它对冲，比如说我讲大数，现在你进来 100 万美元的创汇和顺差，中央银行就得发 700 万人民币和它对冲，这种对冲的人民币在金融学上叫"基础货币"，也叫"高能货币"，经过银行乘数效应，一般来说现在还能扩大五倍。那么大量的顺差就导致央行被迫地大量对冲，这是被迫的，那么就产生流动性过剩，流动性过剩第一个表现就是被迫地增发纸币。本来我们现在物价上涨，然后你再增发纸币，火上浇油，宏观经济这种均衡就更加困难。流动性过剩的第二个表现是什么呢？就是大量的钱都挤在商业银行了，比如把美元放到中行、工行、建行，都放到商业银行了，然后央行对冲人民币也在商业银行，咱们知道，商业银行也是企业呀！商业银行也得追求利润，那么商业银行就千方百计地要把这笔钱放出去，因为你存到那儿它还得付利息。咱们国家银行现在牟利、盈利的方式80%还是靠存贷款，所以商业银行就千方百计把这笔钱放出去，正好外面固定资产投资对银行提出了强烈的希望，这两家一拍即合，大量的货币就以信贷的方式从银行进到了投资。投资有了银行信贷的资产，它的规模进一步扩大，速度进一步加快。投资规模加快了，速度加快，规模加大了，什么结局呢？就是产能、产量增加。我刚才说了，产能、产量增加了，我们的消费太差了，对整个经济增长供应远远不足，所以消费支撑不了，怎么办呢？就加大出口，大量的出口这不又绕回来了吗？又导致贸易顺差进一步扩大，所以这三个"过"交织在一起，形成了恶性循环，解决起来难度就更大。

那怎么样做到两个防止？就是按照中央经济工作会议的要求，贯彻十二字方针，哪十二个字呢？叫"控总量、稳物价、调结构、促平衡"，这十二个字。这十二字方针非常重要，"控总量"意味着什么呢？"控总量"就是我们中国经济现在主要矛盾不是总量问题，还是质量问题，所以一定要把"好"放在"快"的前面，要"又好又快"发展。"稳物价"就是我们一定要坚定不移地把抑制物价过快、过高增长放在宏观调控的第一位。但是确实难度很大，我刚才说了，一个国际因素，叫做"输入型通货膨胀"，这是我们所不能左右的，再一个，我前一段时间说，我们中国过去经济增长很重要的一点是建立在第一要素成本上，什么是"第一要素成本"呢？劳动力成本低、能源价格低、土地价格低、环保成本低、社保价格低、资金成本低，都是第一要素成本。现在看，经济全球化，而且中国经济改革开放到了今天，这种第一要素成本时代应当说是一去不复返了。所以今天上午我们统计局杨局长讲，用市场配置资源，又通过市场来理顺价格，这一点在宏观调控是绕不过去的坎，我认为他讲得非常正确。价格现在还有一个问题复杂在哪里呢？我觉得就复杂在现在这个价格上涨当中有该涨的，比如说我说农产品价格应该涨，但是确实也有不该涨的，浑水摸鱼串通涨价、哄抬物价，这个现象现在非常严重。你说去年整一个什么叫做"方便面协会"，也不知道是哪一路神仙也出来哄抬物价了，国家发改委处理了。我在月初的时候，在北大的一个公开课堂，我批判了一个汽车公司的老总，这回网民就支持我，前一段时间有一个汽车公司的老总说他这个汽车应该涨价，而且能涨价。为什么呢？他说现在这个汽车要是论斤卖，都卖不过猪肉，猪肉涨价涨那么厉害，所以我汽车得涨价，想哄抬汽车价格。我听了以后发表了不同意见，我说这么大的一个汽车企业的老总，经济学常识如此的缺乏，我觉得是个悲哀，太没有常识了。什么常识呢？经济学常识告诉我们，必须得相同品质的东西才能比较，不相同品质东西不能比啊！你说你汽车跟猪肉怎么能比？不相同品质的东西不能放在一起比。我当时就这一个例子说，这位汽车公司老总他的孩子，要是我们给他介绍个对象，征求他的意见，说你看你们家孩子这个对象是要人好呢还是要猪好，他就跟我急，说我侮辱人，我说不是，这是他的理论啊！不相同品质的东西可以在一块儿比嘛，是不是？我还讲，我说如果说你这个汽车要论斤卖，意味着什么呢？就是说把汽车切开了论斤卖吧？一旦把汽车切开了就不叫汽车了，一旦把汽车切开叫"废铜烂铁"，我说废铜烂铁归谁领导呢？归收破烂、收废品的领导，那能卖过猪肉吗？也卖不过猪肉嘛。我说现在我们国家（还是月初那时候），我说全国猪肉的后腿肉平均价格一公斤，后腿肉26块4毛6，我说那把汽车公司的老总后腿拿出来，2毛6也没人要啊！我说那你说我们能不能得出这么一个结论，说现在共产党领导的社会主义中国，人不如猪贵呀？能得这个结论吗？我说这么大一个汽车企业老总，两个问题，第一，党中央、国务院高度重视，要抑制物价过高、过快增长，你一个国有企业的领导人还敢在这儿哄抬物价？第二个，不同品质东西不能放在一块儿比较，这是经济学常识。缺乏常识，也不知道怎么当的这个领导。而且我当时就说，我说我劝大家，你千万别听他忽悠，中国汽车价格绝对涨不了，保证得降。你们在座的谁要买车我建议你们绝对再等等，肯定比现在降了。为什么呢？第一，总量突破 1000 万辆，供给在这儿摆着呢！第二，油价还在涨，你说汽车能不受冲击吗？第三，这回四川大地震咱们全国从中央到地方行政军费减 5%，其中严格控制政府公用购车，现在咱们公务买车占 15% 以上。这市场都没了，你说那价格能不降吗？所以他们是用心险恶，都是千方百计想掏我们口袋里那点钱。所以我觉得现在价格那真是复杂，有该涨的，有不该涨的，混到一起了。第三就是"调结构"，宏观调控不是一刀切，从紧的货币政策也不是一刀切，是区别对待、有保有压。第四就是"促平衡"，"促平衡"是要改善国际收支，尽可能减少顺差，但是减少顺差也不意味着单一地压出口，出口压太多了我们的就业怎么办呢？所以还是要从优化结构角度来看。2008 年，尽管我们面对着诸多复杂的局面，但是我们按照中央经济工作会议确定的这 12 个字，就是"控总量、稳物价、调结构、促平衡"的话，我觉得我们完全可以克服这么多复杂的困难，保持中国能够经济平稳、较快增长。

前一段时间，中央电视台《经济半小时》栏目请我谈了半个小时中国经济。谈到后来主持人问我："现在能不能请你用一个字概括一下 2008 年中国经济会是个什么样子？"我想了一下，我说你让我用一个字，这个难度很大，如果就让我用一个字的话，那我就选一个"稳"字，平稳的稳。我觉得 2008 年中国经济的基本特征就是个"稳"字，比如说我们的经济增长速度，我们肯定会有所回落，因为我们要防止经济增长由偏快转向过热，要有意识地把它压下来，而且正好现在又

面临着复杂的和困难的局面，所以经济增长速度绝对不会像去年 11.9%
那么高，肯定会回落。回落到多少呢？现在有人讲总体下降到 8%以
下，我觉得也不对，我认为 10%左右。10%左右是什么概念呢？我们三
十年，1978 年到 2007 年平均 9.7%，10%左右还是略高于三十年的平均
增长速度，我觉得还是一个"稳"字。

　　物价下半年大幅度上扬不可能，我劝大家真的别听媒体在那儿炒
作，背后都有利益集团，当然是个别媒体。散布涨价消息，妄图使大
家抢购，然后他们就获利。我说下半年物价大幅度上扬肯定不可能，
总理提了九大措施，我们这次省委书记、省长会议又再次把控制物价
过快过高增长作为宏观调控最重要的任务，肯定不可能再大幅度上扬。
但是能不能一下子就回落呢？也不行，也不现实，因为我们还面临着
众多的困难，特别是我刚才说了，现在的物价上涨 84.7%的原因是食
品，肉禽蛋菜。这农产品和工业品不一样在哪里呢？农产品在经济上
都有一个"自然生长周期"，工业品没有，工业品短缺了，加班加点、
开足设备，产量就增加了，四川这回地震帐篷短缺了，总书记到了帐
篷生产企业给大家一鼓劲，大家加班加点，24 小时不停，这不产量就
增加了吗？农产品不行，你说这猪，怀孕得三个月，谁鼓劲也不能一
个月就生小猪。它有一个自然生长周期，所以物价大幅度上扬不可能，
但是能不能一下子就回落呢？我觉得也不现实，所以我觉得它也是个
"稳"字。第三再说投资，现在有人讲，说今年中国最大的问题是投资
要大幅度回落，然后中国经济要走向衰退，我觉得这个也不可能。当
然投资过快增长肯定要把它遏制住，因为高投资率最终要导致高通货
膨胀率，经济就会导致全面过热，那问题就大了。但是你说能压下来
多少呢？咱们全国，一大批优秀的年轻干部都上了台，各个摩拳擦掌、
大干快干，你说能压下来吗？压不下来，不会出现投资衰退。那么还
有一个大的风险是什么呢？这个确实要提高警惕的风险在哪里呢？就
是说我们要把握好宏观调控的力度和节奏。在宏观调控的力度和结构

上，如果我们能够加以科学地把握的话，我们就能够保持整个经济平稳、较快增长。所以，我说 2008 年中国经济要让我一个字表述就是个"稳"字。

回过头来之后再来总结，今天下午我的基本思想就是这样，咱们理解刚刚闭幕的中央工作会议的精神就是我们既要充分地、正确地估计中国经济的积极因素和有利因素，坚定信心，又要充分看到我们现在所面临的问题，还是要增强风险意识。但总的来说，我说中国经济的基本面是好的，支撑中国经济基本面的基本力量还在继续地发挥作用，中国经济内在的、内生的增长动力仍然强劲。虽然我们现在处在一个从来没有遇到过的困难局面和复杂局面中，但在这个时期，我们有党中央、国务院的坚强领导，我们有科学的宏观调控，所以中国经济 2008 年仍然还会是一个平稳、较快增长的这样一个基本态势。

我就讲这么多，谢谢同志们！

突发事件的应急管理

时　间：2008 年 7 月 17 日

地　点：山西省委多功能厅

主　讲：刘铁民

刘铁民

　　刘铁民,1949年12月生,吉林省人。现为国家安全生产监督管理总局直属中国安全生产科学研究院院长,研究员,博士生导师,国务院应急专家组成员和国家安全生产专家组成员。

　　长期从事安全生产科技工作,负责完成了安全科技领域多项国家"七五"、"八五"、"九五"和"十五"科技攻关和国际合作项目,以及国家自然科学基金资助等重大项目,已获省部级以上科技成果奖13项。参与国家组织的安全科技发展战略和重大项目规划制定。组织完成了南水北调和长江三峡水电工程等国家重点工程项目的安全咨询、评估和认证工作,主持编制和执笔起草了大量重大工程技术报告。编著有《应急体系建设和应急预案编制》等11部学术专著。在国内外发表学术论文100多篇。

安全发展
"以人为本。

中国安全生产科学研究院

刘铁民

2008.7.17

很高兴有机会来太原和我们省直系统的同志们，与各地的领导干部一起来学习突发事件的应急管理。我记得有同志问过我，说这几年为什么应急的问题放在这样高的位置？国家颁布了法律，制定了预案，各级人民政府和企业都有制定应急预案和应急演练，是什么原因使"应急"成为了全党全社会高度关注的问题？我们可以讲是因为时代进步了。知道随着精神文明和物质文明的发展，社会系统更加复杂、庞大，但是它的脆弱性却随之增加了。应急管理受到空前的重视，这是精神文明进步的一种表现，是一个执政党和各级人民政府执政理念的一个重大变化。各类突发事件在历史上是经常出现的。若干年前的突发事件，它对社会造成的破坏主要属于自然属性的，而现代社会突发事件社会属性越来越突出。比如说，2003 年的非典是传染病，但是它给社会造成的动荡，大家现在仍然记忆犹新。2008 年早春的冰雪灾害是非常典型的恶劣气象条件造成的自然灾害，但是它牵动了全国人民的心，而且动员了全国之力来解决这个问题。还有 5·12 汶川大地震，震撼了全中国、震撼了全世界。汶川大地震所折射出这种时代的光芒、人文的光芒，用一般自然灾害的结果，我们是无法理解、无法解释的。就是说现在我们应对突发事件的时候更彰显出人文特点、社会属性的特点。这样就对我们执政党、对各级人民政府提出很高的要求。对一个突发事件能否处理好，是衡量一个党的执政路线、各级人民政府的执政能力强弱的标准。还有一个原因是不能被忽略的，就是随着社会进步，广大人民群众对自己的生活、工作环境的安全性要求越来越高，同时对各级人民政府处理危机事件的能力提出的要求也越来越高。综

合这些原因迫使各级人民政府，必须跟上时代的步伐，提高处理突发事件的能力。

今天我想从这几个方面和大家做一个介绍。第一个就是先介绍一下什么是突发事件，它的一些基本概念，以及我们对它的基本理解。讲到突发事件，国家《突发事件应对法》第三条有明确定义。这种事件是事先无法预料的，或者根本没有征兆就突然发生了。比如说5·12汶川大地震。有些事件事先有所迹象，但是它突然发生了质变，这种质变的后果事先也没有被预料到。比如说最近贵州瓮安的事件。突发事件另一个特点就是破坏严重。我们指的突发事件是它对我们的社会的、公众的生活，对我们的执政系统，都造成了严重的冲击甚至失控，有些突发事件的破坏力，是我们一般的想象力无法想象到的。前几年发生在印度洋上的大海啸，它的震源是在苏门答腊，但是在不到一个小时到两个小时之间，它迅速的席卷整个印度洋。这次海啸重灾区之一斯里兰卡距离苏门答腊大概有将近两千公里的距离，事实上它收到了国际海啸组织的警报，而且他们也正在研究如何辨识这个警报，但在采取措施的时候，海啸呼啸而至，不到两个小时。苏门答腊和斯里兰卡之间有两千来公里的距离，可以想象这次海啸是一个什么样的速度。据测算，当时这个海啸的前进速度是每小时800公里。我昨天晚上从北京到太原坐的波音737，它的航速是735公里。也就是说，印度洋海啸的前进速度比喷气式飞机还要快，真可谓是迅雷不及掩耳。海啸袭来是十米高的浪头，现在这个报告厅是大概有十米高，也许还不够。印度洋海啸就是仰着这十米高的浪头在几千公里的海面上呼啸前进，速度比波音737还要快，这样巨大破坏力，人类是无法抵抗的。那次海啸造成了30万人死亡。

5·12汶川大地震最后定为8.0级。震后现场我去过，当我站在灾区的山坡上，俯瞰山下这个城市的时候，真切地体会到自然的力量多么可怕！路过一个小村庄，当地一位干部问我："您能在这个地方找到一个村子的痕迹么?"我连一片瓦也看不到,但他说这个地方曾经是近百户的村庄。原来,地震首先是塌陷,然后是山体滑坡。实际上不是滑一点土,而是整个山都挪了位置,挪了百八十米,把村子压在下面。这个时候,任何人都会感受到自然破坏的巨大震撼力。我到了汶川以后,直接感觉到的是地震使这个世界颠覆了。在灾害面前,人类也可以表现出伟大,我们在汶川大地震表现出来那样坚强的决心,那样人与人之间温暖的关爱,赢得了全世界人民的尊重。很多人由此改变了对中国人的看法,也为我们的奥运活动创造了很好的氛围。

第二个要讲的是处置的紧迫性。突发事件的处置和一般的日常公共的管理处置性质完全是不一样的。在一般行政管理过程中,一个小时和一天对一个决策没有本质区别。比如说一件事情研究一下,再研究一下,再再研究一下都是可以的,但是突发事件是不允许这样的,甚至不允许你来研究它,必须马上决定。因为突发事件在顷刻之间就会发生质变。汶川地震以后,我和灾区的一位市长交谈的时候,他讲到堰塞湖的问题。政府当时决定把绵阳的市民撤到地势比较高的地方,这个决策是非常正确的。没有经历过研究一亿立方的水、两亿立方的水、三亿立方的水呼啸而下会在下游产生什么影响。当时我们有群众是有意见的,住在帐篷里面,气温高达 30 多度,群众很不方便,但是当他们看到已经被处理完的堰塞湖,在泄洪时候那种危险的情况时,群众这个时候都感觉到当时政府做的紧急处理是非常正确的,否则后果不堪设想。因为被淹造成的伤亡甚至会比地震还要严重,所以处置的紧迫性是非常重要的。

突发事件还有一些特点应该被我们认识,其中一个就是它的极不确定性。大家对 2003 年的非典可能记忆犹新,当非典来临的时候,没有人能说清楚它是由于什么病原体传染的,它的传播途径、发生病变的病理机理是什么?怎样治疗和预防?可以说在早期是一片茫然,而且也不知道这样严重的传染病,用什么方法、什么时候能够控制住。

甚至当天气转暖，进入五六月份，非典悄然遁去的时候，大家还心有余悸：它还会不会卷土重来，如果它再一次来到，会是怎样的状态？就是这种不确定性使政府应对的时候要面临很大的困难。另一个特点是突发事件会造成人们心理的恐慌。非典造成了500人左右死亡，更造成了极大的恐慌。每年我国各类事故死亡人数在10万人左右，虽然对社会也有冲击，但是并没有给社会造成极大的恐慌。非典，正是由于它的不确定性，几乎使每一个地区、每一个城市、每一个人都感到了恐惧。突发事件的另一个特点是其复杂的变异性。我们也把这类事件称为"离散随机小概率事件"，有些事件在刚刚处理的时候可能是一般的民事纠纷，但在一个特定的环境下，由于处理上的一些问题，就会发生巨大的变异，改变事件的性质。瓮安的事件是一个非常典型的例子。但是近几年仅仅是瓮安吗？我们想一想四川广安、广东潮州地区因为移民就是发生了剧烈的警民冲突，最后公众冲击行政机关、烧毁汽车，甚至把政府的大楼点燃。这些事件刚开始的时候都是比较小的事情。但是由于我们对它的规律性和危险性认识不足，贸然出击，简单处理，最后发生变异，造成难以控制的公众事件。再有就是潜在的危机性，一般工作中出现的突发事件，是常规性事件，很难形成危机，但是有些突发事件具有危机性。这种危机性表现在事后发生的一些重大事件的内在联系，倘若不能早期处置和得当的应对，导致危机出现，就要付出很沉重的代价。

什么叫危机？危机就是失控。作为市一级人民政府、县一级人民政府、基层的政府，把一个事件闹得不得不由你的上级来处置，危机便形成了。所以要对突发事件应急管理认真的了解、学习。它和一般常规行政管理职能有很大区别，这些区别是由其基本定义和特点决定的。对突发事件的管理，从经典意义上来说，是对风险的管理，因为突发事件的承载体是社会和各级政府。突发事件从这个意义上来说，无论是对公众，还是对执政者，都是一种风险。全社会非常关注安全，安全就是风险的隶属度，这句话听起来是不是很绕口？安全是风险的度？我们知道所谓的风险是指事故的发生概率，当事故绝对不发生的时候，风险概率就是0。当事故已经发生，它的概率是1。实际生活中，0和1的概率是不存在理论值的，没有一个地方绝对不发生任何事件，也没有一个地方会天天处在绝对事件中，天天出事件，那么我们的社会就无法存在。所以，一般的概率是在0和1之间，两者之间的分布就叫隶属度。当一个地区或者一个企业的事故概率越来越接近于1的时候，就说明该地区或企业越来越危险。当事故的概率越来越接近于0的时候，便越来越安全。对于一个地区而言，它的安全水平实际上是一个相对风险水平，风险越高安全度越低，安全度越高风险就越低。因此，我们讲的安全不是绝对不发生事件，而是在0和1之间的一个度，所以，零事件、零事故是目标而不是指标。我们说风险是一个度，也是从概率上来说。从统计学最基本的概念上认识，任何一个突发事件都是叫离散随机小概率事件。

怎样从实践意义上理解离散随机小概率？举一个很简单的例子：在桌子前面放三个小桶，里面装上两种颜色的球，大家知道这是一个非常典型的随机实验，我们上数学课或者概率课的时候都用过。第一个桶里装九个白球，一个红球；第二个桶里装九十九个白球，一个红球；第三个桶里装九百九十九个白球，一个红球。第一个问题：倘若在一个桶里一次只摸一个球，哪个桶最容易摸到红球？答案是第一个桶。哪个最不容易摸到？答案是第三个桶。大家会问为什么？这是概率的一条定律。还有第二个问题和大家讨论，当你在三个桶里摸球的时候，可以事先计划好在任意一个桶里，第几次摸到红球。有人能做到吗？现在社会上流行很多书告诉你、指导你怎么去摸彩票，诸如《彩票指南》等，基本都是伪科学。因为它违背了一个最基本的统计学规律。大家可以想象，倘若他自己真有那本事，还写书干什么？直接去买彩票就是了。没人能做到，但是有没有可能性呢？第一个桶里摸

到红球的概率虽然很高，但你摸了若干次还是摸不到红球，第三个桶里摸出红球的概率虽然很低，你下去一摸，第一个、第二个就把红球摸上来了，这种可能性是完全有的，这就是随机性。倘若大家知道没这种可能性，谁还去买彩票？还有就是在第一个桶里面概率虽然很高，但你摸了若干次也没有摸到红球，在第三个桶里面概率虽然很低，却很容易就摸到，我们刚才讲了有这种可能性。那么怎样来解释周围发生的事件呢？当突发事件发生时，是具有离散随机性的，你没有办法准确判定把握。因此，有些事件预测预警很困难。突发事件还有一个特点是小概率呀！我们讲安全是风险的隶属度，为提高安全水平，一个办法就是降低事故概率。就是通过严格的管理措施，使事故发生的可能性下降。换句话说，原来十个球里面，有一个红球，到一百个、一千个、一万个、十万个里边只有一个，这时候它的风险的概率不是越来越接近于零了吗？从这个意义上讲越来越安全了。

实现这样一个低风险概率的安全水平，需要系统化的应急管理措施。重大事故灾难应急管理是一个复杂开放的系统。系统论系统工程的思想，在一个危机的应变过程中非常重要。它是我们进行应急管理的理论基础。系统论告诉我们，系统由多个要素构成，要素之间互相联系，总体不等于各部分之和。前两个原则大家容易理解，后一个说法可能觉得有些困惑——为什么所有的东西加在一起不等于总体？

举个例子：大家骑自行车或者上班或者运动。从自行车的零件商店里把各种零件，包括车把、车圈、车铃全部买回来，哗啦一下放在一个大筐里边，一件都不少。但是能骑走吗？答案是否定的。但是，我们想象有一辆自行车，已经很陈旧了，车胎补了三次，车铃也不响了，然而只要装配合适，维护较好，就可以骑，甚至用十年八年都没问题。为什么？因为它是个"总体"，前者是各部分之和，各部分之和不具备总体功能。各部分之和与总体的差异在哪里？在结构上，一种混乱的无序的状态，即使有再强大的力量，各个部分也形成不了总体，只能表现为各部分功能。倘若一些个基础的甚至比较柔弱的成份，被完美地融合在一起，形成了总体，它会具有很强大的功能。所以应急管理必须形成总体。一旦形成总体，是否就具有非常好的功能了呢？这还取决于系统论的另一个认识，就是系统的功能最优取决于结构最优。现在各级人民政府都在关注应急体系建设，尤其是体制机制的建设，实际上就是为了把应急管理形成一个结构最优的总体。它的最基本的问题就是来源于对系统的认识。倘若这个体系，不能够形成总体，而且不能够注意结构最优，那么我们应对突发事件就会表现出一种脆弱性。尤其在现代社会里，这种脆弱性越来越明显。在这个工业革命进程中，我们经历了农业社会、初级工业社会、现代工业文明这些历史时期，在现代社会里面，系统更加复杂，为我们的生活带来更多的方便，但这样的大社会系统更加脆弱。一旦外来的危机、自然灾害或者技术事故，对它造成破坏的时候，系统的抗逆力和可恢复性就越差。

南方冰雪灾害后，我问一位湖南郴州受灾的乡亲："你们在冰雪灾害的时候，感到最头疼的是什么？"他说是没有电。又问一个年轻人，你感到最头疼的是什么，他说手机不响。这个问题倘若放在三十年前、五十年前会成为问题吗？我们现在对社会的依赖性，对物质的依赖性，对社会整个结构的依赖性越来越大。这种现代社会的脆弱性，在灾难爆发时就表现得非常突出，这样就可以理解为什么自然灾害很容易对社会系统造成致命打击。我们要注重提高应急能力，在复杂情况下，管理失当可以成为危机的一个诱因。倘若一个事件的发展过程很平坦的、很缓慢，在运行过程中就可能逐渐消亡。但是由于管理失当，也可能突然发生变异，甚至可能成为危机。这方面的经验教训相当多，相当沉重。当今社会一些突发事件之所以引人关注，就是它的社会属性越来越突出。我们处在一个社会高风险期，工业化国家的发展经验和新中国六十年来的发展历程证明，当行政体制、经济体制处在重大变革时期，经济又高速发展时，社会风险度是很高的。全世界的经验证明，这个时期非常敏感，最容易发生政治动荡和社会风潮。我国改革开放30年取得的巨大成就，经济高速发展，人民生活水平日益提高。但是从总体上来讲，还处在社会高风险期，特征之一就是社会很敏感。具体可以表现为一些特征性的和规律性的东西出现。这个时期，事件的爆发具有突发性和破坏性，频率也比较高。按照社会物理学的观点，把事件爆发理解为一种最基本的现象，叫"社会燃烧"。什么是社会燃烧？燃烧需要三个最基本条件，一是有能源，要有能被点着的物质，二是有氧气供氧，三是有火源。现在一些社会突发事件就彰显了这样的特点。社会燃烧的能源来自哪里？来自公众的不满和不理解。执政者的一些重大方针政策，对每一个家庭、每个人的处置，很难做到一碗水端平，很难做到群众百分之百的利益都受到关注，只能照顾大多数。如果一个政策照顾这一部分大多数，另一个政策照顾另一部分大多数，总还会有一部分人得不到满足。A事件不满足一部分人，B事件不满足一部分，C事件不满足一部分，累积起来就是能够燃烧的能源。比如这次瓮安事件，采矿权问题、移民问题、拆迁问题，甚至教育和就业等等问题都积累了不少，而且都尚未得到及时解决，所以在社会各阶层中就形成了一些不满。集聚起来的这些东西去燃烧，还需要一个环境条件，那就是氧气，也就是所谓的氛围。当几百人、几千人聚集起来的时候，这个氛围就有了。这时候差的就是点火源了。在高度敏感时期就会一触即发，我们各级人民政府的领导干部，处理这类事件一定要以冷处理为主。

除此之外，我们还要讲突发事件动力学。为什么要负反馈？为什么要冷处理？因为正面的刚性处理容易把火点着，使事件扩大，要用熄火的措施。有些事故可以转化，这种转化事先无法预料，就是当A事件变成B事件的时候，有些因素是"触酶"，什么叫触酶？当A物质变成B物质的时候，它触动化学过程，但是它本身并不参与。这里面有很多经典事件，其中一个可能大家都知道——上世纪90年代初，美国洛杉矶的那场公众骚乱，就是写进教科书的经典事件。事件的起因是两个黑人青年在高速公路上超速行驶，有四个白人警察发现之后，命令他们停车检查，这两个黑人青年不但不停车，反而加速前进。他们跑不过警车，当被警车拦截下来时，副驾驶位置上的小伙子逃走了，司机被抓住了。后来调查发现，实际上他们逃跑并不是因为超速，而是在车里放了可卡因，担心毒品被查获。四个白人警察追了半天，非常恼火，将黑人司机从车上拽下来，拳打脚踢。按照法律规定他既然已没有抵抗能力，不逃跑了，就不应该对他施以暴力，但白人警察拳打脚踢的过程恰恰被人用摄像机拍了下来。类似事件在美国也是经常发生的，我在旧金山就亲眼看见三个白人警察殴打一个黑人，打的满脸是血，大皮鞋往脸上踹。但这次被录下来的镜头，拍摄者把录像带送到当地电视台，当天晚上在洛杉矶一家电视台的新闻节目中播放了，立刻引起轩然大波，尤其是有色人种，他们不满、抗议。最后一个绿色组织、有色人组织请律师就把这四个白人警察告上法庭，起诉他们执法过度、种族歧视、对黑人施暴。这个事件进入了法律程序应该说问题解决了，大家都认为打人的警察会受到法律制裁，但当全社会翘首以待公正审判的时候，审判结果是四个白人警察无罪释放。消息传出，整个社会处于非常沉闷的状态。但有人很敏感，感觉要出事，所以在宣判的当天晚上，洛杉矶市中心的广场上就聚集了几千名来自各地的记者，几百架照相机、录像机，甚至还有12架直升飞机在低空盘旋，都是媒体专门准备录像的。等了几个小时没什么动静，低空盘旋的直升飞机、大规模的媒体聚集等都从电视画面传给了公众，但是广场没有人。洛杉矶电视二台一位很有名的主播人，回忆起当时的情景说这就等于媒体告诉公众说：我们都准备好了，事件怎么还没发生？先有一小部分人受到鼓舞，走上大街，烧汽车、点垃圾筒。当时洛杉矶市政府保持一个低姿态，告诉警察不要过分干预，但这个信息又从媒体传达给公众，等于告诉公众说：出来吧，你们怎么做也没人管。

这时候更多人就走到街上，事件逐渐失控，演变为抢劫和暴力活动，开始抢商店、砸玻璃窗，甚至发生枪击事件，越演越烈，直到最后调出军队，事件才得以平息。这个事件给人的教训就是，针对特殊敏感时期出现的一些特殊变化，要有早期的意识，尤其是媒体的引导作用很大。所以，很多人后来回忆这场事件发生的原因时说：媒体像一群看客，等待观赏一场威武雄壮的戏剧演出。

我们也有这样的教训。当出现重大危急事件，当地方政府遇到重大困难的时候，媒体有社会责任去帮助政府迅速处理事件，帮助人民迅速安定下来。

对危急事件处理过程中还要注意涟漪效应。一池水平静如镜面，这时候你扔进一个石子，噗通打中水面，石子落到水池底下了，没有动静了，但是在湖面上造成的冲击波却一圈又一圈扩大，这就是涟漪效应。一个小的事件也可能导致严重后果。比如前些年重庆市人民政府遇到一个棘手的事件——最牛的钉子户。当时国家正在搞物权法的工作，尊重公民的财产所有权，这个时候法院也作了判决，可以对这个最牛的钉子户进行强制拆除，但是这个人不服从。刚开始他以一己之力，要和政府对抗，就是不拆，所以出现了僵局。大家可能注意到了，在那个期间最牛钉子户引起了国内外媒体和社会各界的关注，就像我们刚才讲的例子一样，有一些人在等待威武雄壮的戏剧演出，等着推土机去把房子推平，等着以后发生一系列事件，很多支持这个钉子户的人也在周围聚集。当时主持重庆市委市政府工作的领导，表现了很高的政治敏锐和睿智。大戏没有演出，这个事件就没有涟漪效应，就不能让石子投到水里面，一旦投进去，就会造成后果，这个事件如果真的是热处理，强制执行，推土机上去了，军警也过去了，事件以后很难说会出现什么。这样的事件在国外也是比比皆是，教训很多。这就是说我们在处理危急事件在原则性以外，还要表现出很高的政治智慧和灵活性，因为最终目的是要解决问题。在一个谈判条件中，差三十万、五十万有多大问题？但倘若造成一个震动的突发事件，它的后果有多严重？这个账很好算。这些年，各级人民政府在这方面的能力确实有明显提高。

当一些事件突然发生时，怎么就演变成危机？就失去了控制？现代危机管理理论认为，一般突发事件都会表现为动力学特性，就是把事件从动力学角度看作是一个"流"，把事件的结果看成不断的"流累积"，把处理看成"流入流量"和"流出流量"，依据这些数据进行计算和模拟。很多事件都经历这样一个动力学过程，尤其是一些技术事故，这种表现非常明显。前几年，吉林一个化工厂发生爆炸事故，造成松花江污染，然后发生了一系列事件，该事件整个过程表现为一种动力学现象。从动力学的角度分析，社会在一般情况下是一种正常状态，包括正常生产的企业都是一种正常状态，在发生事件或事故之前，首先是出现故障或异常，倘若能够早期预警，发现这种异常和故障，我们就使它通过一次关闭后回到正常状态。如果这种早期异常处理不当，那么它就可能会变成事件，继而发展为事故。实际操作中，在事故期间我们可以通过第三次关闭回到自然状态。只是由于各种处理方式的问题和事件本身具有固有能量，也可能失去对事件发展的控制，出现危机，继续要做的事就是恢复，恢复就是通过第五次关闭回到正常状态。大家想一想，从第一次关闭到第五次关闭，经历的管理历程，付出的管理成本有天壤之别。在这一个系统中，除了系统固有的能量会促使发展之外，再有一个就是外部环境的影响。我们刚才讲的触酶理论、干涉理论都是这样外部的影响。外部影响对事件的发展是通过反馈调控实现的，这种反馈分两种类型：一种叫正反馈，一种叫负反馈。使事件升温、加速、规模扩张、影响力加大的反馈叫正反馈；负反馈则是调整并使事件发展的速度减缓、规模缩小、温度下降、影响减少、减弱。从重大突发事件动力学理论上来讲，我们各级政府和各种事件的处置者，所要做的主要任务就是负反馈，就是使大事化小、

小事化了，尽快地恢复正常。吉林石化 11·13 事件是一个典型的例子。

2005 年 11 月 13 日，双苯厂苯胺二车间二班班长徐德成在班，同时顶替本班休假职工刘阁学硝基苯和苯胺精制内操岗位操作。因硝基苯精馏塔（以下称 T102 塔）塔釜蒸发量不足、循环不畅，需排放 T102 塔塔釜残液，降低塔釜液位。集散型控制系统（即 DCS 系统）记录和当班硝基苯精制操作记录显示，10 时 10 分（本段所用时间未注明的均为 DCS 系统显示时间，比北京时间慢 1 分 50 秒）硝基苯精制单元停车和排放 T102 塔塔釜残液。根据 DCS 系统记录分析、判断得出，操作人员在停止硝基苯初馏塔（以下称 T101 塔）进料后，没有按照操作规程及时关闭粗硝基苯进料预热器（以下称预热器）的蒸汽阀门，导致预热器内物料气化，T101 塔进料温度超过温度显示仪额定量程（15 分钟内即超过了 150℃量程的上限）。11 时 35 分左右，徐德成发现超温，指挥硝基苯精制外操人员关闭了预热器蒸汽阀门停止加热，T101 塔进料温度才开始下降至正常值，超温时间达 70 分钟。恢复正常生产开车时已是 13 时 21 分，操作人员违反操作规程，先打开了预热器蒸汽阀门加热（使预热器温度再次出现超温）；13 时 34 分，操作人员才启动 T101 塔进料泵向预热器输送粗硝基苯，温度较低（约 26℃）的粗硝基苯进入超温的预热器后，突沸并发生剧烈振动，造成预热器及进料管线的法兰松动、密封失效，空气吸入系统内，随后空气和突沸形成的气化物，被抽入负压运行的 T101 塔。13 时 34 分，T101 塔和 T102 塔相继发生爆炸。受爆炸影响，至 14 时左右，苯胺生产区 2 台粗硝基苯贮罐（容积均为 150 立方米，存量合计 145 吨）及附属设备、2 台硝酸贮罐（容积均为 150 立方米，存量合计 216 吨）相继发生爆炸、燃烧。与此同时，距爆炸点 165 米的 55 号罐区 1 台硝基苯贮罐（容积 1500 立方米，存量 480 吨）和 2 台苯贮罐（容积均为 2000 立方米，存量为 240 吨和 116 吨）受到爆炸飞出残骸的打击，也相继发生爆炸、燃烧。上述贮罐周边的其他设备设施也受到不同程度损坏。

火灾发生后，消防队及时赶到现场，几十名消防队员奋不顾身地进行抢救。这时，一位现场指挥人员告诉消防队队长，现场这几个罐体里都是易燃易爆物质，现在烤得这么热，很可能引起爆炸，而且这个罐子也很难保住。建议尽量早撤出去，否则非常危险。这个消防队长非常果断，立刻带领消防战士和工人撤离了现场。当他们走出不到几百米，刚刚走出厂区大门后，另两个罐子就连续发生剧烈爆炸，倘若不采取这样的措施，死伤的可不只是九个人。储存生产原料的罐体爆炸后，大量的苯、苯胺和硝基苯等物料泄漏，近百吨有毒有害物质与污水通过下水道，流入一个导流明渠。这个明渠有一千三百米长，从厂区流入松花江，中间还有两个污水处理站。倘若污水量很小的话，它们处理是没问题的，但当时污水处理站没有全部开，先前也只开了一个。不光如此，上游有一个电石厂，它平时每天也就排出每小时二百吨到三百吨的水。但事件发生那段时间，不知道什么原因，它每天的排水量突然成倍增加，大量工业废水夹杂着污染物把它冲入了松花江，造成非常严重的污染。这次严重的污染不但使松花江流域的吉林、黑龙江深受其害，而且通过水道下游进入了我们的友好邻邦俄罗斯。刚开始俄罗斯对这个问题反应较慢，并没有立即意识到这个问题的严重性，但是我们的媒体炒得很热。炒来炒去，把我们的邻居炒烦了，吵醒了。有些国际朋友就提醒俄罗斯人，说你们的江水可能污染得很厉害，必须及时处理，我们可提供帮助。实际上我们的行动更快，采取了非常极端的措施，总之把这个事件处理了。当时12月初，我正在美国考察，早晨翻看送到房间的报纸，关于中国的新闻，就是报道这个松花江事件，还配发了照片，我至今记忆犹新，就是一群俄罗斯人到我们国家驻哈布罗夫斯克的领事馆示威游行。他们把自制的燃烧瓶，就是用啤酒瓶装上汽油，扔到我们领事馆的院子里，大火就在五星红旗下熊熊燃烧。他们还喊着口号，举着标语牌，标语牌上写着"Chinese

go out"。我们学过英文的都知道"go out"是什么意思！为什么引起我们友好邻居这样愤怒呢？因为这样一个事件使他们正常的生产生活受到严重影响。这不是典型的危机么？但是大家回想这个危机是怎么造成的呢？起端不过是一次故障处理，而且在危机发展过程中，我们有若干个阶段可能把它终止，从"Close one"到"Close two"我们都可能恢复到原来正常状态。但是事件最后失去了控制，发展成危机，造成了非常惨重的经济损失和恶劣的社会影响。之后不久，石油化工系统的一位领导告诉我，在西亚的一个产油大国进行油气田谈判的时候，一家外国公司和我们竞标，对方的标比我们高，但是对方拿出一个令人很难解释的理由：中国的公司不环保，中国人自己国家的环保的问题解决不了。他们举出了11·13事件这个例子，问道中国公司能保证你的环境安全吗？拿这个作为一个竞标条件。作为一个重大突发事件的处理，一定要注意在发展过程中的各个环节，事件的基本处理模式和科学方法。

　　第二，关于重大事故的分类、分级和应急管理的关系，我们用一个图表给大家做一个解释。在国家总体预案和《突发事件应对法》里，把各类突发事件划分为四类，即自然灾害、事故灾难、公共卫生事件和社会安全事件，统称为突发事件，也叫做公共安全事件。怎么应对这四类事件呢？我们把这个工作分为上游、中游和下游三个阶段。第一个阶段叫预防，然后是应急，最后是恢复重建。我们讲的应急管理在哪一段？中间这一段——应急。应急管理大概可划分为四个时期，包括应急准备、初级响应、扩大应急以及应急恢复。应急准备和预防工作是密切结合的，但它不是预防。应急恢复和重建工作是密切联系的，但它也不等于重建。无论是准备还是恢复，都处于危机处理阶段，尤其对应急准备的理解，现在从管理上对认识有一些误区，总把它同预防或者是处置混淆。应急准备是应急管理工作的核心，是应对各危机型事件的基础。实际上，各级人民政府应急管理机构最主要的工作职责就是做好应急准备，包括预案编制、演练组织、物资装备、宣教培训、体制建设和评审改进等等，这是应急管理中最重要的工作。通过准备，要给应急处置事先搭建一个平台，在这个平台上为将来应急指挥部的行动提供支持。实际上我们对一些事故也进行了一些分级。这是由我国行政管理体制所决定的，我国行政管理体制基本上是树状分层的行政管理体制。如此大的一个国家面对众多繁杂的事件，倘若我们不能够很好地进行分级处置，职责不是很清楚，那么在事件的应对上就难免存在偏颇。分级是把各类的事故灾难分做四级，一个是特大，一个是重大，较大和一般事故。判断一个事故的级别有三条标准，第一个是死亡人数，第二个是重伤或者是集体中毒人数，第三个是经济损失。这三条中有一条达标就是哪一级。至于死亡人数这一级，我们一般讲死亡人数是一次死亡多少人，这个"一次"的概念就是一个事故中造成直接死亡的人数。怎么判断是一次或不是一次呢？一般按时间判断，比如交通事故的一次性死亡就是指事故发生之后由于直接原因造成在一周内死亡的，就算"一次死亡"。如果一个交通事故造成了一个肾脏破裂，或者其他什么器官损伤，送到医院抢救，若干天后医治无效死亡了，算进这次交通事故的死亡人数，但不列入一次之内。分级标准里的死亡人数是指当时一次性死亡人数。比如一般的矿难，井下的一些事故灾难，它的期限是一个工作月，即一个月。倘若一个矿上发生了一起事故，死亡 8 人，重伤 4 人，一共是 12 人，这 4 个人在一个月后抢救无效死亡，死亡人数达到 12 人，但是一次性死亡是多少人？8 人。大家说这有什么意义吗？这个意义大，因为这决定了它是重大还是一般，事故的级别不一样，它处置的职权和对责任的判定都有很大区别。关于工业中毒和急性中毒的事件，这个问题也是很讲分寸的。比如一个化工厂发生泄漏，当时有好几百人到医院就医。这个说我咳嗽，那个说我头痛、呕吐，去报告多少人中毒呢？要按诊断标准判断。不能说有反应就算一个。我们在原来紧急事件处理的过程中，

就发现了这个问题。当统计中毒人数的时候，一下报几百人，一看就是特大了，最顶级的事件，但是真正一了解达到中毒诊断标准的不过几个人，不是有反应就算一个。另一个是关于经济损失，是指直接经济损失，后续性或间接性的不统计在内，只计算一次造成的直接经济损失。关键要注意的问题是上报的数字要真实慎重。前一段时间北方某城市一个商贸大厦发生火灾，经济损失一报就是一亿两千万，这是特大事故啊！特大事故要国务院派出调查组专门处理。后来事故方又讲没有那么多，说是九千多万。九千多万就不够特大，可由地方政府来处理。数字要实事求是，绝不能出于需要想报多少就报多少，也绝不能迟报、漏报、瞒报。实事求是，对标准要有很准确地理解。

第三级是应急体系的建设与发展，我国应急体系建设有明确的方针、政策和方案，就是"一案三制"，这是应急工作的主要内容。"一案"就是应急预案，应急预案大概分成四个层面：总体、专项、部门和企事业单位的应急预案。什么是总体预案？就是总的原则、总的要求、总的政策、总的计划。总体预案不必具有很强操作性，它是方针政策。专项预案指的又是什么？针对具体的灾种，比如地震、洪水、群体性突发事件的预案叫专项预案，针对一个具体的风险和一个具体的事件类型。什么叫部门预案？这很清楚啊！政府各个部门都有自己的工作预案，煤炭厅等各个工业部门、消防、公安、医疗都有自己的部门预案，特别针对所辖范围应急管理工作的预案。最基层的单位，企事业单位还是要有预案，这个预案是现场预案，所讲的主要是具体操作。不同的预案它的功能不一样，内容也不一样。在预案编制方面还存在一些问题急需改进。一是体制。体制在《突发事件应对法》里有明确规定，叫统一领导、综合协调、分类管理、分级负责。这几句话有特定的含义，其中最重要的一条就是统一领导。全世界的经验证明，应对突发事件，尤其是具有危机性的突发事件，最重要的就是协调统一，就是我们刚才讲的总体不等于各部门之和，总体的性能最优取决于结构最优。应急处置必须有统一的指挥系统。第二就是运行机制，机制在我们国家的总体预案里有规定，叫统一指挥、反应灵敏、功能齐全、协调有序。这里最重要的一条就是统一指挥，所以我们看到无论是体制还是机制上强调的都是统一。在这方面，国外发达国家教训很多，我们自己有经验教训。大家知道，现在应急机制建立比较完善的国家，像美国、日本、欧盟，也是一步一步走过来的。比如美国在70年代以前，国家的各级政府也没有统一的管理机构。70年代的时候加利福尼亚经常出现山火，当出现大面积森林大火时，各个应急部门都赶到现场，据说有70多个部门。当时州政府把这70多个部门放在一个大的会议室里研究工作，每一个部门都声称自己重要，每一个部门都要力量、要权力，吵得一塌糊涂。我记得有一本史书上说，历史上宋朝政府为什么打不过金朝，让金兵的铁骑横扫黄河以北，其原因之一就是"宋人议论未定，金兵已过黄河"。宋朝的时候理学大师、文人掌权的太多，不停的开会，无休止的争论，议而不决，决而不行，直到亡国。经过几次巨灾的教训，美国人认真总结经验，认为必须建立统一的应急管理机制。1973年成立了专门的应急机构——联邦应急管理署，英文缩写为"FEMA"。把全国近百个应急管理机构的职能和六七个部委的应急管理机构统一放到"FEMA"里面，组成了2000多人的一个政府机构，统筹全国的应急管理，该机构的建立使分散单向的管理进入综合管理，这是第一个阶段。"9·11"以后，美国人认识到，在全球经济一体化这个背景下，仅仅处理好所谓国内问题是不够的。"9·11"恐怖袭击的教训之一是，国家应对一个重大突发事件的时候，需要情报系统、军队、警察、非政府组织及国会等各方面的支持协调。所以，他们当时决定成立国土安全部。当国土安全部组建方案在国会辩论时，参众两院以少有的共识高票通过。大家知道美国三权分立，什么事情都在国会吵来吵去，但这件事大家高度一致，把一个灾难的专业部门管理体制变成一个国家危机处理的体制。其整

个过程中追求的目标是什么呢？统一，就是为了统一。再说日本，大家知道日本是个多灾多难的国家，经常发生地震、海啸。70年代以前，其应急管理体制也是分散的，灾难发生时如果地方政府调用国民自卫队，必须经过中央政府，具体部门就相当于原来的自卫厅，但又必须经过幕僚会议研究决定，速度很慢，很难形成统一力量。地方使用当地自卫队的问题，当时成为了一个争论的焦点，同时各部门协调也十分困难。为解决这些问题，日本政府将所有应急管理职能划分到国土厅。这套办法用于一般性灾害还可以，但在阪神大地震以后，涉及全国体制的灾害给你一个部门来管，实践证明，这样的应对办法不行。因此在阪神地震以后，在日本首相府里面设了一个灾害担当大臣，相当于在中央政府内设了一个部，专门设立一个大臣专管危机处置和灾难应急，把应急管理职能从一个部门转移到中枢机构。我们国家应急管理体制设计大家也十分关心。在一次学术会议上，我对有关部门领导和专家讲，中国的应急管理机构必须设在中枢部门，设在哪一个部委中统一指挥协调都难解决，调动很困难，必须和中枢有直接联系，这样无论从中央到地方都能行之有效。但是我们要解决它的统一指挥和协调功能的问题，还要建立很好的机制。这些年我们各级人民政府的应急管理机制建设发展很快，使老外刮目相看。在一个国际研讨会上，我介绍说中国用不到两三年的时间，搞了几百万个预案，各级人民政府都建立应急管理机构。他们十分惊讶，都说美国干这些事情要30年。这就是我们的优越性。

另一个就是法制建设。应急管理工作中，无论政府采取什么样的行动，即使是最紧迫的危机处置，也要遵循一个原则——成文法原则。任何决策和行动都要依法行事，不能由任何人随便来决定的。目前国际上对危机处置基本有两种模式。一种模式叫应激启动型，这个模式平时没有建立专门的管理组织，不必做大量的物资和人力准备，但事情发生之后依靠政府的力量，迅速团结一部分力量组成指挥部，来处置灾害。另一个叫计划准备型。就是在灾害之前成立综合的应急管理机构，配备强大的力量和支援，赋予很高的权力。灾害发生之后，按照既定方针，所储备的资源即有条不紊地开展救灾工作。工业化国家大多数属于计划准备型，我们国家从总体上来讲，还应该处在应激启动型。应激启动型模式成本比较低，但反应质量比较差，效率低，速度稍微慢一点。这样一个应激模式必须具备两个基本条件，否则这个它搞不了。第一是必须具有强大的社会动员能力，就是事故发生后能在很短的时间内形成强大的政治动员，它有这样的权威有这样的能力。中国就有团结起来办大事的能力，靠我们制度的优越性和执政党的威信，我们可以做到。另外一个是允许决策者有很大的自由裁量度，很多事情不必有条文要求，可以临机决断。我们讲了国外应急管理的原则之一就是成文法原则。但是我们现有的《突发事件应对法》基本都是原则性要求，操作性较差。有了一个法规，但是配套执行的东西尚不完善。如同一个汽车的外观很漂亮，但是没有把四个轮子安上，你发动机也好，控制系统很好，没有轮子开不起来。这四个轮子就是法规的配套措施。在这样的情况下，必须给决策者很大的自由裁量度。我国现在基本属于应激启动型的应急管理模式，随着应急管理能力不断提高，应该逐渐向计划准备型过渡。这样既发扬了我们制度上的优越性，又利用了法制赋予我们的权力，充分做事前应急准备，以便能够更有效地应对各类事故灾害。前一段时间北京出了一个地方法规，是《突发事件应对法》的地方配套法规。它强调了实用性和操作性，就是把一个国家的法规变成地方法规的时候，不是抄过来，而是要结合实际，变成自己可执行的法律条文。设置各个地方和部门的规章制度，这个配套如同法规给一辆汽车装上四个轮子。

危机管理的内容主要包括五部分。第一个就是应急准备，从某种意义上讲，应急准备是在应急管理中最重要的工作，它包括应急预案编制评审、突发事件应急指挥系统、应急物资装备技术支撑、可持续

性应急培训、应急演练和应急准备体系评估改进六项主要工作任务。各级人民政府的应急管理机构一定要把主要精力放在应急准备上。尤其是针对极端性或叫危机型的突发事件，无法预防则只能做好准备。

第二就是要做好预警和先期反应。谈到应急管理的这部分内容，使我想起了一件事，今年春天全国人大召开期间，许多人大代表和社会各界对南方冰雪灾害的应对议论很多。中央电视台搞了一期节目来介绍一些应急管理问题。当时是白岩松同志主持节目，我是作为嘉宾到现场，参与了这个节目。当时主要是讨论一些关于南方冰雪灾害的危机管理问题，主持人突然问我一个问题。他说："刘教授，据我所知，在南方冰雪灾害之前，中央电视台'天气预报'和国家气象局发出了几次红色预警，但灾区基层政府和公众好像对此反应不是很大，没有注意这个问题，为什么？"这个问题十分敏感，也难以用一两句话说清楚。我想了一下，对他讲："我们是发了天气预报，也发了红色预警，但是我们要明确几个基本概念，天气预报不等于灾害预报，你光说下雨、下雪、要降温，它造成的这种灾难后果并没有预报啊！"那么谁应该做预报？是政府。日本、美国、欧洲、我们的香港，包括我们的领土台湾，它的相应部门都有这样的功能。仅做天气预报是不够的，在极端气象出现时，还要发灾害预报，而且要指明哪个地区可能出现哪类灾害。但预报不一定肯定发生，这个不是画等号的，主要是有利于事先做好准备。另一个关于预警的问题是，一般的预警信号和采取预警行动不是一回事。我发了一个信息说这里现在危险，但是你并没有告诉公众，并没有告诉各级政府应该做什么。一般这里预警是指有预警行动的，要有执行力的，仅仅发出警讯告知叫做警报，而具体采取行动才是预警。比如发出红色预警时，首先是应急指挥部的功能激活，进入紧急状态，指挥员与工作人员到位，通信网络开通，检查备用通信网络；第二是应急救援队伍做好救援准备，时刻准备赶到灾区实施有效救援；第三是做好物资、器材和装备的准备，接到预警指令后，根据灾情特点、范围，尽快筹集、配备好各类救援物资和专用的装备，确保灾区的物资装备需求；第四要做好公众动员，包括疏散和安置等方面的准备，尤其要向受灾群众做好风险告知，使其对即将来临的灾难做好心理准备并配合政府做好应急处置工作。把这四个方面的准备工作都做好，才是一个完整的预警程序。事件一旦发生，出现危机状态，应急开始启动，下一个程序是初级应急响应。这个步骤是和上一个步骤互相连接的，倘若没有一个很好的灾害预报，没有预警行动，初级应急响应必然迟缓，质量是很有限的。

第三个就是所谓的扩大应急响应，应急响应活动的核心是指挥，应对重大突发事件不能仅仅靠公众自发的行为，应急救援活动的目标要非常明确，由统一的指挥系统发出计划性非常强的指令。

第四个是事后恢复。应急管理的一个目标就是恢复正常状态。比如汶川大地震，它的应急响应期已经过了，要尽快地进入恢复常规状态，进入恢复重建时期。恢复重建时期是和应急管理连接的，但它已不是应急阶段了。最后一个任务就是做好评估与总结。大家知道在一个重大的突发事件的时候，我们有时会付出沉重的代价，我们要认真总结经验，学费交了，要学有所得。这个学费很高啊！大家注意到一些工业发达国家，比如美国、日本，它们在每次重大灾害之后，都做了重点评估和总结工作，而且重点放在分析它的缺陷性不足和需要改正方面，怎么改正？主要反映在它的工作制度上、法律上。例如，美国9·11报告，三百多个问题提出来，又提出大量的建议。我最近看了美国卡特里娜飓风事故灾难后的政府报告，也是二三百个问题提出来：这方面不足、那方面不足……最后归纳起来一共是十七条反映在法律修改制度建设方面的建议，而这些建议一旦被国会通过就经过立法去落实，把这些经验教训制度化，以全面改善应急管理工作。在这方面我们应该加强工作力度。大家可能也注意到了，南方冰雪灾害还有汶川地震，党和国家领导人都做了重要的批示，而且强调要总结教训，

要找到不足。南方冰雪灾害之后，国务院应急办就组织了一批人到灾区调研，回来后也给国务院领导写了报告。报告中提到的建议有灾害预报的问题、应急响应和预报之间的连接问题，预警与应急响应的连接问题怎样在制度上进一步完善。

国家已经决定要加紧修订国家整体预案，就是使预案总体结构和它的可操作性更完善。刚才讲了应急管理的不同阶段，有准备、初级响应、扩大应急和应急恢复。不同阶段的任务不一样，但是这些不同阶段的内容和目的也不是截然分开的。就像我们刚才讲的，它是一个完整的工作系统，一个紧密连接的流动程序。从预报开始，然后做预警，接着是初级响应，然后做扩大应急，而且在整个应急管理程序中要形成一个无缝连接，是非常重要的。大家可能还记得有一件事曾在国内媒体有过有很大的反映。有一年夏天，天气预报说有一个热带风暴，我记得好像叫"桑美"（实际名称应为"麦莎"），要从天津和北京市路过，据预测有十级大风和强降雨，会造成严重的灾害后果。当时各地都如临大敌，因为它在南方登陆的时候已经造成非常严重的破坏。台风一路北上，要经过北京。当时北京市人民政府认真研究了一套方案，进入预警状态。把水库的水也放掉了一些，把一些高风险的作业场所做了整治加强，把高层建筑的广告牌都进行了加固，对低洼地区的村民进行了应急疏散。都准备好后，"桑美"未从北京过，仅在北京和天津之间擦肩而过，奔辽宁了，强度也不高，灾害性明显减弱。这个事情发生后，很多媒体就议论了，说北京市政府大惊小怪，也有的说预报不准，劳民伤财。实际上，这种看法也值得探讨，反映了一部分公众，包括新闻媒体在内对危机管理认识还不够。应对危机本身就是一种风险，当地政府面临着困难的选择，忽视了风险或者重视了风险都要有代价，北京市政府做这样的反应是要付出代价的。"桑美"不来，可能有人会议论：我们预报不准，瞎指挥。威信、执政能力、影响力会受到影响。但是我们想另一个风险可能更大。倘若我们对这种面临的灾害风险无动于衷，认为反正预报也搞不太准，先不用管它了，等灾害来了再说，不用做太多准备，水库不用放水，居民不用疏散，危险建筑不用加固……那么，一旦风暴真的来了会发生什么?! 灾害后可能是巨大的伤亡。这个风险谁能够承担?! 我们要体谅各级人民政府在处理这样危机事件的难处，也要尊重他们对人民群众高度负责的态度。包括这次堰塞湖事件，为什么十几万人动员走? 就是为了使人民群众能够平安，能够确保安全。我们讲程序的时候更要讲原则，就是立足于重大事件出现时，减少人民群众的伤亡，以人为本就是以人民群众生命健康为本，必须立足这一点。这个问题上不能动摇，不用摇摆。否则的话，真的事件来临了，风险会更大。危机管理所面对的各类事件情况非常复杂，发生破坏巨大而且具有不确定性，很难预测。应对极端事件时，混乱和失误是其最基本特征，我们不能要求，实际上也做不到有条不紊、科学精确，我们无法事先对突发事件做出精确计划，但要注重提高各级人民政府的综合管理能力。

2003 年遇到了"非典"，我们加强了卫生防疫体制建设；2008 年年初遇到了冰雪灾害，大家说极端天气灾害，应该搞预案；2008 年 5 月 12 日汶川大地震，大家又在关注地震的应急措施。下一次巨灾是什么? 没人能说清楚。各级人民政府总是在应对不同灾害。怎么解决这个问题呢? 就是要提高综合抗灾准备能力和应变能力，以不变应万变。这个"不变"不是一个固定的死板的模式，而是一个标准化的具有很好的弹性和灵活性的操作程序。无论是哪一类灾害出现，它共性的程序就是由这样的七个步骤来构成的，就像示意图上标识的那样。事件发生之后，首先要做好接警，然后对所有接到的警报和信息进行警情判断，风险性有多大，反应的程度有多大? 倘若我们认为引起危机的事件概率很低或者不构成突发事件，我们就通过程序恢复到正常状态。

如果突发事件的构成条件充分，信息足以形成突发事件的考量，就要迅速启动应急响应，包括指挥人员的到位，信息通讯网络的开通，

应急支援的资源调配等等。不要等事件真的出现很严重情况的时候才做这个。在确认事件已经发生之后，就开始进行应急响应行动，包括人员救助、工程抢险、卫生医疗、现场警戒和物资供应等，是有组织有系统的进行这些工作。进入应急响应时，主要目标就是控制事态。事态已得到控制时，要尽快进入恢复程序。一旦事态没有被有效控制，要迅速扩大应急，要适度的反应，然而反应过度也是管理上的一种失效，但注意应急恢复之后要立即结束关闭，然后进入总结评审。几乎所有的突发事件都可以按照这样七个步骤来布置行动。这样一个模式是最早我们在"十五"科技攻关的时候提出来的一个程序。这个模式现在已经在国内得到普遍认可和推行应用，也反映在国家突发事件总体预案里。实际上这样一个应急程序，不仅仅是中国式的，也是世界式。美国、日本包括我们国家的台湾和香港基本也是类似模式，这套模式可以应对几乎各类突发事件。各级人民政府领导干部和应急管理部门应该把这类程序通过反复的演练熟烂于心，提高执行力和有效性。

另一个重要内容就是应急指挥系统。我们国家的行政管理体制是分层树状的，而国家在行政管理方面还有一个就是条条，就是从中央到地方，有各个部委和管理部门，而且不同地方形成块块，划分了若干个行政区域，又分成了平行的各个区域。但是当一个巨灾发生时，灾害行为是不受行政管理区域条条框框限制的，它迅速、自由、随意蔓延到相当大的区域，跨越了很多部门，这就给我们提出一个问题：怎么在条条和块块之间实行有效的统一指挥？这就需要建立一个能够有效实现统一管理的原型——ICS 系统。

ICS 原型最早由美国应急管理机构提出，应该说最早是美国军方的一套办法，随着信息化技术的进展，最基础的战斗单位，包括班一级甚至单兵作战，它的信息通过扁平管道化的网络，可以一直反映到中央指挥中心。一个作战命令，倘若从基层的作战单位，从班、排、连、营、团、旅、师、军，一路传上去再传下来，战机就失去了，所以它需要用最快的节奏，最简便的办法来传达指挥命令，得到战场信息，ICS就是按照这样一个理论来设计的。这样一个理论就是要从中央到地方，把它的所有应急指挥机构按照统一的模式来组建，包括各个部门。用这样一个模式来设置管理机构，这个管理机构就像不同的模板一样，但是有很多标准化的接口，当事件发生在局部地区的时候，局部的单位也能形成这样一个结合，当事件扩展到一个非常大的范围的时候，上一级的指挥机构也可以迅速生成，因为各级各类指挥系统的机构设置原型是一致的，是所谓的标准件，可以迅速连接。这样应急指挥系统可以提高它的反应速度和质量，在这方面我们有很多经验教训。比如12·23事件，重庆开县那次事故，实际243人死亡，企业职工，即钻井队死亡2人，钻井队撤出了，死亡的241人都是当地百姓，钻井队这2人死亡还是出于意外原因。这次井喷泄漏出的天然气中含有大量硫化氢，这是一种非常危险的化学物质，高浓度硫化氢可使人"闪电致死"。按照国际一般惯例，硫化氢井喷最有效的办法是点火。在法律上有严格要求含硫化氢天然气井喷必须在15分钟内点火成功。把火点着，硫化氢燃烧之后变成二氧化硫和水。我们的安全管理规定里也有这样的要求，但是没有明确授权和执行程序。当发生井喷之后，钻井队的干部都想到了点火，但需要请示、报告和批准。从基层钻井队报告到管理公司，公司到省局，省局到北京总部，当时是晚上10点40分发生的井喷，他们请示的时候正是半夜。大家想想这个期间信息的传递，问题很多。最后是什么时间决定点火的呢？15个小时后，点火实际上没什么太大意义了。26日早晨，在危险区域开展了大规模搜索，当天一次发现100具尸体。国家各部门领导为什么到两天之后才赶到？因为最初的报告说没有发现人员伤亡，26日早晨到晚上不到一天时间，近200具尸体就被发现了。事后对事故调查分析的结果表明，如果当时在15分钟内点火成功并对周围群众有组织疏散，此次事件可能一个人都不会死亡，最高风险死亡人数也不超过10

人。这在制度化建设方面留下了很深刻的教训，还提示我们在地方和企业，地方和中央，行业和地方之间一定要形成信息的沟通和指挥链，要形成一个统一指挥体。

实际上这样的教训国外也有过。应对突发事件一定要形成一个扁平网络化的管理模式，这方面我们是专门有研究报告的，大家感兴趣我们可以交流沟通。这样，现代应急管理模式就能实现质量和速度的双重效益，它的运行机制和一般的行政管理有很大区别，前者是事先授权并形成统一的指挥权。这方面经验教训很多，比如这次南方冰雪灾害我到灾区调查，一个主管的副市长就跟我讲到指挥的问题，他说到灾区来的领导太多，而且是通过不同系统来的，我们接待工作量很大；另一个就是很多领导来了之后，几乎每位领导都有自己的一些想法，有的领导也着急呀，拍桌子，说再弄不好就撤了你，这位副市长跟我讲一天要被撤职 6 次。ICS 指挥系统可形成很好的统一指挥机构，所有参与救灾的单位都必须在一个完善的指挥系统里运行。指挥、指挥员、指挥权利是互相连接的，是可以转移的，但是要有转移程序，不是到了现场很随意的谁都能指挥，谁都能讲话、下指示、发布命令，这个我们吃的亏很多。要建立现代应急指挥机制，可以明显提高应急指挥效果。

第三方面是应急预案编制与管理。我国应急预案编制工作在 2003 年以来有很大进步，对应急预案编制与管理，我们现在有了一些经验，也有了一些教训，主要的经验教训是什么？就是要迅速提高我们应急预案可操作性。我们现在大多数应急预案都是文本预案形式。我曾经去美国纽约、加利福尼亚、旧金山等很多城市考察，看他们的预案。他们的预案在计算机程序里，在行政工作方案里，但我们现在有些预案基本是文本文件。一年前，我到南方一座大城市做调查，我问一位领导：市政府是否有应急预案？他说我给你拿来。结果搬来厚厚两摞。我就举了一个事件，问他这个事件怎么处理，他翻了五六分钟也没有找到。这样的预案执行力不够，可行性不高，再多也没用。这次在汶川地震调查，我问一位地方领导干部事先是否编了预案，他回答编了。我又问在应急响应时是怎样来使用预案的？他回答说房子都塌了，上哪儿去找预案，即使把预案从土堆里找出来，还能按一条条照本子去做吗？这就提出一个问题，这样的预案有没有用？实际上，这正是我们对应急预案认识深化的一个过程。大家知道，若干年前，国外预案编制情况也和我们现在差不多，但是这些年他们有了很大进步，他们的预案和我们的有很大差别，更加强调系统性和实用性。这里有一个概念和说法我们常常议论，说"××事件"发生后立即启动了"××预案"，从严格意义上讲这句话不准确，怎么叫预案启动呢？预案编制从它公布之日起就已经启动了。有的时候记者采访我："在2008年南方冰雪灾害和5·12汶川大地震这两次灾害中，中国是否启动了国家总体应急预案？"我回答说："我们国家的总体预案，各级人民政府的预案，在编制之日起就开始启动了。"启动就是使用，把预案规定中的应急指挥组织、救援功能落实，信息交互平台以及一些培训演练，宣传教育等，不都是依据预案展开的工作？那么在突发事件发生后我们启动的是什么？启动的是应急响应过程中不同的工作程序，例如启动预警程序，启用应急指挥系统等等。

还有一个问题比较普遍，在编制预案过程中，有些地方对编制过程重视不够，甚至认为预案就是找几个秀才、找一个宾馆，编几天再讨论几次也就搞出来了。这种方法不可行。预案编制一定要强调过程。我们讲五步法，这五步不是哪个人随便杜撰的，在美国、日本和欧洲许多国家，对预案编制都有类似明确的规定。我们国家在《应急预案编制指南》中也提出了具体的要求。首先是要成立预案编制小组，其次进行风险评估，因为各个地方和各个单位遇到的风险是不同的，应急能力和脆弱性也有很大差别，第三步才是开始编制应急预案。应急预案设计编制过程也是一个针对应急管理工作讨论磨合过程，参加编制预案的所有相关方和其在未来预案中的功能应该有很好的相关性，通过编制工作就使预案规定的应急功能进一步明确落实和改善。消防、医疗、警戒和指挥等各自承担的应急功能都事先磨合好，而不是编了预案以后再去磨合，再去争论、协调。第四步是评审发布，这不仅是一个行政程序，而且是一个修正和确认、持续改进、不断完善的过程。第五步是预案的实施，预案的实施是公布之日以后就要启动，预案实施的核心是做好应急准备，包括前面讲过的六项主要任务，预案编制和实施也是一个提高应急指挥水平和应急准备管理水平的过程。

现在从中央到地方已编制了总体预案、专项预案、部门预案、企事业预案以及其他各类不同的预案，近几年在编制预案和组织应急管理时会遇到一个问题，怎样才能使各个预案之间事先实现紧密连接，从而保证指挥和行动的统一高效？这就要求在预案的结构涉及和内容设置上要有很好的标准化和规范性。如何实现规范性？可按照管理体系要素的方法来设计结构和内容，可以把预案的整体内容设置为"六个一级要素"和"二十一个二级要素"，无论是哪一种预案，都必须具备这些要素。在预案中前后秩序可能发生变更，比如我在第三条里面，把接警通知、警报系统这两个内容合为一条，表格中的 4.2、4.3 可以结合在一起，这都是可以的，但是这些要素内容必须都具备，不能缺失。因为这不是随随便便杜撰出来的，而是千百万人鲜血和生命付出的代价和总结。

编制预案的时候要充分考虑到预案规范性和可操作性。规范性是为了具有更强操作性。在预案的编制过程中，特殊地强调应急管理过程中三个问题，即风险评价、能力评估和脆弱性分析，实际上这不但是编制应急预案的要求，也是整个应急管理工作中非常重要的问题。所谓风险评价，就是要明确危机管理的主要对象，只有对负责突发事件发生的概率和严重程度做了分析后，才有可能在应急预案中制定有针对性的应急措施使应急准备的基础更加坚实。

知己知彼才能百战百胜，当然首先要做风险评估，主要是对那些不可接受风险，包括外来风险，主要是对生命安全健康的威胁，这方面风险要做分析。

第二就是脆弱性分析。脆弱性实际上是一个管理学的概念，脆弱性指的是在一个系统在受到破坏和改变的情况下，最容易破损和断裂的部分，也是一个最敏感的部分。脆弱性在应急管理中非常重要的，比如说作为一些历史性因素、地理性因素、技术因素、管理因素，还有一些人为因素，影响到总体的强度和状态，都可以表现出脆弱性。比如一个城市总有些地点是脆弱的，所以同样一个事件发生在一个城市的不同区域，它造成的破坏力是不一样的。我们可以想象，如果假日在市中心广场突然点响了一个大的鞭炮，这同你在一个城边的郊区小镇上点了同样一个响度的烟花爆竹，其结果是完全不一样。脆弱性分析要找到脆弱性地点，脆弱性的环节和脆弱性人群等，如地震带上建筑物的抗震性能、重大危险周围居民的密度和距离、疏散通道设置以及公众安全素质等。根据专家意见北京市奥运会风险评估的基础上加上了应急能力的评估，使北京市奥运会突发事件应急准备方案更加完善。

第三个是应急能力评估，应急能力评估是在一些国外应急管理基本的工作内容。在美国每年对州、市、县都要进行一次应急能力评估，评估能力的方法就是调查、填表、打分，评估已经具备什么能力，但更重要的是查找还欠缺的能力。美国国土安全部和 FEMA，每年是根据什么给各地拨款的？能力评估的结果。评估结果是制定应急体系建设上的一个依据，如建立应急物资储备基地，建立应急指挥平台，购几辆应急指挥车等等，写进能力评估报告，该反映在规划里面。我前一段来山西参加一个论证会，研讨如何加强省政府应急平台的建设，方案针对性很强，其中很主要一个内容就是它对山西省风险和能力评估很到位，整个应急平台体系设置也很合理，现在应该正在建设之中。

风险评价、能力评估确实很重要，不但是编制预案的基础，也是应急管理基础。

第四个就是关于应急的宣传教育培训和演练。从某种意义上讲，风险意识不足是最大的危机，缺乏忧患意识才是最大的隐患。有时由于交通阻塞，购物或聚会等原因在一个局部空间内造成的高密度、大规模的人群拥阻在一起，十分危险，在那种拥挤失稳状态下，造成意外伤亡的风险是正常状态下几倍甚至几十倍。有一年春节，北京各个公园搞庙会，我女儿缠着我非要陪她去看，我和她一到公园门口就发现人山人海，有一条小吃街，街道两边摆满了燃气灶、炊具等各种东西，拥挤不堪。我把女儿带到过街天桥上去观察着拥挤的人群，告诉她请你相信一个安全科学研究员。我给她分析，我们现在要回家坐在家里看电视或干点其他什么，造成死亡的可能性是百万分之零点五，如果我们要进到里面，造成死亡的可能性是万分之一，风险相差近百倍，然后我问她你看是进去好还是回去好呢？她说人的生命是最宝贵的，我们还是回家吧。风险意识还是很重要，在处理危机事件中有一个观念应该引起一些政府领导干部注意，政府的宗旨就是为人民服务，现在大力提倡以人为本，政府要做的事情实在是太多，但应该看到一些公众危机意识不足，好像政府什么都能解决。这个思想有问题，必须让公众树立这样的意识，靠自己的力量解决身边的问题。当危机事件出来以后，人民群众希望政府出现，希望政府帮助，这是天经地义的，也是我们政府的职责，但是仅仅有这点不够，远远不够，更重要的是要提高公民的危机意识和忧患意识，要依靠公民通过自救、互救来克服困难，战胜灾害。大量的实践证明，真正解决问题的还是靠群众自己的行动。依靠每一个公民的安全素质起作用，素质就是意识加能力，应急管理中一个重要的基础建设任务就是提高公民的素质。实际上，很多突发事件发生之后，大规模的人群流动和安置，给政府的管理指挥造成很大压力，只有提高公民素质，才能使公众体谅政府的困难，配合应急指挥的统一管理，把政府应急管理能力提高到快速高效的平台上，使各种应急管理措施更有效。加强培训和演练，以提高安全素质为目标，要让公众知道身边有哪些风险，有哪些隐患，当风险以事故出现之后如何应对。提高公民素质就要通过对公民的培训和演练，而且这种培训也必须具有很强的针对性，不同的阶层要有不同的培训目标。

昨天下午我来太原之前，还在北京参加一个研讨会，论证如何策划应急管理机制培训的一个项目。我当时提出了一些建议，如对不同层次人群应该有不同培训内容，使其更有针对性。对各级领导干部应该加强什么？综合应对危机的能力，就像我们刚才讲过的应急响应七个程序，预案编制五个步骤等。提高领导干部的综合应急管理能力，对各个部门的专业干部主要是提高专业技能，如消防、医疗、救护等，对公众就要提高他的自救互救能力和志愿者如何有组织行动。志愿者行动是有组织的，分散的志愿者活动看着很热闹，但实际效果是很有限的。

在国外考察时我们就会发现德国、美国、日本的志愿者的训练十分规范，他们有统一的标识，有严密的组织，有非常严酷的训练。不是所有人都能当志愿者的，年龄跨度有要求，专业背景有要求，身体要经过严格的检查，要经过训练，而且在许多国家的志愿者还有级别，1-5 星这个星级要经过培训、考试和实践检验。星级高的志愿者可以参加复杂困难的应急救援活动，还可以担任领导，星多的领导星少的，比如三星以上才能当指挥小组长，不能振臂一呼就可以让谁来领导大家，这不行。大家知道"9·11"事件，世贸中心让恐怖分子的飞机撞了一下，最早赶到现场的是谁？是当地社区的志愿者！而且最早把火扑灭的也是志愿者！而不是当地什么专业队伍！在德国我到一个志愿者中心并和他们交流过，德国 75%以上的火灾是由志愿者扑灭的，并不是什么消防队。为什么志愿者具有这样强大的功能，就在于组织严

密，训练有素。所谓志愿者不是说我"志愿"就行了，而是要有一定的专业素质的人员才能成为志愿者。

演练要注重效果。这次大家从媒体看到汶川一所学校的校长救了许多孩子。在汶川地震灾区调查时，我们到了安县一个叫桑枣镇小学的学校，一进镇发现镇子几乎所有路面全部被翻起来了，百分之七八十的房子一垮到底，剩下几间也是歪七八扭，损害非常严重。但是我们这个小学校，几百个孩子，几十名教师无一人伤亡，怎么获得这个成绩的呢？当地干部跟我讲，要得益于这个校长。这个校长风险意识很强，而且他训练有素，他平时在学校十分注重开展应急培训和演练，两个小时课后不是做课间操么？他常常把那个作为一次演练来组织，一响警笛大家呼一下就跑出来了，然后排队呀，怎么救援呀，他每年都搞好多次，所以那个学校的孩子们都搞得训练有素。5·12发生地震的时候，刚开始上下晃，然后是左右晃，最后房子才倒塌。地震发生时，所有的学生宿舍全都倒塌了，但教室没有倒塌，孩子都在教室里，教室实际上也不是什么高级复杂的工程，就是围墙是用树枝和竹条编起来的，里外又糊上了泥巴并在四周支上了加固杆子，这就起作用了，教室没有垮。学校为了管理严格，学生不论住宿还是不住宿，一律不允许回宿舍睡，都在教室趴在桌子上休息，所以地震的时候，孩子们都在教室午睡，发生地震后，他们经过训练，就迅速地跑到操场间集合，没有一个伤亡。由于这个学校的应急演练具有实效性，提高了应急能力，挽救了这么多孩子的生命。

平时在实际工作中我们可能遇到非常突然的情况，举个例子大家讨论一下，我们这个会场里现在大概有四五百人，如果我们大家突然听到警报，说有毒气泄漏，我们现在应该怎么办？也搞不清楚是什么毒气，什么地方，只能听到警报声音。也可能有人跑进会场说不好了，有毒气泄漏了。我们应该怎么办？有人说赶紧跑吧。请记住先不要跑，第一个把所有门窗关严了，再把所有的水泼到窗帘上门窗上，最后把所有的缝隙都堵严。印度博帕尔事件就是很好的例子。那个工厂有大概有一千多名职工，跑出去的大多都死了，而躲在密闭车间内的工人伤亡很小。为什么？毒气泄漏最早期，浓度可能最高，而且你也无法判断泄漏毒物的数量、地点与风向等。这时盲目跑出去是最危险的，在一个密闭的房间里面，一个小时之内，室内的有毒气体浓度一般只有室外的 10%，在室内不容易很快达到致死浓度。由此可见，如果现在发生毒气泄漏最安全的地点是呆在这个会场里，大家稳稳地坐在那里不要挤，不要喊，更不要跑，就坐在那儿继续听讲座是最安全的。当我们已经把信息基本搞准了，是什么样的毒物，位置在哪里，风向是什么，已处理的怎么样？然后我们再有序撤退，那才是最安全的。

我们讲，我们应急管理机制薄弱，最薄弱的还是在素质方面。要提高素质，就必须抓好培训和演练，但培训和演练一定要具有针对性和实效性。讲到演练，就是几千人、上万人参加大型活动，其实不完全是。检验应急机制运行最有效的演练是桌面演练，最能提高专业技能的是功能演练，应急警戒、消防、医疗乃至指挥等多个职能部门把自己功能练好了，到事件出现的时候自然就会各尽其责并形成总体。倘若我们总是演练什么事故？如矿难、危险化学品泄露，还有地震，但实际上，未来可能发生的事件没有一次会按照我们演练的脚本进行。我们要多做"桌面演练"，把那些应急响应时必须的工作程序和步骤按照预案的要求演练得非常熟悉，一旦发生事件，你就不要到废墟里找预案的文本，也不必在原来的预案文件里寻找答案，因为平时你练过，你知道应该怎么做最好。当然一些大型的示范性演练还是得做，因为大型的示范性演练参加的人数多，通过媒体宣传的影响大，对提高公众的安全意识，提高政府在应急管理方面的威信是有作用的。在早期可以安排一些，但逐渐应是现在政府侧重多抓好桌面演习和功能演练。

我们今天讲的应急管理，很多是以事故灾难做背景，似乎是很沉重话题，实际上应急或危机管理，不仅仅是领导干部而且也是每个公

民都应该了解和学习的内容。今天会议组织者给我的时间还有七分钟，我最后再讲一个小故事作为结束语。2003年的时候我到天津市人民政府宣讲302号令，就是"关于重大安全生产事故行政责任追究的规定"。上午我做讲座，下午在宾馆休息。我发现宾馆不远的地方，有一个小庙白墙绿瓦很醒目，就过去看看。当时是12月中旬，北方很冷，我披了一件大衣，散步走一到庙门口，门前墙上有四个大字"佛海无量"。有僧人告诉我，这是佛教的一个理念，人人都可以成为佛，处处都有佛，佛在你心中，佛不是供的那个泥像，是在你心里边。一进庙门，一个老和尚就迎出来，我们聊了一会天，他问我，先生是做什么工作的呀？我说我是搞安全生产工作的，他一时没有听懂，问安全生产工作这是什么工作，怎么没听说过有这个行当？我就告诉他，这个安全生产工作是以慈悲为怀，消灾解难，保国泰民安，做积德行善的事。他似乎听懂了，他说原来咱们俩是同行啊！我说怎么会啊？您老人家是得道高僧，我是俗人啊，不敢高攀呀！他说先生可能不知道啊，我们僧人早晚做两次功课，祈祷的目标是什么？普救众生，脱离苦海，消灾解难，积德行善，这不就是你说的那个安全生产吗？我一想还真有道理呀。我就告诉他，我搞这个工作有三十多年了，事故还很多，每年还死不少人。他很不理解，他说怎么会做了这么多年的工作还没做好啊？你们怎么干的。我就问他，长老，你那个安全生产都怎么干的？他回答说，我的办法很简单，诵经啊！我说不就是念经吗！他说，这个念经和诵经不一样，念经是拿嘴去念给别人听，诵经是给自己听，用心在念。比如说，在五台山的寺院里，常见僧人念经，你听不清他念什么，但他自己心里有数，是用心在念，那就叫诵经。我今天就是在这念经，诸位领导就是在诵经。接着我又问这位老和尚，都念什么经，有用吗？他回答到，先生不知，诵经者在道，心不在经也，心诚则灵，不在你念什么经，得拿真心去念，信则有，诚则灵。我又说，光念经可能不行吧？他讲我们佛教还有一句话，叫身体力行，行则必果，有行动才能有结果，所以不但要你真心去念经，还要把你念的经贯彻执行，比如常讲千里之行始于足下，你到寺里来光用脑子想不行，得一步步走过来！才能进得寺院。比如我这次到太原来参加活动，光在我的办公室里想，无论怎么冥思苦想也来不了呀！得坐汽车、火车或者飞机，然后今天到太原参加这个活动，这就是果啊？行则必果，有行动才有结果。然后老和尚又问我，你们安全工作有没有法、律、令或戒呀？我说有啊，很多啊！他说那就是你们安全工作的经，你们搞安全生产的人，把这些经都念了吗？我回答那没问题，党中央国务院的一些文件、法令、政策措施，我们坚决贯彻落实，认真学习，一个都不少。他又问心都诚吗？我说心诚也没问题，我们各级领导干部和安全系统内的工作人员都非常认真负责，他又接着问你们念过这些经都按照去做了吗？我当时觉得不太好回答，我告诉他我们学习贯彻落实这个活动很多，但是真正落实好像还有一些差距。他说，那我懂了，为什么你们的安全工作这么多年没有搞好，你们说的足够多了，做的还不够。他还建议，以后只要能把说到的都能做到，安全生产就能搞好了，心诚则灵，行则必果。我和老和尚又谈了一会，见天色已晚了，我就跟他说，我要回北京了，以后有机会我再跟你请教，就此咱们再见吧。他一听我说再见，他连连摆手。他说，先生我们佛家是不讲再见的，讲缘分，有缘千里来相会，无缘见面不相识。他说，你我今日相见，何之使然？意思是说你知道今天我们为什么能见面吗？是因为缘分。他又说，以后还能不能见面，看缘分吧，没有什么再见不再见。然后他又一指庙门口的影壁墙，上面还有四个大字，"唯有一缘"。他说，人的一生里什么最宝贵呢？缘分啊。你高官可得，美女可求，金钱万贯你可以弄到手，但缘分是碰到的，是机遇，所以它是最宝贵的。

这次在这么短的时间里又一次来太原，又一次见到各位领导，何之使然啊？缘分嘛！什么缘分呢？安全之缘！我作为中国安全生产科学研究院一个工作人员，我愿意向我们山西省委省政府，向我们各位领导同志表示一个态度，我们中国安科院，乐意给山西省最好的技术服务，招之即来，来之即战，战后即走。为什么呢？我们的目标是一致的，我们都要实现以人为本，都要贯彻落实科学发展观，都要实现安全发展，都要建设和谐社会。在座的各位领导干部身上肩负着几千万山西父老乡亲的生命安全健康和他们的福祉，佛教讲"救人一命胜造七级浮屠"，我们在座的这些人，保护了几千万人民的健康安全给他们创造了福祉，这是多么伟大的功德啊！所以做好了这件事，我们不但在政治上落实了党中央国务院的战略部署，为建设小康社会贡献力量，而且在我们个人价值观的体现上，我们可以为国家、为人民，做出很多的贡献，所以要做好了这一件事。从你个人的修行上，我送诸位领导八个字："积德行善，功德无量。"

谢谢诸位！

"祖宗之法"与北宋政治

时　间：2008 年 9 月

地　点：山西省委多功能厅

主　讲：邓小南

邓小南,女,1985年北京大学历史系研究生毕业。现任北京大学中国古代史研究中心教授、博士生导师,中国宋史研究会会长,中国史学会理事。

多年来潜心研究宋史、中国古代官僚制度史、唐宋妇女史,承担多项海内外科研项目。主要著作有《宋代文官选任制度诸层面》、《课绩·资格·考察——唐宋文官考核制度侧谈》、《祖宗之法——北宋前期政治述略》等。发表学术论文60余篇。

2004年,参与主持的"中国古代史主干基础课的教学改革"成果,获北京市精品课程一等奖、国家教学成果二等奖;2005年获北京大学教学优秀奖;2006年获国务院颁发政府特殊津贴;2007年,主讲课程"中国古代的政治与文化"被评为国家级精品课程;2008年被评为高等学校国家级教学名师,《祖宗之法——北宋前期政治述略》一书获北京大学改革开放30年人文社科百项精品奖。

不畏浮云遮望眼，

自缘身在最高层。

录王安石诗句

赠山西省图书馆

邓小南

二〇〇八·九

今天我要讲的题目是"'祖宗之法'与北宋政治"。看到这个题目以后，大家可能会想到北宋时期的政治和我们今天的政治生活有一些什么样的关系，我在这儿想谈谈我个人的一些想法。其实，我们各行各业的领导因为长期以来都浸润于国家的重大政治生活和日常政治工作里边，长期参与运作过程，所以对于许多问题的理解可能比我更要切合实际，而且理解会更加深刻，所以今天也是希望能够向大家讨教，能有一个交流的可能。

我们首先需要交待一下，宋代这个历史时期在中国整个古代史的历史长河上处于一个什么样的阶段，在一个什么样的位置上。这里是中国古代的朝代简表，时间是从秦始皇统一中国，从帝制时期开始。大家可以看到，帝制时期在中国历史上维持了大约两千年的时间，而宋代正好是处在中间的历史时段。在 20 世纪转折点的时候，我们常会回忆到，比方说一千年以前，那时候的中国社会是一种什么样的状况，宋代正好是处在那个时期，从公元 960 年开始，一直到 1279 年结束。

在我们回顾中国古代历史的时候，为什么会特别讨论到历史上的宋代呢？我们知道，在中国历史上，各个朝代其实各有不同特点，例如，汉代、唐代各有特色，但是如果说到明显"与众不同"的，很多学者会认为赵宋是突出的一朝，就是说它的发展脉络，它整个国家的政治基调跟它前面的朝代、跟它后面的朝代都有显著的不同。这就是黄仁宇所说，中国历史中主要的朝代各有不同，而尤以赵宋为显著。为什么说"赵宋"呢？因为是赵匡胤建立了宋朝，奠定了这个国家的基础，当时人认为是赵家的王朝，因此就叫做"赵宋"，就像唐朝会被

称之为"李唐",明朝会被称之为"朱明",都是一个道理。

这里我们列出来的几段话,是来自几位国学大师的,像王国维先生和陈寅恪先生的说法里边,我们可以很清楚地看到他们对于宋代文化成就的突出概括。严复先生在上个世纪,20世纪初期的这一段话,是我们要着重提到的,他说古人喜欢读前四史(前四史就是《史记》、《汉书》、《后汉书》、《三国志》),主要是因为前四史的文字写得好。但是如果你想研究人心的变化,研究政俗的变化(就是一个时代的政治风俗、政治走势),那么赵宋这一代的历史"最宜究心",就是最值得我们去关注的。为什么呢?严复先生说,中国之所以成为今日的现象(当然那个时候是立足于晚清,民国初年的时候),"为善为恶姑不具论",我们姑且不谈近代中国的状况是好还是坏,不给它一个道德上的评判,但是应该说,历史上遗留下来的面貌是宋人所造就的,是千年以前的宋代造就了近代中国的历史面貌,他说"什八九可断言也",也就是说,我们可以这样认识。

我们要真正理解宋代的"祖宗之法",离不开对于那一个历史时期的认识。所以我今天要讲的,主要是四个方面的问题:一个是宋代历史的再认识;二是讲一下宋代历史上的防弊之政,防范弊端的这样一种基本政策;第三个问题我们讲宋人当时对于祖宗之法的理解和他们的诠释;第四个问题我们简单地说一下,在宋代的历史上,特别是在北宋时期,对于祖宗时候留下来的法度的一些讨论,包括对于"祖宗之法"的一些冲击。

一、宋代历史的再认识

首先我们来讲第一个问题,就是宋代历史再认识。我们从三个方面去谈,先来讲一下时间的问题,然后是空间和对于这个时期的基本评价。

我们讨论很多历史问题时,都需要把它放到一个比较长的时段里边去认识。

在一个长时段中，首先我们会看到各个时期之间的延续和关联，就是一个朝代一个朝代是怎么走过来的，因为历史的脉络不是按照朝代的起讫兴废而切割成一块一块的，历史有一个通体的脉络贯穿在各个朝代发展的进程之中，所以内在的延续和关联是首先应该注意到的。

大家都知道，钱钟书先生在很多方面都有深刻造诣，他曾经说，在中国的文化史上，有几个时代一向都是会相提并论的，比方说到文学上的成就，我们会说"唐诗宋词"，我们会把唐、宋连起来讲；说到绘画方面的成就，我们会说到"宋元绘画"，把这两个时代联系起来；说到思想、说到学术，我们会讲"汉宋"，不管是从哪个角度来看都会数到宋代，这可以证明宋代在中国文化史上的重要性。

我们在讲长时段变迁的时候，也会说到变化的一面，会说到社会的转型。日本学者上个世纪曾经提出所谓"唐宋变革"这样一种说法，就是说唐代和宋代之间有一些重大的历史变化，使得前后呈现出来不同的总体社会面貌。这样一些说法启发我们注意到宋代这一历史时期在中国古代历史上一种承先启后的地位。在英语世界、日语世界也有很多相关的研究和讨论。

说到宋代的历史，我们会说"北宋"、"南宋"。我们山西这个地方，在北宋的时候属于河东路，是宋代最重要的路（当时的路，差不多相当于现在的省）；但是南宋的时候，宋代的统治中心已经迁到现在的杭州去了，南宋的统治触角一直没有覆盖我们山西这个地方，那个时期山西是在金朝的统治之下。我前些年到洪洞、到曲沃一些地方，看到地方上的旅游小册子，其中会说，哪一个寺庙、哪一个塔，是"南宋"的时候建立的，其实那是在金朝的统治下建立的，南宋是在南方，金是在北方，这是两个不同的、当时是属于对峙的政权。

"两宋"这种说法，宋代没有。宋人认为南宋、北宋都是一个宋，所以他们不把它称之为"两宋"。这一说法是在宋代灭亡了以后，后来

的人看过去，把定都于北方开封的时期叫做"北宋"，而定都于临安，就是杭州的，因为它在南方，所以就把它叫做"南宋"。北宋是灭在女真民族手里，就是灭在金人手里，后来的宋王朝迁到了南方，于是中国历史上宋代的历史就分成这样的基本两段。从这个大致的年表，大家可以看到，北宋是9位皇帝，从公元960年一直到公元1127年，这段历史是我们等一下主要讲到的；南宋又延续了差不多160年的时间，后来灭亡于元代。南宋后期在抗击蒙元的战争里边有过很多可歌可泣的壮士，像文天祥这样一些人，是中国历史上一些重要的民族英雄。

刚才我们是从时间的角度来讲宋代它处于什么样的时段上，下面我们从空间的角度来讲宋代它所处的地理位置。从这张图上大家可以看到，宋代的疆域和汉唐时期的疆域是不可同日而语的，小了很多，西北很广阔的地区当时都不在宋的统治之下。我们从历史课本上会看到"北宋的统一"，其实赵匡胤兄弟所完成的，从中国广阔疆域的角度来看，从来不是真正意义上的统一。那么，这个"统一"有没有意义呢？也仍然是有意义的。我们知道，北宋所继承的是五代这样的一个局面，也就是唐灭亡以后，在北方前后相继的五个朝代，而在南方当时有九个割据政权，另外在山西太原，当时的并州这个地方，还有另外一个，也是割据政权，历史上称之为"北汉"。我们知道杨家将，杨业原来就是北汉的将领，后来归顺宋朝了。北宋统一之前，在五代十国的时期，我们可以看到有很多的割据政权，这是中国历史上最彻底的一次从上到下的、层层叠叠的这样一种分裂、割据的局面。而这个地区在当时，包括中原地区，包括东南地区和西南的一部分，后来是在赵匡胤和他的弟弟赵光义做皇帝的过程中陆续地被统一了。就疆域的广度而言，宋朝所完成的，和前代相比较，从来不是真正意义上的统一，但是宋代的统一所达到的纵深的层面，却是前代难于比拟的。这是什么意思呢？

汉代疆域很广，它是怎么灭亡的呢？其实并不是亡在"黄巾起义"

上，"黄巾起义"失败了之后，汉代又坚持了几十年，它其实是亡在内部的一些军阀，像董卓、袁绍、曹操这样的军阀并起的局面。而军阀在当初是谁扶植起来的呢？其实就是汉王朝自己扶植起来的地方军事势力。唐代是中国历史上一个非常强盛的王朝，唐代的灭亡也不是灭于"黄巢起义"的，"黄巢起义"失败了之后它也坚持了几十年。它是灭于五代的第一个皇帝，晚唐的宣武节度使朱温，而宣武节度使也是唐王朝扶植起来的地方上的地方军阀。所以这样的一些汉唐盛世的覆亡都是灭亡于自己扶植起来的封疆大吏、地方军阀，而这种状况到了宋代以后就再也没有了。其后的中国历史上再没有中央政权灭亡于内部地方势力的情形。这使我们注意到，宋代对于地方的控制，对于军事力量的控制，对于内政问题的解决，是比较有效的。

这一张图是北宋时期的历史疆域，和自然地理区域叠压在一起，这样呈现出由绿线勾勒出来的三大片地区，第一片是东部季风区，就是从海洋吹来的季风能够抵达的地方区域；第二片是西北干旱区；第三片区域是青藏高原区。我们在看这张图的时候，会有一个很突出的感觉，就是宋代的疆域，它的北部、西部边界线其实是和自然地理的区域分界线有高度重合的，尽管在有些地方还是有一些拉锯状态，呈锯齿状的分布。这样的一种高度重合，提醒我们什么呢？我们知道，东部季风区基本上是农耕地区，有些地方当然是比较粗放的农耕，像北部、东北部的农耕比较粗放，而南部的农耕到了这个时候已经逐渐走向精耕细作。总而言之，第一个区域是农耕民族活跃的地区。而在西北干旱区活动的，大部分是游牧民族。这张图提醒我们，当各个民族相对比较成熟，比较发展的时期，游牧民族想把活动范围延伸到农耕地区去，不那么容易；农耕民族也是一样。彼此都很难把自己的统治触角向对方的区域里推进。当然像某一方面特别强盛的时期，山川地理的自然区域当然无法构成终极的影响，但是在民族发展的力量基本上能够对峙，基本上能够抗衡的时期，自然地理因素会有一定的影

响作用。宋代在当时一直面临着周边民族的压力与挑战。现在不同的民族是兄弟民族，但是在当时没有这个概念，那个时候就觉得是"外族"，"异族"，那就是对立，甚至是敌对的，所以宋代的内政一直都是在外民族的包围之下展开的。以往我们会说外交是内政的延伸，其实从某种意义上，我们也可以说，内政是在外交压力下的内政。正因为宋代的历史处于这样的一个时间、空间的背景之下，所以生活在这一时期的人们，对于他们自己所生存的世界，对于他们周边的环境，开始有了一些新的感觉，有了一些新的想法。这里边我们要举的一个例子是，唐代后期，契丹民族建立了辽朝，它主要的活动地区是现在的蒙古草原一带和东北地区。宋真宗景德元年（1004 年）宋和契丹之间在澶渊这个地方（澶渊就是现在的濮阳，河北河南交界的地方），有一次"澶渊之盟"。"澶渊之盟"我们在中学的课本上都会见到，就是说宋和辽之间有一次先是军事上的碰撞，然后是和谈，签署了双方的和约。因为是在澶渊这个地方签订的，所以就被称之为"澶渊之盟"。"澶渊之盟"签订后，双方之间等于是建立了一种外交关系，双方就要互致国书。现在看来，这没有什么稀罕，但是在当时，对于中原的知识分子来说，在他们的脑子里边，这是"非常"的，是前代很少有前例的。

历史上很早就有"中国"这样的观念，先秦的时候就有"中国"的提法，但是那个时候的"中国"和我们今天说的"中国"不完全是一个意思，当时的"中国"，更主要的是一种"天下秩序"的概念，就是说"中国"是"天下"的中心，是向外面延伸，呈辐射状的；而不是有明确疆域的这样一个政权实体。这和近代意义上的"国家"是很不一样的。在"澶渊之盟"的时候，双方互致国书，这个国书里边它写什么呢？先是宋方的皇帝宋真宗写了："大宋皇帝谨致誓书于大契丹皇帝阙下"；反过来，大契丹皇帝他也有一个国书送来，说"大契丹皇帝谨致誓书于大宋皇帝阙下"，就是说双方都互相承认对等的地位，当时约为兄弟之国，双方都承认对方的统治者是皇帝。那么这样的一种承认，就对于中国古代历史上那种"天无二日"的理念构成了一种挑战。所谓"天无二日，民无二主"，现在大宋皇帝旁边又承认了大契丹皇帝，那你究竟还是不是天无二日呢？所以我们可以看到，"普天之下，莫非王土"的观念，"中国"的观念，在这个时候开始发生了深刻的变化。在双方的国书的条款里我们看到，其中有一条叫做"各守疆界"，也就是说，"疆域"的概念到了这个时候已经非常清楚，中国不再是普天之下秩序的中心，而是一个有了边界的主权体。

在 80 年代的时候，美国出版了一部论文集，名字就叫《China among Equals》，这个意思就是说中国在与它对峙、抗衡的一些政权之间，如何去面对。天下格局不一样了，中国要怎么能走出自己的一条路来，怎么去发展？葛兆光老师也写过一篇文章，叫做《宋代"中国"意识的凸显》，过去也有"中国"意识，但是近代意义上思想背景下所说的"中国"这个概念，其渊源是起自宋代的。总的来说我们可以看到，这个时期周边的民族已经成长起来，宋朝不能说是"天下共主"。虽然表面上可能还维持着"朝聘"这样的一套说辞，但是实际上大家都明白，过去的时代已经一去不复返了。

中原王朝在这个时候仍然有其核心地位，仍然有领头作用的，这个核心地位不体现为"天可汗"那样一种至高无上的地位，而是反映在政治制度、社会经济、思想文化方面，对于周边的民族，对于周边的政权都仍然具有非常巨大的影响。

上个世纪以来，讲到宋代的一些著述，特别是中国通史的著述，中学的教科书，往往会把宋代称之为一个"积贫积弱"的时期。什么叫积贫积弱呢？"积贫"就是说国家的财政入不敷出，社会贫困，许多方面的问题积重难返；"积弱"就是说在对外竞争的时候，对外作战的时候，军事力量不强，跟人家竞争不过，这种弱势的状况也积累下来，成为十分严重的问题。但是海外的汉学界、国内的学者，也对

这样的一种概括提出了质疑。在这里列出来的几部著作，第一本是伊懋可（Mark Elvin）作的，他是写中国历史的发展模式。这位教授基本上是从经济史的角度观察问题，他这本书里说到，八至十二世纪之间，中国农业发生了"革命性"的变化。我们知道，十二世纪正处于宋代。他所谓"革命性的变化"，是指经济上有比较长足的飞跃。第二本是法国法兰西学院的院士谢和耐作的，这本书中文的翻译本叫《蒙元入侵前夜的中国日常生活》，主要是写南宋后期历史的，他在书里也对于当时中国文明的发展程度有非常高的评价。这一本是哈佛大学费正清教授的著述，其实也是一本教科书，《中国：一部新的历史》，这本书写了中华五千年的历史，一共分了二十多章，其中有一章的题目叫"中国历史上最伟大的时期"。我想，换了任何一个中国学者，不会说是宋代，但是他所说"中国历史上最伟大的时期"，指的就是北宋和南宋。这是非常强烈的对比：我们在说到两宋的时候，会批评它是积贫积弱的；但是他们说到这个时期的时候，说这是中国历史上最辉煌的时期。我们也看到，陕西师范大学历史系的李裕民教授，在 2004 年的时候写过一篇文章，叫做《宋代积贫积弱说商榷》，对于"积贫积弱"这样的说法提出了他的质疑，认为这种概括是不准确的。

为什么会有如此强烈的认识反差呢？我想，国内学术界对于宋代的认识，基本上是近代以来形成的，包含着我们立足于今天，或者说是立足于近代，返回头去观察历史，这样的一种体悟。近代以来，我们饱受列强的欺辱，所以有非常强烈地要自立于世界民族之林这样的一种期待。人文学者离不开现实的关怀，离不开对应于当下的一种民族情结。因此，心目中向往追求的必定是强国盛世，是对于国势强盛的憧憬和期许。而西方学者他们没有这种民族情结，所以他们通常是会看这一个时期对于周边文明，对于世界文明牵动的程度，看是不是推动了整个世界文明的进程。因此，和我们习惯的判断会有很大的不同。

从宋代对于文明发展的具体成就来看，大家都知道，李约瑟对中国古代科技史有特别的研究，他从文明的成就这个角度来观察中国的发展，他说，如果你在中国的文献里边去寻找任何一种具体的科技史料，那么你往往会发现，它的主焦点就在宋代，不管是应用科学方面还是纯粹科学方面都是这样。应用科学指的是技术方面，纯粹科学就是我们一般说的科学。那么为什么会这样呢？其实这和宋代人的理念，和他们的学术的发展，和他们对于科学技术的关心是有直接关系的。

我们知道，宋代儒学思想复兴，士人追求"格物致知"。什么叫"格物致知"呢？"格"就是推究，我们现在也可以说是研究吧，"物"就是万事万物了，"致"就是达到，这个"知"就是一种知识的境界，就是说你要推究这个万事万物的道理，然后达到一种认识的高度。宋代的知识分子不仅是在人文领域、哲学领域、文学领域里有这个追求，在科学技术方面也有这种追求，追求万事万物的道理，所以使得科学技术方面有重大的发展。

中国历史上说到科技的发展，我们就会说到"四大发明"，对吧？"四大发明"的第一项造纸术那当然更早，汉代的时候就已经发明了；另外的三项发明，印刷术、火药、指南针都是在宋代有了关键的进展，而且都是在宋代传播到世界的其他地方去的。所以我们可以看到，从英国的启蒙主义思想家培根一直到马克思，都对于火药、指南针、印刷术，对于这三项重大发明传播向世界起的重要作用，有很高的评价。马克思说，火药、指南针、印刷术这是预告资产阶级社会到来的三大发明，而这个三大发明传到西方，其实都是在宋代的时候。而这三大发明也和宋代历史的发展有非常直接的关系。像印刷术，我们知道，雕版（刻板）印刷唐代就有了，活字印刷是北宋中期才有。唐代的雕版印刷主要是用在两个方面，一个是寺院里边印佛经、印佛像，而不是刻印书籍；另外一个，就是当时刻印历书（黄历），那个时候的历书是国家颁布的，历书是雕版刻的。到了宋代，雕版印刷才比较普遍地用于刻书，所以真正对于文化传播有意义的，应该说是到了宋代之后。活字印刷的办法则是北宋中期布衣毕昇发明的。火药是在宋代开始用于军事，不光是民用，像现在我们烟花爆竹——见于王安石诗作，过年时家家户户都放爆竹。火药用于战争，也是在宋代的对外战争中。蒙古人西征就把火药带到了西方。指南针技术的完善，开始大量应用都是在宋代。当时的西北不在宋朝辖下，陆上的丝绸之路不再畅通，宋代就要面向海洋另外开辟对外贸易的出路，这样指南针的作用就是非常重要的，宋代的海船也把指南针的技术带到了海外。这类例证还有许多，我们可以看到，这一个时期对于世界文化，对于周边地区文明的发展发生过重要的作用。

我们从文学的角度来看，宋代这一时期有其时代的特色，有一些特别的追求。这种特色和追求，我们可以通过比较来观察：这里是吟咏庐山的两首诗，一首是李白作的，一首是苏轼作的，一位是唐代杰出的诗人，一位是宋代一流的文学家，而且他们咏颂的对象都是庐山。而这两首诗呈现出来的面貌、内在的寓意其实是有深刻不同的。这个不同在什么地方呢？李白的这首诗给我们一种非常豪迈的山川意象，非常雄浑的气魄，一种一泻千里的气势；而苏轼的这一首诗，"横看成岭侧成峰"，看上去遣词造句平平常常的，没有什么华丽、浪漫的辞藻，但是这首诗内在的那种哲理是值得不断回味琢磨的，我们不必面对雄浑的高山，在涉及日常事情的时候，我们也会想到这首诗传达的哲理与意境。经常有人说，宋代诗人跟在唐人后面，是极大的不幸，因为好诗都让唐代人做完了，你很难超越他了。但是就像钱钟书先生在《宋诗选》里边说过的，唐代的诗是重在丰神情韵，而宋代的诗是重在筋骨思理，就是在这个平平淡淡之中，有一些哲学上的、意趣上的深刻追求。

如果说到从唐代到宋代有这样的一些变化，那么这个变化的基本脉络是怎么走过来的呢？像葛兆光先生、陈来先生都指出了这个变化的基本趋势，我们也许可以将其概括为平民化、世俗化、人文化。所谓的"化"其实就是一种变迁，就是一种过程，一种趋向。从一个贵族气息很浓的社会阶段，走向了一个平民性的社会时期。相应的特点从方方面面展现出来。

基于这样的一种认识，我们再回头来看这个历史时期，我想，应该说宋代处于中国历史上一个重要的转型期，面临着来自内部和周边的很多问题，很多新的挑战，应该说它并不是中国古代历史上国势最强盛的时期，但是宋代在物质文明和精神文明方面的突出成就，在制度方面的独到建树，对于整个人类文明发展的贡献和牵动，使得宋代无愧于中国历史上一个文明昌盛的辉煌阶段。

二、宋朝的防弊之政

下面第二个问题我们来讲宋代的"祖宗之法"。祖宗之法的基本原则是防范弊端，所以我们也可以把它称之为"防弊之政"。首先我们看看它是怎么提出来的，然后我们来看看它有什么核心的内容，就是它基本的原则精神是什么，最后我们再来举一些例子，看看在当时，究竟这个祖宗之法是怎么影响当时的政治，怎么影响当时的社会制度的。

宋代这个王朝是从公元 960 年建立的。在它建立之前，曾经经历了走马灯式的五个朝代，梁、唐、晋、汉、周。这五个朝代都是以河南的开封、洛阳为统治中心地区的。五代从公元 907 年开始到公元 960 年，一共只有 53 年，其中换了五个朝代，十四个皇帝。我们可以想到一个朝代有多少年，一个皇帝能有多少年。这里边最长的朝代也就是十几年的时间，最短的只有四年，当时就是一个频繁更迭的局面。

公元 960 年的时候，后周雄才大略的周世宗死了，他只有一个小儿子，七岁，当时作了皇帝，这个时候，赵匡胤是中央精锐部队禁军的统帅，他就利用这个机会，在陈桥这个地方发动了兵变。士兵们把象征皇帝身份的黄袍披到他身上，所以这次事件也被称为"陈桥兵变，

黄袍加身"，赵匡胤就这样做了赵宋的皇帝。

在当时人们的心目中，很可能觉得这就是"第六代"又来了。有什么道理相信他这个朝代能稳定下来呢？前边都是频繁的更迭，又是一个军阀上来了，不过是来了又一轮频繁的更迭而已。但是赵匡胤他稳定了局面，他这个朝代维持了320年之久，成为中国历史上最长久的朝代之一。这样一种状况，在宋人的心目中有非常高的成就感。那个时候的人都称赞他，说他能够"易乱为治"，把纷乱的局面改变成安定的局面。那么，为什么宋太祖能够把这个局面安定下来呢？他前边的十几位皇帝，应该说每一个都想安定下来，每一个都做过这种努力，为什么那些人就没成功，到了他能够成功呢？一直到南宋还在讨论这个问题。

朱熹的学生曾经问：太祖能做到这个，是不是因为他把五代时候那些所有"弊法"，不好的规矩，统统都废除了？朱熹说：不是，只是针对问题最严重的，"去其甚者"，而其他枝节的做法暂时保留下来。朱熹说：大凡做事的人，能够做成事的人，多是先其大纲，能够分清轻重缓急，知道什么是大纲，什么是枝节，大纲的问题要首先解决，然后这些节、目的事情，就是枝节的事情"可因则因"。什么叫"可因则因"呢？因就是因袭，就是继续。朱熹说："此方是英雄手段"，这才是英雄的谋略，不是说要一股脑地都推翻了重来。

赵匡胤这个人，我们知道他确实是有些英雄气概的。中国历史上我们看到，各朝各代的皇帝，马上得天下的是不少的，对不对？汉代的刘邦，唐代的李渊，再到以后像朱元璋、努尔哈赤，都可以说是"马上得天下"的，但是这些君主里职业军人出身的很少，对不对？在中国古代主要的朝代里，真正职业军人做皇帝的只有赵匡胤，他是从军队中磨练出来的，作为一个武人，一个将领出身的人，他那种豪爽气概并不少。但是我们也可以看到，他也是粗中有细，有他谨慎精明的一面。在他这个时候，五代朝代更迭留下了足够多的经验和足够多的教训，使他有可能比他的前人干得更加聪明。当然这也不是他一个人，他周围也有很多的左膀右臂。

从赵匡胤的角度来讲，理性的特点、务实的特点是非常清楚的。赵匡胤曾经跟他周围的人说，周世宗的时候，因为后来身体不好，他考虑到他的小儿子很难服众，所以他把周围那些他认为有反骨的、有反叛威胁的人都处置了。有的是杀了，给你个罪名杀了，有的就是贬到外地去了，有的是撤职了。我们都知道，看相的说"方面大耳"有帝王相，所以他把那些方面大耳的都处置了。赵匡胤当了皇帝以后呢，他就跟他周围的人说，"周世宗见诸将方面大耳者皆杀之"，都杀了，"而我终日侍侧"，我成天在他身边，他就说，你们看看我长得怎么样？他觉得他其实也是有帝王相的，天庭饱满、地阔方圆，但是周世宗没能杀他。他的意思是，想把朝代稳定下来，想要防范那些可能篡权的人，这是所有帝王的努力，所有帝王的目标，但是大家采取的手段不一样，效果自然也不同。到了赵匡胤时候，统治者相对更加理性了。这是其中一个例子。

另外一个例子：开封城它不像长安城，长安城是精心设计、重新规划的，所以古代的长安城方方正正的，108个坊。但是在开封不一样，他是在原来的宣武节度使治所的基础之上扩大，成为皇城，成为首都的，所以那个时候皇城的规模就不够开阔，就想要扩建，宋太祖就领着赵普（赵普我们都知道，太祖的谋臣）一块儿去视察城门周围，看怎么来施工。这个时候，他到了南门，朱雀门，指着上边的字问赵普说，为什么这上面不直接写"朱雀门"，非要写"朱雀之门"呢？这个"之"字有什么用？赵普回答说，这是个语助词。宋太祖听了以后就哈哈大笑，他说："之乎者也，助得何事？"就说这个能帮得了什么忙？能有什么助力？其实他的意思就是说，要是能够真正使事情有帮助，还是要一件一件事情着实去做，需要真正的务实精神。

赵匡胤做皇帝以后，首先要对付的是什么人呢？一方面是反对他

的人，就是后周留下来的那些人，反对他做皇帝的，这些人确实也通过一些大小的战役平定了，但这些人应该说并不是很多；另一方面他要对付的人其实就是那些铁杆支持他做了皇帝的人。为什么会要对付这些人呢？其实这些人有不少当年都是跟他在军队里边结成"义社"的拜把兄弟，在义社十兄弟里，有朝一日他做了皇帝，剩下的那几个都还跟他称兄道弟，觉得好像就是他们这里边出来一个代表人物一样，以为可以平起平坐。可是赵匡胤已经从军阀的身份转换为帝王的身份，他并不希望这种局面继续下去，所以就需要建立一种皇帝像个皇帝，臣僚像个臣僚，就是所谓的"君君臣臣"这样的一种理念中的秩序。对于他来说，当时怎么样能够建立这样一套政治秩序，这是他面临的一个很重要的任务，一个很大的问题，这主要不是对付他那些敌人、对手，而是怎么对付他这些过去比肩同气的弟兄。这些人仍然是禁军高级统帅，这是一个重大的挑战。这张"蹴鞠图"是宋人画的，后来的人摹的。"蹴鞠"是什么呢？就是踢球。虽然中国足球水平不高，但据说足球的起源地是在中国（当然不是现代足球）。大家都知道《水浒传》里边高俅是会踢球的，历史上确实有这么个人，他也确实是会踢球的。讲这张图其实不是要弘扬体育运动，是要看看赵匡胤这些比肩同气的弟兄。中间的是宋太祖，白衣服的是宋太宗，是他弟弟，这个是赵普，另外还有石守信、党进和楚昭辅，这几个都是当时的将领。他们当年曾经不分彼此，作战也都是一起出生入死过的。该怎么对付这些人？宋太祖前面的帝王，比方像汉高祖那样的人，后面的帝王，像明太祖那样的人，几乎是把功臣都杀戮殆尽，而赵匡胤采取的是非常不一样的手段。

我们知道，在宋代历史上有个故事叫做"杯酒释兵权"，宋太祖从某种意义上来说像一种赎买政策，换取这些人放弃了禁军统帅的权力，而回到地方上去做节度使，赵匡胤又逐渐地派去了一些文职地方官，就是说你们不用操心这些行政财政的麻烦事了，等着享受待遇就是了，给他们土地，给他们钱，而且子女跟他们的子女联姻，就等于是把这些人权力架空了，由一种赎买换得了当时政治上局面的安定。另外，与此同时，对于宦官、女后（就是后妃）、外戚、宗室也都相对地建立了不同的限制的手段，所以这样逐渐地建立起来一套"君君臣臣"的政治秩序。在看上去波澜不惊的、很平稳的表面之下一步一步，可以说是步步为营地解决了一些非常棘手的问题，这样的一些做法在当年的赵匡胤看来，就是希望子子孙孙、世世代代能够坚持下去的。这种做法的核心在于防微杜渐，就是为了将来，为了防范弊端的出现，你先要想好一套应对的办法，在这个大事没有出现之前就开始一步一步地去做。所以宋代的这样一套做法被称之为我们刚才说"防弊之政"，这个也就是我们说的"祖宗之法"的核心。

宋太祖做皇帝做了差不多 17 年突然就死了，他死以前并没有很明确地指定谁是他的接班人，也没有看出来得什么病，就很突然地去世了。在这种情况之下，他的弟弟宋太宗就做了皇帝。宋太宗做皇帝，历史上是有很多疑团的，我们今天其实不是要讲这个。但是宋太宗做了皇帝以后，他就要向全国的臣民发布一个安民告示，对吧？来表示他是继承了他哥哥的事业，这个安民告示就是他当时的即位诏，就是他做皇帝以后的"告全国人民书"。在这个诏书里他就说道："先皇帝创业垂二十年"，将近二十年。"事为之防，曲为之制"，什么叫"事为之防，曲为之制"呢？"事为之防"，所有的事情都要预先作出防范，都要想到前面，不要等事情来了你再去应对，那就复杂了；"曲为之制"，"曲"是什么意思呢？"曲"就是委曲周全的意思，"曲为之制"也就是说要尽量仔细周全地进行制约，这样才能让这个王朝运行得比较平稳。这八个字概括得非常准确，它抓住了宋太祖时期政治措施的核心精神。"纪律已定，物有其常。谨当遵承，不敢逾越"，太宗表示，将来他就是要按着这个做。这种做法一直延续到南宋的时候。宋孝宗是南宋第二个皇帝，他还是说这就是祖宗留下来的法度，就是

我们的家法，所以祖宗之法也叫做"祖宗家法"，是他们赵家皇帝留下来的一套精神原则。

这样的精神原则，在宋太宗的时候，又把它推向了极端。他上台以后一直面临着很多质疑，他的这个上台到底是合法不合法？究竟太祖是不是想把这个皇帝的位子让给他？太祖有两个儿子，当时一个24岁，一个18岁，都已经成年了。民间一直纷纷扰扰地有这种怀疑，所以宋太宗这个人猜忌心是比较重的，他的很多举措也都跟他的这一份猜忌有直接的关系。太祖这个人是比较大度的，真的是作过战、当过统帅的，而太宗相对来说比较猜忌，比较地内缩。太宗曾经说，"国家若无内患，必有外忧；若无外忧，必有内患。"外忧当时主要是对契丹的问题，后来还有对西夏的问题，他说"外忧不过边事，皆可预为之防"；他最为警惕的"奸邪无状"，是指什么呢？主要还不是指农民起义，因为那个毕竟离得还远，他主要是指他身边会威胁到皇权的这样的一些人。如果这些人成为内患，"深可惧焉"，这个是要最提防的，所以他说"帝王合当用心于此"，你要用心防范身边的内患。我们看到，宋代祖宗之法的防微杜渐，在太宗朝的解释越来越走到一种极端，而且跟当时帝王的猜忌联系在一起，但是这样的一种猜忌实际上也不是太宗所独有的。先处理内忧，再解决外患这种方针，我们并不陌生。所谓的先安内，后攘外，在抗日战争的时候，蒋委员长还是这样的一个基本的大政方针，所以作为帝王来说，它不仅是宋太宗个人的选择。

太宗以后，第三个皇帝是真宗，第四个皇帝是仁宗，第五个皇帝是英宗。我们看到，每一个皇帝即位的时候，都会有一个"告全国臣民书"，那么在他们的"告全国臣民书"里边都表示了基本上类似的意思，像"先朝庶政，尽有成规，务在遵行，不敢失坠"等，虽然语词上有些不一样，但是大致意思都是差不多的，都是说先朝的规矩我们要小心地继承，不能随意改变。这样的一种说法和做法，就成为北宋历史上突出的政治基调，它不仅仅是一种套话——实际上，套话背后也能够看到政治上深层的意义所在。而在宋代，我想，祖宗之法不仅仅是套话而已。

那么宋真宗去世了以后，他有一个儿子，就是后来的仁宗，当时其实才不到13岁，这个时候就是刘太后临朝称制。仁宗并不是她亲生的，这就是京戏里讲的故事"狸猫换太子"，她临朝称制，实际上权力是掌握在她手里。当时，宋代的历史已经走过了差不多60年的时间，自己培养起来的这些官员、士人都已经成长起来了，他们这个时候就很警惕：这个刘太后会不会又成了一个武则天，因为武则天就把唐的天下都变成大周了，王朝都改变了。这些士大夫给朝廷提的意见、提的建议、提的限制措施都非常多，就是在这个时候，形成了宋代士大夫好言事的习惯，什么事都要管，什么事都要站出来说。这一段时间本来是一段"非常时期"，因为不是皇帝执政，而是皇太后执政，但正是在这个时候，酝酿形成了北宋一种正常的统治秩序，就是士大夫的发言机会非常地多，而且这些人的声音很响亮，这种参政、议政的机会和积极性都是非常突出的。所以陈寅恪曾经有一种说法，他说中国历史上最自由的是两个时期，一个是六朝；另一个就是赵宋，天水一朝，就是宋代这个时期，他说这个时期是士人的黄金时代。

到刘太后去世了之后，宋仁宗才亲政，亲政了以后才知道他不是刘太后生的，所以在很多方面他都想要重振朝政，就是要跟刘太后走一条不一样的路，来标志他不是一直生活在这个太后的影子底下。在这样的时期里边，祖宗之法、祖宗家法就被提得越来越多。

说到这个刘太后，其实她和我们太原晋祠有一点儿关系。晋祠的圣母殿其实是天圣二年（1024）建的，为什么叫"天圣"呢？这个年号其实是有意思的，天圣是"二人圣"，两个圣人，本来皇帝是一个圣人，但是现在还有一个皇太后呢，所以是两个圣人。晋祠里边的圣母殿，本来是说祭奠的是叔虞的母亲邑姜，但是它之所以这么大规模造

了一个圣母殿，和当时的"圣母"刘太后在位是有关系的。天圣有十年，后来改了一个年号叫"明道"，"明道"还是有寓意的，这就是日月齐明，"日"就是皇帝，阳的，"月"就是阴的，是太后，所以宫中还是两个圣人，日月齐明。

祖宗之法在宋仁宗作皇帝之后被提得越来越多了，不光是皇帝在提，士大夫在朝堂上很多时候都在讲到祖宗之法的问题。那么宋人说到家法，其实是各说各的，所有人对于家法的理解都不完全一样，这个和后来的情况就不同。朱元璋的时候专门出了一部书叫《皇明祖训》，就是祖宗的话、祖宗的训示，一共有 13 章。但是在宋代没有这样成文的内容，很多时候依赖于臣僚的解释。你可以说这是祖宗的规矩，是祖宗时候留下来的一种定制、一种惯例，所以"祖宗之法"不是成文的条款，它不是能够数出一二三的，它基本上是一套精神原则，以及这个原则影响下的很多说法、很多的做法。所以在宋代的祖宗之法是比较笼统的，正因为笼统，它适用的地方才多，而且当时人的这种解释才会非常地纷繁。

我们看到，当时有的人把祖宗家法说成是处理内外关系的这样一些原则，也有的把它说成处理文武关系的准则，另外，监察部门和行政部门的关系规范，等等，都可以算是祖宗家法，还有一些包括怎么收税，这些制度也可以算是祖宗家法。所以从某种意义上，这祖宗家法也有点儿像个筐，什么都可以往里边装，所有的人在不同的情况下都会对祖宗家法有不同的解释。但是不管这个解释有什么不同，祖宗之法的核心是很明确的，这个核心就是我们刚才说的，防范弊端，防微杜渐，事为之防，曲为之制，这是它的核心。

那么我们在这儿看到一个同心圆。祖宗之法它是一套综合体，它是一个从内向外一层一层扩展出来的，像同心圆似的这样的一种结构，既有核心原则，也包括一些基本的方针、主要的政策，各个方面的一些具体的章程，都可能包括到同心圆里边去。这个同心圆的外缘其实没有这么清晰整齐，因为所有的人解释可能都不一样，都把东西往里面塞，但是这个核心和原则还是很清楚的。宋代的祖宗之法应该说是在当时的历史上逐渐形成的，是随着大家不断地解释而变得越来越丰富的。

祖宗之法最根本的一个原则是制衡，就是要互相制约，防微杜渐，这是它一项基本原则。要怎么去做？实际上哪个朝代都有制衡，但是制衡的方式会有一些不同，比方说唐代，唐代前期中央体制是三省制，三省就是中书省、门下省和尚书省。三省的长官是宰相，所有的宰相都在政事堂。政事堂就像国务院办公会议，或者是政治局的常委会议，当时是最高的国家政治统治机构。中书省管什么呢？国家的政令是他拟定的，草拟的，根据政事堂的意见拟定，皇帝认可以后送到门下省。门下省是管干什么呢？你看看拟定的这个合适不合适，审核一下，如果通不过，这就要退回去重新来；要是通过了，就发到尚书省，尚书省负责执行，底下都是一个部门一个部门，各类事情就分到相应的部门去。我们可以看到，这样的运行机制是有制衡的，如何制衡呢？决策，出令，这是决策部门，审核这也是决策部门，决策部门和执行部门之间有区分，决策的归决策，执行归执行，这有一个制衡。另外，决策部门又有两边，一边是草拟的，一边是审核的，所以它彼此之间又有一个制衡。因此，我们说唐代决策和执行是有分工的，这个分工体现着一种制衡，在政令出来的这个程序上，就一关一关地由不同的部门在那儿把着，构成了一种制衡。

宋代的情况很不一样，为什么会这么不一样，我们没办法细说，只是在这儿呈现一个不一样的状况。皇帝底下有御前会议，为什么叫"御前会议"呢？是在皇帝那儿开会，就是说这个宰相不是自己商量，而是和皇帝一起，皇帝也参与其中，所以宋代的皇帝更加站在前台，很多事情都是参与直接商议的，这个就叫做御前会议。底下有负责行政事务的，叫中书门下，有负责军政事务的，叫枢密院。中书门下和枢密院在当时是最高的统治机构，就是"二府"，"二府"基本上是并立的。另外有独立的财政机构、独立的监察机构，这些机构都是直接向皇帝负责的，所以我们看到，皇帝介入行政事务的程度比唐代要深。这个时期的制衡是以事任为中心的，所有的行政事务都归中书门下这个系统，所有的军政事务都归枢密院这个系统，财政归"三司"，监察归"御史台"，这样的一种分工它是以事任为中心的，构成一种制衡的方式。

官僚机构的制衡主要是防范臣僚之间的勾结，把各类事务按照运行的程序，或是按照事情的性质，分属不同部门，使得宰相不可能一个人专权。你是宰相，你管行政事务，你不能直接调兵，所以军事上你不能直接管。这样的一些权力的分割主要是防范臣僚的，这是官僚机构的制衡。反过来，在宋代其实我们也可以看到，君臣之间也有制衡，臣僚也制约皇帝。那么在宋人的很多记载里边都说到，从祖宗以来，就是从宋代的历史上，比方说大臣的权力，这个"给舍"，"给舍"是负责出令的这样一些具体人物的权力，"台谏"是监察部门的权力，"监司"是各个路的，就是各个省里边的地方官员的权力，都是互相制约的，都是互相制衡的。有些人在宋仁宗的时候就曾经劝他，说你应该大权独揽。但是宋仁宗说什么呢？他说"措置天下事，正不欲从中出。"天下的事情不能一个人说了算。宋仁宗的这种说法，在宋人，在宋代是得到了很多肯定的。那么宋仁宗虽然是这样说，他做得怎么样呢？底下我们可以举例来看。

《宋史·杜衍传》里讲，庆历的时候，杜衍做吏部侍郎，枢密使。枢密使是管军政事务的，所以这个军事系统里面的任免也都是他管。那个时候经常会收到从宋仁宗那儿来的内降。什么是"内降"呢？一般政令的文书都是要通过宰相的办公系统传下去的，就像通过中央办公厅、国务院办公厅，通过正式的行政系统下发的，但是在历朝历代都会有一些是皇帝批的条子，往往不经过宰相的办公系统，而是直接送出来，派一个宦官，或者找一个什么人，就送到某个机构去了。杜衍就经常收到一些皇帝的条子，这条子是要干什么呢？是一些恩泽，给某个人特别地加官晋爵，这样一些条子。要是从外廷人事部门那儿走，他不符合那个条件，所以皇帝有时候就特别批个条子出来。杜衍收到，他就"寝格不行"，不动声色，就摞在那儿，每一次攒了十几个，"辄纳帝前"，拿着那个去找皇帝，都给他退回去。这个时候，欧阳修（欧阳修我们知道，是个史学家，文学家，是个大家）是谏官（谏官就是监察部门的一个官员），他来见皇帝，宋仁宗问他：外边的人知道不知道，杜衍把内降送回来？然后宋仁宗说：其实他们不知道，有好多人来求我，每次我都跟他们说，杜衍他不答应，我给你写了也是白搭，在我这儿止住的比杜衍送回来的还更多呢！皇帝跟欧阳修解释，说我并不是说没努力，我也尽量地少写条子。

《山堂群书考索》里也记载到类似的事情，宋仁宗至和嘉祐的时候，有一些低层的嫔妃，她们也是有身份等级的，也是一级一级往上迁的，她们成天和皇帝在一起，但是经常迁不上去，所以她们就在皇帝周围跟他磨，要求晋升。皇帝就说：没这个规矩呀！但她们老缠着，皇帝也就耳朵根子软了，没办法，所以叫宋仁宗嘛，这个人很仁懦，他就说那好吧，你们不信，我就给你们写个条子，你们拿着试试看。结果他写了这个条子，说某某人可以给她升迁。拿着条子到政府那儿去办，结果政府的官员又退回来，说是"无法"，没有这个规矩，找不着她能按哪一个条款迁，所以又给送回来。这些人也会说，还用这么麻烦？你就直接给我们一个官位吧！不用到外廷那儿查什么规矩，这不就简单了？好，那个皇帝就拿来彩色的纸就写了，某官某氏特转某官，到了下一次该领薪俸了，这些人自己拿出皇帝的御批高高兴兴地去领，结果有司（就是办公的具体部门）"不敢遵用"，又给退回来。因为有司他是层层负责的，现在皇帝这么具体的插手，他不敢照办。于是这些人就又到皇帝这儿来告状，皇帝就笑，说我跟你早就说过，

我写了也没用。所以当时外廷的官员都说仁宗还是有"圣断"。仁宗这个人可以说是一个性格比较软弱的皇帝，也许他不愿意跟外廷抗衡。那么那些性格比较刚烈的皇帝会怎么样呢？宋神宗是一个例子。

宋神宗就是王安石变法时候的那个皇帝，他性情比较刚烈。打西夏，陕西用兵失利，几十万大军覆没，如此重大的失败总要有人负责。找谁负责呢？当时就批出一个条子来，要杀掉一个漕臣。漕臣是干什么的呢？就是运输粮草的。在边地作战，粮草供应不上是个很大的问题。第二天上朝的时候，宰相蔡确汇报事情，皇帝就打断了他，先问，说昨天批出来一个条子，要把那人杀掉，说办了没办？宰相说正想向你报告。皇帝气愤地说这还有什么报告的？我已经批出来了。于是宰相就说了，"祖宗以来，未尝杀士人"。没杀过士大夫，"臣等不欲自陛下始"，我们不想让你开这个坏头。皇帝被堵住了，他想了想，说那算了，不杀他，脸上给他刺上字，把他发配到偏远的地方，风土恶劣的烟瘴之地去。门下侍郎（就是副宰相）章惇就说，要是这样，你还不如把他杀了。皇帝就问，为什么呢？这几个人就说了，士可杀不可辱啊！你还给人家脸上刺字。于是皇帝声色俱厉地说："快意事便做不得一件！"一件痛快事都做不了。结果臣僚还不嘴软，还接着说：如此快意事，不做得也好。可以看到，在那个时候，其实士大夫们也是用祖宗法来作为限制当今皇帝权力的精神武器。臣僚想限制皇帝不是那么容易，特别是皇帝盛怒之下，你想阻挡他不容易，他们是用祖宗的法度转回来限制今世的皇帝。

三、宋人对于"祖宗之法"的理解和诠释

下边我们来说一下宋代的历史上，士大夫对于祖宗之法的一些解释。这块碑在乾陵，是为武则天树立的无字碑。无字碑给后人留下许多思考的空间，当时人想在上面写什么？历史上更多的是有字的碑，碑文都是当世或是后世的人书写上去的，写上去的东西跟历史的现实之间其实都有所差距,书写的内容可能有后来人的诠释和理解在里边。我们现在熟悉的一些史料,其实都有这一类的情形。

这里我们举个例子,前些日子电视上在演《贞观长歌》,《百家讲坛》里边在讲贞观之治,李世民的事迹都是大家最熟悉的。他的事迹我们是从哪里知道的呢?最早的记载就是《贞观政要》,这部书是一个叫吴兢的人写的,他在开元七年(728)的时候写成,上呈给唐玄宗。而我们知道,《贞观政要》写的是太宗的事迹,太宗是在公元648年去世的,也就是说,这一部书是在太宗死了以后80年才写成的,书中寄托的,是八世纪初期政治家和史学家的政治理想。太宗以后经历了高宗时期,然后是中宗、睿宗、武则天,又返回头来,又是中宗、睿宗、玄宗,经历了这样的颠簸和反复,所以这个时期迫切希望找到一种政治清明的典范。因此,重塑典范,呈现一个可以供后来的帝王效法的形象,成为当时的政治家、史学家迫切的任务,寄托着他们心中的这样一种强烈的愿望。我们看到,历史上曾经有这种批评,说《贞观政要》里边写的事好像和当时的一些记载对不起来。我们现在看到的回忆录里边也会有这样的情况,这一部回忆录和那一部回忆录有时候好像就对不起来,这样的情况其实在历史书里边很常见。

在宋代,有关祖宗之法的很多说法是宋代人通过他们的回忆记载下来的,书写内容中寄寓着他们的向往。比方说,南宋人会说宋太祖把他的事业都交付给当时的书生、文官、知识分子,其实宋太祖的时候不一定是这样。为什么后来的人会这样说呢?因为他们希望自己承担更多的参政和议政的机会,希望帝王更多地听取他们的意见,所以他们把这样的一种政治寄托负载在太祖、太宗这样的一些人物身上,负载在祖宗之法上。这就提醒我们,当时的人这种祖宗的观念、历史的观念值得注意,本朝人写当朝事有富于优势的一面,恐怕也有会带来误读的一面。

宋代"祖宗"形象的塑造就是一个例子。宋代人心目中的"祖宗"

是怎么呈现出来的？石介在宋仁宗的时候写了一部书，叫《三朝圣政录》，就是写前三朝的，太祖、太宗、真宗，为什么叫"圣政录"呢？就是专门把那些好事编在一块儿。这类"圣政"在宋代历史上修过很多次，有的是个人修的，有的是国家修的。修这个干什么呢？就是给后来的皇帝看，等于是皇帝的教科书，教他如何做个"好皇帝"，你就按着前边皇帝的圣政来做就好了。石介写了《三朝圣政录》以后，想要呈送给宋仁宗，他就先给他的朋友看看，来征求意见，其中也给了韩琦（韩琦是后来做过宰相的）。韩琦看了以后就说，不能这么写，他特别批评了几件事情。其中一件事是说，太祖喜欢一个后宫的女孩子，结果晚上就睡得晚了，第二天上朝就去得晚。我们知道，早朝清晨就开始，王禹偁写《待漏院记》，宰相、官员上朝，天不亮，打着火把就要从家里面出来，天一亮，宫门就要开了，百官就要排好队进去，皇帝就都要打扮好了坐在那个位子上了，所以天不亮就要起床，非常辛苦。那么皇帝他晚上睡得晚，早晨就起得晚，群臣就有意见，批评了，太祖觉得大家批评得也对。结果回到后宫里还是克制不住自己，最后他就想要有一个根本的办法来解决这个问题，结果就趁那个女孩子睡觉的时候就把她杀了，这样就断了自己的念想了。石介就把这件事情写到《圣政录》里了。认为太祖他不沉溺于女色，不像过去那些昏君沉溺于女色，国家的大事都被他毁了。另外说太祖从谏如流，群臣的意见能够听得进去。但是韩琦批评说，这样的事情怎么能为万世效法呢？是皇帝自己不能克制，却把那女孩杀了，她有什么罪呢？假如你再喜欢别的人，这样杀起来就没完了。石介很佩服韩琦，很有见识，就把这样的事情去掉了。韩琦的意见我们不能简单地认为是阿谀奉承，他是想给后来的帝王提供一个效法的典范，树立一个万世的楷模。这个事情让我们注意到，历史上的书写，对于帝王的形象是会有加法，也会有减法的。所谓的"加法"就是他做的某些事情被无限地渲染，被无限地扩大。那么所谓的"减法"是什么呢？就是把有一些事情，不宜于公开的给它涂抹掉，甚至于干脆把它删了，就像我们现在看到的，很多帝王的形象都是这样加减之后的一种结果。也就是说，历史的真相和书写过的表象之间可能是有距离的，宋代的祖宗之法也是这样的一种状况。

说到对于"祖宗之法"的再认识，应该说，在帝国时代，皇帝是具有至高无上的权威的，如何对皇帝的权力形成制约，这是官僚政治历朝历代会遇到的难题之一。而宋朝的君臣，他们共同维系着一个祖宗之法，祖宗之法不光是皇帝提炼出来的，其实臣僚也经常用这个祖宗之法的内容，包括他们解释祖宗之法，用这个来限制皇帝，所以这样的一种做法在一定的程度上可以说缓解了如何限制皇帝权力这样的一个纽结。因为不管从法制的角度来看，从伦理的角度来看，从帝王权威的角度来看，祖宗之法对于当时的人来说，都有一种特殊的、神圣的意义，因此，它对于后来的帝王可能会构成某种制约。从士大夫的角度来看，一方面，这个祖宗之法本来就是他们参与解释、参与塑造出来的，而与此同时，他们通过这种对于祖宗之法的解释，自己也获得了一种精神武器。可是，当祖宗之法被不适当地抬到了一种神圣的位置上，被凝固化了之后，应该说，反过来又限制住了很多精英人物的头脑。本来祖宗之法是精英人物参与塑造的，但是它一旦被视为神圣，大家都觉得这个是神圣的，不能轻易冲击，不能轻易逾越的，结果它也有可能束缚一部分人的思想。

四、北宋中后期的朝政风波

最后我们简单地说一下祖宗之法在北宋政治，特别是在北宋的中后期遇到的一些问题，以及因此而引发的一些朝政的风波。这些朝政的风波，主要是通过"法祖宗"（法就是效法的意思）和"不足法"（就是不值得去效法）两个方面的不同认识体现出来的。

对于祖宗之法，其实宋代的人也有很清醒的反思，也有一些深刻的见解。南宋中期的人物叶适就曾经说过，什么事情有大利必有大害，用我们现在的话来说，我们要辩证地认识，要多方面地去观察它的影响。他说国家（宋）是从晚唐五代过来的，因为吸取那个时代的教训，所以这个权力过于集中了，结果造成了一些问题。这个问题是从哪儿带来的呢？首先就是因为"禁防纤悉"，怎么叫"禁防纤悉"呢？其实就是防微杜渐，防微杜渐做到了极端。一举手、一投足、一句话、一件事都有很多约束，都有一些无形的绳索在那儿牵动着，在那儿限制着，所以在这样的情况之下，他就说，真正有作为的官员很难施展，碰到这个禁忌，又有那个束缚。长期在这样的一个运作过程里边，造成的结果是人才衰乏，真正的人才没有办法脱颖而出，反而是那种循规蹈矩的人，很习熟于这个过程的人，一步一步地会走得比较顺、比较稳。因此他说，"以天下之大而畏人"，就是宋代惧怕像契丹、党项、女真这样的一些民族，是"一代之法度有以使之"，就是跟祖宗之法这样的一种限制的作用是分不开的。不光是叶适，像朱熹等等都有很多的反思。其实这样的一些反思在北宋中期，随着祖宗之法不断走向神圣化的过程，在当时就已经产生了很多的反思，也开始有了对于祖宗之法的冲击。

这个里边我想，最主要的事件有两件事，一个是宋仁宗的时候以范仲淹为首的一些中青年的文职官僚推动的庆历新政。那个时候的年号是叫"庆历"，当时推行了一套新的政治方针，就叫做"庆历新政"。而庆历新政只有前前后后一年多的时间，这个事情就中途夭折了，因为宋仁宗，当时的皇帝改变主意了，没有能够进行下去。在庆历新政之后20多年又有了熙宁新法，这个时候的皇帝是宋神宗，是仁宗的孙辈。推进熙宁新法的主要是王安石，所以熙宁新法也被称之为"王安石变法"。这两个事件应该说是最主要的，在北宋的中后期对于祖宗之法形成冲击的政治事件。这两次事件是有很多类似之处的，它们都发生在北宋的中期，都是由锐意改革的一些中青年文官出来推动的，目标都是要解决当时社会上的主要弊端，都是想建立更加合理的社会秩序，……有很多类似的地方。但是也有很多不同的地方，最明显的是，他们改革的入手点不同，改革的基本方针也不相同。所谓的基本方针，从今天我们讨论的"祖宗之法"这个角度也可以看得很清楚，范仲淹曾经提出一个改革纲领，代表他们一批人的认识，他说现在要解决细枝末节的问题，先要解决根本，要是想清流必先澄源，就是说源头的问题首先要抓住。那么如何去解决呢？范仲淹提出来的一个办法，就是他改革的一个基本思想，叫做"约前代帝王之道，求今朝祖宗之烈。"他改革的思想动力，思想资源，是从过去的帝王和本朝的祖宗那儿来。那么他对于当时社会问题的基本观察是什么呢？他说祖宗时候的法度都是好的，但是到了现在，有一些法制没有很好地执行，所以他提出来的药方，回应的方式，就是要恢复祖宗时候的法度，希望能够怎么样，"庶几法制有立，纲纪再振"，"庶几"就是希望，就是说祖宗的时候本来纲纪（纲纪就是法规、制度）是很好的，建立得不错，但是到现在，因为有好几十年了，所以有一些东西都没有能够坚持下去。因此现在怎么办呢？要恢复到祖宗那个时候的那些原则上，使得现在这些制度、这些法规能够像祖宗那个时候再振兴起来。所以这是他改革的基本指导思想。

而王安石的改革主张与范仲淹有很大的不同。王安石对于祖宗之法有一个旗帜鲜明的说法，他说祖宗之法是不足恪守。其实我们看到祖宗之法在宋代的历史上有人是遵从的，有人是阳奉阴违的，有人就是专门拿来对付别人的，但是不管怎么样，很少有人会在皇帝面前堂堂正正地提出，祖宗之法应该"与时俱进"。在宋代历史上，敢于正面提出不能固守"祖宗之法"的，只有王安石一人。他说"至于祖宗之法不足守，固当如此。"为什么呢？他说仁宗在位四十年，"凡数次修敕"，多次修改过去颁布的诏令。（其实我们现在也一样，从宪法开始，各种法度都会根据时代来修改。）宋仁宗颁布的诏令后来有整理，

有修改，王安石就说：如果这个规矩一定下来，子孙就应该一代一代地守着，那宋仁宗的时候，为什么他自己就会修改呢？可见祖宗法度不是一经提出就不可改变的。

我们看到，从变法的指导思想来看，这两次变法，其实是有很大的不同的。也正因为如此，庆历新政虽然没成功，但是宋代后来的士大夫多半是称赞庆历新政的，惋惜它的失败；而王安石变法没有成功，宋代后来的士大夫多半是批评王安石变法的，就是因为他背离祖宗之法，走得太远。

王安石是个性格很倔强的人，他在到中央做官以前就有过《登飞来峰》这首诗，温家宝总理曾经引用这首诗，特别说到后面的两句："不畏浮云遮望眼，只缘身在最高层。"王安石不太在乎别人议论什么，他觉得自己站得更高，能够看得更远。王安石变法期间提出了所谓的"三不足"，这个"三不足"就是"天变不足畏"、"祖宗不足法"、"流俗之言不足恤"。"恤"是什么意思呢？"恤"就是顾及的意思，考虑、顾及，"流俗之言不足恤"也有人说是"人言不足恤"，就是别人的议论不必过多地顾忌。王安石是不是真的这样说过呢？对此其实是有不同的看法，有的人说，像"祖宗不足法"，这个在宋代是很犯忌讳的，所以王安石不会主动这么说，这一定是他的政敌给他扣上的帽子，这是一种认识；另外一种认识是觉得王安石在跟宋神宗讨论的时候已经表达过这种思想，说祖宗确实是不足效法，而且有的学者也认为，在那个时候只有王安石有这种胆量和气魄提出"三不足"之说，这不是他的政敌所能首先想到的。所谓"王安石的政敌"在当时主要是指司马光。司马光也是我们山西人。他不是不要改革，他是希望有比较稳健的改革，而王安石是希望有比较激进的这种改革，大有作为的改革。这两个人原来是很好的朋友，他们和吕公著、韩维，是所谓的"嘉祐四友"。以前王安石被调到朝廷来做官，他让儿子先到开封去找房子，在开封租个房子并不难，为什么要把他儿子先派来？因为他找房子不是随便找，要在什么地方找呢？要和司马十二丈作邻居。司马十二丈是谁呢？就是司马光。因为他说司马光家中有规矩，所以要跟司马光家做邻居。到了后来，就是因为针对变法各有想法，方针不同，两个人前前后后有几次通信，到了最后，变成"冰炭不能相容"，两个人再也说不到一起去。但是他们都是当时一流的思想家、政治家，两个人都是忧国忧民，对于国家的出路、社会的改革要怎么走，都有深切的忧虑，但同时又有重大的政治上和思想上的分歧。

司马光曾经出过一道题，是当时要考馆职，就是要找一些人来做皇帝的秘书，那都要出题考，就由这些资深的学士来出题，考那些要进来的新人。通常会有三位资深的翰林学士出题，皇帝钦点一道，司马光出的这道题，说：现在有人说，"天地与人了不相关"，"了不相关"就是一点儿都不相关；"薄食"，这个就是日食、月食；"震摇"，地震，"皆有常数"，"常数"就是都是有规律的；"不足畏忌"，用不着害怕。这一句他指的就是"天变不足畏"，他说有人这么说。第二句呢？"祖宗之法未必尽善，可革则革，不足循守。"这是指"祖宗不足法"；下边说"庸人之情，喜因循而惮改为"，"惮"就是害怕，"可与乐成，难与虑始。纷纭之议，不足听采"。这个指的就是"人言不足恤"，或者说是"流俗之言不足恤"。那么他是不是赞成这个呢？他不赞成，从最后一句话就可以看出来，"愿闻所以辨之"，让参加考试的人来批驳"三不足"的说法。题目送到宋神宗那儿，宋神宗十分生气，马上把王安石找来问，这事是否听说过？有人说朝廷上有"三不足"之说。王安石一看这个皇帝这么生气，就说"没听说过"。然后王安石就有一大段话解释这个问题。他说，陛下你一直都是谨言慎行，而且非常地节俭，这个你就是畏天变，你就是为百姓着想；而"人言不足恤"呢？他说人言确实不足顾及，如果你说得对，"当于义理"，那么这些流言你何必去顾及呢？最后，"至于祖宗之法不足守，则固当如此"。他在神宗面前是非常堂堂正正地、正面地提出了"祖宗不足

法"这样的意见。它反映出王安石作为一个政治改革家所具有的这样一种不凡的气魄。

范仲淹和王安石主持的改革都没有得到根本性的成功。图片上是范仲淹的墓,另外一张图是王安石退休了之后在南京买的一处房子,后来他捐给了一个寺院,当时叫做"半山园"。

钱穆先生在《国史大纲》里边说,范仲淹和王安石他们革新政治的抱负是相继失败了。这个结局和"祖宗之法"在宋代朝野的笼罩气氛和当时的政治生态是分不开的。钱穆先生说,但是他们做人,他们为学这样的一种精神和这样的一种意气仍然为后人所师法,一直到最近期的中国。虽然范仲淹、王安石这样的一些人物离我们远去了,但是以天下为己任,勇于任事无所畏惧的精神,一直影响到最近期的中国。《国史大纲》首次出版是上个世纪 40 年代初,他说"影响到最近期的中国"是立足于当时来看。其实可以看到,这一影响持续到后来。这张照片是 1972 年日本田中角荣首相访华,毛泽东主席接见他的时候曾经说,你像我们中国历史上的王安石,"人言不足恤"。他说,你到我们中国来访问,美帝反对你来,苏修反对你来(当时还都是说美帝苏修两个超级大国),你敢于来,就像我们中国历史上的王安石。

今年(2008)的两会之后,新的一届领导班子上来了,温家宝总理在记者招待会上也说到王安石的"三不足",他说,今天我还想加上一句话,就是"天变不足畏,祖宗不足法,人言不足恤"。我们看到,虽然王安石的时代已经离我们远去差不多一千年了,但是这样的一种精神,这样的一种历史的、文化的遗产一直影响到我们的今天。

今天要讲的内容就是这些,谢谢大家!

水资源与山西社会变迁

时　间：2008 年 9 月 18 日

地　点：山西省委多功能厅

主　讲：行　龙

　　行龙,山西大学副校长,教授、博士生导师。兼任山西大学中国社会史研究中心主任、中国史学会理事、中国社会史学会常务理事、山西省历史学会副会长等职,享受国务院政府特殊津贴。

　　主要从事历史学教学研究和中国近代人口问题及人口城市化研究。专著《走向田野与社会》被认为是中国社会史研究20年来探索前行的一个缩影,也是社会史研究走向本土化的标志性成果之一。合著《中国近代社会史》被学界称为社会史"从理论探讨到实践操作的第一步",被国内诸多高校列为本科生和研究生教材;《近代中国的民族觉醒》被列为全国大学生素质教育书系。主编的《走向田野与社会》,被称为"代表了社会史研究的一个方向";《近代华北农村社会变迁》成为国内区域社会史研究的代表性著作。主持了教育部规划教材《中国近代社会史概论》的编写工作。在《历史研究》、《近代史研究》、《近代中国》等杂志发表论文近百篇。

　　合著《中国近代社会史》获教育部优秀教学成果一等奖;主讲的《区域社会史研究导论》,荣获国家级精品课程;带头建立的"区域社会史导论"教学团队,荣获国家级优秀教学团队。

文源讲坛，

山西人的文化书房。

徐锐

戊子秋李

　　现在有一句话很流行，"山西之长在于煤，山西之短在于水"。确确实实，应该说煤炭在山西的历史上，尤其是在当今山西社会发展中，发挥了重要的、甚至可以说举足轻重的作用。我们这两天进行的煤炭博览会正在如火如荼，但是在开发利用煤炭的过程中间也出现了许多问题，甚至是触目惊心的问题，9 月 8 号特大事故刚刚过去 10 天。相对于多产的煤而言，缺水是山西的软肋，用经济学上那个"木桶原理"来讲，缺水就是山西社会发展的一个短板。

　　木桶理论是什么呢？即一个木桶是由许许多多的木板围成一个圆，这个木桶到底最大量地能盛多少水？它不是取决于最长的那块木板，而是取决于最短的那块，这就是短板。这个短板是限制的因素，水总要从最短处流出来，所以我们要提高、加大这个木桶的水容量，两个办法，一个就是干脆把这块木板去掉，换上一块，还有一个办法就是把这块短板加高。或者干脆说是它的劣势决定了你的优势——短板决定了这个水桶的容量，其实这也是经济学上市场经济的残酷法则。很显然，我们目前还没有什么东西可以代替水，就是这块短板换不掉，只能提高它。

　　应该说，历史时期山西并不是很缺水，尤其是境内最大的水资源——汾河的水量是很大的，但是我们今天看到的汾河完全变了模样，它不仅是水变小了，而且是带来了污染，这是一个长期的历史演变过程，而这个演变过程又跟我们山西社会历史的发展紧密相连。

　　今天我把山西的水资源和社会变迁分作三段来试作探讨，不妥的地方还请两位师兄和在座诸位多多批评。

一、唐宋以前汾水大而清，三晋强而盛

第一个阶段：唐宋以前，汾水大而清，三晋强而盛。

我们常常说黄河中下游地区是中华民族的发祥地，在山西，汾河的中下游地区是三晋文明的发祥地。我们现在山西省最有名的旧石器时代的文化是丁村文化，丁村就在汾河的东岸。从丁村的遗址，考古学家发现了许多鱼类等动物遗物，判断那个时代汾河的水量很大，汾河沿岸的环境是一个雨量充沛、温暖湿润的环境，如果非要跟我们现在来比，就相当于现在汉水流域的自然环境。

传说，黄帝是中华民族的祖先，我们都说我们是"炎黄子孙"，黄帝之后有一个很重要的人物，叫台骀。这个台骀他就是一位治理汾河的大人物，后来人们把台骀视作为"汾水之神"，现在晋祠，包括汾阳，南部的侯马、曲沃都有台骀庙。为什么台骀能够相传下来呢？就是因为他治理汾河。

台骀之后三位圣王，尧、舜、禹。尧都平阳（今临汾）；舜都蒲坂（今永济）；禹都安邑（今夏县），尧、舜、禹三代活动的范围以山西为中心，他们最大的功绩也是对洪水，包括对汾水的治理，都与治水有不解之缘，现在流传下来的遗址、传说仍然很多。

尧舜禹之后是夏、商、周三代，这是我们所说的中国的奴隶社会时代，夏商周三代山西也是很重要的活动地域。

三代之后，春秋战国时期晋国突起，这个时候诸侯纷争，合纵连横、纷纷扰扰。但是也有友好的时候，"秦晋之好"就是一段美好的传说。这个事情怎么讲呢？在晋惠公的时候，公元前647年，晋国发生了饥荒，当政的晋惠公向汾河对岸的秦国去求援，秦国当政的是秦穆公，历史上说秦穆公发动了一场"泛舟之役"，就是水路，船只，派运送粮食的船队从咸阳出发，经过渭河，再进入汾河，一直到晋国的首都，就是我们现在曲沃一带，把粮食运来，解救晋国的饥荒问题，所以现在有一句歇后语叫做晋惠公借粮——有借无还，借了秦国的东西不用还，素有"秦晋之好"。

公元前632年的城濮（河南濮阳）一战，决定了晋国的霸业，城濮之战晋国打败了当时强大的楚国。那个时候晋国是六大姓，或者说六个诸侯。大家知道的韩赵魏之外，有范氏、智伯氏，还有一个叫什么呢？中行氏，说到这儿跟我的姓有点儿关系。在咱们省里问我的人还少，我到外面，许多人都问我，行龙，你这个"行"是怎么回事？你是不是一个少数民族？我说我是正宗的汉族，这个姓就是从"中行氏"演变来的，但是那个时候读"hang"，不读"zhong xing"，"中行"最早是一个史官，记事的一个官位，演变到现在，反正我的家乡就念"xing"，很奇怪。我知道临汾师范大学的教师有的念"xing"，有的念"hang"，这也是姓氏文化的演变。

公元前454年，智伯和韩、赵、魏瓜分了范氏、中行氏，范氏、中行氏没了。这个时候，智伯又联合韩、魏去攻赵，打赵国。史书上说三家围晋阳，"岁余而不下"。智伯、韩、魏把晋阳城围住，一年多时间攻不下来赵国。第二年，即公元前453年，这是一个非常重要的年代。这一年，智伯引汾水和晋水，把汾水和晋水引过来狂灌晋阳城，当时晋阳城周长5里，现在看来不是一个很大的地方，但是当时它应该是个很大的地方，城中是"悬釜而炊，易子而食"，没吃的，水灌进来把做饭的锅碗都悬起来，买卖子女，到了这种程度。就在这种情况之下，赵襄子派人出去和韩、魏媾和，韩、魏又反过来把智伯氏杀死，这才有了三家分晋，历史上这件事情叫做"三家分晋"。现在我们能看到晋祠的智伯渠，为什么叫"智伯渠"？这就是它的由来。三家分晋是一个具有划时代意义的事情，为什么这样说呢？它就是韩、赵、魏三家从这个时候开始自称诸侯，晋国的宫室、王室反倒成了它的附庸，中国的社会从此从奴隶社会向封建社会过渡。后来战国七雄，齐、楚、燕、韩、赵、魏、秦，原来的晋国就占了三家，这是春秋战国时代三家分晋。

春秋战国以后是秦汉，秦汉时代首都是建立在长安（今西安），晋西南地区（今临汾、运城，包括晋东南），这个地区当时在秦汉时代属于河东郡，那个时候不叫山西，秦汉时代山西这块地方就叫"河东郡"，河东、河南、河内，这在当时叫做"三河地区"，其实就是京蓟地区，社会经济文化最繁荣的地区。据《史记》记载，这个时候河南、河内、河东，三河地区是天下之中，即中心，"土地小狭，民人众"（《史记·货殖列传》），是一个经济文化最发达的地区。公元前113年，汉武帝刘彻率领群臣到河东郡汾阴县（万荣）祭祀后土，途中传来南征将士的捷报，即把当地改名为闻喜，沿用至今。时值秋季，秋风送爽，鸿雁南归，汉武帝坐楼船泛舟汾河，触景生情，感慨万千，写下了千古绝调《秋风辞》。汉武帝坐的"楼船"，应该至少是两层的大船，从渭河溯汾河而上到汾阴县的后土祠（今万荣县荣河镇庙前村）祭祀，据载一共有八次。"泛楼船""扬素波"，说明当年汾水是大而清的。

两汉以后，中国历史进入三国、魏晋、南北朝，这就是我们通常说的100多年的五胡乱华。这个时期，这100多年，平阳（今临汾）、平城（今大同）、晋阳（今太原），这三个地方先后更迭为重要的政治军事中心，山西的北中部在那个时代就有重要的地位。

魏晋南北朝以后是隋唐的大统一。隋唐大统一时期，山西一直是全国仅次于长安、洛阳的第三政治军事中心。隋代的时候，晋阳这个地区是叫河北道，秦汉的时候是河东，到现在它成了河北道，隋文帝置河北道，置所就在晋阳。这个河北道最高的长官尚书令就是后来的隋炀帝。后来唐代的开国皇帝李渊、李世民，父子两个是在晋阳起兵，所以太原是唐代的发祥地，是唐代的北都。李世民就是我们后来赫赫有名的唐太宗，他成就的贞观之治，便是中国历史上的第二个盛世。隋唐时代汾河的发源地水量很大，风景秀丽。隋大业四年(608年)，隋炀帝杨广北游在汾源天池边修建宏伟华丽的汾阳宫，十一年(615年)第二次再来避暑游猎，随从内史侍郎薛道衡即兴赋诗，有《随驾天池应诏》曰："曲浦腾烟雾，深浪骇惊蛎"，是一派烟雾缭绕，水深浪大的景色。

唐代汾河的水量很大。唐玄宗开元 22 年(734 年)，为解决首都长安粮食转运问题，玄宗接受主管漕运大臣裴耀卿"兼河槽，变陆为水，沿河设仓，水通即运，水细便止"的建议，大批粮食"自太原仓浮于渭，以实关中，谓之北运"。当时，从太原运送粮食的船一直到了长安，汾河的水是很大的。德宗建中四年(783 年)，河东节度使马燧决汾河水环绕晋阳东城，并在沿岸修建许多池沼，植柳树加固堤防。后来，宋代陈佐尧做并州知州，又在汾河岸边引汾水潴湖泊，沿河环湖种植柳树数万，海棠、梨树布满沿岸，时人叫做"柳溪"，元代有诗"翠岩亭下问棠梨，上客同舟过柳溪"。当时的太原东边太行山脉，西边吕梁山脉，中间是汾河，水大浪深，可以运送粮食的船队过去，还有一个柳溪，真是风景这边独好。

安史之乱是唐代由盛到衰的一个转折点，安史之乱之后唐帝国衰落，历史又进入五代十国时期，这个五代十国跟魏晋南北朝一样，又是一个中国历史上分裂、割据的时代。五代十国的时候有三个沙陀人建立的小朝廷——后唐、后晋、后汉，都是以太原为根据地，从太原起家，然后把势力扩展到黄河的中下游地区。晋阳城（即现太原城）在这一个时期，五代十国时期也是具有很重要的地位。如此看来，魏晋南北朝、五代十国两个分裂割据时代，山西都占有很重要的地位。为什么？两个原因：一个就是山西地处黄土高原东部，我们是黄土高原的东部，这个时候全国政治的中心是在关中和中原，即西安、河南洛阳这一带。对关中、河南、河北这些地方而言，山西都是居高临下，这是它的有利地势，古代的战争都是一刀一枪肉搏，地势就占有很大的优势。第二个，盘踞在山西的割据势力大都是剽悍的少数民族，少数民族英勇善战，在那种肉搏战中他是有优势的。正是因为这两个原

因，在混乱的年代，魏晋南北朝时代、五代十国时代，山西在全国占有重要地位，包括这之后阎锡山在山西统治38年，那也是一个分裂割据的时代。

宋王朝在完成统一的事业中，晋阳是最后一个割据势力——北汉的城堡。从公元969年，一直到979年，整整10年时间，宋朝三次用兵攻打晋阳。晋阳城是宋代统一过程中最后打破的一个城，太祖赵匡胤、太宗赵光义分别御驾亲征，都打不下来。这是因为晋阳城从春秋战国时代开始经营，到这个时候已经经营了上千年，可以说在那个时代那是铜墙铁壁。于是又重演旧戏，引汾水晋水灌晋阳城，再加上火烧。所以水灌、火烧使得古晋阳城彻底毁坏了，这是继春秋战国时代智伯引晋水汾水灌晋阳城之后的第二次。这一次，晋阳城被彻底毁坏。现在我们还能看到古城营村西边有一片断垣残壁。从此，旧晋阳城失而新的晋阳城出，新的晋阳城就是我们现在的太原城迎泽区、杏花岭区一带。

到了明代，太原城进一步地发展，到明代规模就很大了，八门四隅建十二大楼，基本上有了我们现在太原市的主城区，最南面的门是迎泽门，所以社会上许多人有这么一种误解，都说迎泽大街是建国以后毛泽东要来山西，为了迎接毛泽东而建的大街，当然这种说法也未经考证。其实在明代的时候，这个地方，太原的南门其中就有一个叫"迎泽门"，所以，历史就是这样，也许历史就有巧合。

宋代以后，中国政治经济中心南移，山西不再是割据的中心，它在全国的地位显然不能与之前同日而语。巧合的是什么呢？山西的中心首府旧晋阳城也在北宋统一全国的过程中间彻底毁坏，政治中心从河西转移到河东。还有一个巧合，就是在此之前能够航行楼船和运送粮食船只的汾河的水量开始明显地减少，而且是每况愈下。到了明代就有这样的诗句，"楼船萧鼓今何在"？汉武帝时候的"泛楼船济汾河，萧鼓鸣发棹歌"那种情景去哪儿了？所以北宋统一全国，具体地说，北宋攻掉"北汉"政权是山西历史的一个转折点。这是我讲的第一个部分。

二、明清以来汾水浊而小，沿线争水激烈

第二个部分，我把它概括为是"明清以来汾水浊而小，沿线争水激烈"。

我们看，宋以后是金元时代，金朝和元朝，这个时期，山西是华北地区经济发达、人口稠密的地区。为什么呢？元末明初，山西地区风调雨顺，没有受到很大的战乱影响，相比较而言，中原地区战后一片萧条，人口亡失非常严重。就是在这种背景之下，才有山西历史上一个大的事件——明代初年洪洞的大槐树移民浪潮。

明初，山西人口总数是 403 万，我们现在有多少人？我们现在有3400 万，一个零头。明代初年，就这 403 万人口是全国人口稠密的地区，这个 403 万相当于当时河南、河北两个省的总和。就是在这种情况之下，从明初开始，朱元璋开始迁移山西人口，移师中原。大槐树的移民是山西历史上人口膨胀的一个明显信号。这之后，清代、民国，相对于江南而言，山西的人口一路起伏上升，江苏、浙江那些地方整体是下降的趋势。到光绪初年的那次大旱灾，这个大家都知道，光绪初年山西的大旱灾，史书上说那场旱灾是 200 年未遇的旱灾，那次大灾之前，山西全省人口是 1640 余万，比 1953 年的第一次人口普查还多出 200 万。所以在整个近代历史上，山西是一个人口膨胀的地区，相比较全国而言，跟我们现在有所不同，但这种东西是相对的，它是相对于当时的生产力而言。

明初是山西历史上土地大开发时期，也是森林遭到最为剧烈破坏的时期。为了抵御北部蒙古族的侵袭，明代开国皇帝朱元璋实行"九边屯垦"，民屯、军屯、商屯一起上。而且，有明一代，自"蒙古人居套内(河套以南，原在阴山以北)，其后边患频仍"，军事斗争一直没有

停下来。明朝采取防御战略，不断加固长城，不断修筑城堡；长城是越修越长，城堡是越筑越多；对森林的破坏也就越来越大。汾河发源地管涔山地处边地，正是军事斗争最剧烈的地方。当时，宁武曾作为外三关镇（偏头、宁武、雁门）总兵的所在地，附近设有许多卫所，粗略估计常年驻军、加上家属在 5 万人以上。5 万多军民在此生活、打仗 200 多年，他们要吃、要住、要烧、要砍，而且有"不法之徒"伐木致富，这是管涔山森林毁坏最严重的时期。

清代的情况并不比明代好。清初统一全国后，出现了人口猛增的态势。管涔山所属区域五方杂处，放火烧山，滥砍滥伐，毫无停歇。对山西森林很有研究的翟旺先生的研究表明，管涔山地区森林覆盖面积在宋代大约在 60%；元末是 40%；明末一下降到 15%；清末降到 10%。明代确实是一个关节点。

汾河分为三段，上游自管涔山发源地到太原；自太原北郊上兰村烈石口出山直到灵石口(谚有"打开灵石口，空出晋阳湖")为中游；灵石口以下为下游。管涔山上游地区如此，我们再看看中游的太原地区。其实和上游是大同小异，趋势是一样的。这里只以太原西山而论。

太原的地理是五座山、九个峪，还有两个水。东山、西山，西山更多一点，什么天龙山、蒙山、悬瓮山等等。"九峪"是什么呢？就是历史时期指的西山那么多山峰中间的山谷，叫"峪"。除了汾河以外还有两条泉水，一个是晋祠的水，一个就是烈石口的水。烈石口早就没水了，晋祠后头还来了点儿。其实太原的"西山"是西山的前山区，后山区就是现在的古交、娄烦。翟先生的研究说，西山一带在北宋的初年还有大片基本相连的森林，就是说北宋的时候这个森林还基本完整；到了明末，除了个别的风景名胜区以外，基本上被摧毁净尽，明末没森林了；到了清代末年是森林消亡，灌草残败，西山地区的森林生态环境就这么个样子，事实就是这样。

从明代初年开始，原来的晋阳城那一带是明代的军屯和晋王府的中心地。这个晋王府是怎么来的呢？是明初朱元璋封他的二十几个儿子到全国各地为王，第三个儿子朱棡被分封到太原，叫做"晋王"。现在晋祠、清源一带有一种说法，"九营十八寨"，古城营、五府营、小站营、马圈屯、古寨、西寨、东寨等等，这些都与军屯直接相关。当时军屯，在那个时候这些地方才成了村落。按照明代军队的编制，太原部署的屯田数和军户都在 2 万以上，2 万人就是太原当时全部人口的 1/3 还多。另外，明初大槐树移民，也有大量人口从晋南移居晋祠一带，现在的王家庄、南堰村、吴家堡村、三家村、闫家峪、疙瘩村、大元、田村，传说最早的居民都来自大槐树移民。这么多人几乎在同一个时期涌入，人口的压力非常沉重。如此，军户与民人，移民与土著激烈争夺土地成为必然，上山垦荒，上山开矿也成为必然。

晋祠附近有个赤桥村，这里除了"豫让刺赵"这么一个有名的事件之外，到后来还出现了一个很了不起的人物——刘大鹏。刘大鹏 200 册的《退想斋日记》现在在我们省图书馆。刘大鹏在光绪年间就在太谷县的一个叫南席村武家做私塾先生，一直到抗战爆发去世，写了 60 年日记。在我读研究生的时候，我的老师乔志强先生就让我每天去省图书馆摘抄刘大鹏的《退想斋日记》，当时我记得很清楚，有个老馆员叫石秀云，赵凤翔先生的夫人，她每天给我拿几本，这个人很好。刘大鹏除了这个日记以外还有许多著作，这是我们省文化的一笔财富。其中有一本叫《柳子峪志》，统计柳子峪总共大小煤窑、矾场就有 110 多个，真是星罗棋布，漫山遍野。这样一种滥开滥采，对生态环境的破坏是显而易见的。刘大鹏说，到民国时代，柳子峪里的槐树沟已树木稀少，木林沟是"昔日成林今不林"，整个西山一带也是"有草无树，草亦不繁"的荒山秃岭画面。

水资源的丰沛与稀少和森林植被密切相关，这是生态学上的一个基本的常识，也是被历史和现实一再证明的事实。森林植被的减少或破坏，除了自然环境的变化因素之外，人为的力量也不能小瞧。上述

事实说明，明代以来，山西地区随着人口数量的不断增长，对森林植被的人为破坏也很严重，其结果之一就是汾河及其支流的水量也在不断减少。

至于谈到明清山西的历史，尤其是我们近代以来的历史，山西在全国的地位英雄不再。这是因为，近代中国社会经济的中心已经转移到沿海地区，西方东渐，西方殖民主义的势力慢慢地往东边渗透是一个很缓慢的过程，不是我们想的鸦片战争一声炮响，这外国人把中国全占了，不是这么回事。当西方殖民主义者用洋枪洋炮在我们沿海打了几个大窟窿，第一次鸦片战争之后就是五口通商，甚至到了第二次鸦片战争外国人都打到北京以后，山西人可能还没有见过那个样子，那个时候外国势力还没有进入山西。其实外国势力进入山西是在第二次鸦片战争之后天津通商以后。天津通商对山西的影响非常大。这个时期最为山西人称道的就是晋商的崛起和发展。但是，我们要清楚，晋商崛起的外部原因是明朝对蒙古的战争，而它深层的内部原因仍然是不断增长的人口压力。这个我们许多方志里，许多县的县志里都有很明确的说法。例如五台县，我们现在说祁、太、平是山西商人最集中的地方，五台还不是这个中心地带，五台县的县志里怎么讲呢？"晋省以商贾为重"，山西人以做买卖为重，"非弃本而逐末"，这并不是弃本逐末，农为本，工商为末，这不是他们弃本逐末，是"土狭人稠，田不足耕也"。

晋商就是在省内这样严重的人口压力之下走向四方的。明代以来，山西人口压力沉重，一部分人垦荒造地，一部分出外经商，不能只看到商人而看不到农人。其实，晋商也十分艰难，他们呼朋引类，背井离乡，受人欺侮，孤寂万般，客死他乡，甚至死不见尸首，也是一种为了基本生计的谋生行为。还有，晋商大量的钱财用于置地建宅，或者就是藏富于窟，没有能够投资新兴的工商业。所以，商人虽有钱，但山西没发展。这里不是要否定晋商的辉煌和它的贡献，只是说不要过分地夸大它的作用。像《乔家大院》，《一把酸枣》，有很多很多，但是我们应该实事求是，不要过高地估计其作为。现在山西商人有钱了，煤老板在全国，外省市的人说山西省最有钱，但是山西怎么样？包括刚发生的汶川地震，我们山西省捐了多少？我觉得这是一个问题。

进入民国以后，晋商无奈地衰落了，民国时军阀混战二十年，接着是抗日战争、解放战争，山西一直是阎锡山统治的。阎锡山为什么能统治山西 38 年？你到全国各地南北上下看，没有一个军阀能在一个地方统治 38 年，唯独山西的阎锡山。为什么？还是刚才第一个问题讲的，跟魏晋南北朝，跟五代十国时期一样，那是割据、分裂的时代，它有它的缘故。阎锡山时代对山西的水利也很重视，我们不能否定。阎锡山最初的"六政三事"（他当时的政策），其中就有水利、植树。但是我们可以想象，战事不断、政区多变、纷纷扰扰，那是一个不稳定的时期，所以往往许多事情是雷声大雨点小，没有什么成效。恰恰是这个时期，汾河的发源地管涔山的森林乱砍滥伐又来了一次高潮。1934 年开始，阎锡山开始修筑北同蒲铁路，山西的同蒲路，我们现在的铁路都是钢筋的，或者看到还有一些水泥的，那个时候都是枕木，1934 年修北同蒲铁路的时候，阎锡山特意把铁路绕到宁武县，就是为了用管涔山的木材。据说这一次，一共取大木 40 多万株。1938 年宁武沦陷以后，日本鬼子专门在这个地方设立木场，最多的时候这个木场里头有几千工人，就是砍木头，同时还铺设了从宁武城到芦芽山的铁路，又砍伐大约 31 万株大树！近 100 万株，我们可以想象一下，成片的山林成为秃林，汾河的水源已有贫乏之虞。

人口的数量在不断地增长，森林被不断地砍伐，然后汾河的水量不断地减少，带来一个直接的后果就是汾河沿线、包括各主要支流争水的纠纷不断升级，我们把它叫做"水案"。

从现有文献来看，唐宋时期山西地区既有水案发生，但那只是局部性的。明清以来，因引用汾水及其他河湖泉水而导致的"水案"几

平遍及全省各地。汾河中游自太原以下，诸凡榆次、太谷、祁县、平遥、介休、灵石、霍州、洪洞、临汾、襄汾、新绛、河津均在此列。汾水、晋水、胜水(洪山)、霍泉、龙祠泉水、古碓泉水都成为激烈争夺的对象。从同村同渠之间，到渠与渠、村与村、县与县，甚至数十村、数县之间，各类水案层出不穷，数不胜数。流经赵城、洪洞、临汾三县18村，引汾河水浇灌田地的通利渠，自明清直到民国时代争水日趋激烈，连年不断。《洪洞县水利志补》说："小者关乎数村，大者联于异县，使灌稍有不均，或有背其习惯以自利者，则千百之众群起以相争。同渠者，村与村争；异渠者，渠与渠争。联袂攘臂，数十百人相率而叫嚣于公庭者，踵相接焉。""罗刀茅，执器械，俨然如临大敌，必死伤相当而后已。"这种情况下，因争水而导致的命案也是屡见不鲜。

还有我们许多地区，全省都有"跳油锅捞铜钱"、"三七分水"、"水母娘娘"，这个传说很多很多，几乎全省各地都有，其实这背后都是一个争水的故事。我现在就说晋祠，晋祠我们知道那是唐叔虞的祠，那主神是唐叔虞；到了宋代突然出来一个现在我们见的"圣母殿"，为唐叔虞的母亲立的庙。现在我们可以看到，它成了晋祠的主轴线，而且规模比唐叔虞祠大，是祈雨地，没水，争水，然后老百姓到那个地方祈雨去了。到了后来明代嘉靖年间的时候又出来一个水母娘娘，就是我们现在难老泉后边的那个水母楼，你看那个水母楼，它那个建置，它那个样子就是一个农家小舍，没什么规制，没什么规模，恰恰就是这个水母庙受到了晋祠36村居民最隆重的祭祀，现在我们晋祠的庙会从阴历的六月初一到七月初五，一个月零五天的晋祠庙会，那就是水母庙。水母娘娘完全是一个臆造出来的村庄的神，这就联系到那个传说了，说这个水母娘娘是金胜村的人，金胜那是个大地方，原来它就是晋祠这个水北河最末端的一个村子，经常用不上晋祠的水，打架、斗殴，现在说这是"水案"，为了用水，编造了一个故事，臆造出一个水母娘娘。"跳油锅捞铜钱"说的就是花塔村的张郎捞了七枚铜钱，争了七份水权。花塔村当时势力很大，在晋祠 36 村里头势力很大的一个村子，他就是为了取得水权，跳油锅捞铜钱，其实都是为了争水。

总之，明清以来随着人口数量的不断增长，沿河沿线的森林植被遭到了极大的破坏，汾河地区支流的流量在逐渐地减少，各地争水的案件是不断升级，水资源的紧张成为一个严重的社会问题。与唐宋以前相比，山西在全国的地位盛世不再、英雄不再。我们可以说这是一种历史的巧合，但它绝不是牵强附会。人口、资源、环境必须要协调发展，否则，社会经济的发展必然要受到影响，这是一个历史发展的规律，也是自然界发展的规律，是不以人的意志为转移的。各个历史时期，包括现在，山西是一个以农业为主的社会，又是一个十年九旱的黄土高原地区，水对它来讲是多么重要。

三、50 年来汾河的治理及其现状

接下来我讲第三个部分："建国以后 50 年来汾河的治理及其现状。"

中国古代有一个古语："黄河清，圣人出。"这是说什么呢？黄河清清必有伟人出世；反过来讲，是伟人肯定要治理黄河。"河清海晏"这是中国历代政治家的追求目标，从尧舜禹一直到后来康熙、乾隆这些有作为的皇帝，是伟人就要治理黄河。建国之后，1952 年毛泽东主席第一次离开北京视察的就是黄河，到河南视察工作，这是他建国以后第一次离开北京出来。毛泽东站在黄河边上指点江山，发出了一个气吞山河的号召，"一定要把黄河的事情办好"。

我们山西省大规模、有计划地治理汾河是在大跃进年代。1958 年 7 月汾河水库动工兴建，这个工程一直到 1961 年 5 月竣工，历时两年十个月，总投资 4762 万元。我不知道那个 50 年代的人民币和我们现在的人民币是怎么换算的，总之是汾河水库花了 4762 万元，投工 850

万工日。现在我们中心研究这些东西，看看当时大量汾河工地修水堤、修水库的画面，真是叫人觉得豪迈。我的老师，我问起他们这件事，他们都去过。最初，这座水库库容量是 7 亿立方米，这在当时在全国是很大的水利工程。应该说，汾河水库为太原地区的城市用水和土地的灌溉起到了应有的作用，但是由于水库截流，下游水量大减，甚至是河道干涸。

上世纪 50 年代到上世纪 70 年代大搞农田水利基本建设，汾河流域水库大坝如雨后春笋，不断出现。现在仅中游就有位于上兰村的一坝、位于清徐的二坝、位于平遥的三坝。其他的干渠、支渠、电灌站、水井不知凡几。水库大坝建设的目的就是拦流截水，一坝地区的问题解决了，下游没水，再建二坝、三坝，如此循环，破坏了原有的水系，破坏了原有的生态。

上世纪 70 年代后，太原地区的城市化、工业化步伐加快，汾河在缺水的同时增加了污染，煤炭的开采把地下打得是千疮百孔，形成了数不清的漏斗地形，地下水加速流失，地表更加干旱，大量高耗水的工业导致了太原地区用水更加紧张。还说晋祠的水，晋祠的水就是个案例：1960 年春天，太原氮肥厂开始投产，晋祠泉水第一次大量用于工业生产而影响到农业生产，当年流域内粮食减产 91 万斤，立竿见影！1962 年氮肥厂在晋祠附近打了 7 眼深井开始抽水，晋水流量进一步减少。1972 年善利、鱼沼二泉干涸。70 年代后期，清徐三个自流井启用，又一次严重地影响了晋水的流量。到 1993 年，难老泉也彻底断流。晋祠的水，晋水在历史时期宋代最多要浇到流域内 36 个村子的土地，到我们现在这个时代完全地断流。我们现在去晋祠，看见智伯渠里还有水，那是从底下打的深井往上抽回去的回流水。想想圣母殿前的那一副长联，真令人感慨万千！上联："溉汾西千顷田三分南七分北浩浩同流数十里淯之不浊"，这个晋水要灌溉河西千顷田，"三分南七分北"，这是三七分水，"浩浩同流数十里淯之不浊"，浩浩长流，清水不浊。下联："出瓮山一片石泠于夏温于冬渊渊有本亿万年与世长清"，晋祠的泉水是在悬瓮山下，悬瓮山石头底下出来泉水凉一夏，温一冬，东暖夏凉，常温。"渊渊有本亿万年"，它有亿万年，可我们现在就没了！

1973 年，太原市一坝灌区和清徐县利用工业废水和城市污染水灌溉农田 20 万亩，小麦成片地死亡 2 万多亩。1974 年 8 月份，汾河水库灌溉管理局有一份《关于汾河水质污染情况的调查报告》：太钢、重机、机床厂等 30 个较大的工矿企业每天排放的污水总量在 38 万吨，其中有害的水量是在 7.8 万吨，汾河的鱼类从这个时候开始绝迹。70 年代以前汾河还有鱼，这个时候没了。1980 年代末，汾河沿岸大大小小的化工厂、焦化厂、化肥厂、造纸厂、电厂等等工业企业一共有 5000 多个，80 年代末 90 年代初，我们省有一位著名的作家麦天枢先生写的一篇报告文学《惋汾河》中发出了"汾河死了"呐喊。

2003 年，山西另一个大型水利工程——万家寨"引黄入晋"完成。此工程总投资 103 亿，历时 10 年。但因为工程规模偏大，造成水价偏高，老百姓用不起高价黄河水，工程能力被大量闲置。这都是因为缺水付出的代价。

2006 年对汾河断面监测数据表明，汾河已有 66% 成为劣 5 类水质，自太原以下水体完全丧失生态功能。汾河每年流入黄河的水量在 3 亿吨以上，其化学需氧量(cod)浓度超过国家规定三类水质标准的 7.3 倍，氨氮超标 20 倍。我们汾河仅有的那点污水流到黄河里面把全国都污染了！所以说，汾河水的问题已经成为新时期严重影响山西社会经济发展的大问题，是事关山西社会发展的一个短板。

刚刚进入 21 世纪，新的世纪，当时的总理朱镕基同志来山西视察，他来了以后对山西的汾水概括了八个字，说什么呢？说你山西是"有河必干，无水不污"，看见的河道都是干的，看见的水都是污染的水，朱镕基来了就这八个字。2000 年的 9 月份，我们太原的汾河滩上出现了一个汾河公园。当时刚开始是 6 公里长，汾河的全长是 700 公里，流经全省 41 个县市，它的人口，它的生产总量要占到全省的 40% 以上，你说 6 公里，包括我们现在还在往下延伸，这对 700 公里来讲太微不足道了。但是太原人是很可爱的，我们很珍爱这个汾河公园，经常是天气好的时候游人如织。但是大家要知道，这已经不是汾河的原生态了，它是在汾河的河道上建了个人工湖，它已经不是流动的河流，是不动的湖水。有人想象说，这就是太原的大水盆子，不动。据说汾河公园一共花掉了人民币 5.6 亿，就是最初那区区 6 公里。那整个流域的治理是多大一个天文数字！

人们常常把河水比作人体的血管。如果说，以前的汾河是一条正常流动的河流，那么，今天的汾河就像一个患有"静脉曲张"的人体，两个大水库、一个大水盆就是突出的患处，剩下来的是只见河床不见河水，"只见菩萨不见庙"了。

汾河这条三晋人民的母亲河从大而清到小而浊，这是一个很长的历史演变，汾河的演变和山西社会历史的变迁紧密地相连。我说"汾河清，山西盛"，这是被山西的历史发展所证明了的事实。从"大而清"到"小而浊"，其中的原因有自然的、社会的，也有政治的、经济的等等，不同的历史时期也会有它特定的条件、特定的限制。我们绝不是要把这种责任归结于哪朝哪代、哪个政府，更不是归结于哪个人，但是我们的政府官员，我们全体的三晋人民都应该清醒地认识到汾河在山西社会经济发展中的重要性，认识到水资源对山西的重要性。

山西之长在于煤，山西之短在于水，我认为，煤和水是山西社会经济发展的两大巨轮，如果把社会发展比作一架马车，煤和水是山西的两大巨轮，缺一不可，不能只顾挖煤，忽略了治水。只有煤和水这两大巨轮，一个长板一个短板，取长补短，协调发展，我们这块三晋大地才有希望，否则还会有沉重的代价。

但是，我们也没必要完全地悲观失望。在现在这样一个科学发展观已经成为主旋律，构建和谐社会，包括人与自然的和谐成为社会的主旋律这么一个大的时代背景之下，是有希望的。2004年，山西省人大又一次修订了《山西省汾河流域水污染防治条例》，这个条例早就有，90年代就有，2004年又一次修订。之前是谁污染，谁治理；现在是谁污染，就关停，进一步加大了治理力度。在今年的山西省十一届人大一次会议上，孟学农省长的《政府工作报告》我注意了，用了近1/6的篇幅特别强调环保生态，而且把修复汾河生态作为政府工作的重点。我感觉到这一次政府修复治理汾河生态力度之强前所未有。今年5月底，山西省政府召开动员大会，全面启动了"加快推进汾河流域生态环境修护与保护"的工作，省政府还和汾河流域的6个市和有关部门签订了责任书，张宝顺书记特别强调，"汾河是山西的母亲河，治理汾河事关山西发展的大局和沿河人民的切身利益"。要求以科学发展观为指导，加快汾河流域的生态环境修复。

同时，我们民间已经有组织发起"保护母亲河"的活动，3月9日被确定为"保护母亲河日"。2006年，由山西大学学生社团——绿营社发起，北京林业大学、哈尔滨工业大学等25所高校的30名大学生，自费参加保护母亲河活动。他们徒步行走，入户访谈，发放倡议书，宣传环保意识，尽自己的力量唤醒人们保护汾河。2008年8月，山西省共青团组织响应省委、省政府的号召，组织了"百万青年投身汾河生态治理"的系列活动，其中就有一项活动叫"汾河清，山西盛——汾河治理与社会可持续发展青年高端论坛"。

在这里我们也不要避讳，省里的领导刚刚进行了调整，但是我想，调整的是人，而不是决策，所谓的"决策要有连续性、可持续性"，我想这是我们在座的深切体会。我也相信，只要我们的政府、我们的人民都行动起来，齐心协力综合治理，"汾河流水哗啦啦"的景色还会重现。让我们大家，包括在座的领导干部同志们一起努力，我们一起翘首以盼，谢谢大家！

科学的昨天、今天和明天

时　间：2008 年 11 月 14 日

地　点：山西省图书馆报告厅

主　讲：王渝生

王渝生

王渝生,重庆人。1961年毕业于四川师范大学数学系,1981年毕业于中国科学院研究生院,相继获中国科学院理学硕士、博士学位,德国慕尼黑大学博士后。北京市科协副主席、科学普及工作委员会主任,研究员,博士生导师,享受国务院政府特殊津贴。中国民间组织国际交流促进会副会长,中国关爱协会副理事长兼秘书长,中国青少年科技辅导员协会副理事长,中国智慧工程研究会副会长。中央党校、国家行政学院、中央社会主义学院和北京科技大学等高校兼职教授。曾任中国科学院自然科学史研究所副所长、中国科技馆馆长、第十届全国政协委员、科教文卫体委员会委员等职。

长期从事科学史研究和科普教育工作,发表论著30余种,学术论文80余篇,科普著作和文章100余种(篇)。荣获国家图书奖、中国图书奖、全国优秀科技著作暨科技进步奖、20世纪科普佳作奖、中国青少年社会教育"银杏奖"特别贡献奖、《国家中长期科学和技术发展规划(2006—2020)》战略研究突出贡献奖。《国家中长期科学和技术发展规划(2006—2020)》战略研究专题组组长,《全民科学素质行动计划纲要(2006—2010—2020)》主要起草人。多次被评选为全国科普先进工作者、中直机关精神文明建设先进个人。

科学与艺术是一枚硬币的
两面.

录李政道语
文源讲坛留存

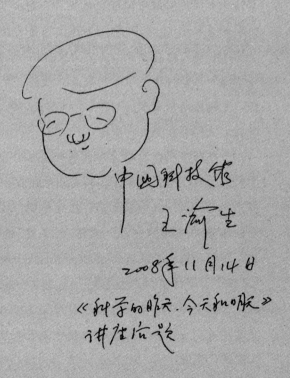

中国科技馆
王渝生
2008年11月14日
《科学的昨天·今天和明天》
讲座后记

我今天用两个小时左右的时间，就"科学的昨天、今天和明天"这个话题跟大家交换意见。那么今天既然要讲科学，首先要正名，名不正则言不顺。什么叫科学？我查了一下辞典，找到了三十多种说法，我做了厚厚的一本笔记。下面是我自己对科学的理解，我认为科学的定义有以下几个层次：第一，科学即知识；第二，科学不是一般的、零散的知识，它是理论化、系统化的知识体系；第三，科学是科学共同体、科学家群体对自然、对社会、对人类自身的规律和本质的一种认识活动；第四，在现代社会，科学还是一种社会建制；第五，小平同志说，科学技术是生产力，科学技术是第一生产力，所以科学对物质文明建设具有基础性的作用；最后一点，第六，我要补充的是，如果说科学技术是第一生产力，那么科学精神就是第一精神力量，科学不仅对物质文明建设，而且对政治文明建设、精神文明建设、社会文明建设、生态文明建设，都有重大的意义。

今天在这里是领导干部，我可以讲一些平常报告中不讲的例子，比如说我参加过一次纪念小平同志科学技术是第一生产力发表多少周年的纪念会，在会上各位领导和科学家都盛赞邓小平的丰功伟绩，这个时候出现了一个不太协调的声音，说：我对邓小平同志的论断有意见。全场哑寂，一看是一个老科学家，是个老院士。我也认识他，而且我也知道这个老科学家、老院士在"文化大革命"中受到了迫害，差一点把命都丢掉了，是1975年小平同志复出工作的时候，在一次关于教育和科技的座谈会上点了他的名，说某某教授现在还关在某某大学的牛棚里面，身体很不好，我看这样的科学家完全可以解放出来，把他放在中国科学院某某研究所去发挥他的聪明才智。这样这个老科学家、老院士才被解放了出来,后来在科研上取得了很大的成就,还拿了国家最高科学技术奖。我当时真想不通,这么一位老院士、老科学家,小平同志对你有知遇之恩,你怎么还对小平同志科学技术是生产力、是第一生产力这个英明论断有意见呢?结果没有想到,他还继续说了一句话,他说,我对小平同志的论断有两点意见。你看,他还有两点意见?所以大家就听他怎么讲。他说,小平同志说这句话没有把科学和技术分开讲。他说,技术是生产力还好理解,科学怎么是生产力?他说举个例子,哥德巴赫猜想,是一道数学难题,陈景润研究了一辈子,虽然没有解决(1+1),就是任何一个大偶数可以表示成两个素数之和;但是他解决了(1+2),他证明了任何一个大偶数,可以表示成一个素数和另外两个素数乘积之和,所以叫(1+2)。陈景润因为他对哥德巴赫猜想的研究成果,获得了国家自然科学一等奖。但是它怎么会是生产力呢?数学难题在现实生活中有什么应用呢?更不要说是第一生产力了。

你看,他提这个意见使我想起三十年前,1978年受全国科学大会的感召,我考研究生,我考了中国科学院的研究生。我们第一届研究生真幸福,第一流的科学家给我们上基础课。陈景润给我们上初等数论,华罗庚给我们上高等数论,吴文俊给我们上几何定理的机器证明,即机械化数学。陈景润给我们上第一堂课完了之后,我就走上台喊了一声陈老师,我说,请问,您那个哥德巴赫猜想研究在生产实践中有什么应用?我这个问题一问,陈景润当时就吓得浑身发抖,汗水像黄豆粒般地往下掉,脸色苍白,结结巴巴地说,我今后一定要深入实际,改造思想,找到哥德巴赫猜想在生产中的应用。我当时非常后悔,你知道,中国科学院是1978年10月份开学的,十一届三中全会是12月份才召开的,10月份那个时候还没有正式提出废除阶级斗争为纲,并把工作重心转移到经济建设上来。我们用当时的话来讲叫余悸未消。

因为我现在已经是 60 多岁的人了，你们都比我年轻得多，我是经过"文化大革命"的。我从 1949 年新中国成立，开始读小学，到 1966 年大学毕业，当时正是朝气蓬勃，想为党、为人民做一点事的时候，"文化大革命"开始了。然后把我们都说成是 17 年修正主义教育路线培养出来的资产阶级知识分子。你说当时，我们好难受。好不容易 1978 年召开了全国科学大会，小平在会上说科学技术是第一生产力，知识分子是我们工人阶级自己的一部分，所以我们思想得到解放，但是当时还心有余悸。所以我觉得我对陈景润老师问的这个问题，使他紧张了一下，我一直很后悔。没有想到，这位老院士他说科学不是生产力，技术才是，所以小平同志这句话他有意见。他说，我还有第二个意见，他说你小平同志不是说，两个文明都要抓，两手都要硬吗？你说科学技术是第一生产力，那么你只讲了科学对物质文明建设的作用，实际上科学对精神文明建设有重要的作用，我们科学家、科技人员要学科学，我们的科技干部、领导干部，甚至于学文学的、学文科的也要学科学，用科学精神来武装头脑，这点你邓小平没有讲。

当时我听完之后有两点感受，第一，我觉得他是一个纯粹的科学家，科学家就是求真务实，就是实事求是，就是讲真话，讲实话，吾爱吾师，吾更爱真理；第二点，我觉得邓小平救了你的命，你怎么会恩将仇报，就这么一点事，就公开说对邓小平有两点意见，总之我心里不舒服。

这个时候，他所在的中国科学院某某研究所所长讲话了，这个所长也是院士，而且还是个女的。她说，某某老啊，你给小平同志提了两点意见，我也给你提两点意见：第一，小平同志讲科学技术是生产力，时代背景是什么？你难道不知道吗？是打倒"四人帮"、拨乱反正，要搞经济建设，那么，科学技术是为生产服务，为经济建设服务，知识分子、科技工作者是搞科技的，那就是为生产服务了。要把他们解放出来，从臭知识分子的地位上解放出来，所以强调科学技术是生

产力,那我们的知识分子的聪明才智就可以发挥,我们科学技术现代化就可以推动我们工业农业各方面的现代化。时代背景你要搞清楚,那时强调生产力是必须的。第二,小平同志这句话多么的精炼,1978年说,"科学技术是生产力",八个字;过了十年,"科学技术是第一生产力",十个字,只多了两个字。你要让他在八个字、十个字里面讲得那么全面,又要讲科学,又要讲技术;又要讲物质文明,又要讲精神文明,八个字、十个字能讲得清楚吗?你刚才不就讲了八十个字,一百个字了吗!你给小平同志八十个字,一百个字,小平同志他比你讲的还要好。

我突然发现这个当所长的院士,她也是科学家,但是她不仅仅讲业务,她还讲政治。所以科学家有两种,一种是纯粹的科学家,他只讲业务,不太会讲政治,我觉得这种科学家也允许,因为人的精力有限。比如说陈景润,你就让他搞他的学问,不要把他牵扯到政治上来。也不一定要让他当一个管理者、当官。过去是"学而优则仕",现在也不一定要"研而优则官"。但是像刚才那位所长,那就是既讲业务,又讲政治,双肩挑的。她就可以当这个不是纯粹的科学家而是科技组织管理者。我王渝生,也是学数学出生的,我言必称数学。我在二十年前走向领导岗位,去当一个研究所的副所长。我是从最基层的一个研究生,研究人员,我科长没有当过,处长没有当过,也就是说在研究室里面没有当过研究室主任,我就直接当副所长。当时让我去就任、表态,我很朴素地讲,我说我当这个官,一不贪污,二不腐化,三不说假话。有人问我这三句话啥意思?我说一不贪污,不犯经济上的错误;二不腐化,我不犯生活作风上的错误;三不说假话,我不犯政治上的错误。因为一个党员,就是要忠诚老实嘛!听完过后,这个人对我说:渝生啊,你还是没有经验,前两句话是对的,后一句话你回去好好想想吧,我心想后一句有什么错啊?不贪污,不腐化,不讲假话,没什么错嘛!可有人就觉得当官不讲假话不行。这是不正之风。

　　我是中央党校的兼职教授，国家行政学院的兼职教授，中央社会主义学院的兼职教授。我在中央社会主义学院，都是民主党派、无党派人士，我讲话随便一点；在国家行政学院，我又稍微谨慎一点；在中央党校，我更谨慎。结果中央党校的学员不干了，他们说，听说你王渝生是很开放的，你怎么讲的这么谨慎啊？我说你这是中央党校，至少都是司局级干部，还有部级干部，我不能乱讲。他们说中央党校最开放，你记住两句话：学术探讨无禁区，政治宣传有纪律。我觉得这两句话很辩证，我们在这儿小范围内，都是领导干部、公务员，我们学术探讨没有禁区。但是你要录像、录音，将来要形成文字发表，那我们就要讲政治，我们就要有纪律好不好？（好）我这样讲行不行？（行）那我就放开讲了。我为什么对省直工委这么熟悉，因为我在科技馆担任了一个领导干部的科技讲座，针对中直工委的领导干部做科技讲座，也是比较放得开。那么，后来我就一直在想这个问题，这个院士虽然提的意见有点不合适，但是话丑理端，道理还是对的。

　　后来我留意了一下，这个问题我在商务印书馆出版的《爱因斯坦文集》第三卷，我读到爱因斯坦在1937年的一段话，这段话就解决了刚才这个老教授、老院士提出的问题。爱因斯坦在1937年是这样说的，他说科学的社会功能有两个：第一，科学直接地、但更多的是间接地通过生产工具转化为生产力，促进生产的发展；科学的第二个功能，是它的教育功能，科学作用于人类心灵，这个功能看起来不像第一个功能那么明显，但是它和第一个功能同等重要。我当时读了爱因斯坦这段话以后，我觉得爱因斯坦太伟大了，第一句话就是讲科学的生产力的功能，但它主要是间接的，而且是科学技术通过生产工具的改进来转化为生产力；第二个功能是教育功能，作用于人类的心灵。用我们今天的话来讲，就是精神文明。所以一个伟大的科学家，他有时候也是伟大的哲学家、理论家、社会活动家。这是我讲的第一个问题，就是关于科学的定义。

第二个问题，科学的分类。毛泽东早在 60 多年前，就有一句名言，他说世界上的知识有两门，一门是自然科学知识，一门是社会科学知识，哲学则是自然科学和社会科学的归纳和总结。当时，坦率地讲，知识分子，有时候只是不说而已，你要让他说，他什么话都敢说。当时"文化大革命"，在毛泽席语录那个红本本里，我读了这段话的时候，我当时心里就有一个意见，但是不敢说。你对毛主席语录还有意见，那你不是反革命吗？我有什么意见呢？我认为哲学可以放在社会科学里面，如果哲学要从社会科学中单独提出来，那么数学也可以从自然科学里面单独提出来。为什么呢？我们平常讲的自然科学、理科，是不是数理化天下呀，但是你们想一想，数学跟物理、化学、天文、地学，还有生物学很有区别呀！你物理、化学、生物学都要搞实验，你都要观察，你都要研究自然界某一个领域的现象，然后找它的规律。唯有数学，它完全不需要任何实验设备，你只要给我一支笔、一摞纸，我就可以研究数学。陈景润不是吗，他的哥德巴赫猜想的研究，他什么时候到实验室去过？他什么时候去观察自然界呢？所以我觉得数学跟物理、化学、天文、地学、生物都有区别，如果你哲学是归在社会科学里边，那我数学也归在自然科学里边，你要把哲学单独提出来，数学跟你哲学的地位是一样的，也应该单独提出来。这是当时我的看法。四十多年前我就有这个看法，但我不敢说。现在我又有一个新的看法，你把科学分为自然科学、社会科学，自然科学是研究自然界的规律，社会科学是研究社会发展的规律，那你人的思维呢？生理学、医学，虽然研究人的神经系统，但是没有解决思维的产生、思维的本质、思维的发展、思维的规律性的问题。所以我现在认为，科学分为自然科学、社会科学、思维科学。而哲学和数学，则是贯穿于这三个领域带有基础性、工具性，或者说归纳性、指导性的学科。

我后来想了一下，思维的本质和规律性，这是个新的科学课题，它不是研究自然界的本质和规律，也不是研究社会发展的本质和规律，它是研究人非常特殊的思维的本质和规律，所以它不是自然科学，它不是社会科学，它也不是自然科学和社会科学简单的交叉学科、边缘学科，它是一门崭新的科学，它需要用创新的方法去研究它。而哲学和数学则是贯穿于这三门学科中，我不说指导，我不说归纳，至少我可以说是带有基础性和工具性的学科。因为我曾经听到过一个哲学家和一个物理学家吵架，物理学家说，你们哲学家就是好讲空话，泛泛而谈，不如我们去观察、实验，研究真实的学问。这个哲学家说不对，你们科学家好钻牛角尖，只见树木，不见森林，我哲学是你自然科学包括你物理学的指导，归纳，总结。这个物理学家不服气，什么指导、什么归纳、什么总结，我就没有学哲学，我物理学照样出成果。哲学家说，那你也是不自觉地应用到了先进的哲学思想，比如说唯物辩证法等等。如果你能自觉地学哲学，你的物理学研究会更有成就。我在旁边一看，哲学家和物理学家吵架，我就插了一句，我就问那位物理学家，我说请问，你在物理学研究当中用不用数学？数学在你物理学研究中是什么地位呢？他想了想说，数学是我研究物理学的工具。我一听好高兴，我说你能够在你物理学研究中，因为这个院士在物理学上有很大的成就，能够把我数学作为研究物理学的工具，我不胜荣幸之至。这时哲学家也问，那我哲学呢？物理学家想了半天，还是回答，哲学也是我物理学研究的工具。哲学家很不高兴，怎么能够只是工具呢？所以这就是，有些哲学家总要想让哲学成为一个高高在上的指导思想的地位，当然，在座的好多领导干部，也是学哲学、学理论的，但是我要说说这个哲学和科学的关系问题。

十年前，杨振宁在清华大学90周年的报告上，他讲科学，讲完了以后他最后有几句话，他说科学解决了世界上许多问题，但是，科学不能解决人世间的所有问题。科学不能解决的问题，你去请教哲学吧！哲学还不能解决的问题，你去请教宗教吧！当时我旁边坐着的就是一个哲学家，他听见科学不能解决的问题你去请教哲学吧，他高兴极了，

马上就要准备鼓掌，没想到后面一句，哲学不能解决的问题你去请教宗教吧，他就很生气，手本来举起来要鼓掌，结果放下来了，然后就自言自语地说，这个杨振宁老糊涂了，七十多岁，堕入唯心主义神学论的泥坑。我心想杨振宁怎么会老糊涂啊？当时才七十多岁，后来八十二岁他还没有老糊涂嘛！所以说，我可把杨振宁这句话深刻地思考了，我的体会是科学和哲学各有功用。科学主要是指自然科学，你管的是自然界的规律，是物质世界的规律，关于逻辑思维，方法论世界观的东西，它是哲学的范畴。科学说穿了，我们今天的科学就是实证科学，就是实验科学，就是通过观察实验得出来的规律性的知识叫科学。而哲学它是理论、思维、逻辑层面的，所以，我认为实践是检验真理的唯一标准，有一些不能实践的东西，那么逻辑、哲学它也可以检验真理。这个我又说的稍微过了一点，到此为止，不能深入说下去了。

那么有些问题，哲学也不能解决，哪些问题？信仰的问题，心智的问题，你科学也无法检验，你哲学也无法检验，无法检验是指什么呢？你不能说他对还是错。你那个科学的体系，你那个哲学的体系你管不到信仰这一块，你管不到心智这一块，心灵这一块，对不对？你看，我们共产党打天下的时候，那么多工人、农民，有坚定的共产主义信仰和理念，但是他从来没有读过书，没有学过科学，更不要说什么三段论哲学，什么唯物辩证法，他就是信仰，信仰共产主义，跟着共产党干革命。当然，我们现在也是这样，一听说科学两个字，那就好！一说到理想，好！一说到信仰，好！一说到宗教，这是坏东西！实际上宗教不是个坏东西。我搞科普和反邪教工作结识了一些宗教界的领袖，像傅铁山主教、像圣辉法师、像小班禅大师，都到我们科技馆来参观过，我都和他们很谈得来。科学和宗教没有那么势不两立，有神论和无神论没有那么了不起的对立，甚至唯物论和唯心论也不要看成水火不相容。我一向认为唯物论太简单，辩证法又太复杂。唯物论怎么简单呢？你只要承认世界是物质的，物质是第一性的，你就是唯物论，否则你就是唯心论。这不是太简单了吗！过年的时候领导同志来给我拜年，把他们送走，从家门口到电梯口，我隔壁家的那个人，一打开门就说了一句：拜年也搞迷信。我问搞了什么迷信？他说你看你家的门，我一看，人家给我贴了福字，是倒过来的。领导来给我拜年，给我送福到家，我高兴。把这个福字倒过来，这算什么迷信啊？他说，这个福正着写就不能到家，一定要倒过来才能到家，这不是迷信吗？这就是唯心主义，形而上学！我说，哎呀，这种东西现在已经演变成一个民俗了，对不对？这个东西水至清无鱼，人至察无徒。有一次我到一所中学校，座谈时老师就说现在的学生不得了，年纪轻轻的女孩子动不动就说是什么星座，太危险了！我说小女孩说她什么星座让她说吧，天也不会塌下来，干吗要把事情搞得那么纯洁，那么干净，那么百分之百。

为什么我又说辩证法太复杂呢？你看，对立统一规律，质量互变规律，否定之否定规律，坏事可以变好事，精神可以变物质。我们有些领导干部学了辩证法，一做报告就讲，形势大好，不是小好，不是中好，成绩是主要的，九个指头，问题嘛，一个小指头。有时决策失误，冤枉花了钱，打了水漂，还说没关系，交学费嘛。这哪里是什么辩证法呀？这整个是变戏法。所以我说学辩证法一定搞清楚他的精髓，到处乱用辩证法，那是变戏法。我那个"文化大革命"出生的儿子三岁时，从幼儿园回来就很得意，说今天我学了辩证法，老爸，你过去都没有辩证法，你老说我做坏事，你知不知道，我们老师说的，要讲辩证法，坏事可以变好事。我听了没办法，但为了真正地引导他学辩证法，我就举了个例子，我说今天老爸在公共汽车上，很挤，钱包被小偷扒了，这是个坏事，你说一下这个坏事怎么变好事。我主要想启发他说汲取教训什么的，结果他很简单，眼睛一转：你的钱包被小偷扒了，对你来讲是坏事，对小偷来讲就是好事。唉，真弄得我一点办

法都没有。所以我今天放开了讲，我们领导干部一定要讲唯物论，但又不能太绝对；一定要讲辩证法，但是也不能变戏法。要好好地学习，认真地思考，既要继往，更要开来，要解放思想，与时俱进，龚自珍讲，一代之治，即一代之学也。我们的原则性还是要有灵活性的。

好了，书归正传，我们第一讲了科学的定义，第二讲了科学的分类，现在我们讲第三个问题，科学素质。我们通过科普讲座，科普宣传，要提高全民的科学素质。我是《全民科学素质行动计划纲要（2006—2020年）》起草组的成员，在最关键的定稿阶段，我还当了起草组组长，最后中央领导同志很满意，说这个报告写得不错，就以国务院文件发了。实施全民科学素质行动计划纲要，有四个重点人群：未成年人，农民，城镇劳动人口，还有一个是领导干部与公务员。那么我们要提高全民的科学素质，科学素质怎么定义？我这个组长就是要求讨论科学定义，科学素质的定义，我最喜欢做定义，但是科学素质没办法做定义，只能做一个描述性的定义。所谓公民具备基本的科学素质，一般是指了解必要的科学技术知识，掌握基本的科学方法，树立科学思想，崇尚科学精神，我们把它叫"四科"；并具备一定的应用它们处理实际问题和参与公共事务的能力，叫两个能力。所以我们的科学素质叫"四科"加两个能力。这四科中，科学技术知识是可以直接转化为生产力的。那么科学方法、科学思想、科学精神，是属于文化层面的东西，它间接地转化为生产力，更多的是发挥它们对精神文明建设的作用。当然，科学文化同思想道德文化一起组成了我们的先进文化，所以我认为，科学文化理所当然属于先进文化。我们现在要提高全民的科学素质，就要解决这四科的问题，就要解决两个能力的问题，而且我个人认为，这两个能力更为重要，体现了我们人民当家做主。

例如，最近我在四川做科普报告，有听众给我递来一封信让我转到国务院有关部门，我一看吓了一大跳，对我们国家重大的科技决策，重大工程，提意见，什么工程，南水北调工程。四川人真厉害。他说现在南水北调工程分三段，一个是东段，一个是中段，一个是西段，东段、中段我们管不着，但是西段南水北调，我们研究的结果——不可行，问题很大，得不偿失。这些是草根科学家啊！结果中央领导同志看了这个报告，做了批示：南水北调西线暂停，重新论证。这就是我们公民具备了科学素质的表现，他可以对我们国家的公共政策，科技政策，重大的科学工程提意见。

又例如，二十多年前我在慕尼黑大学读博士后，我在巴伐利亚州郊区租的房子，便宜一点。那个是茜茜公主的故乡。我的邻居，虽然是老大妈，但她们有科学素质。她们对我说，王博士，你到我们巴伐利亚州，你知不知道，我们这儿发生了事情你要参与意见啦！有哪一个房地产商要在这儿开发房地产啦，有哪一个部门要在这儿建一个工厂啦，我们联邦政府要在这儿修条高速公路啦，她们都一一告诉我。我说这不挺好吗，你们的车就可以立即上高速了。可她们说，那不行啊，它破坏了我们的森林，占领了我们的湿地。森林是地球的肺，没有森林，地球就无法呼吸；湿地是地球的肾，没有湿地，地球就无法降解毒素。我听了这些话，马上就肃然起敬，她们不是为了自己的方便，而是考虑到环境问题，资源问题，可持续发展问题，有科学素质。当然她们也不是无理取闹，你要在这儿建一个化工厂，你讲清楚，你的化学需氧量，你的二氧化碳排放量，你的二氧化硫排放量，你的废弃物怎么处置，只要是符合国家标准，建。否则就不行。这个就叫科学素质，我们行吗？

我再举一个例子，十多年前，1997年，英国的科学家，搞了克隆羊多利，当时克隆羊出来以后，我心里面就一惊，因为我是学科学，学科学史的，我就知道克隆技术一旦突破，动物和人没有太大的区别。也就是说，能够克隆羊，接着就可能克隆人。什么叫克隆，就是复制，就是复印。也就是说通过克隆技术，可以在你身上取一个体细胞，无性繁殖，就可以造出和你一模一样的个体。有些人有兴趣，那好呀，克隆一个和我一样的，那不是我的孪生兄弟呀！他没有想到，比如说我今天在你们这儿做报告，那克隆王渝生跑到我家找我老伴儿，那还了得呀！那可不得了！(笑声)所以你要想到对你的危害，你不要以为利用科学技术能够做到的事就做，也有些事是不能做的，科学精神和人文精神要相互结合，科学的发展要和人类的伦理道德、法律、专利、社会相适应。所以克隆人即使现在能办到了，但是实验室里的人体干细胞胚胎，为了科学研究的目的，最多只能存活十四天，这是立法了的。否则要乱套的。所以有些科学能办到的，我们不能办；有些科学现在还办不到，我们要千方百计办，比如地震预报。坦率地讲，现在要讲地震预报，还为时过早。有好多人说不得了，我们可以部分的地震预报，什么地震前兆，那些东西现在从科学的角度来看，第一它不充分，第二它不必要，意思就是说第一，有了这些前兆，未必一定发生地震；第二，就是发生地震，也未必一定有你这个前兆。所以不是充要条件，你怎么能够根据你现在所谓的前兆来预报地震，那不乱报了吗？但是我们最终是要争取，要能够预报地震像预报气象一样。但是太难了！我们现在可上九天揽月，可下五洋捉鳖，唯有钻地，只能钻到十几公里，二十公里就打住了，而一般的浅表地震，都是发生在三五十公里的深度，所以根本无法用仪器科学预测。但是无法预测我们要努力去争取预测。克隆人，能够办得到，但是我们要用法律严格禁止。

有人说，科学是一柄双刃剑，它有正面的作用，也有负面的影响，我们要趋利避害。我想问大家一句，你们同不同意这个说法，科学是一柄双刃剑。同意的举手，哦，多数，手放下。不同意的举手，哦，太好了，有一两个。两次都没有举手的请举手，没有。没有？不对！你第一次不举，第二次又不举，两次都没有举手，这次就该举了（笑声）。从我数学的分类来看，三次举手的总和应该是你们全体，但还是差得远，跟大家开个玩笑。我可不同意科学是一柄双刃剑的说法，我来陈述一下理由，跟你们开个玩笑。第一，凡是剑都是双刃的，单刃的不叫剑，叫刀，所以这句话本身就没有问对。第二，我先前已经讲了，科学是什么？是知识，是知识体系，是社会活动，是社会建制，是生产力，还是精神力量，它有什么错，它怎么是双刃的？自然规律是客观存在，无所谓对错。所谓双刃也就是所谓正面负面作用，是人如何利用科学知识来把它转化为技术，把它转化为工程，把它放在我们人类生活当中它起一个正面或负面作用。最简单的例子，就是原子能的释放和利用。原子能本身是客观存在的，它没有什么双刃。但是你人类利用原子能作核电站那你就造福人类；你拿来做原子弹就可能使生灵涂炭。当然我们有时候要讲什么正义战争，什么非正义战争，现在有些观念也要做一些改变和新的解释。所以我说，与其你说科学是一柄双刃剑，不如说你人是双刃剑。那科学是什么，我觉得科学是一把钥匙，它既可以开启幸福之门，给人类带来福祉，也可以开启罪恶之门，给人类带来灾害。我们现在搞科学普及，搞科技创新，它是科技工作的两个重要方面。通过科学普及，提高全民的科学素质，为构建和谐社会服务；经过科技创新，我们建设创新型的国家，最终在2020年不仅是实现全面建设小康社会的宏伟目标，同时也要使我们的国家跨进创新型国家的行列。

好了，有了以上关于科学、科学分类、科学素质这三方面知识的铺垫，我们就来正式看看科学的历史、态势和前瞻，也就是科学的昨天、今天和明天。

人类社会经历了三个时代：几百万年的蒙昧时代，几万年的野蛮时代，还有几千年的文明时代。而这几千年的文明时代，又分为三个阶段，几千年的农业文明，几百年的工业文明，几十年的，我给它取了个名字叫科业文明。

农业文明至少五千年，我们说中国是世界四大文明古国之一，我们又说中华文明上下五千年，所以五千年以前，世界文明四分天下，中国有其一。古代的科学技术的萌芽，催生了人类的农业文明，农业文明要有三个条件：土壤、阳光、水。所以古代的农业文明，都诞生于大江大河的流域。在尼罗河流域的古埃及文明，在两河流域的古巴比伦文明，在恒河、印度河流域的古印度文明，在黄河、长江流域的古代中华文明。到了两千多年前，埃及、巴比伦、印度的文明中断了，衰亡下去了，中华文明还在持续发展，这时在地中海沿岸崛起了一个新兴的古希腊，后来是古罗马的文明，所以在两千多年前，世界文明两分天下，中国有其一。到了一千多年前，古希腊罗马的文明也衰亡下去，中华文明还在持续发展。在科学技术方面，我们有以指南针、造纸术、印刷术、火药为代表的四大技术发明。原来我实在是对张艺谋有意见，他的一些电影，从本质上来看，西方虽然给他这个奖、那个奖，但是这是猎奇。你知道外国影评是怎么评价张艺谋在过去的几部获奖影片的主题吗？我以《大红灯笼高高挂》为例，外国的影评说，这部电影的主题不就是四个姨太太向一个老头子争夺性的权利吗？人家这样来评价你《大红灯笼高高挂》的主题。

没有想到，这次科协给我一张奥运会开幕式的票，我一看改变了看法。张艺谋总导演的确是老谋子，老谋深算。这次的奥运开幕式的开幕演出，凸显了中国元素，中华文明元素，特别是中国传统科技文化的元素。它表现四大发明，造纸术是一个恢宏的画卷，对不对？而且巧妙地利用了204个国家，一万多名的运动员行进的脚迹在画卷上留下了七色彩虹。它表现的印刷术，你看那个活字模板，上下左右的方块，然后一个个的不同字体的"和"，体现了中国古代"和为贵"的哲学理念。它表现的指南针是郑和七下西洋。大海航行靠舵手，舵手导航靠指南针。我们虽然在六百年前，我们浩浩荡荡的郑和的船队已经达到了非洲的东岸，但是我们是宣示和平，宣示开放。他表现的火药是在奥运上空的五彩斑斓的烟花，营造一种节日的气氛。所以从此我改变了对张艺谋的看法，他的四大发明在开幕式上表现得非常充分。

有人说，中国古代只有技术，没有科学，不对。我们中国古代有四大科学体系：农学、天文学、数学、医药学。

我这个图是一个汉象砖。两千年前的场景，我们今天在农村还能看到。这说明我们两千年前，农业科学技术是发达的，当然另一方面也说明我们当今的农业机械化、农业的工业化、农业的现代化还远远不够。

我们中国古代的天文学，我这儿选了一张两千多年前长沙马王堆汉墓棺材上的一幅帛画，上面顺次表现天、地、地狱，天上的太阳、月亮、星星等等，我们中国古代有世界最早的天象记录，有天文仪器，有宇宙论，有历法，有二十八宿，有二十四节气，天文学是非常发达的。

数学，我就是学数学出身的。我在三十年前，除了听过陈景润的课，华罗庚的课，我还听吴文俊的课。前不久中央电视台二套给我打电话，说请你来做节目，我说我老在中央十套做节目，中央一套，什么科技博览这些我也做，二套经济类我从来没有做过，结果叫什么的一个主持人，他说我们这次也要做一个"改革开放三十年，科学春天三十年"的节目，我们找了几位老科学家，都是最高科学奖获得者、老院士，让他们每一个人带一个助手，他们都带，唯有吴文俊他说我八十九岁，马上到九十，我也不带学生了，我没有助手了，实在要我带助手你们就把科技馆的王馆长请去。我有点受宠若惊，因为我听过吴文俊的课，但我不是他的学生，更不是他的助手。去了过后，主持人问这几个老科学家，你们三十年中印象最深的人，印象最深的事。那他们当然就是讲这个邓小平、郭沫若，你看这个郭沫若的《科学的春天》：春分已经过去，清明即将到来。日出江花红胜火，春来江水绿如蓝。这是人民的春天，革命的春天，科学的春天到来了，让我们张开双臂，去热烈拥抱这美丽的春天吧！我当时就是受到郭沫若这么气势恢宏的《科学的春天》的影响，报考了中国科学院研究生院。结果到了吴文俊讲话，你猜他怎么讲？他说，这三十年来，我印象最深的是王渝生。我当时受宠若惊，这位老数学家八十九岁了，很幽默。这个主持人也不客气，因为反正是录播，也不是现场直播，不对可以剪掉。他说，难道你对邓小平、郭沫若的印象还没有对王渝生的印象深吗？结果吴文俊说实话，他说我是科学院数学所的、后来是系统所的所长，郭沫若院长那个时候天天见，不稀奇了；邓小平同志在全国科学大会之前，就已经召开过几次教育、科技的座谈会，我都参加了，他在全国科学大会上讲的那些话，那些基本观点，在这之前的那些会上都已经讲过了，那个时候我已经是印象很深了，所以科学大会我印象不深，我印象深的是科学大会以后，我们中国科学院研究生院恢复研究生招生，我开了一门课，几何定理的机器证明，我以为有几十个人要来选，最后只有七个人选我这门课，有六个是我招的学生，有一个是王渝生，他是慧眼识英雄。他听了我的课过后，他就当我的拉拉队，不停地到处宣传我这个机械化数学、数学机械化思想。我当时就说，我说吴老师啊，你当时第一堂课就给我以深刻的印象，你就说以《九章算术》为代表的中国传统数学思想方法体系，同以《几何原本》为代表的西方的数学思想方法体系，异其旨趣，犹如两颗璀璨的明珠，在世界的东方和西方交相辉映，在世界数学发展的历史潮流中此消彼长，互为取代，一度西方的数学思想体系占了上风。但是，在电子计算机出现后的今天，计算机的基本原理，同中国传统数学算法化、程序化、机械化的思想方法，若合符节。因此我可以断定，以《九章算术》为代表的算法化、程序化、机械化的数学思想方法，在21世纪凌驾于以《几何原本》为代表的公理化、逻辑化、演绎化的数学思想方法体系之上，不仅不无可能，甚至说成是殆成定局，本人也认为并非过甚之辞。当时演播厅大家都鼓掌，你看，你们在场的就不鼓！（笑声）第一，作为一个数学家，吴文俊他讲中国传统数学思想方法那一段话，讲得那么有文采，这种话不要说搞数学的，就是文学家能这么说也够精彩的了！我看也就是"文源讲坛"像王蒙这样的文学家能讲得出这样的句子，真的，我就没有想到一个数学家吴文俊他能够讲出这样的句子。当然我也没有想到一个学数学的王渝生也能够把他这样的话背得那么熟。所以，第一你们要为吴文俊鼓掌，第二你们要为今天这位演讲人这种独特的演讲风格鼓掌。（笑声）

开个玩笑，不是我不谦虚。我顺便说一句，现在有些观点我们早就改变了。1978年我刚读了研究生以后就申请出国留学，当时外国教授问你，怎么样？你行不行哦？我当时说，我还差得很远，我还不行啊。外国教授心想，你差得很远，你不行，我还招收你到美国留学干什么？现在我就觉得，对不起了，我行就行，就不要假谦虚了，对不对？不行就是不行，行就是行，当然有时候也会碰到这种情况：说你行，你就行，不行也行；说不行，就不行，行也不行——不服还不行。遇到这种情况，你也没有办法。反正我是豁出去了，我行就是行，不行就是不行。

我们讲了农学、天文学、数学，现在再讲讲中医中药。这更是我们中国伟大的传统科技文化宝库中的宝藏。当然，现在关于中医中药，有很多议论，我有一些忘年交的年长朋友，有些是介于师友之间，都是大教授，大院士，有一次我碰见一个80多岁的老院士，我说："听说您全盘否定中医啊！""谁说的，造谣，我只是说中医里面有90%以上的是糟粕，我怎么是全盘否定了？"90%以上是糟粕，他还没有全盘否定？我又问他第二句话，我说："某某院士，听说你讲中医是伪科学？""胡说八道，那是造谣，我什么时候讲过中医是伪科学，我只讲过中医的基础理论、核心理论是伪科学。"你看，他说中医的基础理论、核心理论是伪科学。后来第二天我刚好拜访另外一位院士，我到他家里谈话，他把我送到门口，说回去跟我向某某院士带个话，他不懂中医，就不要随便发表意见。我好高兴，我说："你这个话我一定带到。"他一看我如此兴奋，就知道我是支持中医的，所以他就忍不住说："不过，我对中医也有意见。"我都走到门口了，听听他对中医有什么意见。也是 80 多岁的一位老院士了，他说，譬如有人得了癌症，西医通过检验什么的，告诉你是肝癌晚期，全身转移，不治之症，你最多活三个月，他就告诉你了，让你明明白白的死。结果你不服气，你去找中医，反正死马当做活马医。所以我回去过后就带了话，结果这个院士聪明得很，他说，那老头只说对了一半，说全了应该是：西医不仅让你明明白白的死，也让你明明白白的活；中医不仅让你糊里糊涂的活，也让你糊里糊涂的死。看来，有好些搞现代科学的全盘否定中医。为什么，很简单，那位院士说过，他就不信中医的经络学说，他说中医古代的针灸铜人就有这个经络，那一条条线，从西医生理学的角度去检验过，第一它不是神经，第二它不是淋巴，第三它更不是血管，它找不到物质载体。它怎么能够成为一个经络系统呢？但是你在经络这一条上有一个穴位扎下去，它在另外一个地方要发麻啊，反应客观存在啊。他说这是个人的感觉，是偶然的，没有科学依据，找不到物质载体。所以现在有些科学家只承认近代科学和现代科学，而不承认近代科学产生之前，还有带有民族性，带有地域性的一些古代科学、传统科学，虽然现在还讲不出道理，但是它有用，对不对？不管白猫黑猫，它逮着老鼠就是好猫。所以在这个问题上我甚至于还觉得不一定非要中西医结合，非要中医学西医，西医学中医不可，没有必要拉郎配。你中医要自我发展就发展，西医要自我发展就发展。咱们白猫、黑猫看谁的老鼠逮得多。有朝一日，谁逮不到老鼠了，谁自然消亡。你一定要叫他们两个相结合，没有这个必要。白的就不喜欢黑的，黑的就不喜欢白的。好了，这是讲我们中国古代除了有技术也有科学。

当然，近代科学革命和技术革命没有中国的份儿，非常遗憾。近代科学革命肇始于 1543 年，波兰有个天文学家叫哥白尼，出版了一本书《天体运行论》，提出了日心地动说。无独有偶，也是 1543 年，比利时有个大夫叫维萨里，他出版了一本书叫做《人体的构造》。前者从自然界的大宇宙，后者从人体的小宇宙，分别把天文学和生理学建立在观察和实验的基础上，我们说引发了科学革命。

哥白尼我们很熟悉了。维萨里这个比利时的大夫，他自己开了个诊所，给病人看病。他一边看病，一边心不在焉的望着窗外，窗外那条路就是从城里到山区墓地的必经之路。只要有一天他看见有人吹吹打打，抬着棺材去下葬，他就兴奋不已。到了晚上天一黑，他提着一把锄头，卷起一大捆绳子，他就上墓地里去，把人家刚刚埋下来棺材盖撬开。你说这个大夫他竟然去盗墓，他又不盗金银财宝，他盗死尸！他把死人背在身上，用绳子一捆，背回家去，放在桌子上，操起一把刀，肚子划开了，他看死人内部五脏六腑的构造，那时候没有照相术，他就画图笔记，用这种方式。偷了三十多具尸体，男女老少都要进行解剖，不过他很有人道主义，完了之后他总是把人家的肚皮缝起来，趁天还没有亮，他又背回原处，给人家埋好，所以没有被发觉。因为中世纪的欧洲，它跟我们中国古代一样，我们中国认为，人的肤发都受之于父母，不能随便人为损伤。欧洲的中世纪认为上帝创造了人，而且女人是男人用一根肋骨，用泥土把它揉拢来，吹口气变成的。结果他通过解剖，发现女人跟男人一样，你男人是十二根肋骨，人家女人也一样，怎么是你男人的一根肋骨变成的呀？那你说耶稣复活有复活骨，他通过解剖没有发现复活骨，所以这就叫科学革命。他就把知识建立在观察和实验的基础上，实事求是的基础上，实事实证的基础上，而不是凭空想象。

我们讲到中国古代伟大的科学家，比如说东汉的张衡吧！他发明了地动仪，好伟大。同时他提出了浑天说，好伟大。那么地动仪我倒是很佩服，那个浑天说是他想象的，因为中国古代最早有"盖天说"，天圆地方，天圆如张盖，地方如棋盘，但张衡说不对，天圆地方，它天地合不了缝，所以他说"天若鸡子、地若卵黄"，就是说整个天就像一个鸡蛋一样，有蛋清，地球就像蛋黄一样在中间。我们说张衡好伟大，但他这个说法是他的一种思辨，并没有实验的依据。也没有像哥白尼那样是经过观察和计算得到的结论，所以说，近代科学必须要实实在在，观察实验，分析归纳，逻辑推理，所以说科学革命，不仅对科学本身，对经济发展和社会进步，对人的生活方式和思维方式，也有很大的影响。

那么，从哥白尼到伽利略，到开普勒，一直到了牛顿，在1687年，牛顿出版了一本书，叫《自然哲学的数学原理》，提出了运动学的三大定律和万有引力定律。惯性定律、加速度定律、反作用力定律，这是三大定律，其中牛顿第二定律有个公式叫 $F=ma$，这个公式我从数学的角度来看，是人类历史上最伟大的一个公式。它把在外力的作用下物体的运动要发生变化，要产生加速度的规律，通过质量、力，加速度三者的关系，用这么一个简捷的数学公式 $F=ma$ 表达，而且放之四海而皆准。所以这个科学家牛顿就这么伟大，他发现了 $F=ma$，我觉得他跟我们的理论家、哲学家，甚至于革命家发现了我们的思维规律，发现了我们社会发展的规律一样的伟大。它发现了一个自然的规律，这是自然的规律就是真理，就是放之四海而皆准。牛顿死了几百年，但现在人们还在用他的公式。无产阶级用它，资产阶级也用它，中国人用它，美国人也用它，所以这就叫科学真理，无阶级性，也超越国界，是普遍真理。

16~17世纪的科学革命之后，又引发了18~19世纪的两次技术革命，第一次叫产业革命，又叫蒸汽机革命，他的旗手是英国工程师瓦特。瓦特在1781年取得了旋转蒸汽机的专利，从此，有了蒸汽机，机器就进入了人类的舞台，就有了火车，就有了轮船等等，慢慢地就发展为内燃机等等。所以，18世纪人类就开始步入工业时代，工业社会。你看这才两百多年，机器大大提高了社会生产力的效率，大大促进了经济发展和社会进步，也改变了人们的生活方式和思维方式。

但是对不起啊，中国就没有发生过近代科学革命，也没有发生过近代技术革命。没有一个哥白尼，没有一个瓦特，没有发明或者改进了蒸汽机，没有发明轮船和火车。明清以降，中国还在封建的老路上蹒跚地爬行，所以没有近代科学革命和工业革命。那么在欧洲美洲工业时代以后，中国就落后了。

然后到了19世纪又有了电磁理论，又有了电能的开发和利用，又有了美国的贝尔1876年发明的电话，爱迪生1879年发明的电灯，电灯电话的发明，就是电力革命的标志，满打满算也不过130来年，但是它们对人类社会的影响太大了，它使得我们人类一百多年来生活方式的改变，现在再也回不到过去了。要说再没有电话，没有电灯，我们这个日子怎么过啊？但是我们130年前，一直上溯到七百万年前，我们人类都是这么过来了。

同样的道理，你们想一想，我小的时候在重庆，夏天哪有空调，就是扇扇子，连电扇那都是很奢侈的东西，所以我满身长痱子；到了冬天哪有暖气，所以我的耳朵、鼻子、手脚都长冻疮，那也过来了。现在的小孩如果没有空调、暖气这些东西他过得了？所以，我们说科技给人类带来了很多方便，但是我们想一想，今天我们文源讲坛，我们坐在这个地方，我们举目四望，天花板、地板、门、墙、窗、音响、电脑，除了为了美化摆在讲台上的这一盆鲜花，其余的东西都不是原本的自然界所有的，也就是我们现在生活在一个我们自己利用科学技术创造发明出来的人造世界里。我有一次查科学技术的词汇，有一个解释什么是科学技术，就是消灭自然界，制造一个人工的世界，当时把我吓一大跳。想一想就是这样，我们科学技术是干什么的？原本的自然界有树木，我们把它砍下来做成桌椅、门窗、家具，就是原本自然界有的东西，我们把它消灭掉，然后完全制造一个人工的世界，很危险。包括今天除了这盆鲜花以外，全是我们人工的世界，而且这盆

159

花也有人为加工的痕迹。你们这个山西省图书馆还不错，摆的是一盆真花，我在别的好多地方，一说除了花以外，下面就笑，这一笑，我一摸，哦！假花！全部都是人工的世界。所以这个科学的发展，也得要考虑一下，能不能够使它无限制地发展，能不能够让我们以后完全生活在一个人工的世界里边，这个也是很危险的。所以我们在高科技的今天，有时还得要强调返璞归真。

那么，天文学革命、生理学革命，还有蒸汽机革命、电力革命之后，到了19世纪末，我们又有所谓实验物理学上的三大发现：一是1895年发现了X射线，二是1896年发现了放射性，三是1897年发现了电子。

这里有一张伦琴夫人左手手骨的照片，这是在1895年伦琴发现X射线后，给他夫人拍的，他在德国科学院做报告时展示了。说实话，经过了文艺复兴的洗礼，经过了天文学和生理学的科学革命，欧洲公民的科学素质就是比较高的。欧洲的科学院举办学术讲座，老百姓可以旁听，晚报记者可以报道，结果当天晚上被晚报的记者登载报上。第二天新年，欧洲人走在街上，打招呼不是"Hello"、"Good Morning"，也不是"Happy New Year"，更不是我们中国人一见面就问"吃了吗"？没吃你还请我？（笑）而是问你看到昨天晚上伦琴夫人的那个结婚戒指了吗？所以公众对科学的关注，我们中国现在还办不到。好多人关注的是歌星、影星，根本不关心"科星"。我在留学德国以前，在合肥科大培训班学德语。杨振宁是合肥人你们知道吗？安徽合肥人。杨振宁回合肥，我到机场去接他。那是80年代，一看，很多年轻人拿着鲜花，好高兴，我说你们也接杨振宁啊！他们问我杨振宁是谁啊？是唱通俗的还是美声唱法？原来他们是接一个歌星，我还以为他们接杨振宁。他们还以为杨振宁也是唱歌的，这使我感到非常难受。人家欧洲通过科学革命，公众就关心科学，而且我告诉你，欧洲有好多戏剧、好多电影非常好，都是描写科学家的，我看过伽利略，看过牛顿，看过达尔文，看爱因斯坦，这样的电影、电视剧、话剧，都是文学作品，好多描写科学活动的。《居里夫人》拍得多好！但是我们中国就拍不出比较好的科学家的传记片来。我好不容易，找到一个剧作家，愿写科学家的，要写徐光启、要写利玛窦，因为明末，当时开放了，真的是开放了，利玛窦一个意大利人跑到中国来传教，居然可以到宫廷里面，居然可以让宰相徐光启去拜基督教，而且同徐光启合作翻译《几何原本》，传播西方科学，所以我觉得他们两个的友谊，值得大书特书。我讲给这个剧作家听，结果他构思这个剧本刚刚一开始就是利玛窦同徐光启的女儿谈恋爱，我大吃一惊：你这个史料从哪儿找到的？我研究徐光启、研究利玛窦的都不知道！他说是编的。我说这个能够随便编吗？第一人家利玛窦是一个传教士、神职人员，不能恋爱结婚的；第二人家徐光启女儿那么小，跟个外国大胡子老头谈恋爱，况且完全是胡编乱造，这不是诬蔑徐光启吗？他说没有这个，你这个电视、电影拍出来能有收视率？能卖钱吗？那我说宁肯就不拍了，也不能够编造这样庸俗的东西。当然科学家也是有血有肉，有理智，也有感情的，这方面我们也发掘得不够，要么搞得傻乎乎的，要么搞得一开口就讲社论话，就是社论里面的话，高不可攀，这样不好。

所以，在19世纪末，实验物理学这三大发现之后，20世纪就有两大科学理论、四大科学发现和八大高新技术。这就从科学的昨天过渡到了科学的今天。

这两大科学理论，是20世纪头30年的物理学革命所诞生的，第一个是相对论、第二个是量子力学，即爱因斯坦的相对论、狄拉克的量子力学。

相对论的创立是德国物理学家爱因斯坦，他是20世纪也可以说是人类有史以来最伟大的科学家，他在1905年创立了狭义相对论。狭义相对论有个推论：质能相当关系式，就是说质量与能量可以相当，写出来是一个相当漂亮的数学表达式：$E=mc^2$，E是能量，m是质量，c

是光的速度（300000 千米／秒）。用这个公式来计算物质内部的能量，简直大到惊人的程度：如把 1 克物质代入 m，算出的 E 可以相当于 36000 吨优质煤在常规状态下完全燃烧所释放的热能。爱因斯坦在 100 年前就指出，1 克物质内部蕴藏着 36000 吨煤炭所具备的热能！谁说科学不是生产力？谁说科学不是第一生产力？爱因斯坦写出这个公式的时候仅仅只有 26 岁！既不是博士，也不是教授，是瑞士伯尔利专利局的一名小小的职员，但是，他掌握了科学真理，创立了相对论，在科学上做出了重大成就，后来还得到了诺贝尔物理学奖。1945 年他 66 岁，第一颗原子弹爆炸，实现了他的公式。从科学理论到技术实现用了 40 年。到了 1915 年爱因斯坦又提出了广义相对论，揭示了物质、运动和时间、空间之间的内在联系，改变了人类的时空观。

20 世纪前 30 年的物理学革命还有一个成就叫做量子力学。同相对论是爱因斯坦一个人的天才创获不同，量子力学是几代科学家经历了二三十年的努力搞出来的：1900 年德国物理学家普朗克提出量子论，他认为能量的发射和吸收不是连续的，而是一份一份的。后来爱因斯坦说，我在研究光，光是一种光波，也是粒子。1923 年，法国物理学家德布罗意提出物质波的概念，所有的物质都具有波粒二象性。到了 1928 年，26 岁的英国物理学家狄拉克写了《量子力学原理》。相对于量子力学而言，牛顿力学是量子力学在宏观低速运动状态下的特殊情况，而量子力学要考虑宏观世界、微观世界、介观世界高速运动的情况。现在一切物理学、一切自然科学都离不开爱因斯坦的一个假设：光速不变原理。人类所有活动的速度不能超过光速，超过光速时间就倒流了。声音在空气中传播速度是 340 米／秒，如果没有扩音器，距离我 340 米的人听到我的声音是 1 秒钟之前发出的。同样，现在坐在前排、后排的人可以同时看到我，是因为灯光照到我脸上反射给你们，在你们的眼睛视网膜上成像，光的速度是 300000 千米／秒，我们这里几十米的距离就忽略不计，从理论上说，如果你们站在 300000 千米以远，你们看到的我就是 1 秒钟之前的我，如果现在的宇宙飞船能够达到光的速度，你们看着我，你们同时坐着 300000 千米／秒速度的宇宙飞船离我而去，飞船走了 1 年，你看到的我，还是此时此刻的我！飞船飞了 1 年、10 年、100 年，你看到的我还是现在的我，永远长生不老的我，因为光的传播速度跟飞船的速度一致。如果飞船的速度超过了光速，你们看到的我就越来越年轻！马上会看到我的中年、青年、少年、童年。当然这只是理论上的说法，纯科学理论与实际的东西有时候是不太一致的。

在这两大科学理论的基础上，20 世纪就有了四大科学发现：第一，宇宙的大爆炸理论，宇宙是怎么形成的？是源于 150 亿年前，一次原始火球的大爆炸。第二，物质结构的夸克模型，物质最小的结构是什么？是夸克。第三，全球地质构造的板块模型。第四，遗传物质 DNA，分子结构的双螺旋模型。这就是 20 世纪的四大发现。简单地说来就是四个词、十个字：大爆炸、夸克、板块、双螺旋。大爆炸是宏观世界，夸克是微观世界，板块是宏观世界，双螺旋是生物界也包括人类自身。

我在这里开个玩笑，这四大科学模型本来可能是我王渝生的发明创造，因为这四大发现都是我小时候最关心的问题。我的名字叫王渝生，生在重庆，长在重庆，我的家就在嘉陵江畔，我从小在嘉陵江边玩耍，在嘉陵江里游泳。白天我仰望天上的太阳云彩，晚上我凝视天上的星星月亮，我心里就想，天有多高？有多远？有多深？有多大？茫茫宇宙是怎么形成的？这是我关心的第一个问题。我坐在嘉陵江边的沙滩上，把沙拿在手上，捻了又捻，我想这么细的沙，里面还有没有更小的东西？这不是在思考物质结构吗？我在嘉陵江里面游泳，我知道,嘉陵江注入长江，长江流入东海，"海纳百川，有容乃大；壁立千仞，无欲则刚"，多好的话。地球表面 71％是海面，29％是陆地，海陆是怎么形成的？这不是关心第三个问题吗？我关心天、关心地、关心沙，为什么不关心自己呢？我最关心的就是：自己和同学们为什么都长得与父母亲那么相像？你们今天在座的各位，一生下来不像爸爸就像妈妈，一个都不像，肯定有问题。（笑声）种瓜得瓜，种豆得豆，这是遗传规律嘛。到底是怎么回事？1953年美国25岁的生物学博士沃森与英国38岁的物理学博士生克里克两个人在剑桥大学卡文迪许实验室搭起了一个双螺旋模型，这就是遗传基因DNA分子结构。我小时候就关心这四个问题，但为什么我没有作出这四个科学发现呢？我想这与我们传统的家庭教育、学校教育、社会教育都有关。

我再举个例子，我小时候很聪明，家里的闹钟拆掉居然能够还原。但是，我读了一本科普书，书上说1947年发明了晶体管，晶体管可以代替电子管，可以把收音机做得像一个肥皂盒那么大小。我大吃一惊，我用家里的收音机听孙敬修爷爷讲故事，我就想，要是能够把收音机带在身上，带到学校多好！我赶紧回家把电子管收音机后盖撬开，看到里面有几个电子管，就拔了一个电子管下来看怎么回事。这时候，我爸爸回来了，问我：干什么？我一紧张，电子管掉在地上摔碎了。老爸给我一巴掌，这一下打得我现在还痛，这一来我就再也不敢动手了。我从小爱问，爱动手，但是，父母亲就不准，学校老师不准我乱说乱动。我们大家就希望每个人成为社会上有序的分子，但没有想到分子是在每时每刻地做着无规则运动的，中学物理有布朗运动嘛。人是活的，要他规规矩矩什么都不动怎么行？所以我就想，一个人，首先要做社会上一个有为的分子，他在有为的过程中运动着，最后总会找到自己的位置，在有为的基础上达到有序。我们当家长、老师、领导的，一定要改变过去那种对孩子对人的要求。生物是多样性的，人也是多种多样的，千人不同面，千文不同体，与其控制不住不如放开一点，从有为自然就到有序，开始要求有序就难有作为。我在中国科技馆当馆长的时候，有位诺贝尔奖获得者、美国科学家来访问，我带他到展厅，正好碰见一队幼儿园小朋友，他就顺便问，你们多大了？

小朋友们全部伸出一个巴掌，奶声奶气地回答 5 岁。美国科学家就说，5 岁的孩子是天生的科学家。我琢磨这个问题，回想自己 5 岁的时候，有一种天性，好问好动，对未知世界充满好奇。好问就是科学家的素质，好动就是发明家的天性。我们只准规规矩矩，不准乱说乱动，就把他们科学家的素质和发明家的天性磨灭掉了。科学研究的动力有三心：好奇心，责任心，功利心。我原来以为责任心是第一位的，像我们的"两弹一星"功臣，他们为了国家可以埋名隐姓到祖国的大戈壁从事科学研究。功利心我过去是很鄙视的。好奇心好像又低级了一点，为了好奇去搞科学研究，好像不对头。后来我在科技馆经常请一些科学家来作报告，我希望他们正确引导青少年，讲责任心，但他们讲的全是兴趣爱好。开始我对他们不以为然，后来我好好想了一想，恐怕他们是实事求是的。给孩子们讲责任心，恐怕早了一点，主要是培养兴趣爱好，"兴趣是最好的老师"。所以我觉得，好奇心应当是科学研究最原始的动力，也是最持久的动力。好奇心是与生俱来的，是个人的内在动力，是生活的第一需要。前些年我到天津拜访著名数学家陈省身，90 多岁高龄的陈省身为在北京举行的国际数学家大会的一个青少年数学夏令营题词，就四个大字："数学好玩"！他就认为数学好玩有趣，他就像玩一样研究数学，所以能够成为第一流的数学家。我把陈省身的题词发扬光大，认为不仅数学好玩，而且科学好玩，学习好玩，工作好玩，生活好玩。今天我来给大家讲两个小时，不是负担，而是很好玩，很有趣，多好的事儿！（笑声）当然要达到这样的境界也不是那么容易的。我以上这番话是为了把问题讲透，可能要矫枉过正，可能要绝对化一点，可能要极端一点，但这样对于我们转变观念是有好处的。

我给大家讲了 20 世纪的两大科学理论、四大科学发现，该讲 20 世纪的八大高新技术了。所谓"八大高新技术"是从上个世纪 80 年代国家科委即后来的科技部那里归纳出来的，有核技术、航空航天技术、

信息技术、生物技术、环境保护技术、激光技术、新材料技术、新能源技术，有时还有海洋技术、环境保护技术等等，都是 20 世纪出现的高新技术。至于是八个，还是十个，看你怎样理解。

我个人认为，在这些高新技术中最重要的有三项高新技术。第一是信息科学技术。人类社会从几千年前的农业时代到几百年前的工业时代到当今的知识经济时代，知识经济时代的核心技术就是信息技术，因此我们把 20 世纪甚至到 21 世纪都称为信息时代。对于 20 世纪，我们过去曾经有过多种说法，40 年代有了原子弹，就说人类进入了原子能时代，50 年代又说人类进入了空间时代，因为有了人造地球卫星和后来的宇宙飞船。再早一些，也说过 19 世纪是电力时代，18 世纪是蒸汽机时代。不要小看蒸汽机时代、电力时代这些提法，革命导师列宁在描述时代特征的时候就用了这些提法，他说，蒸汽机时代是代表资本主义的，电力时代是代表社会主义的，而共产主义就等于苏维埃政权加全国电气化。这是一百年前列宁说的话。作为高新技术的信息时代是从什么时候开始的呢？1945 年有了第一台电子计算机，以它为标志，以微电子技术为核心，人类有了这样一个高新技术，进入了信息时代。

第二个高新技术是生命科学和生物技术。生命科学作为前沿科学是从 1953 年发现 DNA 双螺旋结构开始的。生物技术作为高新技术是从 1970 年基因重组技术开始的。1968 年和 1970 年两位美国科学家阿尔伯和内森斯发现细胞中有两种"工具酶"，一种酶可以像剪刀一样把基因剪切下来，另外一种酶可以把基因像糨糊一样粘贴连接上去，这样就可以重组基因。这就是作为高新的生物技术的开端。现在，生物技术发展成了生物工程。生物工程有基因工程、蛋白质工程、细胞工程、酶工程、发酵工程，其中最重要的是基因工程。现在，基因与我们的关系太密切了！CCTV—10《百家讲坛》请我去讲基因，我一口气讲了基因与健康、基因与疾病、基因与寿命、基因与伦理、基因与道德、基因与专利、基因与法律、基因与战争、基因与世界、基因与未来，讲了很多基因与我们的关系。2000 年 6 月 26 日宣布人类基因组测序完成，中国科学家参与人类基因组测序 1%，跻身于美、英、德、法、日等发达国家基因组测序梯队之列。过去认为，人类的疾病只有极少数是与先天有关，绝大多数疾病是后天造成的，现在，基因技术揭示出来新的认识，人类几乎所有的疾病，或多或少，或直接或间接，都与基因有关，都可以通过基因技术治疗。寿命也与基因有关。高新技术的发展促使人类对自身和科学的认识带来深化和改变。

第三个重要的高新技术是纳米技术。20 世纪 80 年代以来，随着电子隧道显微镜的出现，人们对物质的研究和应用延伸到分子和原子的微观领域，1 纳米 $=10^{-9}$ 米，即十亿分之一米。物质的纳米尺度有许多特殊的物理、化学性质，所以纳米材料是一种新材料。我们在开展全民科学素质调查的时候，有一道题目就是"纳米"的三个选择。结果选择"长度单位"的只占 18%，选择"新材料"的占 22%，选择"水稻新品种"的占 5%，剩下 55% 选择"不知道"。目前纳米材料还很昂贵，纳米产品尚未进入市场。因为一个产品称为纳米产品，必须主要材料是纳米材料，主要工艺采用纳米技术。现在所谓的纳米洗衣机、纳米冰箱，可能仅仅在其内胆、内壁上抹了一点纳米材料，有一点消毒、漂白、防臭等作用，但这种产品可能出现纳米粉末污染。纳米粉末进入人体后可能有副作用。因此，对高新技术在生活中的运用必须持谨慎态度。

从 20 世纪到 21 世纪，世纪之交最重要的高新技术就是信息技术、生物技术、纳米技术三足鼎立，并驾齐驱。

现在我们要展望一下未来，展望一下科学的明天。

我们的基础科学研究，如数学和系统科学，一方面其核心朝着高度的抽象化的方向发展，另一方面其众多分支学科则朝着应用广泛性的方向发展。

　　我们生命科学会成为自然科学的带头学科，因为生命科学跟每一个人的寿命和生存生活质量息息相关。我坦率跟大家讲，原来生命科学和生物技术还不太发展的时候，我们太过于相信后天的努力，我们有了科学的、文明的、健康的生活方式，我们就能够长寿，现在我坦率地告诉大家，对于长寿而言，恐怕基因是更重要的因素。又比如说，爱迪生的一句名言，一个工人出身的发明家爱迪生，他说什么是天才？天才是1%的灵感加上99%的汗水，这句话一百多年了，我从小学、中学、大学、研究生，到现在我鼓励我自己、我的儿女、我的学生，都用这句话，但这句话今天看起来是不太科学了。天才怎么可能只有1%的灵感呢？起码是51%的灵感。天才怎么是99%的汗水就可以了呢，你没有那个灵感，你没有先天的基因，99%的汗水你也不可能成为天才。这句话本身是不恰当的，但是怎么来纠正它，要慢慢来，要考虑社会效果，特别是人们的接受程度。但是至少我可以说，先天对人的一些影响，完全可以告诉大家，免得有些家长明明他那个儿女没有音乐的基因，非要让他从小练钢琴，哪那么容易成为郎朗？有的小孩，没有语言的基因，非要让他学英语，那就不行嘛！有的人真的没有学数学的基因，他学不好数学，你非让他考奥数。又比如说我就感觉，我肯定是有一定的先天的记忆的基因的，那就是我的记性比较好，很长的句子甚至段落我都能够比较容易记住。我就发现我记性好，大概有遗传基因，一般人不可能有我这样的记性。你看我今天虽然有个PPT，但我基本上没有照着片子说，而是用自己的话一气呵成。

　　将来影响人的疾病的一些因素，是可以通过基因技术来解决的。比如说现在的"三高"：高血压、高血糖、高血脂多了，是不是因为生活好了，吃油、吃糖多了？但是我们的基因科学家也研究出来了，"三高"是基因病，什么叫基因病，你有高血糖、高血压，或者高血脂的基因，你才有可能得三高，但还不一定，你有哪个基因没有激发出来，没有显现出来，你还是可以不得的。但是如果你没有三高的基因，怎么样也不会血压高、血脂高、血糖高，你看，这个颠覆了我们现在很多的说法和看法。我再告诉大家，包括癌症，都是有基因因素的，现在还不太好说。

我再告诉你们一件事吧，里根他要竞选连任总统的时候，他的私人医生就遇到了一个两难的境地，因为已经查出了他有老年痴呆症的基因，那么这个情况告不告诉他本人，告不告诉美国公民，他有没有隐私权，哪些人又该有知情权？所以这个高科技的发展，生命科学和生物技术的发展，引发了很多社会问题。

关于生命科学我再重复举例把话说透些，比如说长寿，挪威的科学家，把一百多位百岁以上的老人进行基因排序，发现了有一段基因可以延长人的正常寿命的 20%，那么现在有依据可查的大概寿命最高的是 120 岁，这就说明，凡是百岁以上的老人，都有这段基因，没有这段基因，你再有科学的文明的健康的生活方式，你可以活到 80 多，90 多，你活不过 100 岁，你必须要有那一段，我们把它称作为长寿基因。当然你有长寿基因，你才有可能活到 120 岁。你也不能有恃无恐，跑到大街上去撞汽车，那你也长寿不了，所以关于生命科学关于生物技术将来还能够怎么发展，麻烦啊，特别是芯片可以植入头脑，代替一些大脑的活动，对于未来的科学发展我们还没有做好思想准备。

与生命科学相对应。不仅未来，我们现在的天学、地学、物理、化学都交织在一起了，统称物质科学。你说全球大气变暖，那是天的问题还是地的问题，我看还不仅仅是一个科学问题，而且是一个社会问题，甚至是政治问题。我是中国民间组织国际交流促进会的副会长，亚欧首脑会议的时候，作为政治问题来讨论全球气候变暖。当然是我们今天的时代还是信息时代。

环境保护技术，新能源技术，包括洁净能源、可再生能源，因为与后工业时代环境污染、生态破坏的治理和资源匮乏、能源枯竭等问题的解决息息相关，都是未来高新技术发展的方向。

还有空间技术。我们山西籍的就有航天员，我马上要到香港去做科普报告，我去过几次，每年香港特别行政区都要请我去做科普报告，我一讲到空间技术，就有人递条子，问问题，说我们国家现在还不富裕，花那么多钱搞什么空间技术，搞什么"神五"，搞什么"嫦娥"，我告诉他们，空间技术是一个综合性的高技术，空间产业具有诱人的前景，他们说早得很，我说提高民族自尊心，民族凝聚力，他们又说你太讲政治了。我突然从另外一个角度冒了一句，即便神五、嫦娥，空间科学技术没有任何实用价值，对物质文明建设精神文明建设都没有作用，那么仅仅为了满足我们人类的好奇心，宇宙那么大，我们是宇宙之子，到底那么遥远的地方有什么东西？我们要了解一下，就算是纯粹为了满足人类的好奇心，花一点钱我说也是值得的。结果香港的听众接受了。可见"一国两制"社会制度不同，意识形态不同，道德观念、价值取向也不同。君子和而不同，小人同而不和。

我再跟大家讲一个故事，有一位天文学家80多岁了，他50年代大学毕业，在紫金山天文台任职，有一天，一部吉普车开上山来，下来一位首长，他一看，吓坏了，没有接到通知，当时的紫金山天文台台长叫张钰哲到南京开会去了，没有领导在，他只好硬着头皮迎上去，首长说居然有人说太阳有黑子，我就要看一看太阳有没有黑子，东方红，太阳升，有人说太阳有黑子，那就到天文台去看看太阳有没有黑子。年轻的天文学家手忙脚乱把望远镜调试好了，结果是阴天，乌云把太阳遮住了，看不见，首长很不高兴，说我今天来看太阳黑子，老天爷它和我作对，不让我看。天文学家一看，说首长呀，虽然看不到太阳黑子，最近我们国家拨了巨款，买了高倍度的天文望远镜，可以看到离我们多少亿光年的天体，拍了很漂亮的照片，请首长欣赏一下。那么这位首长怎么说呢？他说，那么远的天体跟我有什么关系？不看！说完扬长而去。你看科学的价值在哪里？长期以来我们认为是一定要有实用价值，一定要与我们的阶级斗争、生产斗争和我们的生活要密切相关。现在解放思想、改革开放了，我们有些科学家，纯粹的科学家，完全出自于兴趣爱好，他要去了解世界某些奥秘，他有这个浓厚的兴趣和强烈的愿望，即便是他一生的探索都失败，也体现了他的精神，他的求知和探索精神。所以我们现在科学院对待一些科学家自选课题的研究，莫名其妙的科研课题，没有办法申报，申报课题要填表，我这个课题几年完成，完成过后有什么社会效益，甚至有什么经济效益，那都是骗人的，他还没有研究出这个课题，他怎么知道有多少社会效益和经济效益。现在已经实事求是到这种地步了，我们的科学院允许科学家自选课题，而且允许失败，就是你拿了科研经费，搞了若干年，最后你宣布失败了，都允许，所以这种宽容的精神、宽松的精神，我觉得也是一种和谐的精神，也是一种科学精神。

不是还要讲科学的明天吗？可以预见，21世纪是科学技术更快发展的世纪。以物质科学和生命科学的突破，信息技术、生物技术、纳米技术和新能源的广泛应用为代表，科学技术将成为人类社会变革和经济发展的主导力量，科学技术将深入到人类生活的各个方面，改变我们的生活方式，重塑我们的文化模式，重新构造新的社会结构和价值观念，建设和平、和睦、和谐的世界，为人类提供一个充满希望的未来。

21世纪的前一二十年，二三十年，将是中国科技、经济和社会快速发展，国家创新体系建设的关键时刻。建设国家创新体系，《国家中长期科学和技术发展规划纲要（2006—2020年)》中有所表述，基本上是五大体系：第一是以企业为主体、以市场为导向、产学研相结合的技术创新体系；第二是科研机构与高等院校有机结合的知识创新体系；第三是军民结合、寓军于民的国防科技创新体系；第四是各具特色和优势的区域科技创新体系。第五是社会化、网络化的科技中介服务体系。

2006年，国务院颁布了《全民科学素质行动计划纲要（2006-2020

年)》。这个纲要提出了 16 个字的指导方针：政府推动，全民参与，提升素质，促进和谐。《全民科学素质行动计划纲要》的重点是提出了两个方面内容，一是以重点人群的科学素质行动带动全民科学素质的提高，重点人群四个：第一是未成年人，第二是农民，第三是城镇劳动人口，第四是领导干部与公务员，将来领导干部与公务员的培训、考试、晋升都要考核其科学素质。二是国家科普能力建设基础工程，也是四个方面：第一是科普教育与培训，第二是科普资源开发与共享，第三是大众传媒科普能力提高，第四是科普场馆等基础设施建设。通过十几年的公民科学素质建设工作，到 2020 年我国公民的整体科学素质要达到世界主要发达国家 20 世纪初的水平；再经过 30 年，到本世纪中叶，要达到我国公民人人具备基本科学素质的宏伟目标，实现中华民族的伟大复兴。

现在我送大家一段语录，不是马列语录，不是毛泽东语录，我想送大家一段一位文学家讲科学的语录，这位文学家已经去世好多年了，这段话也是他几十年前，90 多年前说的，我佩服就佩服在这儿，差不多一个世纪以前，1917 年，一个纯粹的文学家，能够对科学讲出如下的一段话来，所以我要转告给大家，他是这么说的：我认为世界上没有任何别的力量，比得上科学和文学对人的影响那么大。我在说这句话的时候，是真心诚意地、心悦诚服地把科学放在文学之上的，因为我个人可以算是文学界的一个小小的代表。但是，文学太容易受到个人的情绪和思想的支配，因此，脱离了个人的偏见、民族的偏见、国家的偏见，真正属于全人类、真正属于全世界的文学是不存在的。只有科学是属于全人类、是属于全世界的。因为科学的真理只有一个，它放之四海而皆准。这个科学，扎根于观察和实验的肥沃土壤之中，受数学的铁的逻辑的支配；这个科学，使我们认识自己过去欢乐和苦难的根源；这个科学，给人类插上翅膀，使他们在广袤的宇宙间自由地翱翔，奔向更加辉煌灿烂的明天。科学万岁！（掌声）请等一会鼓掌，你们知道不知道这是哪一个文学家讲的？不知道！在苍茫的大海上，风集聚着乌云，在乌云和大海之间，海燕像黑色的闪电高傲地飞翔！高尔基，对了！

刚才的《科学万岁》跟《海燕之歌》一样，它们的作者都是高尔基，所以一个科学家、文学家，在高端思想上是相通的。李政道有一句名言：科学和艺术是一枚硬币的两面。我建议学文科的学一点科学，学理工科的学一点文学，这样就能够文理交融，多元并举，全面发展。对不起，还没有讲够，因为今天实在是时间有限，如果你们愿意，再有另找一个时间，明年或者后年适当的时候，我再来讲，这样好不好。

我最后问你们一个问题，大概一两分钟就解决了，就是胡锦涛总书记在 2006 年 1 月 9 日，全国科学技术大会开幕式上，讲了我们新中国成立以来，标志性的七大科学成就，第一是"两弹一星"，第二是载人航天，第三是杂交水稻，第四是陆相成油理论及实践，第五是高性能计算机，第六是人工合成牛胰岛素，第七是基因组研究。这些就是我们国家 50 多年来自主创新的标志性科技成就。其中有前沿科学研究，也有高新技术，有自主创新，有集成创新，也有引进、消化、吸收基础上的再创新。其中第一条叫"两弹一星"，我就问问大家，这两弹一星，是哪两弹，哪一星，不要认为很简单，不回答，希望你们支持我。两弹的第一弹什么弹？（答：原子弹），好！第二弹，（答：氢弹），一星？（答：卫星）。如果三个答案都答对了，给 100 分的话，很抱歉，小数点后四舍五入，你们今天只能得 67 分。重新回答，"两弹"第一弹什么弹？原子弹都不敢说，难道是鸡蛋，鸭蛋，理所当然第一弹是原子弹。那么第二弹呢？导弹，对了，如果第二弹你还是回答氢弹的话，那卫星是不会错的，还是得 67 分。有人说氢弹跑哪儿去了，氢弹也是原子弹，原子弹我们说起初主要是铀弹，是铀 235，铀 238 发生裂变。氢弹是氢的同位素，氘和氚发生聚变。都是想办法把这个原子核内部的能量把它释放出来，所以原子弹和氢弹统称核弹。两

173

弹一星，那是核弹、导弹和卫星，不是原子弹、氢弹和卫星。好了，今天就讲到这里，明年后年如果有机会的话，我会再返"文源讲坛"。谢谢大家。

转型时期的文化软实力

时　间：2008 年 12 月 25 日

地　点：山西省委多功能厅

主　讲：金元浦

金元浦,文学博士,中国人民大学文学院教授、博士生导师,文化创意产业研究所所长。中国中外文学理论学会常务副会长兼秘书长,中国人民大学人文奥运研究中心执行主任,北京人文奥运研究基地首席专家,北京市科技美学学会会长,中国创意产业国际论坛秘书长。北京、云南、深圳等10省市文化创意产业发展顾问。中央党校、北京大学、清华大学等高校和研究机构客座教授、研究员。中国人民大学复印报刊资料《文化研究》卷主编。文化研究网总编。

在《中国社会科学》、《求是》、《人民日报》、《光明日报》等国内外报刊发表论文180余篇。出版《范式与阐释》、《文学解释学》、《接受反应文论》、《间性的凸现》、《阐释中国的焦虑——转型时代的文化解读》等专著10余种。主编《当代文化产业论丛》、《文化创意产业译丛》、《跨越世纪的文化变革——中国当代文化发展研究》等大型报告,主编英文文集《Cultural Studies in China》等30余种。作为专家组成员参与了中宣部《文化体制改革总体方案》和《中国文化发展纲要》的起草工作。主持国家哲学社会科学"十一五"重大项目"我国中心城市文化创意产业发展与软实力竞争",及教育部文科基地重大项目等10余个。

参与主持的中国人民大学人文奥运研究中心曾受到中共中央、国务院的嘉奖,成为唯一一个获奖的奥运科研机构。

构建文化中国的

伟大形象。

金文清

二〇〇八年十二月二十五日

我想在这里跟在座的领导干部讨论一些文化理论问题。今天有两个关键词：一个是"转型时期"，一个是"文化软实力"。

首先我想谈谈第一个问题。从国际上看，整体上全世界发生了什么样的变化。这个变化从整个国际和全球发展的情况来看，一个是经济全球化带来的文化全球化，一个是消费时代的来临，一个是媒介革命带来了新的生存方式的变化，还有一个就是当今世界城市化的巨大浪潮。这是我们今天讨论问题的前提。正是这样一些语境改变了我们当今社会的基本格局。在这四个最主要的改变的过程中全球出现了新的变化，我们把它叫做"文化的转向"。这个文化的转向包含多种表达方式，比方说包括"审美的转向"，就是审美的日常生活化，日常生活的审美化也与"后现代的转向"相表里。文化的转向里还包括"视觉文化的转向"、"身体的转向"等等内容。这些内容从总体上看，就是一个新的格局的建立，就是在全球信息社会、信息经济、媒介革命全球化背景下一个新的浪潮、新的文化方式的建立。我们必须对之进行重新定位。

从国际上看，80年代以来文化与发展日益引起世界各国的普遍关注。我们先谈谈文化与发展的关系。发展在我们党的文件里多次谈过，发展是执政兴国的第一要务，发展是硬道理，我们什么时候都不能忘记。现在的问题是，我们在讨论"科学发展观"，那么发展的概念到底是什么？还有，"科学发展观"这个"科学"是什么意思？这个我们在前些时候也多次讨论，我也提出来，叫"Science Development"，用"Science"来界定"发展"，这在翻译上是有问题的，因为我们党的

"科学发展观"的"科学"一词不是名词，而是一个形容词，它是指"公正的、全面的、生态化的、又好又快的"发展，整体上用"科学"作为一个形容词来表达。如果变成"Science"，那变成了我们所说的"科学技术"，显然科学发展观的"科学"不光是这个意思。所以，我们对国外所做的翻译，我觉得是存在一些问题的。"科学发展观"其实不是"Science"的发展观。这些年我们讨论现代性问题，我们认识到了现代化、现代性的一些缺陷，一些问题，比如工业污染问题，比如环境破坏问题，能源危机问题，由此带来的气候问题等。科学发展观就是要改变过去的增长方式。其中一个问题就是要解决发展与文化的关系问题。

过去的一个世纪，世界普遍将发展等同于经济发展。上一世纪中期的世界冷战时期，是一个以经济的发展为主的时期，"发展"就是指经济的发展。这种方式，我们今天简单化地叫做"GDP政治"，"GDP经济"。二次大战之后，世界发达国家以经济推动国家的发展，以经济的增长作为发展最主要的目标。到60年代末，美国人率先开始进行产业调整，到了70年代、80年代，欧洲主要国家也都进行了产业调整。我们当时对这个问题的认识是不足的，我们觉得美国人怎么把他们的一些产业都扔出来，我们不知道。最经典的例子，80年代我们首都钢铁公司，首钢的周冠五带领了一个庞大的代表团到美国去收购钢厂。当时国内欢欣鼓舞，全国人民觉得这是多少年来，从1957年开始，毛泽东同志就告诉我们"一夜跨进共产主义，我们要在钢产量上赶英超美"，粮食产量当然不用说了，一万斤、两万斤，放卫星放到三万斤去了，那么钢产量怎么办？

当时的英国是全世界钢产量最大的国家之一，它是世界制造业中心。现在我们可以跑到美国去收购美国的钢厂了，我们多么自豪。其实，美国人从60年代末开始进行产业调整，把低端的或者消耗大的制造业清除出去，产业结构发生了很大的调整。首钢去那里做什么？买废钢，把那个钢厂所有的废钢铁买回来，买废钢炼钢。当年我们怎么赶英超美呢？大家年纪大一点的可能也知道，1957 年我们是"家家炼钢，村村冒烟，户户高炉"，怎么办？回家去把家里的铁铲子、铁锁、铁门闩，所有的铁的东西都砸碎了，扔到炼铁炉里，我们要一夜跨进共产主义，我们钢产量要赶英超美。事实证明我们错了，事实证明我们不能一夜跨进共产主义。这是我们做得非常错误的一件事情，是中华民族发展中一个很大的挫折。

从世界的发展来看，美国 60 年代末开始调整经济结构，他们把大量的低端制造业和对于人们生存的环境，对于资源、空气、水有极大污染的这些产业全部转移出来了。70 年代开始，欧洲发达国家，英国、德国和欧盟各国也开始了产业调整，尤其是作为发达的制造业世界大国的英国、德国。

由此，世界开始重新反思发展观。反思文化和发展的关系。以前，世界曾经和我们的想法一样，GDP 经济这个指标是最重要的，甚至是唯一的：那就是要极大地推动经济的发展，极大地推动制造业、生产业发展。但是西方发达国家在产业调整以后，不再是世界的工厂了，它们成了世界的金融中心、高新技术中心、文化中心、艺术中心。比如纽约、伦敦、巴黎作为世界文化中心，好莱坞成为世界电影中心，百老汇、伦敦西区成为世界戏剧中心，硅谷成为世界高新技术中心等等。现实变化要求我们思考，文化与发展到底什么关系？文化在整体发展中处于什么地位？过去，提到发展，那就是经济的发展，就是整个制造业的发展。文化是什么？文化是经济的辅助力，文化是工具，文化是手段，这个基本判断现在发生了新的变化。90 年代，联合国建立了一个"世界文化与发展委员会"，由联合国前秘书长德奎利亚尔组织、成立并出任主席。这个文化与发展委员会提出了《世界文化发展十年》这么一个规划，他召集了全世界 12 个国家的专家来探讨文化与发展的关系问题。1995 年推出了《我们创造的多样性》这么一个报告。

这个报告国内已经翻译出来了，有两个版本。报告在考察了世界发展的情况之后，认为单纯的以经济为目标的这种发展是有问题的，脱离了人、脱离了文化背景的发展是一种没有灵魂的发展。文化和发展的关系中，第一，发展中不仅要包含经济的发展，更要包含文化的发展；第二，我们要解决经济和文化的发展中间什么是更重要的。这个报告里就谈到，我们的发展不仅要得到商品、得到服务，得到物质上的好处，我们特别要注意，要让人们过上充实的、满意的、有价值的、多姿多彩的、值得珍惜的那种共同生活。文化作为发展的手段，有时候也是一种现实，但是文化不能最终降到只作为经济发展的促进者这样一个次要的位置。经济和文化在发展中的位置应该颠倒过来，经济应当成为民族文化发展的一个组成部分。而发展的概念就不仅应当包含经济的发展，而且应当包含文化的发展。从长远看，文化乃至文明更具有根本性的意义。文化成了每一个国家每一个民族的重要资源。美国 20 世纪 60 年代有一批思想家提出了一些重要的理论，包括马克卢普的"美国的知识生产与分配"、丹尼尔·贝尔的"后工业社会"，还有加拿大麦克卢汉的"信息论"、地球村等。丹尼尔·贝尔在上世纪 60 年代《资本主义文化矛盾》中提出："在西方，如今的文化确已变得至高无上。"他认为文化变得至高无上有两个原因："首先文化已经成为西方文明中最具活力的成分，其能量已超过技术本身"这是第一。第二，"这种文化冲动力已经获得合法地位"，什么叫"合法地位"？就是美国人已经从产业制度上认可了他们社会的调整、关系的调整、结构的调整。那么为什么文化越来越重要？为什么文化已经成为西方文明中最具活力的东西？美国和欧洲的产业转型、产业升级是依据西方市场经济利润最大化的原则展开的。美国也曾经是世界的制造业中心（至今仍然在全球占有很大份额），人们都知道，如果美国人觉得制造业是赚钱最多的行当的话，那么他今天当然要继续干下去。它之所以调整，将金融放在最重要的地位，是因为金融能获得更大财富。

　　英国老贵族们都很有绅士风度，你看他们当年拄着拐杖，多牛气，所以人赠别号"约翰牛"。英国老贵族们早年看不起美国文化，认为美国有什么文化呀，美国的文化就是牛仔文化，汤姆大叔能有什么文化，只有流行文化，就是我们所说的"下里巴人"。多少年来英国的上层社会都是这么看的。但是当今世界，只有200多年历史的美国恰恰是全球最大的文化霸主，美国梦，美国黄金梦，是对世界一个巨大的吸引。全世界许多人跑到美国去寻找美国梦。在贝尔看来，他看到了美国社会的转型这一必然的趋势。美国，一个最没有文化的国家（资源最少的国家）变成了这个世界的文化霸主，这是值得我们深思的。

　　我们知道，任何一个国家文化的延续和发展都离不开本土优秀文化的传承和积累，文化遗产作为一个国家的一种文化积淀、文化基因、文化密码，它就是一个国家的文化身份，揭示一个国家文化的个性。从全球来看，几乎所有的国家都非常关注自己国家的形象。2001年美国的一项《艺术、文化与国家对策》的项目研究报告认为，"美国文化是美国智慧和创造精神积聚而成的一种资本，这种特殊的资本既是人类成就和历史的宝藏，也是人类创造力和创新精神的源泉"。所以在当今全球知识经济社会中，美国的文化资本成了一种关键性社会资源，也就是说这个资源对于美国人民越来越重要。

　　我们再看看法国人。我们知道，法国人对自己民族文化的热爱之情、自豪之情是深入骨髓的。法国是世界上文化遗产最多的国家，世界上第一个制定了《现代文化遗产保护法》的国家，它的遗产有军事遗产、宗教遗产、民间遗产、工业遗产、自然和风光遗产五大类。从1984年开始，法国就确立了"文化遗产日"，后来被推广到欧洲，现在推广到全世界。法国巴黎的先贤祠，就是安葬法国伟人的地方，迄今为止共有72位法国历史上的重要人物的灵柩迁入。那么这些先贤都是什么人呢？绝大多数是科学家、思想家、哲学家、文学家。这就是一个民族的文化精神。它不是唯上，不是谁做总统，谁做领袖，谁做了

多大的官然后就进入这里。在长期的封建社会里，中国人是"以官为上"的，有多大的官阶，获得多大的品级，都成为我们顶礼膜拜的对象。然而法兰西不同。如果说美国人要建立一个总统山来纪念美国最伟大的人，法国人的先贤祠里供奉的最伟大的人却是科学家、思想家、文学家、艺术家、哲学家。的确，正是法国人德国人向世界奉献了（从笛卡儿时代以来）那么多伟大的思想家，哲学家。

意大利不仅是希腊文化的重地、罗马文明的中心、天主教的核心，还有一大批艺术家，像乔托、但丁、达·芬奇、拉菲尔、米开朗基罗，我们知道的帕拉提奥、贝尼尼。我们山西有什么呀？我们有晋祠，我们有双塔，我们有应县的木塔，我们有五台山一样，他们也是这样的。意大利总是把他们最伟大的文学家、艺术家、建筑学家，伟大的人文主义的代表人物作为他们永远的骄傲，作为意大利的象征。罗马素有"永恒之城"的美称，在它的历史中心区不仅有古罗马时代的城墙、驿道、神殿、疏水道、凯旋门、角斗场等宏伟建筑，还有大片的古罗马王朝的废墟，很多残垣断壁。他们和我们的做法不一样，他们不会重建一个新的"斗兽场"，不会的，你看看那些残垣断壁吧，就是这些残墙断垣，这一砖一石承载了久远的文明。意大利对于它文化的保护是不遗余力的，意大利每年要投资 10 多亿欧元专门给庞贝。大家知道火山爆发淹没了庞贝。今天庞贝古城遗址每年投入这么多来予以保护。当然接待游客也很多，旅游收入也相当高。

还有埃及。埃及是世界四大文明古国之一，埃及人也很关注他们的文化。尽管埃及文明实际上已经中断了，现在的埃及成了一个阿拉伯国家。过去的埃及人后裔可能只占到现在埃及人的百分之十几。它发生了很大的变化。但是我们能看到，埃及人也特别珍视他们的文化。在埃及国家博物馆 100 周年诞辰的时候，他们在吉萨大金字塔附近建造了一座珍藏埃及古文明文物的现代化博物馆——大埃及博物馆。在这样一个并不发达的国家里，他们的大埃及博物馆总投资达 5.5 亿美元。

韩国大家都很熟悉。韩国自称有八千年以上的历史，韩国有个节日叫"开天节"。大家知道 2005 年韩国人将端午节申报为韩国的"非物质文化遗产"，这对我们中国人刺激很大。我们看到韩国人成功入选，把端午节发源地的中国，排斥在外，当然对我们有激励。韩国人非常关注他们的文化遗产。他们对自己传统的说唱、假面舞、摔跤、拳击、韩纸艺术、宫廷御膳、魔术、礼仪、医药等等，都无比珍爱。你看看《大长今》的电视剧，你就明白了，你再看一看，韩国人在他们的电影、电视和各种各样的节庆、国际交流的场合，都在推销韩国文化。1988 年汉城奥运会，向全世界人成功推出韩国泡菜。奥运期间很多国家记者也采访我，说你看看韩国人在 1988 年奥运会推出了泡菜，你们准备推什么？我说："中国饮食毫无疑问是全世界水平最高、样式最丰富的，我们不会专门推销一种菜肴，中国餐饮是一个庞大的体系，已经具有广泛的世界影响，我相信未来的世界肯定是中国饮食的天下。"

其实我说这个话是有所指的。我曾与英国首相布莱尔的一个顾问聊天。我问他，在中国发展文化产业，推动文化产业走向世界，你认为什么产品最好最容易为世界所接受？他想了半天，回答我说，中国餐饮。第一是中国餐饮。我说第二呢？想了半天，"中国医药"，中医，中药。这是英国专家告诉我的。他曾是布莱尔的顾问，也是 BBC 的一个重要主持人。从这里，可以看到他们对中国文化的认知与期待。

当然印度也是这样，印度也是四大文明古国之一。现在的印度，它的文明衰落了，甚至中断了。但是他们现在已经开始重新关注自己的传统文化了。那烂陀大学是古代印度的一个高级学府，他们把它重新建立起来，传授佛学、艺术、天文、政治、语言方面的传统文化，重新建设一个那烂陀大学，这是 2007 年的一个计划，也是对于传统文化资源的重新的发掘。我们知道，印度 100 多年的殖民史，已经变成

了一个英语国家。

从上一世纪五六十年代以来，世界各国对文化的关注和推动力度越来越大。随着社会的发展，文化日益成为影响世界的世界性的力量。全世界影响最大的社会学家之一帕森斯就曾声明，他是一个"文化决定论者"。他认为文化是象征符号的模式化体系，是最重要的控制其他三个体系——社会行动体系、人格行动体系和行为有机体系的最核心的体系。他强调了文化在人类生活中的极大重要性。

特别要提出的是，上一世纪末，1998年，联合国教科文组织召开了一个会，100多个国家的文化部长、高级官员聚集到瑞士的斯德哥尔摩开会，叫"文化政策促进发展国际会议"。在这个会上，代表们经过协商形成了如下共识："文化的创造性是人类进步的源泉，文化的多样性是人类最宝贵的财富，对发展是至关重要的。"这是会议的基本思想。注意，对于我们来说，发展是治国兴邦的第一要务，"发展是硬道理"。但我们这个"发展"的内涵就是指经济。而在这个会议的行动计划里，大家讨论了发展的定义："发展可以最终以文化的概念来定义，文化的繁荣是发展的最高目标"。我们可以看到这么一个思考：世界对文化与发展的关系，有了新的思考和判断。

1993年，美国哈佛大学奥连研究院的著名教授亨廷顿，在《外交事务》上发表了一篇《文明的冲突》的长文。《文明的冲突》是美国政府委托哈佛大学奥连研究所做的一个研究项目的报告。奥连研究所是美国政府的一个政治研究机构，是一个"具有学术性的政治研究室"。亨廷顿在《文明的冲突》中指出，"新世界的冲突的根源将不再侧重于意识形态或者经济，而文化将成为阻截分割人类和引起冲突的主要根源"。在他看来，当代世界在后现代的冲击之下，发生了重大的变革。艺术走向了终结，文学走向了终结，甚至历史也走向了终结。所谓"意识形态终结论"被提出来了。意识形态怎么会终结呢？终结不了啊！但是亨廷顿他提出来，文化的竞争将代替过去的意识形态的斗争。冷战时代，两个超级大国争夺世界霸主，世界分为两大阵营，是所谓的社会主义阵营和资本主义阵营的斗争，相互之间壁垒分明、剑拔弩张。

今天，冷战时代结束了，世界发生了新的变化，所以才有历史的终结，"文学的终结"、"艺术的终结"和意识形态的终结等等论述。终结论的"END"这个词，它在西方来讲并不是"完全的结束"，它是指一种转变，一种新的东西的开始。

但如果我们还继续以冷战思维处理世界事物，比如与美国隔绝，与西方资本主义世界隔绝，这是不可能的。因为我们知道，我们的主席总理隔三差五要和美国总统通通电话，是不是？经济危机来了，金融海啸来了，要协调关系和解决这些问题。因为它都是全球性的问题，需要各国协商解决。如果继续坚持冷战时代意识形态的壁垒，那就不对了。美国有一些议员，至今抱持这种冷战思维。首先发现这个变化的是亨廷顿，他认为我们必须适应新的历史时代的变化。这个变化就叫做"文化的转向"。他特别在他的著作里强调了美国人应当重新发扬盎格鲁——新教的文化、传统和价值观，他还特别补充说"请让我说清楚，我强调的是盎格鲁——新教的文化重要，而不是说盎格鲁——新教的人重要"。这个意思是清楚的，就是说，我们已经进入了新的历史时代，在新的历史时代里处理问题的方式已经变化了。新的冲突的根源是文明的冲突和文化的冲突。

从我们的角度来看，新世纪是一个文化转向的时代，我们进入了一个新的文化交流互补、对话沟通的新的历史时代，过去的意识形态仍然存在，但是它已经有所转化、变化，斗争的方式变成了竞争的方式，冲突的方式也发生了变化。

从国内来看，文化的地位，文化的观念也发生了重大的变化。从十六大开始，直到十七大，文化的地位在不断地提升。新世纪以来，我国文化的地位和价值在国家战略层面上被重新估量，文化被理解为

社会均衡全面发展的一个重要基础。胡锦涛同志在十七大报告里面提出，"当今时代，文化越来越成为民族凝聚力和创造力的重要源泉，越来越成为综合国力竞争的重要因素，一部人类社会发展史是人类生命繁衍、财富创造的物质文明发展史，更是人类文化积累、文明传承的精神文明发展史"，所以，我们要提高国家文化软实力，让人民的文化权益得到更好保障。

建国以来，我们的国家机制经历了四个阶段。第一个阶段叫"一主两仆"的时代，一个主人两个仆人；第二个阶段叫做"两主一仆"的阶段；第三个阶段叫"三极鼎立"的阶段；第四个阶段叫"四位一体"的阶段。所谓一主两仆的时代，是指"文化大革命"与"文化大革命"以前，我们国家的整个国体是"政治一体化"，这个"政治一体化"延续了几十年。每个人都是单位所有制的，因为社会不流动，每个人都有他固定的位置，固定的单位。整个国家的结构是"政治一体化"，党政不分，政党替代了其他的文化和经济的功能，而且政党政治是以路线斗争作为核心，全国几亿人一起来参与路线斗争。政治的一体化代替了经济，文化成为政治的附庸。经济和文化在社会生活中根本没有地位。为什么毛泽东两次请出邓小平同志？很清楚，因为"文化大革命"后期，我国的经济到了崩溃的边缘。按现在的说法，那时我们国家的经济即将破产了，我们必须解决我们最紧迫的问题，大家要吃饭，是吧！文化在这么多年里也一直是依附于政治，文化一直是政治斗争、路线斗争的工具、手段、附属物，文化从来没有它的自身，我们把文化的这种基本观念叫做"文化从属论"、"文化工具论"，文化作为工具是用来进行阶级斗争和路线斗争的。在这个时期，政治代替一切，经济到了崩溃的边缘，文化根本没有存在的地位。所以，1978年，当邓小平同志参加第四届人代会指出，我们不再提"为工农兵服务"，"为无产阶级政治服务"，而代之以"为社会主义服务"、"为人民服务"。大家可能记得，文艺界的老同志们记得，当年有多少知识分子为此而痛哭流涕，感激莫名。觉得获得了巨大的解放。回想"文化大革命"，为什么老舍等许多知识分子跳了楼，跳了河，跳了湖？那个时候整个国家和社会仇视知识分子，仇视"臭老九"，迫害文化人。为什么？因为文化没有地位，文化就是从属的，文化只不过是一种斗争的工具，文化就是拿来作石子，来进行政治斗争、路线斗争的工具。改革开放一声春雷，文化不再是阶级斗争的工具了，不再仅仅从属于政治。这是第一个时期，叫"一主二仆的时代"，一个主人，两个仆人，这两个仆人、马弁跟着跑龙套。

第二个时期叫"两主一仆"的时代。邓小平同志出来了，提出了"一个中心、两个基本点"。在中国共产党历史上，第一次提出了"经济为中心"的总方针。这是一个重大的历史性转变，改革开放的最伟大的历史性决策。所以这叫"两主一仆的时代"，两个主人，政治和经济，但是先后的位置颠倒了，首先是经济（聚精会神搞建设），其次才是政治，经济是最大的政治。一个仆人，就是文化，文化依然是没有地位的，文化是虚的，文化是软的。我们的 GDP 经济、GDP 政治，是要解决经济问题。最典型的说法是"文化搭台，经济唱戏"。文化能起什么作用？搭搭台子，起起附属的作用。这是改革开放初期我们国家结构的基本格局——"两主一仆"。刚刚结束的"文化大革命"就是一场摧残文化灭绝文化的革命，而作为一切文化基础的经济则已经到了崩溃的边缘。做文化的人都记得，那时候文化馆在干什么呢？卖皮夹克！再小一点儿的文化馆做什么？开录像馆，叫"以文补文"。文化什么也不是。文化活动，跳舞、唱歌，都是招商引资的方式，吸引人家注意的方式。这是第二个时期。

第三个时期是十六大开创的新局面，这个新的局面就是"三极鼎立"。所谓三极鼎立，就是经济、政治、文化的三极鼎立，在我们的国家架构中，文化再一次上升到了国家战略层面。这个历史的变革是非常重要的。中央在十六大提出了"文化的发展、文化的繁荣"，十七大提出了"文化的大发展大繁荣",我们逐步认识到了文化的极端重要性:"文化的力量深深熔铸在民族的生命力、创造力和凝聚力之中,所以全党同志要重新认识文化建设的战略意义。"这是在十六大最明确的意义上提出的党对文化提升的战略意义的重新认识。在"三极鼎立"的基础上,在国家新架构的基础上,我们的社会发生了很大的变化。这个变化就是我们的公民社会的逐步建立。在我们的政治、经济、文化的架构之外,还有广阔的社会。我们的公民社会正在发展之中。于是,"三极鼎立"落在了一个宽广的社会基础之上,我们的国家架构由三极鼎立进入了"四位一体"。文化在整个国家的整体架构中的地位空前提升,文化大发展、大繁荣,文化软实力、文化生产力、文化竞争力、公共文化服务体系,这一系列提法都显示了党和国家对文化的高度重视。这四个阶段是历史发展的一个必然过程。

下面我们来谈一谈软实力。

什么是软实力?我今天来做的是命题作文,是主办方给我提出的要求:一定要谈"转型时期的文化软实力"。要谈这个问题,那我自然从源头说起。

"软实力"的概念是美国前助理国防部长、哈佛大学肯尼迪政府学院的院长约瑟夫·奈提出来的。1990年他与海军上将威廉·欧文斯合著了一本书,他们在这本书中提出了"软实力"的概念。Softpower也可以翻作软力量、软活力。那么,约瑟夫·奈为什么要提出这个概念?有意思的是,提出这个概念的两个人都是军事家,都是主管军事的。约瑟夫·奈,在牛津大学和哈佛大学读书,在哈佛大学获得博士学位,博士论文研究的是非洲经济,后来留在哈佛大学成为讲座教授。他两次进入美国政府,1977年到1979年他任美国政府的国务卿安全助理,主管相关于军事的核扩散问题,后来在1993年又被聘回了联邦政府,担任了克林顿政府的国家情报委员会的主席,1994年到了国防部担任主管国际安全事务的助理国防部长,一直做的是军事。海军上将威廉·欧文斯也是一个军事家。他们都是当今世界上最为强大的军事帝国——美国的军事专家，他们清楚地知道，美国军事在当今世界上无人匹敌。他们为什么在美国军事力量最强大的时候，提出软实力的问题呢？两个军事家认为：当今美国的军事实力在全世界是无人匹敌的，但是为什么美国在世界人民心中的形象正在逐步下降，甚至叫一落千丈呢？为什么法国农场主要捣毁麦当劳快餐店？日本人、韩国人为什么反复地上街抗议，甚至引来中东的极端主义，不惜以生命代价人体炸弹来攻击，为什么？他们认为，美国已经日趋丧失它在二战以后以及冷战期间作为世界领袖的资本。美国的国家形象在贬值，美国文化的优越性愈益丧失。所以约瑟夫·奈他们才特别关注软实力的问题。

约瑟夫·奈的软实力首先是要解决美国和世界的关系问题。他说，软实力就是通过一种吸引力或者叫吸附力，而不是一种高压政治的方式，在国际事务中达到我们所需要的某种目的的力量。我要传播我的美国价值，我要传播我美国的规范、美国的制度，我要传播我们美国的精神、美国的力量、美国的人道主义、美国的人权、美国的自由贸易等等，我只要把这些观念传播给世界，美国的领袖资本就不会丧失。所以他想，软实力就是不要用高压政治去压制别的国家，而是说服别人跟随自己，吸附人来跟着我走，这才叫软实力。我就是要在观念上打动这个世界，让世界跟着我走。

美国人是通过什么方式让世界了解他们的？他们是怎样征服世界的？其中非常重要的一条就是他们在宣扬一种普世理念。再看看美国的灾难片、美国的拯救片、美国的好多片子，都是通过这种方式来输出价值观念，输出社会制度，输出一种文化，输出一种国际的影响力和感召力，让人家服气你，吸附你。这是约瑟夫·奈谈"文化软实力"的根本所在。

20世纪的世界经历了三个历史阶段。第一个阶段是"军事帝国主义"取得统治权的时代，即一次大战和二次大战时期。这个时期，谁

拥有最强大的军事力量，谁就在这个世界说了算。比如美国。冷战时代，谁的经济力量最大，谁在这个世界就最有发言权，比如说七国集团。你中国不是不听话吗，不听我就封锁你，经济上制裁你。于是中国被封锁了几十年。经济制裁，这是过去曾用过的，今天也还在用，但是它已经不是主导的方式。硬力量依然重要，但是软力量突兀而起，软实力越来越重要。为什么从 90 年代以来美国的形象一落千丈，卡特出访欧洲为什么迎接他的经常是西红柿、鸡蛋或者是香蕉皮，甚至这一次大家看到了"靴子"。靴子的故事非常有意思，它已经被编成一个网络游戏。就是那个记者把靴子脱下来砸向布什的这个镜头，已经被编成了一个砸靴子的网络游戏。现在这个游戏全世界的点击量非常高，你砸中了布什就得多少分，很有意思。有人在抗议，说这不尊重人，有人说这很好，布什就该这样被砸。这就是我们看到的发展变化。

其实在约瑟夫·奈之外，很多学者也发表了关于软实力的思想和观念。法国著名的左翼学者阿芒·马特拉在他的《世界传播与文化霸权》中从传播的角度谈到软实力。加拿大《国民邮报》总编辑马修·弗雷泽也谈软实力，谈美国电影、美国流行音乐、美国的电视和美国快餐怎样统治全世界，他详尽地分析了软实力。美国的软实力在它崛起过程中扮演了非常复杂的角色。它的电影、它的电视、它的好莱坞、它的迪斯尼、它的流行音乐、它的麦当劳、肯德基，它在全球怎么样做到统治的，它的可口可乐是怎样走向世界的。看起来多简单啊！它似乎什么都没有做，但却引导无数孩子习惯于喝可口可乐。——这就是文化的力量。其实喝碳酸饮料，不仅没好处，还有很多坏处。在这个过程中，是一种观念的力量在推动麦当劳、可口可乐的全球传播。

2004 年约瑟夫·奈到中国来，他是被请来谈论他的书的。他大大地恭维了一番中国，说中国现在的软实力有很大的提升，尤其是在上海看到了黄浦江边发展的速度和美丽的景色，然后说中国的软实力越来越发展，就是在明珠塔之下。其实世界上的很多人都在看这个问题，美国《新共和》的一个特别记者，美国卡内基国际和平基金会的中国项目访问学者柯兰齐克，他就提出《魅力攻势——中国软实力如何改变世界》，他系统地梳理了中国软实力对亚洲、对世界发展产生的影响，而提醒美国政府要正视中国影响力增长的现实。美国外交家傅立民也撰文，《论实力：治国方略和外交艺术》，他是从对外角度来谈软实力的。

党的十七大的文件提出了"文化软实力"，我们的文化软实力概念与美国约瑟夫·奈提出的软实力还是有所不同的。中国的"文化软实力"是作为一种国家战略提出来的，是作为政党的发展目标和总体战略构架提出来的。在我看来，我们的文化软实力包括四大模块，这四大模块就是文化凝聚力、文化影响力、文化生产力和文化服务力。它有一个核心，这就是社会主义的核心价值观，四者综合起来，形成国家的"文化竞争力"。

首先是核心价值观。核心价值观的四个内容大家已经都非常熟悉了，这就是马克思主义的指导思想，中国特色的社会主义共同理想，以爱国主义为核心的民族精神和以改革创新为核心的时代精神，第四个就是社会主义荣辱观，这是中央提出的。

我们再看看四个模块。

第一个模块，文化凝聚力，这主要是对国内而言。文化凝聚力是文化创造的重要源泉，也就是说对于我们这样一个多民族的国家，要以文化来凝聚五十六个民族，以文化来凝聚各个不同阶层的人，以中华文化的这种核心观念来凝聚全世界的华人、全世界的友好人士。这主要是对内，也包括对海外华人。我们知道，文化凝聚力对于我们这样一个多民族的国家，极端重要。作为一个多民族的国家，我们一贯主张民族平等，主张文化创造的多样性，主张和谐共存，主张多种文化的百花齐放、百家争鸣。中华文化的核心是"和"，以和为贵，和衷共济，和谐和睦，和爱和美。最近这几年，党和政府越来越关注民生

问题，将以人为本作为我们执政兴国的根本。这是文化软实力的第一个方面，是对内解决我们国内的凝聚力、向心力的一种力量。

第二个是文化的影响力，或者叫"文化的吸附力"，是面对世界的。当今中国经济腾飞，已经是世界第三大经济体，将超过日本，成为世界第二大经济体。我们的国家已经进入一个新的发展的重大历史时期。在这样一个中国和平崛起的历史时期，我们要对世界承担什么样的责任，我们是不是一个负责任的发展中大国，我们对这个世界承担什么样的义务，在国际社会扮演一个什么样的角色，这无论对世界，还是对我们自己来讲都是非常重要的。文化的影响力、吸附力，就是中华民族以自身优秀文化来影响世界，与其他民族国家文化求同存异，创造了发展中国家文化发展的新模式。吸引世界各国心甘情愿地赞成你的思想、理念，愿意与你合作共赢，共襄盛举。逐步展示中华文化在当今世界的重要影响。

第三个方面是文化生产力，这就是包含了文化产业、文化创意产业在内的文化经济化、经济文化化的现实。文化作为生产力是当今社会发展的一个重要的推动力量，是生产力中的先进生产力，是经济发展的强大推动力。这几年，我国文化创意产业得到了高速发展，在调整经济结构，产业升级转型中发挥了重要作用。文化生产力使文化软实力变"硬"了，在社会发展中的作用更大了。

第四个模块是文化服务力。我们光有文化的生产力那是不够的，对于我们这样一个大国来讲，我们必须建立起一个文化的公共服务的体系，也就是我们要保证我们的国民享有文化的基本权益，每个个人享有文化的基本权利，这是文化软实力的基础。

这样，文化凝聚力就构成了文化软实力对国内的向心力、吸引力、协调力，协调各民族关系，协调我们多个层次、多个阶层的相互关系；文化影响力、吸附力构成了文化软实力面对国际的，世界的功能或力量。它关系到如何塑造一个文化中国的国家形象，如何塑造一个大国国民应有的国民风范。文化生产力构成了文化软实力的文化经济特征，是文化软实力的新的也是非常重要的组成部分；文化服务力，是文化软实力的职责性功能性的任务。在我国国民经济高速发展的基础上，必须对全体公民实施公共文化服务，要逐步建立起一个完善的公共文化服务体系。这四个方面，相互区别，又相互作用。虽然各自有主导的方向，但是它们是连成一体，相互作用，相互统一的，对于国家的发展具有同样重要的意义。而这四个方面合起来，就形成了当今中国走向世界，在世界民族之林作为综合国力提升的"文化竞争力"。竞争力当然我们也可以用一些要素来把它分割，但是我想，竞争力总体上来讲是四种力量的综合，是综合文化合力的一个表达方式。

下面我们来谈谈构建文化中国国家形象这个问题。

构建国家形象是软实力竞争的核心，从全世界来看，构建国家形象是文化软实力最重要的方式，也就是约瑟夫·奈提出来软实力这个概念的原因。所以我们接下来讨论一下国家形象的问题，就是国家的文化形象问题。

构建国家形象是软实力竞争的核心。我们刚才讲了，综合国力最终是经济基础上的文化竞争力，文化竞争力的集中体现是一个国家形象的构建。国家形象的构建是当今世界国家战略博弈的基本范畴，我们前面讲到，在国际上讨论文化软实力时，约瑟夫·奈就涉及到中国形象对于世界的意义，其他一些专家也都谈到这个问题，就是中国国家形象的建立在当今世界的发展中有什么重要的意义。

我们先来看看在构建国家形象上各国是怎么样做的。美国这些年出现了刚才我们说过的，约瑟夫·奈提出的"国家形象危机"。"国家形象危机"使得美国要重新审视自己的对外传播政策，它要着手塑造一个"山巅之城"的崭新的美国形象，就是建设一个叫人"高山仰止"的国家形象。2002年7月，美国众议院出台了一份报告指出，美国要"向世界其他国家发送关于美国对外政策的更强烈、更具有针对性的信息，这不只是美国形象的增效器，而且是美国对外政策的战略支柱"。为什么这样？9·11之后，美国认识到当今世界许多国家、许多人对美国的仇恨。美国的形象也真的是在这个过程中，尤其是在9·11之前一落千丈。9·11事件使美国政府重新反思，专门成立了一个"全球传播办公室"，建立了宣传美国外交政策的专门网站，资助出版了一份反映美国通俗文化的杂志叫《嗨》，在全球20多个国家同步发行。除此之外，美国政府在全球范围内赞助了3万多个学术性、职业性和其他类型的交流项目，其中1946年开始的"富布莱特计划"资助了140多个国家的学人。我们国内的很多大学，包括我们山西的很多学者都享受过富布莱特计划。很清楚，美国人就是要塑造一批亲美的文化人、思想人，或者叫"传播领袖"、"意见领袖"，美国人要找到并培养出一批在文化领域有发言权的意见领袖来影响这个国家的文化。这在传播学上叫意见领袖。意见领袖是指在众多的人群中，其实只有某些人的话语会受到特别的关注，这些人是影响其他人，甚至影响我们全体民众的重要力量。过去我们只强调政府的力量，但实际上在一个公民社会里，一些意见领袖，比方说某些网络上的写手，他们的文章、消息、评论或博客总会引起或大或小的风潮，或大或小的讨论，引起全体人民的关注。比如虐猫事件，有人爆料了，很小的事件引起了广泛关注，出现了网络搜索，人肉搜索，甚至网络暴力。再比如北京某男子因有外遇造成妻子跳楼的事件，他应该受到什么样的制裁，舆论导向与意见领袖的观点有很大关系，其中起作用的往往是意见领袖。美国非常重视意见领袖的作用，所以多少年来他们一直在培养亲美的意见领袖。在几十年的时间里，花费巨资来解决这个问题，而其收效也是非常大的。我们那么多人去留学美国，回来以后美国是他的第二故乡，所以在其理念中，亲美成为潜藏的准则。美国人总想把他的价值观传达给世界，并通过意见领袖传达到所有的国家，所以他们在140多个国家花巨资培养这么多人到美国来学习，传达美国精神，确实是有它的战略性考虑的，这就是"构建美国山巅之城的措施"。

因为美国不受欢迎的对外政策，美国的单边政策，常常受到世界各国的批评。在一些美国人的理念中，美国之外没有世界，美国就是世界。美国人往往不了解世界，美国人尤其不了解中国。你是韩国人、日本人、中国人？他分不清楚，他也不想分清楚。美国人觉得我去伊拉克制裁他，我去南斯拉夫去制裁他，这理所当然，美国就是世界，美国之外也没有世界，这是他多年来形成的一种观念。这种观念，这种单边主义的政策当然不受欢迎，反美的情绪在世界各国就日益高涨，美国的国际声望在逐渐下滑。但是美国人很爱国，一些人发现了这个问题，一些 NGO 组织，就是民间组织，发起了一个民间运动，叫"改善美国的国际形象"，由 30 多个民间组织共同发起。这个民间运动要干什么呢？他们编写并向美国公民发放《世界公民指南》的小册子，其中提出 16 点简单的建议，希望能够改变美国人在世界上的坏名声，改变美国在世界上糟糕的国家形象。他们认识到了美国人的确有"美国就是世界"的观念，所以美国人走到哪里都指手画脚。《世界公民指南》上说，在美国你愿意怎么想怎么说都可以，但是到了外面，你到了人家的国家，一定要少说、少行动，别老夸夸其谈，别老自夸美国是天下第一，你们自夸的行为都会被人认为是无理的举动；你们无论是谈论财富，谈论权利还是谈论身份，对团体讲还是对个人讲，在这个世界都会招致不满。当然了，你老是居高临下，你老是俯视众生，你老是觉得美国是世界，美国是世界领袖，别人自然不买账。手册上告诫美国公民，出去之后要小心，别老是那么自高自大。手册中还有很多内容，比如建议你不要大声地说话，你大声说话被认为是自夸，声音要放小一点儿，语速要放慢一点儿。美国的 NGO 组织就是这么样教导美国人的，为了什么呢？为了维护美国的国家形象。

英国。英国早已经不再是昔日的日不落帝国了。英国曾经是世界上最大的制造业的中心，世界制造工厂。今天的英语仍然是通行世界的语言，所以首创于英国的多种游戏规则今天还是被全世界所认可。这些年来，尤其是布莱尔上台之后，英国在 10 年时间里持续地发展，持续地增强国力并产生了强大的国际影响力。就拿最简单的来讲，2004 年的 1 月，布莱尔首相亲自充当形象大使，干什么？来中国，在北京、上海、广州、重庆四个大城市举办了"创意英国"的宣传活动，甚至搞到云南，搞到昆明，搞到了其他地方，这四个是主城市，宣传当代英国，宣传英国的文化产业、创意产业，宣传英国的旅游、英超、哈里·波特，宣传英国的诺贝尔奖的获得者，英国的创意发明，宣称英国是世界上创造发明最多的国家之一，等等，做了很多这种工作。这些都大大地提升了英国的国家形象。大家都知道有个利物浦，都知道切尔西，你怎么知道的？不就是因为英超足球吗？不是英超足球你怎么了解了英国那么多城市，那么多的观光地？这就是他们在文化上所做的重要工作。我们再看看罗琳的《哈里·波特》，罗琳的一部小说创造了一个世界级的偶像。《哈里·波特》现在光是书的发行就 1 亿几千万册多。如果 1 亿多册按照我们 1∶15 汇率，1 英镑等于 15 人民币，那么你算一算，如果这 1 亿册里一本书赚 1 英镑的话，是 15 亿人民币。而且在整个《哈里·波特》产业和产品链里，出版获得的经济效益只是它总效益的很小的一部分。它还有《哈里·波特》的电影、卡通、电视剧、动漫……还有吸引孩子们去玩的哈里·波特主题公园，哈里·波特的书包，哈里·波特的铅笔盒，哈里·波特的画片，哈里·波特的服装，一个哈里·波特，一部小说，成了英国走向世界的永远闪亮的广告。而同时它又是生产力，永久的生产力。

德国。德国现在也在改变他们自身的形象。通常人们对德国人的印象是：严谨而高效，死板而沉闷。德国人嘛，一看就是很死板的人。为了改变这一德国形象，德国人从哪里入手呢？2006 年世界杯期间他们就从德国人笑的形象开始。呼吁德国人微笑，大笑，希望通过这个活动，向世界传达一个幽默、快乐的德国人形象。德国政府还直接主导了"德国——创意之国"的大型宣传活动，要向世界展示一个热情好客、宽怀大度、时髦现代、创意迭出的国家，其中很重要的一个目的，就是要改变世界觉得德国人太死板的印象——德国人不会幽默，德国人板着脸，德国人只会干活，他们要改变世界对德国的不佳印象，做了很多工作。尤其值得一提的是，德国人这么多年锲而不舍，花费巨资一直在做一件事，就是建设歌德学院，花了巨资，在全世界各国传播德国文化、德国思想。

俄罗斯。从 2000 年开始，俄罗斯政府着手实施叫"文化扩张战略"，要开创一个对外文化的新阶段。在中国"俄罗斯年"期间，他们进行了声势浩大的广告宣传，传播俄罗斯形象。因为很多年来俄罗斯在中国的形象都不怎么好；在西方，俄罗斯一直被视为是没有民主、没有自由、没有人权的国家，俄罗斯人要改变这一不良印象，要改变这个国家形象。

日本人更看重国家形象了。我们都知道日本人在全世界对日本品牌的推动。从 60 年代开始，到 80 年代，日本经济快速起飞之后，日本指定了系列政策、措施，向世界各国传达日本文化。日本鼓励日本企业到世界各国去做宣传，做品牌，你出去到英国去做宣传，做品牌，那么你花了多少钱政府补你多少钱，1：1 的叫陪同投入，鼓励你去宣传日本形象。日本人的国家形象塑造工程是非常具体、非常讲究实效的。就跟韩国人要推出泡菜一样，他们向世界推出生鱼片和寿司，以这种日本料理为先导，要把日本料理做成世界第三大菜系，从"饮食文化"入手。比如日本樱花。60 年代日本向美国华盛顿赠送了 3800 株樱花树，国会大厦旁边栽满了。我去年 4 月去美国，在华盛顿看到盛开的樱花，十分壮观，美丽。华盛顿每年 4 月都有樱花节，说到樱花你就会想到日本，想象美丽的日本。当年日本无偿地赠送美国，3800株，这么多年过去了，它已经成为日本在美国的重要影响力的象征。其实，当今的日本人在国际上的形象还是很不错的。虽然我们中国人心灵受到过严重的创伤，民族受过欺凌、侮辱，所以对小日本总是心存芥蒂，尤其日本的一些右翼团体经常给我们找麻烦。但是我们也看到日本的国际形象有很大提升。2007 年美国《时代周刊》公布了一项调查，调查 27 个国家，调查了 3 万民众，评估 12 个主要国家，结果是什么呢？日本的国家形象位居世界第一，高出中国国家形象 12 个百分点。这是不是值得我们深思啊？我们是不是要想一想啊？我们不能一味地痛斥小日本，无耻的小日本，要看看日本今天在文化教育、公民素质方面值得我们学习的东西。它为什么能在世界上获得较好的形象，肯定有一些我们可以从中汲取的经验。

韩国。奥运之前我去韩国，刚才讲过，韩国人做事也是非常认真到位的。我们都在说"韩流"，说《大长今》，说韩国的烹调、韩国的医药，大家都承认，韩国的文化在向全世界传播，影响越来越大。1988 年奥运会，他们完成了一个非常重要的工作，就是向全世界推出韩国的泡菜，在奥运期间，他们做了非常重要的一个工作，叫"微笑活动"。以前世界对韩国人的印象也不好，发展中国家，经济上也并不怎么发达，文化也有很多弊病，公民素质差。为了办好奥运，当好东道主，他们开展了"微笑运动"，全民微笑运动。获得了世界的赞许。同时，他们做了更重要的工作，就是通过奥运推出了三星集团，三星从那时开始逐步发展，成为世界品牌，具有了巨大的品牌效应。后来，韩国人在和日本联合举办世界杯的时候又做了几件事：第一件事，他们把汉城的一条街叫清溪川街上的高架桥拆掉，恢复了清溪川原来的小桥流水。高架桥这个所谓现代化的标志，已经与我们今天的生态世界的理念相冲突，他们恢复了清溪川河流从城中流过的这样一道城市奇观，造成了世界影响。我们到了那里，新华社、《人民日报》的记者都十分感慨，当我们还拼命地建高架桥、高架公路的时候他们已经在拆高架桥了，他们在恢复首尔美好的生态，这是一件值得我们思考的事。第二件事，韩国的市民协会带领我们去参观厕所。在上次足球世界杯的时候，韩国人做了一个令人震惊的举动，就是要全面地提升所有的韩国的厕所的水平，尤其是公共厕所。厕所的水平，折射一个国家一个城市的文明程度。为了展示韩国人的文明程度，他们曾要在公共厕所里举办婚礼。为什么要这么做呢？他们认为厕所代表的公共文明是衡量一个国家、一个城市管理水平的非常重要的一个部分。这是有道理的。一个好的卫生间，代表的是整个城市的基础设施的水平，也代表着市民的文明素质。韩国人做得很好，为什么要花这么大功夫把厕所搞好？他就是要借此推动公共文明的发展，推动公民文化素质的提升，改变长期形成的陈规陋习。奥运之前，人民大学的学生和美国北卡大学的学生在北京进行了联合调查。他们在奥运之前到中国来，通过观察，看看哪些地方他们认为不好。其中有非常重要的几条，毫无例外的，美国孩子们提到了厕所。比如厕所味太大、厕所没有纸、厕所没有洗手的地方、厕所垃圾一大堆，等等。韩国人在这方面的确做了很多工作。我们知道天堂游戏、三星品牌、《大长今》、韩剧、电视片，韩流风行中国，说明了他的文化运作是非常成功的，很多东西确实值得我们反思。

这里我谈一下美国《新闻周刊》做的一个调查。调查请美国和加拿大两国的网民投票，选出进入21世纪以来世界最具文化影响力的国家文化和形象符号。我们看到中国文化绝大部分都是传统文化，在这里甚至我们没有一个公司、一个品牌能进入到世界。比方说美国有百老汇、好莱坞、麦当劳、NBA、可口可乐、迪斯尼、硅谷、芭比娃娃等一系列代表性品牌。中国让世界认知的东西是什么呢？汉语、故宫、苏州园林、孔子、道教、孙子兵法等，你可以看出这里的不同。那么英国人是什么？英国人是英语、白金汉宫、大英博物馆、巨石阵、牛津大学、达尔文、牛顿、莎士比亚、甲壳虫乐队、绅士风度、维多利亚女皇、劳斯莱斯、丘吉尔等等。这些都是网民选出来的。法国文化是法语、埃菲尔铁塔、卢浮宫、巴尔扎克、雨果、轩尼诗、拿破仑，

等等。从中我们能看出，一个国家在国际上到底有什么样的品牌和形象具有冲击力，能够影响这个世界？我们给世界的是一个陈旧的印象，我们几乎没有一个今天的文化品牌能在世界上占据一席之地。

回到中国，谈谈构建文化中国国家形象的问题。我想在这里先说一个资料。清朝从 1644 年到 1911 年共延续了 268 年，从 1661 年到 1796 年是康乾盛世，这个时期中国的经济水平在世界上遥遥领先，乾隆末年中国经济总量居于世界第一位，人口占世界 1/3，对外贸易长期出超。这就是我们曾经的形象，甚至我们谈到大清帝国，中国最最耻辱的王朝的时期，我们也能看到中国人在这个世界上拥有一种什么样的地位。但是今天怎么样呢？从鸦片战争以来的一个多世纪里，中国人夜郎自大，闭关自守，拒绝学习现代科学技术，才短短的一百多年时间，就大大地落后于西方世界。今天，中国形象正经历当今世界最重要的历史转折，2008 年北京奥运会成了构建文化中国国际形象的最好的舞台。北京奥运成为中国文化走向世界的一次隆重的揭幕礼。当今世界，我们正面临着这样一个转折时期，文化在全世界各国的国家结构中有了重大提升。北京奥运会已经过去了 4 个多月，那北京奥运会所具有的重大意义我们现在回过头来看，仍然是十分重大的。北京奥运会弘扬了、彰显了东方文化、东方气派、中国风骨、中国意境，向世界展示了"东方神韵"，"中国元素"，给西方文化一个震惊。为什么这么说？在一个半世纪的时间甚至更长的时间里，中国人一直在向西方学习，150 年来的一个基本的历史境况叫做"西风东渐"。中国的有识之士，无数先烈，无数前辈，伟大的前驱者，从魏源的《海国图志》开始到梁启超、到鲁迅，都向西方寻求中华复兴的思想动力，中国怎么复兴呢？中国的封建帝国腐朽了，这道路走不下去了，所以向西方去找现代化、找文明，从孙中山到陈独秀，到李大钊，到我们的毛泽东，这一代一代的先进人物以及一大批像朱光潜，像陈寅恪，像季羡林等先生，都是一批一批到西方去学习科学、技术、文化。长期以来中国文化在西方文明中毫无地位，在以西方为中心的世界体系中处于失语的状态。大家都知道中国文化悠久深厚，但是它是什么？西方人看到了什么？他们看到了张艺谋的电影，看到了长辫子，功夫，李小龙，长袍马褂，那就是西方人眼中的中国形象。我们前些年在举办奥运会之前召开国际论坛，当时我请过很多外国人来，其中一个是盐湖城冬季奥运会的商务部长。他以前没有来过中国，他下了飞机，看到北京如此现代化，如此美丽，比他的盐湖城还要先进，他大吃一惊。他最后是流着泪走的。他从来没想象过中国原来是这个样子，中国发展到这种程度。在这150年里，我们一直在向西方学习，叫西风东渐。西方人给我们的名称是什么？东亚病夫。这是那个时代的中国形象，遥远而病态的中国形象、被歪曲的中国形象。

改革开放三十年国家发生了巨大的变化，我们经济上高速发展，中国毫无疑问地成了世界工厂，世界制造业的中心。成为世界制造业的中心我们是很自豪的，但实际上我们也知道，这是世界产业转移的一个历史过程。作为老大帝国的英国，就曾经是世界制造业的工厂、世界制造业的中心。老一点的人都知道英国的呢子织得多好，英国的汽车多好，英国的工业革命给世界带来从蒸汽机到电灯等许多发明，英国是世界工业的故乡。为什么今天它不做了？

每隔30年左右世界制造业的中心就会移动。以钢铁为例，就曾从上世纪的英国、德国转到美国，从美国转到俄罗斯，又从俄罗斯转到日本，日本转到韩国，当然现在我们毫无疑问是世界钢铁也是制造业的大国。但是在西方那里你这个世界制造业的大国有什么？你不过是一个汗水大国。你是一个鞋子大国，一个帽子大国。你是一个廉价劳动力大国。我走在好莱坞的大道上，就在电影城对面有一个商店，商店里出售什么呢？出售衬衫，10美元廉价地抛售5件中国高质量的T恤，按照汇率，就是60多块人民币，大家算算，60块人民币买5件T恤衫，质量非常高的T恤衫。这就是西方人眼中的中国形象。你走到

他们的大超市一看，很多产品都是中国的，但是价格甚至比在国内还要便宜，这就是汗水中国的基本形象。他得了好，还要告你，还要反倾销，这是西方人眼中的中国形象。

北京奥运会给了我们一次新的机会，它开启了一扇中国文化走向世界的大门，让世界近距离地感受中国文化，开始了一个文化中国走向世界的新历程，它叫"东风西渐"。今天的世界，不仅有了西风东渐，也有了东风西渐。东方文化、西方文化有了一次平等对话的机会，这是一个重大的历史性的转折。大家看一看，150年来，什么人对中国这样关注过？因为我们举办了奥运会，在开幕式这天有44亿的世界电视观众，在闭幕这天有45亿的世界电视观众（且不说我们的网络观众），在同一个时间关注中国，以视觉文化的方式亲眼看到了中国文化。因此我们讲，开幕式如果我们简单看它呢，它就是一场演出，但是从象征的角度来讲，它是中国文化走向世界的一次隆重的揭幕礼。当今世界光是电视观众45亿，45亿的电视观众在那同一个时刻看到了中国文化，看到了中国形象，看到了一个文化中国的形象，奥运会的作用不可小视。

奥运之前的半年时间里，我们人民大学人文奥运研究中心做了一个调查，在相当长的若干年时间里，西方媒体对中国的报道有70－80%都是负面的。在奥运会之前的半年时间里直到奥运会举办，西方主要媒体借助于"藏独"事件，在火炬传递中制造事端，对中国的批评不断，有将近70%以上的评论都是负面的。在长达半年的时间里，在人权问题上、新闻传播权问题上、在示威组织的一些问题上，特别是在北京的空气问题、食品问题，一系列问题上向中国发难。大家知道的玩具油漆的事件、猫粮狗粮事件、毒饺子事件，以及在奥运火炬传递过程中所谓"手铐五环"在法国市政大厅的标语，还有BBC面对的"藏独"事件所拍摄的图像，这些图像，我们在西方看到的电视图像中只有"藏独"分子，因为他们的新闻报道是按照他们的理念选择的，他只报道"藏独"分子。但是实际上数万的中国留学生和华侨，还有许多热爱中国的人聚到一起来保卫火炬传递，西方媒体却视而不见。后来引起了全美中国留学生的、欧洲国家中国留学生的巨大反抗，在德国的四个城市，在伦敦，在法国，乃至在美国的东部和西部，包括旧金山，都爆发了规模巨大的抗议示威。在美国的中国学生的抗议采取了安静、和平的静坐抗议示威的方式，来抗议美国的 CNN 和英国的 BBC 歪曲地传播中国形象。但是在他们的眼中，中国是一个什么样的形象呢？一些西方人在西方媒体的影响下认定中国是一个没有人权的国家，是警察国家，你们毫无人身自由。举一个最简单的例子，我的一个学生，去英国留学，奥运期间想回来做志愿者，然后他和老师说我特别想回去做志愿者。然后他的导师问他，你们政府就这样强迫你们回去做志愿者？学生大为吃惊，他说你们怎么这样看我们？在中国，在北京，如果我能作为一个志愿者，这是我莫大的荣幸，多少人申请，奥运会的场馆志愿者 7 万多，残奥会的 3 万多，一共 10 万人，报名报了 110 万还要多，后来不让报了。他说我能做志愿者是我一生中很大的荣耀。而他们怎么看呢？这个英国教授觉得你们政府就强迫你们去做志愿者啊？这是他们对中国形象的理解。但是我们要告诉大家的是，奥运会之后，16 天和残奥会期间，关于北京奥运会的报道 60%到 70%都是正面的，当然也有一些负面的挑剔。尤其是对志愿者的一些报道，包括英国的报纸和一些法新社等的一些报道，对中国的志愿者的完美表现和整个奥运会的胜利举办高度赞赏。他们把奥运志愿者称为"鸟巢一代""80 后的中国外交官"。鸟巢一代就是指志愿者，鸟巢一代，中国 80 后的外交官，他们非常好地呈现了塑造了新的微笑的中国形象。联合国的潘基文给我们的志愿者发了奖。所以我们讲，北京奥运会开启了让世界重新认识中国的一个新纪元，他是一个历史性的转折点。

奥运会期间中国的志愿者运动，NGO 组织的运动有了一个新的开端。这是一个隆重的奠基礼,我们的文化走向世界的揭幕礼,我们的体育和全民健身活动的加冕礼。通过奥运,中国公民、中国观众、北京市民在文明素质上有了很大提升,我把它叫做中国观众的"成人礼"。这次在奥运会期间我在中央台跟董倩做节目,董倩问我,你给中国观众打多少分,我说,毫无疑问,中国观众应该拿一块金牌,拿一块金镶玉的金牌。

"天地交泰,人文荟萃",中国人是讲和谐的,从古代开始就讲和谐,这个和谐儒家、道家都讲,讲和谐与传统文化分不开。中华传统文化包含了天人合一、以天合天的和谐自然观,政通人和的政治观,和为贵的人际关系社会观,和气生财的商业信条,贵和尚中的哲学观,和衷共济的危机观,亲仁爱人的人道观,协和万邦,善邻怀远的国际关系准则,这些都是对西方文化理念的挑战与补充,对于我们今天构建和谐社会提供了很大的、很重要的依据。这次奥运我们提出的一个重要的口号就是"和谐奥运、和谐世界",通过奥运,我们把中国的和谐理念传达到了世界。我们将建立一个新的、更加具有生命力、具有创新意识的新的中国形象,在新一轮的世界竞争中站在高峰,站在前列。

我今天想讲的就这些,谢谢大家!

2009 年
宏观经济走势及政策取向

时　间：2009 年 3 月 25 日

地　点：山西省委多功能厅

主　讲：王小广

王小广

王小广，经济学博士，国家发改委经济研究所发展战略与规划研究室主任。

专业研究领域为宏观经济形势分析和经济发展战略研究。1995 至今，从事宏观经济形势跟踪、预测与对策研究。2000 至 2008 年连续 9 年主持国家发改委宏观经济研究院重点课题《国内宏观经济形势跟踪、预测与对策研究》。在宏观经济预测、房地产、汽车、区域经济和城市发展等五大领域研究成果颇丰。2003 年初提出房地产"泡沫论"，产生了相当大的反响，并先后提出"通过着力控制房地产过热来调控投资过热"、"实施中部崛起战略"、"实施双稳健政策"、"黄金周改革"、"解决流动性过剩重在调整流向"等重要观点和政策建议。在城市发展规划上主张以"节约土地、节约投资、节约交通流"为主要规划原则，大力发展紧凑型城市。在《经济日报》、《半月谈》、《瞭望》、《中国证券报》、《管理世界》、《经济学动态》、《宏观经济研究》等国内重要报刊发表文章 200 多篇。

作为主要参加人完成的研究成果《我国国家经济安全战略研究》，获 1998 年度国家计委宏观经济研究院科技进步一等奖及 1998 年度国家计委科技进步二等奖。

文源讲坛上多谈多思，产生大
启迪、大谋划，些后是大行动，推动
社会进步。

王小广

2009年3月25日

去年是一个很不平常的一年，发生了那么多的事情，而且从中国经济来讲应该确实是个转折点。到底怎么看待这么一些变化，或者讲未来我们有哪些机遇，我觉得这都是大家非常关注的地方，因为我们不能光讲过去怎么样，我觉得更重要的是面向未来。所以我今天的报告也可能不仅仅是讲 2009 年，我觉得应该要把眼光看长一点儿，讲到 2009 年以后怎么办，甚至更长的时间，10 年、20 年我们特别是处在什么阶段，所以我想今天报告我可能不是谈短期经济形势，而是更注重前瞻性。

报告分四个方面的内容，第一个我想讲一下中国经济到底现在处在什么样的点位，什么一个阶段。我们现在这个时点是有什么含义，从经济周期（经济周期就是长周期、中周期、短周期）的运行看我们现在处的点位，从全球的视野看我们中国的形势，而且还从我们发展的阶段，就是我们处在一个什么阶段，这个阶段面临哪些困难、哪些问题，未来怎么办。第二个就是讲一讲 2009 年，2009 年的形势到底怎么看，现在各种流派都有，乐观的、悲观的、谨慎乐观的，但是现在偏乐观的是占主流。这个形势肯定是一个好的变化，它会不会持续？会不会真的成为一个所谓的我们叫"V 型反转"，这个判断是不是成立，或者还面临哪些困难、问题。我们现在的政策是一定要保 8% 的增长，真的有那个必要吗？第三部分我想讲一讲保增长，就是去年中期以来，特别是 8 月份的时候就开始提出一个"保增长"这样的要求。这个"保增长"我想从两个方面来认识，第一个是我解读一下总理的报告中一些我认为比较有新意、有特色、耐人寻味的一些方面，和大

家一起交流、学习。还有一个就是我个人的一些看法,这个看法我感觉我是从一个更长远的角度看这些问题,可能有些尖锐一点儿,或者跟许多专家的看法不大一样,我想作为一个研讨。由此分析我们也可以得出结论,我对国家的一些政策建议,因为我们现在做的事情更多的,总理报告更多的是讲今年怎么做,我觉得更要考虑未来一段时期怎么做,即是怎么样设计中国未来的发展道路、发展模式,从这方面做些理论思考,提出一些长期性的建议。

一、中国经济处在"战略拐点"上

我要讲的第一个问题中国经济正在处于什么点位?我的判断是中国经济正处在"战略拐点"上。这个判断我自己是比较有信心的,现在还没有人这么提。中央的一个说法是叫"仍处于战略机遇期"。"战略机遇期"的概念是从十六大提出来的,讲本世纪最初的头二十年中国处在战略机遇期之上,这是一个大的方向盘,没有问题,但是我想更进一步地细化,我认为我们现在是一个战略拐点。战略拐点意思是什么呢?就是讲我们遇到了大的转折点,经济增长先向下调整,而且会持续一段时间,面临一些重大困难,即面临重大的外部冲击和内部调整的压力。但是我这个"拐点"的概念不是光拐下来,中国经济原来 10%,拐下后以后就没有 10% 了,不是这样理解。我的拐点论是"战略拐点论",就是这个点是先下后上的,它是一个阶段性的拐点,是大阶段、大时段的拐点,要我说明白一点儿,就是 30 年为期限的一个拐点的变化,我的"战略拐点"是这个意思。现在不是讲拐下来了吗?调整下来了,好像中国经济以后不会有那种 10%、11%、12% 的高增长,我觉得这不会。在 1998 年的第一次采取积极的财政政策的时候,当时就有一种言论,就讲中国经济进入次高阶段,就是原来是10% 的增长,以后的增长速度就是 7%、8%,正常的就是 7%、8%,很难越过 10%,7%、8% 就是一个常态的增长,不会有高增长了,我不同意这一看法，为此，专门写了一本书以回答这一问题，书名叫做《中国高增长结束了吗》。我就对这个观点提出质疑，我认为未来中国还有至少一轮高增长，这个"一轮"的概念什么意思？ 15 年到 20 年。还有至少一轮的 8%至 10%甚至更高的增长。新一轮高增长终于"十五"中期来了，不出所料，2002 是新一轮中国经济高增长的起点。当前中国经济现在处在一个调整期，这是毫无疑问的，但并不表示未来不会出现高增长，而且我们讲战略机遇期有二十年。我们 1998 年当时的判断第二轮增长会持续 15 到 20 年，也是这么一个判断，跟这个是一致的，大概时间上可能不一定完全吻合，但是我们判断的那个趋势是对的。我们在改革开放 1978 年到 1998 年大概是 20 年，我们经历过一次高增长，然后经过几年的调整，然后进入第二轮，当然你可以问，会不会有第三轮。我觉得有可能，但是我现在没办法讲中国肯定会有第三轮，但是我讲第二轮肯定没走完，现在是第二轮长期增长周期的一个调整，可以讲现在是这么一个点上。

还有一个就是，我们是 2001 年加入 WTO。WTO 之后我们跟全球化融为一体，我们从全球化中获得了很大的效益。这种出现了全球经济的大调整，全球化也是周期性化，也进入周期性谷底。我们中国经济随之也出现一个调整，所以我觉得这是入世后的第一个调整期。战略机遇期的第一个调整期同时也是房地产市场进入中期调整。1998年房改后中国房地产市场出现了少见的持续达 10 年之久的高度繁荣，出现了房地产投资过剩、房价泡沫，世界金融危机前半年进入调整期，以纠正这一过度增长，因此，中国经济调整在金融危机的影响之先，而不是仅是危机将中国经济增长拉下来了。以上三个调整的结合就是中国经济的中期调整。为说明这一问题，要给大家讲讲中国的经济周期，中国的经济周期大概分三种，一个是长周期，另一个是中周期，还有一个是短周期。我先讲中期周期。

中期周期就是每十年进行一次调整，而且调整很有意思，有这么

两个特点。第一个特点一般是"逢八必调",叫38定律,"3上8下"。8、9都是调整年;逢2、逢3必上,这是我总结的。第二个特点是调整时间一般都是三年,所以我称之为"三年调整期",也就是前面可能有六七年的高增长,但是后面有三年的调整来校正。60年来我国的经济运行现实都是这样,没有例外,如1958、1959、1960是50年代最差的年份,然后1968、1969、1970也是很差的,就是那个年代很差的,1978、1979、1980也是很差的,1978年还稍微好一点儿,但1979年是不行,1980年也不行;再往后是1988、1989、1990也不行,1998、1999、2000同样出现了大调整,现在的2008、2009年也是这样,2010调整不会结束。这就是一个十年的中周期规律。正是因为认识到这个规律,我在做十一五规划期间(2005年)就指出2008年中国经济要变,要变盘。我叫它为"中期变盘",那是在2005年底的时候我提出这个概念,每个五年计划中间都要变盘,不是向下变,就是向上变。我们希望打破这个周期,但是打破不了,2003年是向上变盘,2004、2005年宏观调控也改变不了它的趋势,趋势一旦形成不可能轻易改变。当然2008年的情况特殊性还有一个,就是美国的次贷危机转变为金融危机对中国的冲击,这是一个方面,后面我还得说。

还有一个周期——长周期。长周期大概是多少呢?30年。30年周期我就把它放大一下,结合中国历史,把它放得更长一点儿。从1919年开始,到今年应该是90,90年实际上可以分成3个30年,1919年到1949年30年中国做了什么事?我想最重要的就是思想解放运动,即"五四运动"。思想解放运动实际上是中国现代化的启蒙运动,就是中国要实现现代化。最后才是我们谁来代表,谁来领导中国现代化,所谓的争夺领导权的问题,最后我们共产党取得了成功。建国是第一个三十年的巨变,建国之后我们就搞现代化建设,搞了29年,取得了一些重大成就,但中间遇到了相当大的波折。1958年大跃进,然后"文化大革命",这都是波折。这个波折实际上也促使了我们的改革开放，进入第二次巨变点。之后改革开放 30 年我国进入稳定快速发展期。改革开放 30 年后我们今天又面临着一个新巨变，像过去的巨变一样，是先向下，然后再往上。因此，我觉得 2008 年是一个非常不寻常的一年，2008 年、2009 年，进入新的至少是三年的调整期。因为它是三十年周期、十年周期，还有加一个五年周期的结合点，三个周期的交汇点，不调整才不合规律呢！正因为如此，我说 2008、2009 年中国经济调整是内生的，不是纯粹由美国金融危机冲击造成的。

　　下面我再讲一讲我们现在的发展阶段，我们到底处于一个什么样的发展阶段？2008 年我国人均 GDP 达到多少呢？按照现价美元及全年平均汇率折算，我们去年人均 GDP 第一次突破了 3000 美元，达到多少呢？3267 美元。3267 美元是个什么概念？2006 年全球中等收入国家的人均 GDP 水平是 3051 美元，比我们少了 200 多美元，虽然，时间上我们差了两年，但是中国增长速度比世界增长速度快 1 倍还多。所以由此推论，应该是 2009 年中国人均收入水平跟世界中等收入国家水平相当，就是 2008 年可能还差一点儿，但是 2009 年肯定是，因为我们有增长，全球增长现在预期只有 1%、2%，2009 年是中国达到中等收入国家的一个标志之年。我觉得这个很有意义，什么意义呢？大家都肯定讲这是大好事，我们好不容易从一个落后的状态变成了一个接近中等发达的状态，从改革开放初的人均 GDP190 美元上升到今天的超过 3000 美元，我们可以趾高气扬了，很高兴了。但且慢，我们的挑战更多更大。为什么这么说呢？整个 20 世纪实际上都是全球的现代化运动，持续到 21 世纪，有许多国家，不下几十个国家从人均收入几十美元、几百美元到 3000 美元。很多，不是一个两个，甚至也不是十个八个，而是不少，有几十个，不是中国很独特。如拉美国家在 70 年代末期大部分都达到了 3000 美元，后来是前苏联、东欧国家，再后者，是亚洲四小龙，前不久是东南亚国家，一批一批的，今天才是中国，这没什么奇迹。奇迹在后头，哪个国家经过再努力花不长的时间，

一般是十几年，由中等收入国家转为发达国家。遗憾地告诉大家，这向后发展，成功的寥寥，极少数、个别国家完全成功，大多数归于失败。为此，经济学家给了一个概念，叫落入"中等国家陷阱"，就是人均收入达到中等收入水平经济增长就业便长期停滞了，多数陷入十年以下的停滞发展。东南亚国家如泰国 1995 年进入中等收入国家水平，但二年后亚洲金融危机恰好发生在泰国，亚洲金融危机后整个东南亚国家陷入低迷增长，之后不像当年拉美国家那样严重，保持了一定水平的增长，这主要是中国的帮忙。所以现在就要提出一个问题，就是怎么样地避免中国处在中等收入国家陷阱，避免这个现象发生。这里面从概率上讲确实不大，从中等收入国家变成发达国家，这一步应该是更难，概率更小。现在是个什么概率呢？讲一讲大的国家，小的不算，大的国家即人口 4000 万以上，如韩国，实现了现代化。台湾省也实现了现代化，那仅是一个中国的省，它的人口 2000 万，香港是一个城市，所以我说城市地区不能作为一个代表。我们城市现在上海、北京这种大城市我看也差不多了，但是整体国家还早呢？我说的这个意思就是我们现在面临着一个重大的难题，就是怎么避免这个"中等收入国家陷阱"，把这个坎走过去。我认为这是我们所谓"保增长、扩内需、调结构"的重点，是我们的头等大事。我们现在处在这么一个点上，从原来的经验看成功的概率并不大，而且你又是这么一个巨大的国家，巨型国家，如此产生的矛盾，内部的矛盾和国际的摩擦，可想而知不是简单的事情。所以我们要努力，要特别地努力，在战略上要采取一些重大的措施，政策上一定要做到一个大的调整，才可能实现这么一个目标。所以我说世界上一件最大的事情还没有发生，那就是中国现代化。世界上几千年人类历史，发生了无数的大事，事情都很大，但都没 13 亿人同时实现现代化这件事大，它的影响是前所未有，整个世界的结构将会发生巨大的变化。但是要实现那一步是非常艰难的，因为我们从历史来看走过去的国家很少，只有韩国和日本，韩国是最为成功的一个现代化的国家，它是花了 35 年，不到40 年实现了现代化。我们建国之后已经走了快 60 年了，我们还是仅走了一半，成功的概率是有，但要靠我们加倍的努力才行。这是我讲的第一个问题，实际上就是三年的问题及新三十年的问题，三年调整，三十年的巨变，巨变就是每隔三十年有一次，现在又处于新巨变点上。经过巨变最后中国走出陷阱变成发达国家，这是我们所期待的结果，这就是长与短的关系，现在的政策要考虑长远，要从长期趋势看问题。

这里还给大家讲一个概念，即一些中部地区提出的"弯道超车"。我讲中国应该要借助这一次全球的弯道实现超车，我们能够利用这次危机，通过一些战略性的安排，特别是要提高我们的竞争力，保持一个稳定的增长。这个就是实现"弯道超车"的目的。我们经历过这个危机以后，我们反而就强大了。国际上现在开始议论，中国保增长会不会是这样的一个结果。因为历史上很有意思，都是这样的，就是每一次危机都会导致一个大国崛起的这么一个机会。像早一点儿的西班牙、英国的大国崛起，实际上都跟危机有关。英国当时也是很多很多的危机，有类似七年战争这样的一些事件，最后利用这么一些机会，通过科技革命来实现崛起。看起来是一个不好的所谓的"危机"，但实际上强者从危机中脱颖而出。美国也是利用一次大战和二次大战，中间就是 1929 年的大萧条，实际上这三个是使美国崛起最重要的机遇，所以它最后走向成功。实际上 70 年代的两次石油危机造就了谁？造就了日本。日本变成一个世界上制造业的头号强国，尽管它总量上排在第二，但是它制造业上、工业上它是超过了德国和美国。日本实际上当时也是利用两次石油危机，因为它最大的优点是节能，节能性的工业体系造就了它的国际竞争力。我们中国能不能在全球发展的新弯道上实现超车呢？全球都遇到金融危机的影响，有些国家确实是在衰落，像欧洲的许多国家在衰落，日本也是。美国尽管它有问题，但是要是预言它衰落现在还是为时过早。现在我们讲，可不可以实现这种弯道

超车？当然从另外一个角度来讲，中国本身也面临着一个弯道，即中国面临的是双重的弯道，我们准备好了没有？从这个角度来思考，可能得出一些跟现在许多乐观者不大一样的一些结论，后面我会有些分析。

二、当前经济形势及未来走势

第二个就是讲一下当前的经济形势及未来的走势，就是怎么看待2008年以来的调整。实际上我刚才从一个历史的，从一个周期性的角度来分析了一下，但是我觉得应该得出几点判断，这几点判断非常重要。首先，我认为经济增长由上行转为下行，这确实是个周期性的反映，但是它调整的时间不是我们很多人期望的那样会有个半年、一年就解决了。就把它当做一个短周期的调整，把它作为一个暂时性的现象，很暂时的，就是很短期的这种现象，短周期，三年、五年周期这种中间的小波动。我觉得要这么理解的话，那就是对这一次影响严重低估了，我认为它至少要有三年左右的调整。导致这一中期性调整的因素有以下几个：第一个就是外贸形势发生了大变化。2009年应该说外贸形势是恶化最严重的一年，可以说我们现在的外贸形势是改革开放以来从没经历过，入世以来第一次重大的冲击。前些年我们过得是非常好的，年年都增长25%、30%，持续了五六年，但是去年11月份以后就改变了这种形势。10月份我们的出口增长还在19%，但是11月份的出口是下降了2.2%，从20%以上高增长，一个月时间降了20个百分点。不仅仅是到了负增长，今年一季度的时候，前两个月的数据已经出来了，前两个月的数据是 -21.2%，又下降了20个百分点，所以讲现在的出口形势非常严峻。2009年将是美国经济在80年代以来表现最差的一年，1980年美国经历了一次衰退，还有就是里根上台后的1982年有一次衰退，那一次也比较严重，之后基本没有发生过什么比较明显的经济衰退。这次金融危机是50年、100年一遇。对实体经济的影响，应该是 30 年来最糟糕的一年。我们现在估计美国的增长速度将下降 2%以上。最近我跟日本政府有一个交流，他们预计是零增长，他们也没有信心，他们可能还是负增长，整个三大经济体反正今年全部是负增长，而且负增长的程度还不低。一个很重要的原因就是因为全球的金融危机在扩散，继续扩散，全球金融危机一开始的时候是美国的次贷危机，影响的是美国国内，就是美国经济从 3%到 4%的增长降到了 2%的增长，这就是 2007 年，2008 年就不是这样了，它扩散到整个发达国家，然后再加上新兴市场国家，就是包括中国在内的金砖四国，所以去年我们已经受到影响。但是 2009 年这个影响进一步地扩大到所有的发展中国家，我认为是每一个角落，没有一个国家能幸免。所以我去年做出口预测，我讲 2009 年我估计出口可能是负增长，我预测的数据是 −3%，有些同事和其他一些人就说这不可能，你这个预测肯定有问题。我讲，为什么？他说东方不亮西方亮，我对美贸易没有增长，对整个发达国家没有增长，我们可以到发展中国家去做贸易，我们搞出口多元化。我讲不对，许多发展中国家原来他们没有影响，今年都有影响，哪里都不亮。从现在这个数据看来比我想象的可能还要糟，但是我希望未来一些月份慢慢改善，就是最后能够达到我这个目标我觉得是阿弥陀佛了，−3%，现在是 −21.2%，未来一些月份可能有所反弹，只有往上回升才可能变成我的那个所谓的悲观数据，现在今年出口增长零增长很难实现，这个形势你改变不了。美国华尔街的基金经理与我接触，告诉我你不要对美国经济乐观，今年肯定是非常糟糕的，但是现在很多人还觉得美国 2009 年不会太差，但是美联储主席说明年会好，我相信明年的预测，不相信美国今年会明显转好。今年外贸的形势继续恶化，比原来预期的更加严峻，这就是我们 2009 面对的的外部形势。

第二个是国内的增长调整，是重化工业将出现一个大幅度的调整，因为我们这轮的经济增长是靠重化工业。重化工业发展现在就面临着

外部需求和内部需求下降的影响，肯定会出现较明显的调整，这个调整应该说是三种周期的叠加。

第三个是价格的调整，价格的调整实际上就是反映了需求的变化。我说一个问题，去年为什么四季度会下降那么多？仅仅是出口吗？出口是下降了2%，但是不足以来解释去年四季度从9%降到6.8%。我认为一个重要的原因就是我们对上半年形势判断的不当，特别是对价格形势的判断错误，导致了许多人在经济已经出现了调整的情况下，或者预期已经发生变化的情况下，很多人还不断地增加投资，还不断地加大购买。最后，流动性不足了，因为许多钱都变成了库存，而且是"高价"库存，企业状态迅速恶化。我确定保增长的目标上我们对自身的调整估计不足，也对危机的冲击估计不足，当经济增长速度从13%以上降到10%时，许多人还很乐观，要保10%的增长，奥运的时候看来不大行了，感觉到压力越来越大，所以又提出保9%，金融危机的冲击太大，最后中央经济工作确定保八，只能是保八，保八还没有太大的信心。2008年上半年最要命，害人的就是"脱钩说"。我认为这里面实际上是被国际的炒家所利用，实际上"脱钩说"最早提出来是那些国际的金融的一些机构，特别是像高盛、摩根士丹利这样的一些国际投资银行机构。他们吹得不得了，说中国一定要保，一定要高增长，不断地增加投资，不断增加购买，因为中国是独一无二的。他们往往是让你付出成本，且总是夸你，这是他们的一贯伎俩。我认为这个油价高成本是谁付的？肯定是中国人。所以我看了去年11月份出口数据是下降了2.2，进口下降了18%，我当时很惊讶，说实在的，这超出了我的想象，后来查一些数据，查3月份、4月份、5月份的，那时候油价、商品期货价格都是非常高的时候我们在干什么？我就发现那时候的进口量增长40%，我们在价高时大量买入，买了大量的风险存在那儿，当价格降到50%的时候我们却减少进口，所以我们干了很傻的事情。我们企业家由此遭到了多大的损失。对物价走势的误判是我们一个重大的错误，因为当时的经济学家，大部分经济学家，甚至绝大部分经济学家、政府官员、企业家都认为这次通货膨胀可不是半年一载就能结束了。都讲要持续五年、十年，是进入通货膨胀时代，即使增长速度调下来也会通胀，叫滞胀。我当时认为这是不可能的，中国不会出现滞胀。经济增长放慢了，通胀就会下来。所以那时候有一次在清华开会的时候我就说，我们不能把通胀估计太高，持续最多一年，可能半年就没事了，我相信到了 2009 年没有人再讲"通货膨胀"这个词了。最后有人说我这狂，胡说八道，但是实际情况就是这样，到 10 月份的时候，去年 10 月份就没人再说通货膨胀了，就讲通货紧缩了，现在就有点儿通货紧缩。所以这个判断是很重要的，导致了许多企业的误判，在最高价位买了许多货等待持续高通胀后大幅升值，结果是变成库存，最后肯定是变成亏损了，然后在经济下来的时候反而没有成交量，所以这是一个非理性的行为。

还有一个就是房地产的投资和销售出现中期的拐点。去年我讲房地产调整是半个拐点，为什么？就是销售额，只有销售额的下降，即需求的下降，但是供给却仍在增长，投资，当期是需求，下一期就是供给，去年的房地产投资增长速度还是比较快，全年增长 20.9%，在上半年的时候还是保持 30% 的高增长。房地产投资的高增长持续的时间越长，假如需求持续下降，那之后的调整非常地艰难，现在就面临着这个问题，尽管现在的房地产有些复苏的迹象，但是我们现在感觉到房地产的全面调整在今年才全部拉开，就是销售额的调整，还有我们房地产投资的调整，现在前两个月房地产的投资增长 1%，估计可能还要负增长，会出现负增长，就是很低迷的，原来是 20% 几、30% 的增长，现在降到了 1% 的增长。

这里我还要强调：经济增长放慢不仅仅是受外部冲击，也是内生性变化所致。这次中国经济增长的调整（不是衰退）是出口放慢和我们内部的调整共同作用的结果。这样的结论我觉得我们现在官方文件

上基本没有，经济学家我遇到的多数人还是认为这个调整就是一个纯粹的外部冲击。就是讲假如没有美国金融危机的影响，那中国经济还是保持比较高的增长，还是10%。我坚决不同意这个观点，我认为没有这个金融危机，中国经济照样也要调整，从13%会调整到8%、9%，肯定要调，但是不一定调到8%以下。但是现在有了大金融危机它就会调在8%以下，所以我们保八的问题就出来了。

我判断的依据就是翻到前面这一张图，这张图是房地产，中国最大的一个内需是房地产，就看房地产需求的变化。实际上很多产品也是这样，我觉得最重要的一个需求就是房地产。它是在2007年的时候，房地产从价格，从成交量，从投资都进入一个疯狂的状态，就是过热得一塌糊涂，当年的成交量应该是增长40%多，当然到了11月份、12月份的时候开始下降，降到20%、30%，从月度40%、50%的高增长回落到20%左右，幅度是很大的。2009年房价增长多少？我们现在的统计数据也就不过增长10%。实际上我认为几乎中国所有的城市房价都增长30%以上，有些地方增长50%，就是北京，房价已经很高了，那一年增长将近50%。我们基本上很多地方是三年翻了一番，五六年翻了两番，有的达到三番这个水平，这是事实。但是在2007年最后两个月的时候开始调整，到了2008年第一个季度（金融危机还没影儿）房地产的销售额已经是零增长了。从一个30%、40%的增长降到零是什么概念？我们内需已先于金融危机很久（半年以上）就明显调整了，我们却视而不见。到了二季度是什么情况？房地产销售额下降10%，我这个数据是当月数据，不是月度累计数据，我自己给它算的月度数据。然后到了奥运那个月，就是8月份降到30%，那时候离美国金融风暴的最终爆发还有一个多月时间。这个变化就在半年时间发生的，是在金融风暴发生之前，我们却看不到。9月15号是雷曼兄弟公司破产，然后我们中国的影响在10月份才开始显现，11月份就是一个非常严厉的一种显现，所以我们讲实际上是内需变化在先，外需也开始有了变化，但是影响不大。内需变化是完全不能忽视的，现在也没办法估计到底是哪个更大、哪个更强。我的观点就是这样，共同作用，一个都不会少，就是内在性的变化和外部冲击的一种结合，这样看问题我觉得比较客观。

第三就是这次主要的宏观经济风险是产能过剩问题，未来我们的压力，经济复苏的压力，经济复苏的障碍主要是产能过剩的问题。怎么来逐步地消化这种产能，大量的库存怎么消化？我觉得这是我们未来扩大内需面临的一个主要任务，就是我们扩大内需要有利于库存的消化，有利于产能的消化，同时能通过借助市场的调整来淘汰一批需要淘汰的落后产品，这就是结构调整。这里面讲到产能过剩，我觉得特别要讲一下房地产的产能过剩，房地产的产能过剩一直是不被承认的，但是今年被承认了。我在两年前就提出了房地产早就过剩，房价上涨的时候房地产实际上是过剩的，这个观点看起来有点儿违背经济学的原理，实际上是事实。因为我们房地产是个很不均匀的市场，很不均匀到什么程度？最近我在春节的时候，我算了国家统计局城调队的"生活支出"，我非常惊讶地发现，这就是富人的游戏，房地产完全是富人在里面玩，在里面炒。所以你想 10%的人在十年前不论是通过房改、通过他经济的实力，早就解决了房子问题，但是这个市场最后产生的供给全部是给这些人买去了。你想这是什么市场！你想想他买了干什么！他不是为了住，他为了卖给下一家赚钱，他这个东西跟市场的需求是接不上的，60%的人是没有这个能力，所以房价真是这个情况，房价降了一半，这些人还是进不了市场。这实际上就是市场过剩，是一个产能过多的问题，与大众购买力无关，但是市场确实也成交了，成交了是因为他不是真实的居住需求，而是投资投机需求。这就要么房价继续往上涨，变成一个泡沫，越来越变成泡沫，最后像日本那种泡沫经济，破灭了，然后我们多少年，十年衰退或者什么，那太可怕了。还有一个就是要让它调整，把这个问题解决了，但是现在我们在

这两个之间艰难地选择，很困难。但我觉得还是后面一条对策是对的，后面我还要解释，总理报告里面对房地产的态度也有一些变化，不像原来那样死保的思路。我算了一下，大概要两三年才能消化掉，产能过剩的程度要两三年才能消化掉。

还有一个就是其他的工业品，主要是重化工业品面临的产能过剩压力非常大，像钢材的产量过剩是非常明显的。为什么它过剩？它很大部分是因为房地产过剩。实际上房地产过剩是内需的不足，还有一个是外需的不足，我们钢材里面前些年每年增长20%，增量20%的一半需要出口来消化，所以现在出口没了，成了负增长，所以一下子就变成了国内供给的压力，所以钢材市场的回暖肯定是不会持续很长时间的，肯定会还要继续下跌，所以前段时间我看到报道说跌到了1994年的水平，我看1994年的水平、1990年，说不定要跌到80年代的水平，因为产能过剩你不知道有多大，而且房地产产能难以消化的话，那它这个调整时间会很长，而且程度还是会比较深的，所以现在产能过剩问题我认为是影响未来几年中国经济要走出一个低谷，进入新一轮增长的一个最关键的因素。

第四个，我认为还面临着一些政策性的风险。你不能讲政策都是没风险的，我认为政策是可以造成风险的，你像对房地产的政策我认为就是一个风险，房地产的政策，前期的政策是保房价，然后通过这种保房价的方式希望老百姓去购买，刺激成交量，但是最后实际上是没有成功，后来才开始采取鼓励房地产商适当降价，但是一直没有很坚决地去推进，最后就造成了房地产的调整。在保房价政策的主导下，实际上房地产是延缓了调整，延缓了调整，实际上是带来了中国经济调整延长，所以我认为我们当时出台的一些房地产调控政策，是导致调整期延长的一个因素，当然后来得到一定程度的矫正，现在应该说是一个矫正的政策。所以我跟房地产商说，不要以为它保你们就是对你们好，它可能是没有认识到，因为这次危机半年过去了，我就挺一下子，那我就真是可以的，但实际上这个危机不是那么回事，半年不行，一年都解决不了问题。要我说两三年，这种情况下实际上最好的政策是什么？是促进、加快这个调整，是你通过降价来促进成交量的放出，消化你的库存，消化你的产能，这是最好的政策，但是我们的政策不是这个，为什么？因为我们实际上对这个形势的判断是不准的，所以不是说政策就没有风险。

接下来我想讲一下今年到底怎么看，今年的形势怎么看，我认为有几条。第一个就是近期出现了一些积极的信号，特别是前两个月的数据我们看到好多的一些变化，这些新的变化是不是一个中国经济 V 型反转、走出谷底的标志？现在大家都在讨论，证券投资的这些人，不少人偏于乐观，有可能是同他的部门利益相关。也有不少官员去年就表现了一种乐观，还有一部分经济学家也是这样，但是也有一些不同的观点，我觉得可能是一次强反弹。现在来分析一下数据：第一个就是信贷的大幅增长，一月份的时候 1.62 万亿，2 月份的时候 1.07 万亿，去年 12 月份的时候是 7000 多亿。这样我们连续的放量超过了我们繁荣期时候的量，可以讲现在是金融，特别是信贷最为宽松的时期，比任何时候都更宽松，利率水平也更低，所以讲这确实是一个宽松的，极为宽松的货币政策。现在不是讲"适度"宽松吗？我看是一个极度宽松，最宽松的，没有比这更宽松的时期。这肯定会对经济产生一个积极的影响，它会推动投资的增长，推动股市的繁荣。

再有就是一些重点产品需求增长反弹，价格回升。这里面包括钢材、有色金属，还有好多其他商品、原料产品价格的反弹，这可能跟预期有关，也跟 4 万亿直接拉动有关。

还有一个就是投资增长的反弹，去年四季度的时候，投资增长速度已经降到 10%，就是讲从 20%几、30%降到了 10%几，然后今年前两个月涨到了 21.5%。这是一个大幅的反弹，但是这个数据细分以后就会感觉到有些耐人寻味的地方，不是那么给人太踏实的感觉。我们可以跟大家作一个交流分析。第一个就是我们的投资增长最快的是哪一块？我把它总结为跟政府相关，或者直接能控制的这种行业，投资大幅增长，国有比重高的行业包括一些重化工业部门投资增长很快，国有及控股的增长 35.6%，但是非国有这块增长非常慢，第一个就是港澳台，港澳台投资增长 1.1%，然后外商直接投资只增长不到 2%，这么一个水平，这是一个很低的增长，原来是 20% 几、30%，后来降到 10%，现在已经降到 1%，房地产的投资只增长 1%。这些数据我把它叫做"两重天"，就是跟政府直接相关，能控制的这种行业投资确实大幅增长，大幅回升。跟政府无关，相对关系比较弱，跟市场关联很强，跟出口关联很强的这种行业投资基本上处在零增长，我们讲中国经济增长有"两条线"，一条是政府拉动经济增长，一条是市场拉动经济增长，市场是继续向下，政府是向上，政府的作用是抵消市场下滑的势头，所以讲，由此来判断见底，在这种情况下特别是政府强力度的政策刺激一季度的增长估计在 7% 左右。假如比去年四季度高，就确定底部，我认为是没有道理的，因为你完全是政府强力干预的结果，你不是市场作用的结果。我觉得要判断底部，一定要看市场之底，就是市场相关的这种行业，这种部门它开始止跌回升，然后政府的作用稳定，这个最后经济增长速度能保持 7% 以上，我认为这就叫做底部，现在判断底部，我认为 2009 年都不要谈，不大可能出现这种情况，因为外部的这种控制不了，内部的你可以控制投资，但是市场需求呢？它还是继续下降的，所以我们现在只是讲政府通过政策抵消了这种更多的下降，就是达到了某一种平衡，不叫"底部"，这是我的一个解释。这是从投资这个数据可以看出来市场是继续调整，这个调整幅度还是非常大，可能还会继续，继续以后看看能不能稳定下来，或者有反弹，这个可能要持续一段时间。

现在讲的就是两个，一个是房地产，一个是汽车，现在销售很旺，放量，形势大好，现在有人说，包括股市也有人讲将重新回到牛市。

我认为这可能是一种愿望，房地产销售额的放量它有两个因素，第一个因素是由于一些地方确实降价，当然降价的有多有少，但是都降了价，至少都降了 10%，降了 10%确实有些人觉得是一个机会，特别是有些拿了很多钱没去花的，想找投资机会赚钱的这些人以为是抄一个小底，这是一种；还有一种就是去年七八月份以后趋于观望的那种必须性的需求，如结婚买房这样一些必须的需求，他已经推迟了半年多，他现在看到房价跌了一点，然后在不大跌得下去的情况下，五六个月的需求都集中在这个月。所以我认为现在，最近房地产成交量不会持续很长时间，他是把前期的观望消化了一部分。实际上汽车也有这个问题，所以我讲对现在市场的反映，不要把它认为是一个持续不断的过程，我认为是一个反弹，是一种集中释放的现象，没办法持续下去。这是我对这些指标的一些分析，具体走势的判断我认为上半年可能比原来想象得要好，原来我认为上半年可能会比去年四季度可能还要低一些，运行两个季度，就是一季度、二季度，现在看来可能上半年，整个上半年能保证 7%以上，就是一季度低，但也不一定低于去年四季度，但二季度我想有一个回升，有一个比较，甚至力度还大一点儿的回升，就是可能能够接近 7.5%或 8%这么一个回升，然后三季度可能继续，四季度我认为可能又要下滑。我想从未来两三年看，经济增长走势是个 "W" 型，会有反复，甚至调整期会拉得很长，因为它是受外部和我们内部市场两个方面共同作用的结果。现在我们没有看到需求实质性的恢复，我认为在整个 2009 年都很难看到真正的底部，而明年上半年可能是底部形成的一个关键时期，如果按照原来周期规律推论的话，那 2011 年开始复苏，到了 2012 年、2013 年，特别是 2013 年的时候我看可能经济就又要来一次过热，当然这里面现在有新的因素，就是中国面临着中等收入国家陷阱，你长期的变量，长期的问题你得解决才行。这是我对 2009 年整个态势一个分析。

三、对"保增长"的看法

第三个，对"保增长"的看法。"保增长"的看法我想先讲总理报告我理解比较重要的内容，有新意的方面，我想讲九点，这九点因时间的关系我都不能展开讲。

第一个我想讲一下目标，对目标问题的认识，我认为我们现在的目标是高的，非常高，保八不会是很轻松的，不是那么回事，实际上现在保八的难度肯定比 1998 年亚洲金融危机更难，所以你要下更大的力气，保八我们的目标定得比较高。有几个高，一个是增长速度高，8%左右，这个是高的，要是凭我们自身，或者讲从趋势，或者从能力上讲，我觉得可能 6%、7%更适度一些。还有一个定得高，新增就业定得太高，失业率下降低估了。失业率定得太低了，4.6%以内，前些年城镇登记失业率 4.2%、4.3%，面临这么大的经济波动，又面临着这么大的内部问题，失业率才上升那么一点点？我觉得很难完成，或者讲没有办法完成，今年最难的一个目标就是就业，失业率降到这么低。但是你又不能定得太高，你要定到 6%、定到 7%那就麻烦了，更麻烦了，所以这也是一个矛盾的地方。有这两个目标定得高，也有一些定得比较低的。如通货膨胀率定得是比较低的，最容易完成的就是通胀指标，4%左右，这是最容易完成的指标，货币增长指标也容易，现在差不多货币增长 17%，货币供应量 M2 增长 17%一点儿问题没有，贷款的话可能超预期，5 万亿以上现在已经完成了 2.7 万亿，两个月完成了一半多，这些指标都容易完成，最难的就是我刚才讲的 GDP 和就业。但是总理这个报告里有一个特点，就是留有余地，这里有几个注释，我认为这次报告的特点就是在总理讲话的时候带一些注释，一个是讲完目标的时候有个注释，还有讲投资的时候有一个注释，我记得还有一个地方也有注释，这是总理报告的一个特点，其中关于增长目标的时候，注释是这样，"只要政策对头，措施得当，落实有力，就有可能实现这一目标"，"有可能"，就是讲有弹性的，一个8%左右它是有弹性的，另外他是讲"有可能"，我觉得还应该考虑一个代价问题。

第二个就是对基本形势与发展趋势的判断。这里面有三点，第一个就是对当前形势的分析，就是世界经济仍未见底，就是金融危机还在蔓延，仍未见底，中国受到影响以后中国还继续面临着经济下滑，作为中国经济的一个主要矛盾，就是中国要保增长，要抵制这个下滑，是这么一个判断，这个判断应该说是跟我们很多人认为中国主要是受外部冲击影响，内部的问题基本没谈，但是这个判断没错，很对的，因为美国经济至今没有见底，应该说这是最糟糕的一年，这没错。明年是不是有回升这很难说。第二个判断就是对长期，对我们增长的前景的判断，即"仍处于战略机遇期，挑战与机遇并存，困难与希望同在"，就是这种表述，比方说讲"仍处于战略机遇期"，有人担心中国经济以后不会有这种高增长了，我们讲还是一个三年调整，之后还有高增长，而且是很大的可能，所谓讲"长期看好"，我们长期增长趋势没有变，这么一个判断，这个我是同意的，因为中国人均收入还是刚刚进入中等水平，至少还有一个中期周期，甚至还有两个中期周期，保持9%～10%的这么一个高增长的过程，我想这是必须的，而且特别是中国的中西部地区发展更需要这么一个过程。第三个是对信心的分析，信心的分析他讲的是八个"来自于"，八个"来自于"我不给大家解释了，因为大家都读过这些东西。我特别强调一点，一个有新意的地方，就是"来自于充裕的资金、丰富的劳动力"这一点，我认为有深意，这实际上是说我们有钱，实际上是讲给世界听的，讲给国际听的，我们有钱，我们可以做很多事情，就是你们做不到的事情我们能做得到，因为我们有钱，因为我们有外汇储备，我们中国现在这一次应对金融危机最大的优势就是我们有钱，两方面有钱，一是我们有两万亿外汇储备，美国没有，这个钱从理论上讲是可以应对金融危机的，

但是美国的国债要兑现他整个市场就塌了，有这个理论的可能性。还有一个，就是中国确实这些年，特别是从 2002 年、2003 年增长以后中国出现一个流动性过剩，资金非常充足，民间的资金、企业的资金、社会的资金、银行的资金都非常充足，到现在我们也没有存在什么流动性问题，所以讲这就是我们有钱的底气，我特别强调，过去我们不敢讲这些话，因为我们一直都是"没钱"、"资金短缺"，这一次才讲我们有钱，这是有某种深意的。

第三个，讲一下政府工作报告提出的四个原则，一共是 24 个字，我认为这个总结非常好，特别好，它不光是适合于 2009 年，我认为未来几年，甚至十年它都管用，是对前期的一种总结，对十七大报告的进一步深入。去年中央经济工作会议提出"保增长，扩内需，调结构"，在这个基础上再加上一个"改革"，改革是个动力，就是"抓改革"，还有一个"重民生"，反映了近期的一些变化，我觉得这几个原则是非常好的，有些东西是不能变的，这二十四个字以后就不变了，就这么个原则干十年，甚至干更长时间它都没有问题，这是我的理解，就是原则总结得非常好。符合实际，也对未来有非常大的指导意义。

第四个是提出了促进经济平稳较快发展的"一揽子"计划。这里面在这之前可能有些误解，就认为中国"两会"期间我们要推出一套新的更大的刺激政策。这是当时市场上有这么一个误解，包括国际上一些机构也有这么一个猜测，因为总理首次提出了保增长的"一揽子"计划，实际上这个东西是一个总结。是对前期我们从八九月份开始保增长，后来到了 11 月份我们 4 万亿，到了后来，到"两会"之前出台了十个行业振兴规划的一个总结。这个我们就是"一揽子"，"一揽子"是慢慢产生的，一个一个加到这个篮子里面，是"一揽子"规划、计划，我觉得是这个概念，而不能错误理解是一个新的，但是这是一个更加系统化、条理化的过程。后来人看到我们发改委主任张平又将七个重点总结了四个方面，这四个方面第一个就是扩大内需。第二个是振兴产业，就是十个产业规划。第三个是科技支撑，我们要投资6000 多亿支持国家科技发展。作为一个长期投资，原来我们有个到2020 年的一个科技振兴规划，这次把它强化，进一步强化了，把它作为一个重要的科技支撑。第四个就是社会保障，保民生。所谓"一揽子"是一个长短结合的，短期的扩大内需、长期的扩大内需，扩大内需加结构调整，又将科技的支撑及社会保障这样的一个民生问题结合到一块儿，形成一个系统的计划方案。

第五个就是关于扩大内需的重点。扩大内需的重点现在实际上很明显，我们开始的时候就是放松金融，降息、存款准备金率下调，对房子也是降低它的税负，实际上这些效果都不行，后来什么行？还是政府干预，通过直接干预。国家计划了 4 万亿的盘子，行政命令银行去贷款，这个最有效。所以最后看的结果就是信贷，信贷扩张，政府带头干，市场是不会作出这种东西的。所以我们还是靠人为，靠这种政府强干预的力量，这是我国调控的法宝，一点都没变。扩大内需这次有些新意的地方，就是我们原来还是重视把房子摆在第一位，这次扩大内需，特别是扩大消费需求把车子放在第一位，强调汽车、服务业的消费，我觉得这是一个有新意的地方，大家可以体会一下。扩大消费和产业振兴的第一条是关于汽车，十大产业振兴规划的第一个产业是汽车行业，由此我联想到，我感觉到中国对于消费，未来的消费，或者讲经济增长的动力有一些变化，就是我们希望不是一定得靠房子，有这么个意思。这是我的理解，不一定对，我觉得这是对扩大消费重点变化的信号。当然住房消费一直是重视的，但是他主要是强调保障性住房的建设，政府的职责，我觉得这是一个，没有特别地提到房地产要怎么刺激。我认为房和车之间的消费主次会有一个变化。我主张是促车抑房，抑制房子的消费，我刚才跟大家讲了，房子的消费 10%最富的人消费了 50%的房子，这是很不公平的，导致了一种扭曲、一种失衡，所以我觉得应该矫正。

第六个，振兴产业的重点。振兴产业重点它是分三个方面，第一个是强调企业兼并重组，这个是毫无疑问的。因为我们现在利用这个机会提高竞争力，以提高产业竞争力为主线，然后通过兼并重组来提高，同时淘汰落后的产能，重点就是兼并重组。第二个是支持中小企业，给中小企业以金融及其他服务方面的大力支持。第三个是鼓励企业自主技术改造，结构升级。

第七个是科技支撑的重点。科技支撑的重点特别强调这么几个方面，我觉得这也是未来我们投资的一个方向，而且是个长期的。第一个就是做强做大装备工业。科技支撑强调装备工业，也就是装备工业的技术进步是科技的核心，应该这样理解，产业结构升级重在制造业升级，所以这次讲"调结构"是调工业结构，有句话表述为"调结构主要是调工业结构"，工业结构优化，这里面特别把科技支撑作了强调。"做强做大装备工业"，说明了装备工业的重要作用；还有新能源的开发；节能环保；还有一个抄底"人才"，当然他不是这么表达的，就是讲利用外部的高精尖管理人才，怎么利用，这实际上把我们前期学界的一些讨论，关于抄底是抄底资产还是抄人家人才，反映在文件里面。

第八个我认为是其他方面，这个跟我们山西有关，我认为很重要的一个方面，当然特别是后面房地产的税制改革不是全新的，但是我认为有新意，假如今年这两方面有一个重大的突破，那我们讲对中西部地区的保增长，或者对一些地方政府，解决他们税收、财税方面的问题是很有帮助的。第一个就是抓紧研究制定中西部地区承接产业转移的具体措施，这里面我感觉到这个提出来是完全合情合理而且是必须的，但是缺了一环，缺了什么呢？就是沿海地区要加快转移。这边转移那边承接实际上是一个总体的东西，后面我还要讲，就是国家要实施一个新的区域性产业调整战略。在这方面中部地区有大做文章的地方，即承接产业转移。但是我们现在感觉到这个产业转移还是很被动，沿海地区不积极，我认为这是个缺失。但是这个事情我认为这是个非常大的，重大的战略安排，要把这个做好了，我觉得很多问题，区域协调问题、农民工的一些问题可能都会加快解决。还有一个研究推进房地产税制的改革，房地产税制实际上就是收不动产税，收物业税，收物业税可能对房地产市场会产生一种抑制作用，暂时的抑制作用，但是对长期，特别是对地方的税源，市一级、县一级应该作用可能更大一些，省一级稍微好一点儿，为什么呢？因为我们预测，未来几年一些地方政府的税源可能存在问题，甚至财务上会产生很大的不足，这个问题就是通过税制来调整，当然这个是"一揽子"的，我只是讲房地产税。美国的作法可以借鉴：美国地方政府的税收主要是靠房地产，房地产的税收占地方政府税收的80%，但是它支出主要是教育，教育这一项也占它支出的80%，也就等于讲，房地产的税主要是用在教育上，所以教育就不愁了，因为房地产税是稳定的，你根据你的总值收某个百分点是稳定的，不管你有没有收益，根本没有关系，它是资产税，所以这个好，因为资产总是在不断增长。

第九点是保民生，今年主要是强调医疗体制改革，医疗的卫生事业改革发展，当然也强调社保政策的一个支撑，就是中央多拿一点儿钱，然后让地方做一些配套，但是我觉得这个力度实际上以后还可以大一些。以上是我对总理报告的几点理解。

我对保增长有这么几个理解，和大家交流一下。第一个我认为保增长应该不能是讲光保短期的，当然开始的时候确实有一段很着急保增长，提出很多短期的政策，后来慢慢地从产业，包括保民生来考虑一些长期的政策，所以保增长一定既要保短期增长，也要保长期增长，更重要的是要抓住全球的这个弯道，这个经济大调整的时期实现弯道超车，特别是我们要解决长期问题，促进我国产业竞争力提高，走出"中等收入国家陷阱"。关键点就是制造业升级，就是整个工业的升级，工业做大做强。当然我们的一些服务业及一些高科技产业也需要配合，

重点应该是制造业的强大。然后就是保增长主要是保底线，现在我们的底线是8%；更要保民生，保就业，这个现在已经贯穿于总理的报告中。

我现在特别讲一下第二点，就是用什么保增长，靠什么保，它能不能保住，今年保住了，明年、后年能不能保。我提出几个问题，第一个问题：简单地保投资能行吗？提出这么一个问题，就是现在的共识是这样，我们保增长消费是慢变量，出口管不着，三大需求我们只能搞投资，很拼命地搞投资，现在一些地方政府也是这样。我了解了一些地方，往常的投资增长，前些年高增长的时候不过30%，或者高的40%，现在今年提出的计划我看是50%以上，有的翻一倍，不是一个县的，有的是一个很大的城市，省级的城市，他提出"投资翻一番"的目标，我觉得这怎么可能实现呢？简单的保投资对未来可能不见得是我们原来预料那样的作用，我讲就是4万亿，4万亿这个不多，它带动的直接投资和带动作用都不会特别大，不是特别多的概念，假如有更多，中央肯定会愿意做得更多，没有的话，我的观点就这样，4万亿已经到顶了，中央只能是安排这个，他要有8万亿，他绝对不安排4万亿，5万亿他也不会安排4万亿，它已经到顶了，实际上是把所有的可能，最大的可能都调了出来。未来投资增长将会明显小于上一期，为什么？如基础设施潜力缩小，高速公路在1997年的时候仅有7000公里，我们去年为止完成了6万公里，我们整个的高速公路投资规划是多少？是8万公里，跟美国一样，然后我们是到2020年完成，我们实际上12年只有2万公里的高速公路骨干，潜力明显缩小；那我们房地产的投资潜力会减弱，我们人均住房消费水平已经接近发达国家水平，达到中高收入国家水平，过去我们老说发达国家人均住房面积达30平米以上，我们现在城镇就是30平米，农村当然更多，但是质量有问题，以后城市化还有一个空间，但房地产投资增长速度一定会大大地放慢，从过去的接近30%回落到10%多点。基础设施中机场、港口投资也接近饱和了。只有铁路投资有较大潜力，但无法与高速公路相比。基础设施的空间很有限，房地产也很有限，那我们讲这个投资靠什么？所以我认为这个投资很难承担，靠把投资短期拉起来不行，它不能持续，基础设施过度发展也不行，你把那些过剩的行业投资又给它抬起来，抬起来以后更加产能过剩，需求不起来没有用。过去高投资形成过多的产能没有出问题是原来美国帮忙，美国那边也在胡干，用过度的货币刺激经济增长，过度消费，消化了我们的产能，以后不行了。靠投资保增长将受很大的限制。

第二个，老模式行吗？什么是老模式？我讲老模式，前些年高增长的老模式就是"两个过度依赖"，第一个过度依赖是依赖于外资，扩大出口，就是我们出口规模很大，而且我们的增长确实是靠出口，每年增长 25%、30%，五六年，然后造成很大的顺差，我们是靠这个。这个又是靠什么？这个又是靠外资，我们外资占出口的比重 55%，所以我们的出口是外资帮忙，假如把外资这个因素除掉以后，我们出口还是大国吗？不是大国，是一个跟我们 GDP 规模相当不相称的，我们是相对小国，因为我们 55%要除掉剩下 45%，这是什么概念？占全球的比重只有 3.8%，我们现在 GDP 已经占全球 6%，现在我们的外贸整体占全球是 8%。以后外需增长将是中长期放慢的，美国潜在增长率将放慢，过去 20%美国的潜在增长率可达 3.5%，以后只能达到 2%至 2.5%，那全球贸易会相应放慢，靠出口的高增长来支持我们经济增长达到10%，这个过度依赖是不成立的，以后就是你没办法去依赖。那我们国内依赖于什么？依赖于房地产，前面讲也不成。因此，必须找新的增长点，即通过模式转化来挖掘新的增长潜力，这就是我的思路，就是我认为要有一个大的转变，不可能重复原来的，我们现在整个的政策里，我认为还是想重复原来的，把房地产再刺激起来，对出口也希望它通过退税率的提高把它拉上去，我觉得这不现实。出口要提高也可以，但是你必须要把出口产品竞争力提高，未来引进外资也会比较艰难。

第三个问题是宽松的货币政策能解决问题吗？现在我们是靠宽松的货币政策，这是全球普遍的一种做法，全球都是把利率降到现在都是零利率水平，但是这里面有大风险，我觉得未来全球经济的一个最大的不确定性就是低利率，这个宽松的货币政策，这会造成很大的问题，短期内看来是稳定的因素，是刺激因素，长期可是一个非常不稳定的因素。日本当年就这么干了，日本是用低利率政策刺激了房地产，形成房地产泡沫，泡沫破灭以后日本人受不了，然后又把利率降得比当时还要低，最后的结果是什么？就是日本十年衰退。为什么十年衰退？货币这个工具失灵，货币不起作用了，货币的价格——利率，它不起作用，造成这种紊乱，所以持续了十年之久。所以美国现在面临的最大挑战就是低利率问题怎么解决，经济复苏了就赶快给它调上来，那还差不多，但现在看来很难，因为这次经济危机它的影响太大了，所以他们在这里面选择又面临了很大的两难。

我提出中国要有一个模式转变，即从两个过度依赖转变为两个依靠。第一个是依靠消费需求，依靠扩大国内消费需求；第二个，依靠自主创新，提高自主创新能力。我觉得只有走这条路，才可能使中国走出中等国家陷阱，因为其他的没有路可走。所以我们现在的整个思路，包括研究这个的整个思路还是要重复一下原来的过程，我认为这是不恰当的，很难能够成功，我是这么一个判断。

这里还有几个问题，一个是要避免政府干预过度，其负面影响我想用一个例子来说明。我对生病与健康关系有个初步的研究，我认为人的身体和疾病的关系就像经济运行的稳定和危机的关系是一样的，即要努力发挥市场作用，减少政府过度干预，不当干预可能造成更大的问题。有一本书叫《病者生存》，这本书非常好，意思是说经常生小病的人，不断地生那些小病的人反而能长寿，为什么？作者从遗传学，从它的机理来研究，他得出一个结论，就是生病就是一个保健康的过程。于是我提出疾病分两种，一种是好病，一种是坏病。怎么病还有好病坏病？有，有一类，很多病是好病，我就有一种病就是口腔溃疡，我认为是我的一个宝贝，是一个好病。因为我经常生口腔溃疡，所以我就比较健康，这是我得出的一个结论。什么病是好病呢？很多，很多慢性病都是好病，什么脚气、鼻炎、感冒、口腔溃疡，反正很多这种慢性的病都是好病。所以我有一个定义，什么叫好病？与生俱来的，小的时候就有，与生俱来的，最好是遗传的，爹妈给的，还有一条，就是经常周期性地复发的，这个病都是好病，是你保证健康的一个机制。所以慢性病都是治不好的，没有医生讲能治好口腔溃疡，真是能治好那会是一种灾害，治好了你身体健康就受到严重伤害。所以由此我就想到经济运行也是这样，宏观经济运行也是这样，它需要生病，就是经济运行它需要调整，需要萧条、衰退，衰退或萧条并不是什么坏东西，我一直认为它是中性词。恰巧有一个人对此作了深入研究，他是一个很著名的经济学家叫罗斯巴德，他写了一本书叫《美国大萧条》，他这个解释跟现在的一些主流的解释完全不同，他认为衰退或萧条是一种机制，是保障经济健康运行的一种机制，是显示效益的过程。什么是市场经济？我认为市场经济就是充分竞争下的优胜劣汰过程。那我们优的东西被胜出，劣的东西被淘汰在什么时候发生？肯定不是在繁荣期，肯定在衰退或萧条期。所以讲衰退或萧条这个事情发生尽管是会给人带来不方便、痛苦，但是它实际上是创造效益的过程，是淘汰落后、保护先进，所以我们讲，不能太反市场，所以我一直呼吁这个，包括美国这次金融危机也是因为政府干预过度，因为他老是非要一个高增长，非要保持他那个比较高的增长，然后给低利率来刺激，然后形成房地产泡沫，然后房地产泡沫又延伸为衍生工具的泡沫，就是金融，信用泡沫，所以最后造成这么大的危机。

我与许多学者的分歧是：他们认为中国经济调整是外部的冲击引起的，不是内部的问题，我认为是两个共同作用，而且内部更主要，

这样才帮助我们解决问题提供好的思路。现在对投资的依赖更强，我很担心，这样演化下去会很危险。

四、对国家的六点建议

最后一部分就是对国家的政策建议，我有六点建议，讲二十几分钟或半小时。六个建议第一个是大幅度增加非基础设施的公共支出。我认为最有潜力的是非基础设施的公共支出，也就是民生方面的公共支出，教育、医疗、社保以及其他的公共服务，这些支出是最有潜力的。基础设施潜力相对不大，前面我已经分析了。保增长保民生是最重要的，因为民生它有个好的预期。更重要的，这种保增长，就是增加非基础设施的公共支出，实际上是减少了居民的支出，增加了他的收入，你像教育、医疗，教育、医疗这一块我们老百姓支出占的比重都在50%以上，政府仅掏小头，老百姓负担重，影响了消费和消费预期。这个结构是不合理的，西方发达国家，甚至有些发展中国家，跟我们差不多水平的国家都是反过来的，就是政府掏得多，老百姓掏得少。所以我们现在需要一个结构转换，让政府支出去置换老百姓的购买力，这不光使他们减少支出，更会提高他们对政府的信心，消费预期就转好，敢于消费，没有后顾之忧。

第二个建议，真正的加快城市化。要想扩大消费需求，我觉得有一个重要的方面必须是推进城市化，使城市化加快。那我们说，前一段时间我们高增长，是不是城市化很快？不是的，我们前一段高增长并没有带动城市化的加速，或者说不是由于城市化的加速推动了上一轮的高增长，就是刚刚过去的高增长跟城市化加速没有关系，我们很多地方，像北京、上海这些城市人口在增加，有很多人说这房价上涨就是城市化，因为人增加了。但是这些人很多都不是从农村过来的，很多都是从一个小的城市，中等城市迁过来的，这不是城市化的过程，城市化一定是农民变成市民，这个过程我认为没有加快，而且我们现在算得太高，43.9%，明显偏高，要打个很大的折扣，就是农民工这个城市化人口，最多就是单个劳动力城市化，他只能算一半。那么由此我们城市化的水平还是很低，严重滞后，我们如把他这个农民工的城市化变成一个农民家庭的城市化，变成市民，那他消费就不一样了，这个消费需求就会释放，他定居于城市就会购房子，当然只能买简易的房子了，购房子、买家具，这样他们的生活一下子就升级了，社会需求就会扩大，城市化是未来扩大消费的一个核心。当然这里面有几个措施，第一个我认为是首先要降低房价，高房价下无城市化，这样的高房价怎么可能有城市化发生？肯定是抑制城市化的，不可能是加快城市化。其次，就是政府帮助农民工建廉租房，我同意茅于轼先生提出了为农民工或城市低收入家庭多盖"筒子楼"的建议。不带厕所的房子，是一种住房过渡。我们很多城市人原来不就是这么走过来的吗？现在很多农民工是十几个人挤在一个房间里，你现在给他一间，让他一个家庭进来，我觉得这是多大的改善？这花不了多少钱，但这是伟大的工程。当然你可以做个公共厕所，像原来筒子楼那样的，也可以有厕所的，我觉得这种房子绝对不能超过 30 平米，一般都是 20 平米、15 平米，就这么一个东西，大量地做，加快城市化，所以我建议国家要制定一个农民工安居工程计划。

第三个就是刺激消费，扩大消费要有一个重点的变化，要促进汽车化，强调汽车消费。汽车消费它的作用非常大，我有一种思路，就是什么意思呢？就是我们中国人这个消费观念太落后，他有钱了就是吃好了，吃饱了、吃好了，然后就是住，就是讲究住，就是以吃、住为中心的消费倾向、消费偏好，但是西方不是这样，西方对吃不是太讲究，住也不讲究，住在某种意义上也是身外之物，你现在核心家庭都比较小，三口之家，你有个 100 平米不就够了吗？但是现在许多人不是这样，要 150，要 200，也愿意去郊区住个大房子。我觉得中国这种倾向确实是过度的。德国这个国家现在人均收入是达到 3 万多美金，

自有住房率只有 42%，58%的人没有住房，没有自我住房，那这样花的钱就少了，这个钱怎么消费？我的理解就是玩，就是以玩为中心，我们是吃、住为中心，我认为我们这个消费结构是有问题的，因为它这个是封闭的，又耗钱、又封闭。你买房子以后，你哪都出不去了，因为你没有钱出去，特别是年轻人，把父母、岳父母的钱然后再加上自己工资的一部分都拿来消费房子，然后他哪有钱去消费？但是西方人绝对不是这样，他可以租房子，然后剩下的钱大量去玩。最近我看金融危机的时候有个调查讲法国人，法国人他讲，为什么我现在金融危机了还要工作？实际上我可以不工作，因为我有一个旅游计划，所以要找份工作。他是以玩来定工作的，他整个的品位，生活的质量就高，所以我们现在这个生活质量比较低，玩被吃、住捆住了手脚，所以我说这个要改变。怎么改变？以玩为中心的，那一定是汽车化，就是汽车非常重要，而且从历史上所有国家的发展中，汽车化是一个必然的过程，它也是你工业化一个核心阶段的反映，所以国家和个人都要重视汽车消费。第一个好处，它直接对消费作出很大的贡献，汽车可以普及千家万户，它的整个价值是一般家电的几十倍。第二个，它会带动服务业的消费，增加休闲、旅游业的消费。我们现在不是服务业不行吗？休闲、旅游业现在总理报告里面讲了，汽车之后就是休闲、旅游，强调其他的新消费，服务业的消费是我们最短缺的，服务业也是我们最落后的，汽车可以带动服务业。同时还有第三点，汽车可以带动工业结构的升级。汽车这个行业它的链条非常长，它对技术进步的贡献非常大，原来有说法，就是"汽车是工业中的工业、机器中的机器"，它是一个工业的集成者，一个汽车有四万多个零部件，所以它对产业链的延长作用大。对解决就业的贡献大，比房地产大多了。当然我们的方向是不能整套高耗能的汽车，一定要鼓励节能型的汽车。

第四个就是增加自主创新的投入。自主创新的问题我在 2007 年的时候有一种说法，就是我们讲流动性过剩必然产生泡沫，要么是房市泡沫，要么是股市泡沫。那么选择哪个泡沫好呢？我的研究就是我认为应该是选择股市泡沫，不能选择房市泡沫，现在大家知道，房市泡沫造成的都是灾害。这次美国金融危机、前一次的日本泡沫经济、亚洲金融危机，甚至所有拉美化现象，最重要的原因就是房地产泡沫。不论房地产泡沫是发生在发展中还是在发达以后，这之后都是灾难性的。日本相对幸运，他发生在发达以后，最不幸的就是发展中国家，所以我们现在一定要避免这个问题。但是我们讲股市泡沫，不能讲纯粹让股市炒到 6000 点，炒到 10000 点然后又回来了，变成 1600，那个不行，因为什么？一定要跟产业升级结合起来，自主创新、产业升级，我强调的就是形成一种机制，资本市场泡沫的机制促进产业发展、产业升级。美国当时就是这样战胜了日本，80 年代美国没办法跟日本比制造业，因为它是一个高耗能的工业体系，日本则形成了节能型的工业体系，所以，石油危机时日本制造业很有竞争力。那后来美国怎么打败日本的？就两点，第一个就是保护，就是通过日元升值来保护它，保护美国，这是谁都可以做的，这也是今天为什么美国人总是要逼人民币升值的原因？他就是想抑制你。1986 年广场协议后日元大幅升值，但是日本人作出了一个错误的选择。日本人最好的选择是放慢经济增长速度，就是抑制它的出口，增长速度由过去的 5%～6%降至 3%，跟美国差不多就行了，但是他就不信这个邪，因为长期以来日本存在一个叫做"高增长依赖症"，所以他还要高增长，那时候日本的高增长概念就是 5%、6%。因此，他要扩大内需，最后找到房地产，实际上房地产它不存在不足的问题，刺激房地产，把房地产泡沫搞起来了，搞起来以后所有的资源、资金、人力都流向房地产，因为它利润非常高，所以它的产业升级，向高科技这个方向发展，他就耽误了。这是美国第一招成功了，让你犯错误，做错误的抉择。但是美国人的厉害还有他的第二招，那是什么呢？美国要在制造业超过日本是很强的，因为它是高耗能的工业体系，改过来成本是极高的。这时发现了一个妙招：

把纳斯达克这个风险市场和高科技产业这个风险产业结合，就是利用这个市场泡沫来发展它的产业，最后它成功了，大家都看到了它的成功，90年代的新经济它成功了，超越了日本。就是高科技，现在所谓的高科技，叫做什么"创新性国家"只有一个，就是美国，其他都不是高科技国家。现在我说我们的任务是保持劳动密集型产业竞争力，同时建立资本技术密集型产业，也是重化工业竞争力，这个重化工业竞争力靠什么？怎么做？我认为一个重要机制就是利用资本市场，就是资本市场让它有些泡沫都没有关系，但是你一定要跟它产业升级结合。为什么讲这个泡沫是好的，房地产泡沫是坏的？有一个泡沫经济学的理论是说这是一个技术泡沫，房地产泡沫是一个纯资产泡沫。技术泡沫破灭以后它留下了一批企业，最后形成产业竞争力，但是纯资产泡沫它是没有的，他只是一个资产泡沫，然后还回到原点，它对技术进步没有贡献，所以房地产泡沫不能搞。我们要学美国，将刺激资本市场发展与促进产业升级结构起来，在资本技术密集型产业形成新的国际竞争力，这是危机后我们的真正机遇。还有就是要重视民营资本的做大做强，让民营资本进入一个战略性的产业，成为新竞争力的核心。

第五个就是中部崛起作为区域发展的新增长点，这是我长期呼吁的，在2003年的时候我就呼吁国家要实施中部崛起战略，把中部崛起作为一个新的战略，1996年的时候我就比较早地提出"中部崛起"这个概念，我认为现在到这个时候了，到了一个加快中部发展的时候。我认为未来较长时间内沿海地区应该是减速的，他的人均收入很多已经达到4000、5000美元，有的达到8000美元，个别的达到一万美元，今后的增长一定会放慢。因为"两个过度依赖"不灵了。而加速只能靠中部，中国经济加速了，能解决许多问题，城市化问题，三农问题，地区差距问题，更重要的中部经济加速发展了，市场规模扩大了，内需不足问题将逐步消失。因此，扩大内需要重视中部地区的发展。

最后一个是加快一些关键领域的改革。有一种观点说我们经济调整，经济面临的金融危机外部的冲击，我们的改革就要放慢一点儿。为什么呢？因为改革要是讲在这时候还加快一些，那我们经济就更不稳定，这么一个观点我觉得现在还很流行。我的观点相反，我认为不是。我认为这是改革的一个好时机，就是这时候加快改革，我认为反而能加强稳定，更重要的是它激发一些增长的活力。当然也有某种不稳定的、不确定的因素，但是总体来讲，我认为应该是加快改革的弊比较小，利比较大，利大于弊。

谢谢大家！

文化的地域性与文化创新

时　　间：2009 年 4 月 29 日

地　　点：山西省委多功能厅

主　　讲：刘　勇

刘 勇

　　刘勇,文学博士,北京师范大学文学院教授、博士生导师,北京师范大学北京文化发展研究院执行院长。中国现代文学研究会副会长,《中国现代文学研究丛刊》副主编。中国鲁迅研究中心研究员,中国郭沫若研究会理事,中国老舍研究会理事。2001年入选北京市新世纪社科理论人才"百人工程"。2007年当选为北京市社会科学界联合会常委。先后在日本、韩国、新加坡、香港、澳门等国家和地区讲学并任客座教授。

　　长期从事中国现当代文学及文化的研究和教学工作,近年来主要从事北京文化研究。主要著作有《中国现代作家的宗教文化情结》、《20世纪中国现代文学研究》、《中国现代文学研究的视域与形态》、《现代文学讲演录》、《北京历史文化十五讲》等。先后主编过《中国现代文学史》、《中国现当代文学》、《走进经典系列丛书》、《北京文化发展报告》等多种高校教材与社科读物。在《文学评论》、《文艺研究》、《新华文摘》、《清华学报》、《北京师范大学学报》、《中国现代文学研究丛刊》、《鲁迅研究月刊》等核心期刊发表学术论文100余篇。

山西不仅是文化资源，

而且是有强文化！

刘易 2009.4.29.

　　每次来山西我都有一种文化的震撼，可以讲，我无数次在中国的土地上跨过黄河，看到黄河在平静地、缓慢地流淌，我怎么也想不到"黄河在咆哮"是什么一个情景。我前年从山西境内到壶口，才真正看到什么叫"黄河在咆哮"，所以我给朋友讲，给我的学生讲，一定要到壶口去看看，而且一定要从山西境内去壶口，你才能看到黄河从平静的河床下面突然奔腾咆哮的天下奇观。

　　我觉得山西确实是一个文化大省，晋北、晋中我去了很多地方，今天是我第六次来到山西。不但是一个文化大省，而且省委领导、各级领导高度重视文化建设，所以我提这样两句话，就是山西不但是文化强省，而且也是省强文化。省里面不重视，领导不重视，在座的各位不重视，文化本身也是建设不好的，所以不仅是文化强省，而且是省强文化。今天我给各位主要结合自己的一些体会，一些体验，谈一点有关文化的地域性和创新性的思考。我给图书馆的领导送了几本书，包括我最近刚刚发表了一篇《金融危机下文化创意建设的契机》的文章，我们今天就不再讲这些理论的东西，主要讲生活中的体会，在座的都是省委各级领导，更不需要我讲理论，理论都是大同小异，体验每个人则不一样，所以我着重从个人的体会去谈。

　　我今天主要讲三个问题，一是文化的地域属性，二是文化的创新机制，三是文化开发与文化发展。在讲这三个问题之前，我想先讲一个比较麻烦的问题，这个麻烦的问题却很简单，就是"什么是文化"。什么是文化？这是一个谁都明白，但谁都讲不清楚的问题，这个问题非常麻烦，我曾在许多场合被人指着鼻子问什么是文化？我也多次真想回敬问问题的人"问这个问题的人就没有文化"！什么叫文化，谁能讲得清楚？我引用一个材料，台湾省的著名作家龙应台，曾担任过台北市的文化局长，他也无数次地被人问到"什么是文化"？没有办法回答。于是龙应台写了一篇文章，来阐释什么叫文化？那么他说什么叫文化呢？他说文化："是随便一个人迎面走来，他的举手投足，他的一颦一笑，他的整体气质。他走过一棵树，树枝低垂，他是随手把这个树枝折断丢弃，还是弯身而过？一只满身是癣的流浪狗走近他，他是怜悯地避开，还是一脚踢过去？电梯门打开，他是谦和地让人，还是霸道地把别人挤开？一个盲人和他并肩路口，绿灯亮了，他会搀那盲者一把吗？他与别人如何擦身而过？他如何低头系自己松了的鞋带？他怎么从卖菜的小贩手里接过找来的零钱？所有的教养、原则、规范，在没有人看见的地方，他怎么样？"这就是文化，他概括的文化就是这个东西，没有其他的定义，因为文化就是体现一个人如何对待他人、对待自己、对待自己所处的社会与自然环境等等。

文化除了看不见的魅力以外，还有看得见的地方。有一个关于历史的材料，说的是今天我们能看到法国的巴黎雍容美丽，一如既往，是因为当年占领巴黎的德国指挥官在接到希特勒"撤退前彻底毁掉巴黎"这个命令的时候，这个指挥官决定抗命不从，以自己的生命为代价，保住一座古城。这就是文化的力量，是巴黎文化的魅力让这个指挥官拼死抵抗，最后保住了巴黎这座文化古城。还有一个关于现实的材料，就是当下的世界金融危机，看起来这是经济现象，但实际上根源在文化，特别是美国的消费文化在金融危机中所起的作用是非常重要的。只不过文化在战争或经济中的作用往往是在很深的层面上发挥的。所以文化不是一个在理论上很容易说清楚的问题，没有人从理论上能够界定什么是文化，这是一个更多地要靠人们在生活中去感受和体验它的问题。

一、文化的地域属性

文化在理论上是抽象的，但是在实践中从来都是具体的，文化从来都属于某一个地区，或者某一个历史阶段，文化的特点也正是从它的这个地域性中体现出来。因此各地的文化建设首先就是最大限度地展示自己的地域特性，我们要用心地感受我们自己地域的文化，把它与别的地方的文化区别开来。人们常说"一方水土一方人"，什么叫"一方水土一方人"？我几年前去海南讲课，已经是深秋时节，天气已经比较凉爽，住在海南师范大学专家楼，住进去以后主人告诉我，你一定要把蚊帐放下来，而且要把电蚊香打开。秋天了，也看不到蚊子，而且床上的蚊帐是双层蚊帐，外面是一个圆的，里面还有一个方的，我感到很奇怪。但是既然主人吩咐，我也还从命，把两个蚊帐都放下来，把电蚊香也点上。尽管如此，凌晨被痒得止不住惊醒，赶紧起来打开灯，胳膊都被蚊子咬得连成一片，全是包。哪来的蚊子？看不到蚊子，仔细看才看到，海南的蚊子很小，它能钻到蚊帐里面，特别是海南的蚊子它不"说话"，它钻进来就叮你，这个跟北京不同，北京有一个蚊子你不要想睡觉，蚊子嗡嗡一叫，你马上就知道。海南的蚊子从来不说话，很瘦很小，只管叮人。这竟让我联想到我的一个博士生，他长得瘦瘦小小的，平时很少讲话，书一本一本地看，文章一篇一篇地写，写得很多，看得很多，也不说话，海南人。这当然有一点笑话的意味。所以一方水土一方人，一方水土一方蚊，蚊子都不一样，这就是一方水土。那么我根据自己的经历介绍一点，首先介绍一下各个地区、各个国家不同的文化地域特性。我研究北京文化，最大的参照就是上海文化，"京海文化"的对比是一个重要的角度。我还在日本京都做过两年客座教授，而我所学的第一外语是俄语，所以我对日本和俄罗斯这两个国家非常熟悉。此外我分别八次去过新加坡和香港，这些地方也比较熟悉，我想根据自己的一些体会，跟大家谈一点儿想

法。

首先讲京派与海派文化。对京派海派文化有很多理论的研究，我一再讲，我们今天不去谈那个理论。京派、海派文化实际它代表了北方与南方两种不同的文化。南北的差别其实首先是气候的不同，人对气候的感觉也是充满文化意味的。我有一个研究生，他整天嚷嚷着说北京太潮湿了，说北京太湿润了，湿润得就受不了，大家都瞪着他，都不可思议，觉得这个人很怪，后来一打听，这个学生是甘肃来的。甘肃人可不是觉得北京太湿润了吗？我们都知道北方人怕冷，北方人怕冷因为他对冷有感觉，他早早就穿上毛裤，甚至穿上棉裤。我今年在北京已30年，越是北方的人他越怕冷，越是南方的人越不怕冷，南方人不怕冷是他不知道冷，大冬天，一些南方的学生穿着短裤，在洗漱间一盆凉水当头就浇下来，他不怕。所以这不只是一个简单的生活习惯，其中也有文化的惯性。北方人早早就穿棉裤，不管他冷不冷。哈尔滨的10月份棉裤就穿上了，哈尔滨冷，10月份早就该穿了，他就穿。南方人冬天穿一条裤子，我到北京这么多年，我从来没有毛裤，习惯了，人对气候也有一种文化的感受。一般我们讲，南方人比较柔细一点，其实南方人也很有焦躁、暴烈的一面，南方每年都很长时期处于梅雨天气，阴雨不断，这种沉闷的、压抑的梅雨天气使人必须耐心地忍受，但时间一长，你家里什么东西都发霉，都长毛，谁还有耐心？没有耐心，那可不是要发泄一下？所以他有时也很暴躁。另外，我最不同意人家把北京和新加坡放在一起比较它们的绿化，说北京绿化建设得不好，你看人家新加坡建设得多好。一个是在森林里面开路、建城，一个是在沙漠上种树，这怎么比？没有办法比，新加坡本来它就是个森林，在森林里面开路，建设城市，当然绿化好，北京是在一个几乎是没有绿化的沙漠旁边建城市，种一棵树都很困难，当然绿化不容易，这是没有办法相比的。新加坡有那么充足的水分和阳光，种子掉在地下很快就长成大树，北京要种活一棵树，要浇多少水？甘肃就更不用说了。所以新加坡永远是一片翠绿。但是新加坡就没有遗憾吗？新加坡也有遗憾，比如说"踏青"两个字在新加坡就没有任何意义，天天都青得要命，还踏什么？北京、北方，枯黄了一个秋天，下雪又白了一个冬天，春天来了，一片灰白的大地上小草泛青了，树芽抽绿了，连翘开黄花了，大家去踏青去，那是一种什么情景、什么滋味？新加坡去哪儿踏？没有地方踏，这是不一样的。而且新加坡没有冬天，一年四季都那么热。我去年一月份赶上所谓新加坡的"冬季"，尽管依然在 25 度到 30 度之间，但是那是新加坡的冬季。我今年第一次发现了新加坡的"冬天"，在新加坡最著名的商业街乌节路上，我不止一次看到一些时尚的女孩穿着没有袖子的 T 恤，但是外面却披了一个毛茸茸的毛坎肩，跟我们冬天穿的毛坎肩一样。我很好奇，她为什么这样穿，难道她怕冷吗？25 度到 30 度，她不应该怕冷。那她为什么要穿毛坎肩呢？想来想去，我觉得是因为她也要过一下冬天，她要领略一下冬天的感觉，那就是一种文化的体验，不在乎冷和热，我想不出别的理由。

京、海两派文化有自己明显不同的特点，但是我在调查中发现，这两个地方把自己的文化特点列出来的时候，第一个特点竟然是相同的，四个字一个字不差，都叫"海纳百川"。一般来说，北京文化海纳百川，它各方面的容量比较大，这是大家比较公认的。但上海也把"海纳百川"作为自己文化的第一大特点，而且更是振振有词，说"海纳百川"，我们上海有海，你北京哪里有海？凭什么叫"海纳百川"？实际上这个"海纳百川"，它非常强调自己的包容、宽容、注重实际这样一种状况，其实在这一点上北京和上海的确是有共同点的。北京从来是比较注重实际的一个城市，上海也是高度务实讲究实惠的一个城市，这一点是大家认同的，没有问题。但北京的实际和上海的务实在表现方式上，在实现的途径上很不相同。我举个生活中的例子，大家都知道，当今你要了解一个城市，特别是了解一个城市的文化特点，

不管是中国还是外国，你注意一下这个城市的出租车，你感受一下出租车司机，你马上就有一种直接的体会。我在上海，坐出租车到比较远的地方，上了车司机就跟我讲，说你坐我这个车今天不行，你会耽误很多时间的，路很堵，高架路堵得更厉害，他说你不但会多花钱，而且你会耽误很多时间，他再三建议我在前面的地铁赶紧下来，换乘地铁。上海打车也不容易，好不容易打个车，就不想换，我说你就往前开，你不用管。然而这个司机会一而再、再而三，执着地跟你磨咕，告诉你无论如何还是坐地铁比较好，既能省钱，更能省时间，到了一个地铁站口就劝你一番，再三以"为我考虑"的方式这样说，终于让我感动了，真的觉得他让我下去是为我好。其实在我下车的一瞬间我心里明白，不管他说了多少好话，不管他怎么表明是为我好，有一点是非常清楚的，这就是在根本的方面肯定对他有好处，否则他是不会这样做的。但是给我的感觉，他就是为我好，这就是上海。

北京就不一样，我无数次从首都机场坐出租车回北师大，一般都有一位年轻的研究部主任跟我一起出差，每每跟出租司机讲先把我放到北师大，然后再把年轻的研究部主任放到德胜门，这样对我们比较顺。但出租司机每每都是一脚油门就开到德胜门，毫不理会我们的要求。我对司机说不是跟你说好先去北师大的吗？那个司机理直气壮地说："这样走我方便！"直截了当地告诉你他方便，这就是北京大爷！所以北京和上海的出租司机是很不相同的，北京人直接告诉你，我就是想要这样，这对我有好处；上海人则告诉你，我为你好，对你有好处，尽管这在根本上也是他所想要的。这是很不相同的表达方式，这里面就有不同文化的差异。

京派、海派的文化主体都是市民，北京和上海的市民是中国很有代表性的市民群体，但是这两个市民群体是有着完全不同的特点的。北京市民那是皇城跟前，天子脚下，再市民也透着一种大气，甚至有的时候还有一种霸气，像刚才说的那个司机就很霸气。所以人们常说，北京人专管六国贩骆驼，天下就没有他不管的事情，而且专管天下大事，所以叫"北京大爷"。而上海市民普遍透着一种所谓的"小资情调"，这与北京市民是很不一样的。什么是"小资情调"？天塌下来也影响不到他的自娱自乐。我想在座虽然都是领导干部，但是也会看电影，比如根据张爱玲小说改编的电影《色戒》我想可能在座有不少人还是看过这部电影的。《色戒》这部电影最体现上海文化的镜头是什么？我在学校讲课时多次问过这个问题，很多同学回答，是旗袍，是麻将，是咖啡馆，是六克拉的钻戒等等，这些也许都能体现当时上海文化的特点。但这些回答都不能让我满意，我觉得《色戒》这个电影里面最能代表上海文化的镜头有两个，一个是那个年轻的三轮车夫，他在电影里面那个悠然自得、潇洒非凡的姿态；第二个是在戒严的地方，一群上海市民在那里七七八八地、轻松愉悦地调侃，似乎眼前的戒严跟自己毫无关系。这两个镜头是高度具有上海文化的镜头，它强调的是那些上海市民的心态，你天塌下来跟我都没关系，电影里面出现的什么共产党、国民党，什么重庆，什么南京，什么日本，什么中国，今天你砍头、明天他枪毙，这些跟我没什么关系，我依然骑车骑得这么溜，我照样在戒严的地方调侃得非常开心，这是这部电影里比较有深意的地方，它表现了作者对上海市民文化的一种比较准确和深入的理解。

除此以外，上海的文化里还有一个与中国其他地方都不相同的东西，北京都比不上它，这就是它有一种说不清楚的，不大容易看得起外地人的独特表达方式。我前年在上海开会，复旦大学一位著名的教授，他已经到上海生活了40年，这位教授的原籍是浙江省杭州市。他非常感慨地说，他到上海40年，始终如一地被上海人追问他一个问题："你们家住在乡下什么地方？"这位教授回答人家，说我家住在浙江杭州市，我是杭州人。尽管他非常清楚地回答人家，但是40年来，凡是人们见到他，问他的第一个问题还是"你们家住在乡下什么地

方"？甚至是他回答过的那个人，等到下一次见到他还是重复同一个问题"你们家住在乡下什么地方"？他无数次地告诉人家"我是杭州人"，人家无数次地问他"你们家住在乡下什么地方"。40年，这位教授终于悟出了一个道理，对于上海人来说，只有上海是城市，此外哪儿都是乡下。你以为杭州就不是乡下？连北京都是乡下，杭州有什么了不起？这一点终于搞清楚了，人家再问就不奇怪了。当然不是所有的上海人都是这样，这只是一种文化的体现。

还有一个我亲身经历过的例子，就是上海人特别喜欢吃大闸蟹，其实说起来叫"大闸蟹"，它只是"闸"比较大，蟹本身并不大，但是上海人非常喜欢吃。几年前我在东北开会，一位大学的文学院院长在我回来上飞机之前，专门跑到我面前悄悄地递给我一袋东西，说老兄这是特别送你回家好好品尝的，你先不要打开，这儿人多，你拿上飞机回家再打开。我以为什么宝贝，拿回家打开塑料袋，再打开报纸包着，是东北的一种豆角，在我看来比南方的四季豆老很多，皮被泡起来，里面的豆子很大很大。我是江苏人，以前在南方吃的四季豆都是很嫩的那种，而连皮都泡了，里面豆子又那么老，那怎么吃？但是人家当成宝贝送给我，我得接受人家的一份情意。所以不多久，东北的这几位朋友到北京来，正好赶上大闸蟹上市，我想就用大闸蟹好好招待北方的朋友。当时我记得98块钱一只"大闸蟹"，一人一只。大闸蟹刚端上桌，甚至连调料还没来得及端来，有几位东北的朋友三口两口就已经把大闸蟹吃完了。我诧异地跟他们讲，这是大闸蟹，得慢慢吃。可我从那些朋友的眼神里看出来，他们的意思是想说，这小胳膊小腿的东西，有什么可吃的，我这样嚼两口，就已经是给你面子的了，你还要我怎么吃！大闸蟹怎么吃？据说上海人拿一只大闸蟹上火车，从上海到乌鲁木齐，三天两夜，下车后还有两个腿没吃完呢！你以为大闸蟹两口就吃完了？某种意义上讲，不了解上海人怎么吃大闸蟹，就不太了解上海的文化。由此可以看出南方、北方的文化是很不相同的，而它往往都体现在鸡毛蒜皮的日常生活里面。

下面我讲讲日本文化与俄罗斯文化的特点。我在日本京都外国语大学做过两年客座教授，两年的时间不算短了，对日本文化有了一些了解和体验。我对日本的一个总体感受，就是日本文化一切的关键就在于它的生存空间太小。可以说上苍真是比较公道的，日本的自然气候太好了，但是它的空间不大。我有几次白天飞临日本上空，往下看到，在浩瀚的太平洋上，日本简直就是一个小小的逗号。所以日本人一直有一种危机意识，面对如此浩瀚的海洋，谁敢保证哪一天，日本不会被淹没？真的很难说。所以类似《日本沉没》这样的作品经常出现时很自然的。日本人来自心底的这种危机不是没有缘由的，我把日本人高度的生存危机概括为一种"淹没意识"。我1994年刚到日本不久就赶上一次地震，日本地震几乎天天都有，日本更害怕的是地震随之而来的海啸，所以日本的电视台一旦说有地震，马上屏幕上不断滚动着有关信息，比如9点钟地震，马上告诉你，12点钟海啸将要到达。我刚到日本就遇上这个地震，而且预告海啸马上就到。我刚到日本，日语也说不好，住的地方也比较偏僻，我赶紧给一个中国同事打电话，我说我们刚来日本不久，马上就要海啸，一点儿贡献还没做就被海啸啸掉了，怎么办？那个同事在日本待的时间较长，他说你不要紧张，你看看周边日本人怎么做。一看周边日本人，该看电视看电视，该做什么做什么，没有问题。后来我才发现，日本电视上的字幕是源源不断地报着，说12点海啸要来，12点过了海啸没来还在报，到1点钟、2点还在报。后来我跟日本朋友讲，你们自己吓唬自己，海啸也没有来，报个不停干什么？日本人很坦然，一笑了之，说"报报总比不报好"，他们已经习惯了，多一点儿防范意识是很正常的事，所以我觉得"淹没意识"是日本人根深蒂固的东西。因为日本小，所以我们在日本随处都可以看到"大日本"这样的字样。在日本的许多大楼上都有"大日本"字样的招牌，什么"大日本"株式会社，什么"大日本"研究所，全是"大日本"。你到俄罗斯，从来不会看到"大俄罗斯"什么的，因为俄罗斯很大，不需再要写"大"了，日本小，他就要到处写"大"，这是很简单的道理。这种生存空间在相当程度上影响了日本人的生活方式、宗教信仰、审美特征等等。日本人有一种普遍的挤压感，这种挤压感还来自于它很大的摩擦系数。日本人很多，车很多，路又不宽，自行车又和人行道挤在一起，如此大的密度，人与人、人与物的摩擦系数自然也就很大。我去日本之前听人家说，你到日本以后，你踩了人家一脚，人家还会给你鞠躬，向你道歉，说对不起。我还以为开玩笑，到日本以后才看到，这种情况的确经常发生，你踩人家一下，你撞人家一下，人家真的马上给你鞠个躬，说一声"对不起"，经常遇到这样的事情。但时间长了我就发现，在日语里面有一个特定的词，叫做"亲切的机械化"。什么叫"亲切的机械化"？慢慢体会你就明白了。在日本，因为摩擦系数太大，你碰我一下、我撞你一下是经常的事，如果你碰我一下，我撞你一下都要停下来说个一二三，都要追根寻缘，那每天每时每刻就等着吵架吧，那是没完没了的吵架。所以在日本，相互碰撞一下是很正常的，管他谁碰谁，管他谁先碰的，反正碰了以后说个"对不起"，鞠个躬走人完事。嘴上说声对不起，心里完全没有真心道歉的意思，没有那种情感在里面，你要以为你踩了人家一下，人家还跟你说"对不起"，你好像占了多大的便宜，那你就错了，甚至是傻了，人家不过是一种机械性的反映，是一个条件反射而已，目的很简单，避免不必要的摩擦。这种情况在中国就不行，在中国要被谁撞一下，那就得要说个清楚，路这么宽，为什么要撞我？难道眼睛瞎了？在日本撞一下很简单、很正常，谁不撞谁？所以在日本真不是笑话，撞到电线杆也说个"对不起"，也不知道撞到什么，管他撞什么呢，对一声不起一切都就算完了。密度太大，摩擦系数太大，所以在日本的马路上，经常看到广告牌写得直截了当："日本就这么小，你还挤什么？"话都说到家了。日本诺贝尔文学奖的获奖作家川端康成，临死前被司机用车送到医院，在去医院的路上，他咽气之前对司机说下的最后一句话是："路这么挤，真辛苦你了。"川端康成不愧为是一个真正懂得自己民族文化的作家。

日本的这种生存危机也带来了它高度的小心谨慎，带来了它加倍的努力认真、一丝不苟的精神，也带来了循规蹈矩乃至刻板死板的特点。一个材料说在日本有一对 70 多岁的老头、老太太夫妻两个，他们的夫妻店制作足球比赛裁判用的哨子，正值世界杯足球比赛在即，世界上多少生产厂家，多少专门研发体育产品的公司，都在竞争这种哨子的生产权，但最后就是这两个老夫妻获得了比赛用哨的生产权，可以说这两个老人精益求精，精而再精，以至于那些大的厂家都做不过他，实在有点不可思议。还有一则报道，说一个两千多人的日本团队到美国观看一场比赛，比赛过后，那个几万人的体育场一片狼藉，但是两千多日本观众坐的地方竟然连一片纸屑都没有。第二天美国各大媒体都用通栏大标题报道，惊呼"日本人真是魔鬼"！

日本人的循规蹈矩也是出了名的，比如日本人绝少闯红灯。在日本的马路上常常可以看到一些人跟机器人差不多，走着走着，遇到红灯马上停下来，很机械地从包里面拿一本书，开始翻看，绿灯一亮马上又机械地把书放回包里，继续往前走，说不清是这种高度的机械化动作形成了一种习惯，还是一种顽强的习惯形成了这种机械化的动作。有一件让我难忘的小事，日本有一些老人对中国是存有一种内疚的情绪的，我们中国的老师到日本以后，他们每一个人都要陪我们去一趟岚山，凭吊周恩来总理的纪念碑。我到日本后，根据安排由当地的一位 70 多岁的老人来我的住所看望我并陪我去岚山。我住在日本京都一个比较偏的地方，从我的住地到岚山的公交车是定时定点发车的，我住所附近的车站到岚山是 45 分钟一班车。这位老先生与我从住所出来，正好马路对面来了一辆车，但是正好红灯亮着。幸而这时候路上没有人，我想赶紧抢两步，过了马路好赶上这班车，否则要再等 45 分

钟。没想到这位老先生死死抓住我的手，拖住我一动不动，眼睁睁地看到车子开走了，绿灯亮起来才走过马路，干干地在那儿站了45分钟。这次经历给我留下的印象非常深刻。日本人的许多行为都形成了一种习惯，而这种习惯一旦形成，变成一种文化，那就比较厉害，甚至比较可怕。

日本人还有很多敬业的地方，甚至敬到超乎寻常的地步，比如日本人送小广告就是一景。中国人现在发小广告的本事也不差，甚至比日本人强，只是对发广告的意义的理解可能还欠缺一点儿。在北京你经常看到，强行给发广告，你不要，是不是？那就把广告叠成一个小飞机，一下子飞插在你的车上，看你要不要。我在马路上经常观察，有的人他真生气，非把车停下来，把广告撕掉才解气，其实你不必，人家用飞机插到你那儿，你带回家给孩子玩就得了。日本的广告多在人口密集的地方送，既要把广告送出去，又不能影响交通，还不能招致行人的反感，你看那个送广告的人，简直就像表演体操一样，迎面送一个，背面送一个，左边送一个，右边送一个，简直就是前仰后趴，左闪右躲，不能影响人走路，还不能让人家讨厌，不断地笑脸相迎，那个脸变来变去，很不容易。你不就是发送个小广告吗，我差点儿想把中国叠飞机的办法告诉他，你也扔一下就完了，你那么认真干吗？简直是天降大任，好像自己在做着天底下第一等重要的事情一样。这种做法，就不仅给人一种深刻的印象，而且给人一种特殊而复杂的感觉，在日本人的这种做法里面蕴含着一种精神，一种文化。

当然，日本文化里也有一些很死板的东西，我在京都正好赶上1995年的阪神大地震，那场地震的破坏力很大，把当地许多桥梁和高速公路都卷起来了，而当时正好是学校考试的日期，因为我在京都住着，没什么大问题，就骑车赶到学校准备考试，一看几乎没有什么学生，我只好找教务部主任，说今天我要考试，但是学生没来，怎么办？这个教务部主任说，刘先生，今天看来考不成试了，你看学生都没有来。我说今天考不成试，我们推到下一周再考行吗？他说下一周不行，下一周我们是学期结束的工作安排。我说下一周要不行，那就放假了，不过我们可以下一学期开学再补考。他说刘先生那更不行，下一学期那已经跟这学期没有关系了，不可能安排这学期的补考。几句话真把我讲生气了，我说那怎么办？我好心好意想尽办法安排考试，这一周不行下一周考，下一周不行下学期补考，结果怎么都不行，那怎么办？爱行不行！后来很多朋友告诉我，包括日本的朋友也告诉我，说在日本就是这样的，你不告诉他，你不跟他商量，你怎么做都可以，你补考也行，你不补考也行，什么问题都没有，你要告诉他，跟他商量，那么这个渠道是永远走不通的，这就是日本，这就是日本文化带来的它的一些社会结构性的问题，这也是日本文化自身的一种特点。

日本这样一种生存环境和文化特性同时也影响了日本文学的特点，所以日本文学最发达的是小诗、俳句、侦探小说、推理小说、漫画等等，日本艺术也是如此，都是小小的花、小小的院子、小小的沙盘、小小的瀑布，一切都是小小的，开句玩笑，那个瀑布小得你嘴大点儿都能把它一口喝完，但是它很精致。我初到日本，4月份多是阴雨天气，光线也不太好，我在厨房里洗一个盘子，怎么都洗不干净，这个盘子上总有一点儿脏，直到晴天拿到阳台上一看，我反复擦洗的那块脏的地方其实是雕刻在盘子上的一朵小花，我一直想把它洗掉。你注意到没有，日本很多漆器，很大的一个黑漆盘子上面飘着一缕金丝，你搞不清楚，还以为哪个金发女郎的头发飘在上面，其实那是精心雕刻在上面的一缕金线，非常精致，非常细小，是一种很特殊的美。正因为如此，日本文学和艺术里缺乏那种大气磅礴的东西，缺乏那种史诗般的东西，也缺乏幽默放松的东西，相对来讲比较拘谨，比较小气一点，这也都是文化造成的。

日本人有高度一致的地方，下级服从上级，看起来积极性很强，但在日本人的心灵深处往往也有孤独的一面，因此他们往往崇尚以小

胜大，崇尚单打独斗，这也是日本文化的一个特点。什么叫"以小胜大"，日本著名的动漫片《柯南探案集》就是一个经典的例子，柯南那个小家伙，不管遇到多强大的敌手，不管遭遇多少艰难险阻，最后的胜者总是他，他永远是最后的英雄。日本人不仅崇尚以小胜大、以少胜多，而且崇尚单打独斗。我在日本京都有一个很好的朋友，身体并不怎么棒，但他特别喜欢拳击运动，我多次好奇地问他，你干吗那么喜欢拳击运动呢？后来他告诉我，因为日本的群体势力比较强，成帮成伙的，比如日本的大学跟英国差不多，一个学科一般就一个教授，其他都是副教授，系主任多是教授，系主任一到，其他人左右拥着，一起跟着转，一切都唯这个主任教授之命是从。谁不服从，谁就是另类，谁就会受排挤。在这种情况下，个人就没有自我。我认识的这个日本朋友，他就有一种心理，面对这种群体的时候，他很失落，他在幻想里面总想着跟这个系主任单打独斗。整天一帮人围着你，你很强大，但你跟我单练试试看！所以他喜欢拳击并不是单纯地喜欢这项体育运动，是内心深处有一种单打独斗的心态，有一种不服强势、不屈从压力的文化情结。其实日本的国技相扑也是如此，都是单打独斗，谁的吨位大，谁的技巧高，谁就是赢家，谁就拿得钱多，这是明摆着的，没什么可说的。所以相扑运动员都拼命地吃，一锅一锅地吃，拼命地增加体重，吨位越大越好。相扑运动员在日本人心目中的地位是很高的，这也同样反映了日本人心理深处的一种文化情态。

日本文化反映出日本人一些比较怪异的思维方式，比如日本人说话常常模棱两可，中间性的词汇特别多，日本人最喜欢讲"反省"这两个字，那么从日本人嘴里说出的"反省"这两个字究竟代表什么意思呢？从许多例子来看，日本人所说的"反省"，实际上表达的是一个过程，那么反省的结果怎么样呢？就说不清楚了。日本人经常讲"对此我给予了深刻的反省"，好像是他已经道歉了，悔过了，但实际上表明的是有了道歉和悔过这样一种意思，它还处在一个过程之中。反省

262

的结果到底是对还是错呢？他不说，他只是告诉你，我对此表示了深刻的反省。由此可见这实际上是一个相当模棱两可的措词方式，"反省"一词是很能代表日本语言词汇的特性的。

再一点，就是全世界都看得很清楚，日本这个国家和大和民族充满了矛盾性，"菊花与刀"是西方人对日本人民族性的形象概括。日本人的矛盾是很明显的，既注重传统，又非常现代，既认同他人，又固执己见。日本的科技高度发达，但是又执着地坚持一些自己民族的特点，其中包括一些在外人看来不可思议、莫名其妙的东西。比如说日本的各类学校至今坚持每年 4 月份开学，这和所有国家都不一样，前不搭村后不搭店，在与别的国家交流的时候很难衔接。为此我问过很多日本人，你们为什么 4 月份开学？不同的日本人回答这个问题竟然惊人的一致：樱花不开，怎么开学？樱花开就开学。非常简单，毫无理性。很难想象，一个高科技极其发达的国家，竟然信奉樱花开就开学，你说这有什么道理？没有道理，这是日本文化的特点，日本人有时就是这样一种怪异的思路。

众所周知，日本是一个非常富有创意的国家。再进一步看就会发现，这个国家的创意特别体现在细部，很细很细的地方。日本人有时大的问题想不清楚，细部的创意却相当惊人。而且日本的这些创意纯技术的含量很高，但人文精神却相对缺乏。比如说日本最近生产了一个能专门给人喂饭的机器人，日本的科技部长颇为得意，亲自去做实验。他美美地坐在机器人面前等着喂饭，那个机器人果然用勺子把饭盛出来，然后喂到部长的嘴里，部长只要嘴一张饭就喂下去了，紧接着又来一口，然后是一口接一口。应该说这个机器人设计得也算是相当科技了，相当完美与周到了。但你仔细看那位部长实际上是比较紧张的。为什么紧张呢？因为你人必须一步不差地跟上机器人的动作，"他"一口一口地喂你，以毫不含糊的平均速度进行着，你也要及时地毫不含糊地把嘴张开，更重要的是，你还必须及时咀嚼、咽下去。否

263

则麻烦就大了，你嘴来不及张开，那就糊你一脸，你来不及咽下去，又一口来了，不把你噎死就算好事！那个机器人虽然很好，一口一口地、永不疲惫地喂得很精确，很到位，但关键是你人还得跟得上才行！人与机器毕竟是两码子事，所以一方面是科技，一方面是人文，这两方面如何结合就不是仅仅靠技术所能解决的。

日本新宿一带有一个长长的地下通道，以前这个地下通道里居住着大量的流浪汉，他们用很大的纸箱子作成屋子，一排一排的，还编上号，你是48号，他是52号，每家都有号头的。很热闹，也很壮观。可是我去年去日本做文化考察，再次去那个地方，已经没有任何一个流浪汉住在那儿了。日本政府很有办法，它怎么阻止那些流浪汉在那儿住呢？他们在这个地下通道的两边建造了一个接一个的大圆墩子，大概有一个椅子高，圆墩子是由一个斜面构成的，还涂上红、黄、蓝、绿各种不同的颜色，看起来很漂亮。一般人猛地一看不明白这是什么东西？干什么用的？后来日本朋友告诉我，说这些东西是防止那些流浪汉在这儿再住的。斜面圆墩子让你不但住不成，你坐都坐不上去，一坐就滑下来，就更不用说在上面睡觉了。但一般路人与游客却想不到这些，只觉得这些圆墩子挺好看的。日本人在这些方面动脑筋真是动到家了。但这样做就彻底解决那些流浪汉的问题了？恐怕没有这么简单。

最近日本索尼公司发明了一款具有最新功能的相机，这个功能就是你自己拿着相机，只要你一笑，它就能够自拍，不用请别人帮忙，自己一笑就什么都解决了，应该说这个发明相当科技化了。但问题在于，什么样的笑才能符合自拍的标准呢？有的人笑起来比哭还难看怎么办呢？什么叫"一笑就能照"！关键是笑怎么界定？一千个人笑起来是一千个样子，每一个人的笑都是不同的，怎么来判定这个笑的标准呢？这可是一个非常复杂的问题。所以人文和科技是两个不完全层面的东西，但它们有着内在的关联，人类的发展必须同时考虑这两个方面的因素。

下面我再讲讲对俄罗斯文化的一点粗浅的体会。在我的感受里，俄罗斯文化与日本有许多正好相反的地方，俄罗斯最突出的特点就是大，俄罗斯有着广袤的大地、广阔的生存空间，站在俄罗斯的大地上，你才会真正体悟到什么是真正的"地大物博"。其实你到中国的新疆就能感觉到"大"的味道，飞机在乌鲁木齐机场降落，往市区里走，你马上就能感觉似乎一切都平静下来，一切都缓慢起来，人们在马路上非常安静、非常闲适地走着，不慌不忙，从从容容。新疆这么大的地方，有什么事情需要着急的？新疆的行政时间每天上午上班是 10 点钟，每天下午上班是 4 点钟。晚上 10 点钟太阳还挂在天上，你着什么急？有的是时间，有的是空间，没有任何理由着急慌忙，一切都可以从容行事。俄罗斯就更是如此，所以我觉得谁到俄罗斯大地上站一站，走一走，你就会知道为什么当年从拿破仑到希特勒，都注定要败在俄罗斯的脚下。希特勒有多少飞机，有多少坦克？你的飞机能把俄罗斯的天空都遮蔽？你的坦克能拉多长的战线？我最近看到一个材料很有意思，这个材料不一定很准确，但是很能说明一点问题。材料说 1941年 6 月，希特勒对苏联发动闪电式的侵略战争，其实发动战争的具体日期，早就有情报放到斯大林的桌子上，但是斯大林一直不相信，并且一直指令他的经济部门负责人密切关注欧洲市场上羊毛、羊皮价格的浮动。斯大林为什么如此呢？因为斯大林坚信，希特勒如果要对苏联发动一场大规模的侵略战争，必须要宰杀大量的羊群，然后制作大量的皮衣，没有这个准备，不可能对俄罗斯发动战争。但是一直到发动战争的前一天晚上，经济部门的报告显示，欧洲市场的羊皮、羊毛价格依然如故，没有任何变化。当然，战争在第二天如期爆发。那是什么原因呢？原来希特勒压根儿就没有想着要在俄罗斯过冬，他想着从 6 月份到 9 月份，在冬天来临之前一口气打到莫斯科，结束战争。这就是因为希特勒没有事先到俄罗斯大地上走一走、看一看，否则他

就要买很多羊，就要做很多的羊皮大衣。想一口气打到莫斯科，太异想天开了，太不了解俄罗斯有多大了！不了解俄罗斯广大的地貌，是注定要失败的，这是历史反复证明过的。

俄罗斯不仅有广袤的大地，而且有那么多的山川大河，伏尔加河，顿河，涅瓦河，莫斯科河等等，这些大河孕育了俄罗斯深厚的历史与文化，这本身就是一种史诗般的生存空间。这种空间，与日本、新加坡、香港等这些狭小的国家和地区相比，是很不相同的。相对来说，在日本等地人们行色匆匆，忙个不停，来不及思考，即使思考也很难思考得那么沉静，那么深刻。而在俄罗斯漫无边际的大地上，一切都舒缓下来，沉静下来，从容起来，所以剩下的就是思考了。所以俄罗斯人普遍爱思考，俄罗斯出了很多深刻的沉思者，出了很多的大思想家。我特别愿意跟大家说，俄罗斯是一个非常喜爱读书的民族。不是读报，不是看杂志，不是看漫画，在俄罗斯的大地上，经常可以看到人们在读书，人们拿着正经的书在静静地读。在莫斯科考察，听人家介绍，仅莫斯科这一个城市，就有 2496 个图书馆。我还以为我听错了，就问是整个俄罗斯，还是莫斯科？人家回答我，莫斯科。北京有多少图书馆？恐怕连人家的零头都不到，北京能有 100 个左右像样的图书馆？莫斯科 2496 个，如此之多的图书馆，其文化底蕴可以想见。

我们动不动听到有人用"北极熊"来形容人家俄罗斯人，这是错误的。其实俄罗斯人粗中有细，是很有品位很有文化的一个民族。我看到一位从俄罗斯回国的一个中国人写的一篇文章，题目就叫《品位》。说他有一次得到一个机会，到一位俄罗斯朋友的家里去吃饭。这位中国人很开心，他很想到俄罗斯人家去感受一下人家的家庭气氛包括宴请的情景。应该说俄罗斯的物质资源还是相对贫乏的，在俄罗斯朋友家里吃的这顿饭，可以讲所有的原料主要就是一个：土豆。土豆片、土豆条、土豆泥、土豆汤，全是土豆。但是人家拿出最精美的银质餐具，无论是盛菜的盘子，还是盛汤的碗，还是勺子叉子，都非常精致。而且菜是一道一道地上，先上土豆汤，再上土豆片，然后是土豆条，最后是土豆泥，简直就像是法国大餐一样。半瓶葡萄酒每个人倒一点，大家小口小口地抿着，席间主人还拉手风琴助兴，宴会结束后主人把每一位客人送到家门外。物质不丰富，材料很单一，但是这顿饭让人感觉到很有品位。不在于吃多少山珍海味，关键是给人一种优雅的感觉，给人一个文化的享受。所以文化给人的感觉是很不相同的，俄罗斯是一个非常有文化的地方，尤其是俄罗斯有深厚、悠久的历史文化传统，所以俄罗斯人自然地形成一种来自骨子里面的文化自豪感。

俄罗斯出了那么多的名家大师，那么多史诗般的鸿篇巨制，形成了那么坚定的社会批判和道义的力量，可以说，俄罗斯的文化名人是巨星满天：老托尔斯泰、小托尔斯泰、老奥斯托洛夫斯基、小奥斯托洛夫斯基、屠格涅夫、陀思妥耶夫斯基、契诃夫、果戈理、普希金、莱蒙托夫、马雅可夫斯基、阿赫玛托娃、高尔基，还有不久前去世的诺贝尔奖获得者索尔仁尼琴，大批世界级的大家，对整个世界都产生了巨大而深刻的影响。比如普希金、契诃夫、果戈理等对鲁迅及中国现当代作家的影响就极其深刻。俄罗斯人对自己的作家及文化名人有一种普遍的、发自内心的崇敬之情，这一点令人印象深刻。我们在俄罗斯重点是考察俄罗斯的文化名人故居。故居看多了，就想适当调整一下我们的考察线路，比如我们要专门去列夫·托尔斯泰的故居，那么那个小托尔斯泰的故居是不是就可以不去了？我们会在莫斯科的名人公墓看到小奥斯托洛夫斯基的墓和介绍，那个写话剧《大雷雨》的老奥斯托洛夫斯基的故居是不是就可以不去了？我们向接待方提出能否稍微做点儿调整，也让我们多看一些俄罗斯的自然风光。接待方的回答斩钉截铁，绝不可能。说我们两个月前就准备好了，怎么可能调整？结果大家只好按原计划行事，一个名人的故居都不少。那么在参观有些名人故居的时候，有些朋友想在故居的院子里面感受感受气氛，散

散步，适当地也抽根烟什么的。绝不可以！接待方一个人在前面带队，一个人在后面跟着，像押着一队俘虏一样地鱼贯而入，名人故居的每个房间、每个角落，一个不落地要完整地看到。讲解员非常认真、非常动情地讲解着，作家在这个椅子上考虑过什么问题，站在这个地方与谁聊过天儿，坐在那儿写出什么作品，躺在那儿又想出什么句子，非常详细，如数家珍，那份责任，那份情谊让你深深地感动，你会以为那些讲解员好像是这个作家的后代一样，最后打听，这些讲解员全部都是义工。俄罗斯的文化名人故居的保护主要靠两个方面，一是政府投资，二是义工相助，没有别的。义工如此认真，更让我们对俄罗斯的文化名人增添了一份崇敬。我印象深刻的是，在莫斯科郊区帕斯捷尔纳克的故居，这个著名作家也是一位诺贝尔奖获得者，他的代表作品是大家熟悉的《日瓦戈医生》。帕斯捷尔纳克的故居非常漂亮，一个半圆形的二层小楼，尤其是二楼透过大玻璃窗户可以看到极其优美的风景。在作家二楼的书房，一位40多岁的女讲解员讲得特别投入，讲到得意之处，她对大家说，你们各位看，远处有座山，原来当地政府准备在这个小山的那面盖一群住宅，我们故居连同当地的居民坚决把政府这个计划给反掉了！我好歹会几句俄语，想跟她聊一聊，也想顺便了解一下情况，我说你们管得是不是太宽了？第一人家没有在故居里面盖房，第二也没有在故居附近盖，人家在这个故居后面小山的那面盖，你们管得着吗？这个中年女讲解员当场跟我就急了，她说那怎么可以？我在这儿讲了这么多年了，从来都是告诉大家帕斯捷尔纳克是看着那个小山写作的，若在小山那面盖了房子，风景全都不对了，我以后怎么讲？作家当时没有看到过那个房子，我怎么解释？如此认真，在我们看来，那简直是太较真儿了！有这么严重吗？这让我多次联想到，我后来回国，在中国几个地方，特别是在青岛遇到的情形。青岛是中国文化名人比较集中住过的一个地方：老舍、萧红、梁实秋、沈从文、闻一多、臧克家等，这一大批文化名人都在那儿住过并创作过一些重要的作品。我想我还是先看看老舍的故居，毕竟老舍在青岛写了他的代表作《骆驼祥子》，论人论作品名气都很大的。当地的出租司机好不容易才把我带到老舍的故居，上前一看故居连大门都没有，好歹旁边还有一个牌子，标明了这里是老舍故居。但里面完全没有保护，是任人租住的。院子中间比较高一点儿的主要的屋子，我想这应该是当年老舍住的了。我敲门，半天出来两个人，后来才知道是附近大学生租住在里面，大概是中午，我打搅了他们睡觉，他们很不开心。我说对不起，我想看看老舍的故居。其中一个人提高嗓门儿讲：什么老舍的故居？这就是我的故居！对于此种情景，不仅我很愤懑，而且学界同仁也多有同感，70多岁的兰州大学教授、中国老舍学会会长接受电视台采访时，泪流满面地说，一个有着如此丰厚历史文化的城市，却如此不懂得保护这样珍贵的文化资源，这样的城市一名不文，有再多的品牌都不值钱，没有前途！遗憾的是，青岛的这种状况至今改观不大，我去年去青岛，只有严复的故居保护得挺好并开始卖票供人参观，而其他文化名人的故居包括老舍、沈从文等在内，依然任人住着，没有保护。这样下去这些珍贵的历史遗迹很快就会破损以至消失，这么好的文化资源不知道保护，不懂得开发利用，这个城市的智慧在哪里？难道俄罗斯的文化资源是自然形成的吗？那也是靠人的重视，人的保护，人的开发，特别是那种发自市民内心深处的敬仰和尊崇带来的。自己的宝贝自己不知道重视，你怪谁？更有甚者，我到成都去，想看看当地著名作家李劼人的故居。李劼人不仅是著名作家，新中国成立后还当过成都市的副市长，他的小说"大河三部曲"很有名，其故居也很有名，叫"菱窠"。好不容易找到那个故居，比找老舍故居困难多了，尽管成都的地图上就标着李劼人的故居，但当地那个司机根本就不知道，最后把我放到一个地方，说这一片大概就是李劼人故居，我真的很气愤，哪有"这一片就是"的?! 自己摸半天总算摸到那个故居，买了门票进去，可是故居中的展览馆却没有电，赶紧找电工拉闸

开电，这才让人匆匆看了一下。我人还没走出楼门口，就赶紧把电拉掉了。当然，可能人家在经费和管理等方面有困难，但你总不能说一个名人故居的博物馆，让人自己带着手电筒去参观吧？想到这些，总感到我们与俄罗斯在文化保护等方面还相差很远。这些事情，也让我反复想起当年中国现代著名作家郁达夫在纪念鲁迅的时候说过的一段很有名的话，他说，一个没有伟人的民族是可悲的，但一个有了伟人却不懂得尊崇的民族则是更加愚昧的。

在俄罗斯的最后一天，让我们自己去转一转，我们来到莫斯科郊区最大的一个跳蚤市场，我一眼见一个很胖的俄罗斯老太太摊位前面有一个普希金的青铜头像，下面是墨绿色大理石基座，并不大，也不高。我一问价，她竟然要4000卢布。虽然这个雕像挺不错的，但怎么也不值4000卢布。我想了想，还是到别的摊位看看吧。但是心里惦记那个东西，看什么都没有心思了，转了一大圈，最后还是回到这个老太太摊位前，没想到这个老太太仰天大笑，她说我知道你会回来的，他说看到普希金头像的人，从来没有不回来的。她说你知道普希金是谁？我从来没有降过一个卢布。后来我跟朋友借了2000卢布，加上自己的一共4000卢布把那个普希金头像买回来，现在这个头像一直放在我家的书房里。一个看起来没有什么文化的俄罗斯的胖老太太，对普希金是这样一种尊崇，这样一种神往，由此可以想见这个民族的文化底蕴之深广。此外，我还看到一个材料，是说一个在西方讲俄罗斯文学的俄国教授，他在思考怎样讲课能更好地让西方人领受俄罗斯文化与文学的魅力呢？他选了一个阶梯大教室，选了一个阳光灿烂的天气，讲课之前他把教室里所有的窗帘都拉上，把所有的灯都关上，然后开始讲课。他首先跑到教室的一端拉亮一盏灯，他说各位请看，这盏灯就是果戈理（就是对我们的鲁迅有过巨大影响的果戈理）。接着他又跑到教室的另一端，打开另一盏灯，他说各位请看，这就是普希金。然后他迅速到教室两边，拉开所有的窗帘，并打开所有的灯，阳光洒满教室，加上教室里灯光通明，他说大家看，这个就是托尔斯泰！我花4000卢布买回家的普希金只是一盏灯，可以再次让人感受到俄罗斯文化的底蕴有多深厚。不了解俄罗斯的文化，就不了解这个国家和这个民族在世界上的地位。在西方世界里，我们真正能够听到敢于跟美国讲"不"的，是谁？是俄罗斯。

下面我再讲讲意大利和希腊的文化，这两个国家我也作过文化考察。意大利跟希腊这两个国家最大的特点，我用两句话来概括，就是"传统与现代并存，慵懒与创意同在"。请注意，"慵懒"不是我们说人家的，而是人家自称的。这两个国家都是欧洲文明的发源地，相当古典，相当传统，随处可见的动不动就是公元前多少年的东西。从这一点来说，这两个地方比北京城市的历史悠久多了，北京不要说别的，连西安都看不上，说北京有什么？地下挖出来大不了是清代的一点儿铜钱，你跟我们西安比差远了。希腊、意大利古老的动不动就用公元前来说事，但同时这两个国家又高度地现代并且极其时尚。特别是这两个国家古典和现代融合得极其完美，我们随处可以看到的是，多少年前的古迹和现代化的建筑融为一体。在罗马，在佛罗伦萨，在那不勒斯，在雅典，在那些千年古都的老巷子里面，经常排列着极其豪华的、世界顶级的名牌商品的旗舰店，两者形成非常鲜明的对照，这边是公元前多少年的东西，这边是当今世界最为时尚的精品店，两相辉映，相安无事，非常难能可贵。这个经验对我们有什么启示呢？拿北京来讲，北京进入现代化大都市，这个过程要付出多少代价呢？北京现在正在拓宽长安街，又要拆不少的地方，拆不少东西。我在来太原的飞机上看到东航的画报，上海也要拆，特别是有一座小白楼要拆，这是上个世纪40年代逃难到上海的犹太人开的一个有特殊意义的咖啡馆，几代犹太人在这里住过，很是珍贵，许多专家呼吁不要拆，但是那个白色刷的"拆"的那个大字已经画在墙上了，这座珍贵的白楼能否保住，真是天知道。我在1994至1996年在日本京都任教，2007年我又去了一次京都，故地重游，时隔 10 多年之后这个地方竟然没有一点变化，没有多盖一座楼，没有新添一个广场，多少年就是这个样子。当年京都要盖一个火车站大楼，讨论了 11 年最后才获通过，京都大部分都是平房，楼房也都比较低矮，文化古城就是这样保护的。其实这里面蕴含着一个理念，日新月异是一种发展，坚守住传统也是一种发展，而且是一种更为艰难的发展。

再回到意大利和希腊，这两个国家的人自称慵懒，并且颇为自得。的确，我们看到他们大部分时间都处在休息状态，比如所有的商店周一、周三、周五下午三点钟就关门下班了；周二、周四、周六下午三点先关门，然后照顾一点儿顾客的情绪，晚上五点到八点再开一小会儿；周日则所有的店都关门，全天关门，连大型超市都是如此，只有个别的小的超市开会儿门。这种休息方式，在人家那儿是法定的，雷打不动。所以难怪在欧洲有一个笑话，说有一个人要到一个银行办事，正好赶上人家午休，什么事都不办，这个人很生气，只好转身走人。但他看到银行旁边坐着一个乞丐，就随手给了这个乞丐一点儿钱，没想到这个乞丐把钱扔还给他，说对不起，本人正在休息，现在不接受施舍，要给钱等我休息好再说！你以为你随便给人家钱人家就要？乞丐也要休息，也是法定的。什么叫牛？什么叫绅士？这就是！

说是慵懒，其实意大利和希腊这两个国家是很有创造性的，是特别富有创意的国家，特别是意大利人，在设计方面往往具有世界顶级聪明的头脑。据报载，世界顶级的机场 2015 年将要建成在中国的深圳，其中世界最棒的航站楼即深圳机场的 3 号楼，是由一对意大利夫妇设计的，据说设计得既节省能源，又极为浪漫，采光、用材、造型、实用，一切都完美融合得像一段动听的音乐，正因为此，这对意大利夫妇把这个机场航站楼的设计称之为"一段音乐"，大概只有意大利人能想出这样的东西。意大利人和希腊人要么不做事，要么做起来就非常认真、非常投入，工作的时候极其敬业，张弛有度。这让我有一个感觉，就是越是传统深厚，才越是富于创意。甚至可以讲，越是慵懒、放松，就越是可能聚集聪明和智慧。从某种意义上讲，你看起来是慵懒，是懒散，是休闲，但实际上正是在懒散中获得了很多思考的时间和空间，而没有思考就没有创意！这就是问题的关键。在意大利和希腊这两个国家，人们在很多雕塑中看到最多的造型，或者说给人印象最深刻的造型，就是那些手托着下巴在那儿思考的雕像。慵懒带来思考，思考带来创意，这既浪漫，又富于哲学。很多国家的人行色匆匆，忙个不停，你没有时间休闲，没有时间慵懒，没有时间思考，哪来真正的创意？所以慵懒跟创意一点儿都不矛盾，什么都不能搞得太满了，要留有相应的时空，空灵空灵，没有空，哪儿来的灵！

在这一点上，我还想比较说明一下日本人的创意和意大利人的创意有很大的不同，日本人的创意更多的是日常生活式的，更注重实用性的，比如前面说过的能喂人饭的机器人，一笑就能自拍的相机，还有刚刚造出来的能给盲人带路的机器狗等等；而意大利人的创意更体现出一种对文化的享受，一种领风气之先的浪漫和时尚。所以我们在意大利，随处可以看到那些满是涂鸦的墙壁，这些涂满了乱七八糟的东西，随时出现在停车场，商店旁，甚至市中心。而在日本，几乎一堵这样的墙都看不到。倒不是说日本没有这样的墙就不好，而是相对来说，意大利人更放松一些，更随意一些，而日本人则更拘束一些，更严谨一些。这里没有好坏，只是特点不同而已。日本和意大利制作的鞋子都很好，都很舒服，但日本做的鞋子虽然舒服，相对来讲都像一个模子做出来的，样子都是一样的，衣服也差不多；而意大利做的鞋子几乎每一双的做工都不一样，款式千差万别。所以日本人更务实，意大利人更注重个性，这是两个国家在同样富于创意中的不同。

我还想再简单说两句香港文化。我们经常听到人家讲"香港是文化沙漠"，其实这也是很不对的。香港不但有文化，而且香港有自己的文化特点。我前几年率一个团去香港中文大学访问，正好赶上尖东广场香港展览馆有一个关于中国留学历史的展览，那个里面有很多珍贵的东西，好像有当年胡适用过的拐棍，有钱钟书用过的马甲等等，都是价值连城的宝贝。但是在博物馆的中心位置，有一个精致的玻璃柜台，最好的灯光都集中打在这个地方，这个柜台里面放着的是一本鲁迅《呐喊》的初版本。这说明香港人是有水平，有眼光，有文化的。鲁迅的《呐喊》初版本更加价值连城。的确，香港的历史不长，文化的根基不深，所以它特别注重保护文化，生产文化。在香港，上个世纪五六十年代的书都用塑料皮包上，都在玻璃橱窗里面放着。五六十年代的书在大陆要如此保护，那还保护得过来？那算什么呀？在香港，五六十年代的书都是宝贝。这里体现了一种文化的理念：文化是积少成多的，你现在保护五六十年代的东西，多少年后它自然就很珍贵，你不注重保护，再古老的东西也会损失殆尽。保护和不保护是两个不同的概念，香港特别注重保护，哪怕现在看起来还不那么珍贵的东西，这些东西将来会珍贵的。

再一点，由于香港在很长的一段时间里缺乏一种归属感，因此有些心神不定，有一种生存前途的危机意识。那么这种意识带来香港什么特点呢？带来了香港人乃至整个香港社会都特别好学习，全民学习、终生学习是香港文化的一大特色。香港成人学习特别多，这跟现在的大陆不太一样，大陆都是小孩忙着学习得多，一个小孩子周末全是各种班，钢琴班、绘画班、书法班、奥数班、英语班等等；香港却是成人班多，都是成人在忙着学习，一到傍晚，地铁站里到处奔忙着各类学习的人群，我把香港的这个现象概括为"学习文化"。香港的学习文化是很特别的，在香港遇到一个人，身上掏出几个甚至十几个各种类型的学习证书，这是很常见的事，烹饪证书、茶道证书、缝纫、家政、法律、财会、中医、普通话等等，什么证书都有，适应各种变化，适应各种需要，生存的需要。我当年在北师大中文系主持工作，跟香港教育学院合作进行推广普通话的工作，我特别看到香港学习普通话的热情，有的跟工作有关，有的是长期修养，个人的提高。香港人，多少有广东方言的基础，发标准普通话的音很困难，我们有些大学教授讲，"天不怕地不怕，就怕香港人讲普通话"，那普通话讲得真是相当别扭。但是几年来，事实上很多香港人的普通话已经讲得相当不错了。有一次我们在香港一个很偏的地方打听路，要到一个学校去听课考察，打听路的时候遇到一个中年妇女，我跟她问路，没想到她用非常纯正的普通话回答我，讲得非常好，我很吃惊她的普通话怎么讲得那么好？她很自豪地说，我是北师大中文系的老师教出来的。我说太幸运了，我就是北师大中文系的主任！她说你是我母校中文系的主任，那我请你吃饭吧。我说饭就不用吃了，你把普通话推广下去，让更多的人普通话讲得更好我就满意了。我知道，她们硬是凭着很高的学习热情，克服了很多困难，很不容易的，不信你学广东话试试看，很不容易学的。

另外，我们经常讲香港是"购物的天堂"，那么香港凭什么是购物的天堂？是香港的东西特别便宜？是香港的东西特别好、特别多？其实香港有的店铺咱大陆基本也都有，有的比它还要大。而且现在许多品牌的价格都一样，全世界统一的。香港有打折的季节，我们大陆这儿也打折，有时还不分季节呢，有时打的折还更多呢。我先后八次去过香港，我对香港"购物的天堂"有自己的理解。在我看来，香港之所以被称之为"购物的天堂"，是在售货的过程中，最终能让消费者心甘情愿、满心欢喜地掏出钱来花，让你花了那么多的钱，还花得那么开心，这是很不容易做到的。我不止一次在香港亲身购物就感受到这一点，你看好了一双鞋子，觉得这个鞋子有点儿大，那么售货员会立即帮你紧缩，用他那个机器给你缩，给你缩得正好，到正合你的脚为止；你觉得鞋子有点儿小，那么他又会用一个模子给你撑，给你撑大，一直撑到你穿上不挤脚，舒舒服服才罢。总而言之，你想要这个东西，就一定最后让你满意地上脚上身，心甘情愿地掏钱买下。这看起来简单，而实际做起来是很不容易的。相对来说，我在大陆的很多商场里，所感到的则是另一种不同的情形，比如你觉得这个衣服大了一些，售货员马上告你，说这种款式的衣服不能小，就是大了才好看；若你觉得那件衣服小，售货员则又会说这种衣服不能穿大，小才好看。总之，他不会给你改，他不会帮你的忙，他不会给你动一下的，他只是动动嘴皮子而已。遇到这种情况，你还有买东西的心情吗？什么叫"购物的天堂"？这不是随便说的。

以上这是第一个大问题，关于文化的特性。

二、文化的创新机制

文化的另一个重要特征就是理论和实践的互动。文化是对实践的升华，文化的价值与意义只能在实践中落实和体现。我们天天讲"文化创新"，特别是"创意"这个词出来以后，许多人有一种"一拥而上"的劲头，几乎大家天天都说"创意"，甚至一见面就问，"今天你创意了吗"？实际上哪有那么多意可创？哪有那么多新可创？怎么创新？创意从何而来？一说到创意产业，动不动就多少个亿往里面投，从目前的情况看，我们的创意产业实际上是投入多，产出小，动不动就是动漫，或者是一些民间工艺品，"创意"难道就是动漫这一类的东西吗？动漫一拍就是几百集，300集、800集，让你祖宗几代都看不完，拍那么多集干吗？有这个必要吗？动漫固然自有其价值，动漫固然是一种新的产业，但不要一拥而上，并且要有点儿冷静地思考。今年北京首届人文北京论坛，论坛上一些著名的专家教授就人文精神和文化创新等问题发表了很好的意见，有专家说，动漫虽然重要，但是动漫无论如何也很难传播深刻的思想，这点是要看到的，看不到这点，只看到动漫的好处是不全面的。我非常赞同这个观点。再说，总不能全民都看动漫吧？我们还需要更多的创意，需要更高品位的东西，需要更深刻的思想，需要文学和文化的经典，不能只是动漫。北京的798固然很好，很有特色，旧工厂改造，引领时尚风潮，外国人也融入其

间等等，但是这个 798 有多大的普及性和推广性呢？北京有一个 798
很好，很鲜活，很奇特，能吸引不少人，但如果出现很多 798，弄得北
京乃至全国到处都是 798，那又是什么情形呢？总不能到处都搞 798
吧？最近北京两个大区，宣武区、崇文区联合申报"文化生态保护
区"，这个申报如果批准，那将是第一个城市文化生态保护区，报纸将
其规划的内容和方案都已经展示出来了，介绍了这个生态保护区的各
种情况，这个保护区的核心内容据说是有十种生态文化，并用了两个
字，叫"扎堆"，就是说你文化一起挤在那个地方，"扎堆城南"。宣
武、崇文两个区加起来有十种文化，如皇家文化，像什么天坛、先农
坛等；有会馆文化，像福建会馆、湖广会馆、安徽会馆等；如商贾文
化，像前门、大栅栏等；如士子文化，像琉璃厂等；如红楼文化，像
大观园等。但是我想，生态文化有那么简单吗？什么叫生态？先不说
一个人造的大观园能不能代表红楼文化，更重要的是，这种文化何以
形成生态呢？生态的核心概念是各种文化之间要互养互动，构成一种
良性循环。专家说北京的昆明湖以前水很多，碧波荡漾，那是因为昆
明湖旁边不远处还有一个更大的湖，那个湖是专门养着昆明湖的。你
要不知道这个，你就不知道昆明湖为什么有水，水那么好，为什么后
来昆明湖水又不多了？那是因为养着昆明湖的那个湖水干涸了。那个
湖的水一干，那昆明湖的水还能那么滋润丰盈吗？这就是生态，文化
生态就需要各种文化构成互养互动的态势，要不断形成新的增长点。
没有一种良性发展的相互滋养力、相互影响力，相互推动力，单纯靠
扎堆行吗？扎堆就能形成生态吗？我感到事情好像不是那么简单。

关于这个"创意"，特别是文化创意，我在这里谈一谈个人的看
法。在我看来，文化创意更重要的应该体现在决策层面。如果决策层
面文化创意多，那它产生的效益就不是一个什么动漫所能相比的，更
不是一个什么工艺品所能代替的。比如 2008 北京奥运以后不久，北京
市委市政府把"三个奥运"，即绿色奥运、科技奥运、人文奥运，及时

地、战略性地转换成为"三个北京",即人文北京、科技北京、绿色北京,而且非常明确地、毫不含糊地把"人文北京"调整到第一位的位置上来,我认为这个战略调整就是一个决策层面的重大创意。这对北京如何利用奥运成功的强劲势头发展得更快更好,具有极其重要的战略意义。因为从北京奥运的整个过程来看,人文精神是北京最重要的底蕴,最鲜亮的特色,而恰恰又是北京在实际发展中最为薄弱的环节,最难建设的环节。我们的奥运场馆不用担心,无论在建设速度方面,还是在形象的优美方面,以及在施工质量等方面都做得非常好。希腊奥运会开幕在即,还有好些相关工程没有完成,有些地方的路还没修好呢。在中国绝对不会出现这个情况,北京奥运举全国之力,不但一切都按时保质保量完成,而且会超水平完成得非常漂亮,这是任何一个国家都比不上我们的。但是人文精神呢?人文精神就不是三个月、五个月,甚至不是三年五年能够提高的,更不是限定时间,定出目标,就一定能出现所谓标志性成果的。人文精神是一个城市,一个国家,一个民族,多少年来长期积淀,逐渐形成的,不可能一蹴而就。人文精神的建设,首先必须冷静地、清醒地认识到这一点。所以北京市委市政府在奥运之后立即把"人文北京"调到今后发展最重要的第一位的地位,这就是在奥运实践中的理论升华,这就是一个具有重大创意的战略决策。像这样的决策性的创意越多,我们的城市和国家就能发展得更好更快。包括山西省"十一五"文化发展规划纲要当中提出的"打造山西形象提升工程",我认为这个工程就是具有决策性创意的,在山西文化建设的七大工程中,我认为这个工程既有基础性,又有拓展性,既有文化自身的建设,又有文化影响力的辐射作用,它能够盘活山西文化的全局,这个工程抓得很准,我相信它将对山西的文化发展与建设起到重大而长久的作用。

文化创意不是凭空产生的,不能脱离文化本身单独创造一种东西。在这里,我想介绍几种对文化发展有支持性作用的机制。比如北京,北京文化最重要的发展机制，是它具有一种同化力，一种亲和力。北京文化持续不断的发展，又更好地促进和丰富了这种同化力与亲和力。什么是北京文化的"同化力"与"亲和力"呢？举个例子，著名作家老舍，有一本自传体的长篇小说叫《正红旗下》，这个小说里面，他写到一个当年从山东到北京来做生意的王掌柜，王掌柜是山东胶东人，在山东生意做得不错，到北京来扩大生意了，这说明这个人是比较勤劳智慧的。王掌柜来到北京，初来乍到，看不惯某些北京人的游手好闲，特别看不惯的是那种"闲人"，整天"提笼架鸟"，无所事事，手上拎着笼子晃着，肩膀上还架着一个鸟溜着，遇见谁就跟谁谈鸟，谈得昏天黑地。王掌柜就最看不上这群人，勤劳了一辈子，这帮人整天有事没事跟鸟在这儿啰唆什么？更可笑的是有的人自己跟鸟还能说上半天话，干什么呀？横竖看不惯。但是不到半年时间，这个王掌柜竟然自己也养起鸟来了！而且他养鸟的兴趣更高更浓，连北京那些老养鸟的人都不敢跟这个王掌柜的说话，一搭上，他拉住你谈起鸟来半天、一天都说不完。什么叫同化力与亲和力？从排斥、不满到亲近、同化，甚至有过之而无不及，这就是同化力与亲和力，北京文化的这种特点非常鲜明，它是支撑北京文化发展的一种重要的机制，而且它融化在人们的日常生活里面，在无形之中发挥着巨大的作用。

另外，北京文化还有一种宽容性和包容性。它的特点是，不管你是什么文化，不管你从何方而来，到了北京，你就喜欢它，你就不想离开它，因为它宽容你，包容你，你在它这儿自由自在，如鱼得水。你看多少在北京读书的大学生，多少在北京打工的外地人，他们在北京的时候对北京有一万个不满意，气候不好，房价也贵，工作也不好找等等等等，但你要让他离开北京，他却十万个不愿意！北京的空间大，特别是文化的空间大，这儿很少给人以排外的感觉，管他标准不标准，反正大家都讲普通话，在这儿好发展。你肯干，你有才华，你有成就，你就会有名有利，实实在在的，一点都不含糊。当然，作为

一种文化，到了北京你就得跟着北京走，你得跟着北京变，不管你是从哪儿来的，北京都能让你跟着它变，跟着它走。日本的吉野家餐馆，人家原本就是牛肉饭，而且没有北京的碗这么大，很简单的，最多加一点儿红色的姜片和小咸菜，如此而已，这就是吉野家。可到了北京就不同了，北京的吉野家除了碗大了，除了牛肉饭以外，又多了鸡肉饭，多了东坡肉饭，还有牛肉、鸡肉的双拼套餐，还有煎鸡蛋，还有蒸鸡蛋，还有三文鱼，又煎又蒸，五花八门，爱吃什么有什么，管他吉野家八野家，到北京来那就得随着我的口味变！日本友人对我说在北京吃吉野家，比日本的吉野家要棒多了，丰富多了。我说你要搞清楚，吉野家已经到北京了，是我们北京的吉野家了！与吉野家一样，上海的老城隍庙小吃连锁店在北京也到处都是，人家本来主要是经营上海风味的小笼包子、烧卖、汤圆这些东西的，到了北京，无论如何要加上几道地道的京味炒菜，什么京酱肉丝、鱼香肉丝等，后来干脆连麻辣烫之类的东西也一起加上了，这在上海人看来真是有点儿莫名其妙，但这是北京，到了北京它就得加。再一个典型的例子，北京有一个卖馄饨的老字号，叫"馄饨侯"，大大小小的店铺也是遍布京城。说老实话，作为南方人我真不爱吃这个馄饨侯的馄饨，太难吃了，那个馅儿只有一点点不说，那个汤算是什么汤，上面撒点儿虾米皮，撒点儿紫菜，撒点儿葱花那就叫"馄饨"？南方的馄饨，特别是上海的"菜肉大馄饨"，那个肉馅那么多，与新鲜的碧绿的荠菜拌在一起，那是什么美味？那个馄饨多好？而且下馄饨的汤往往是鸡汤，味道非常鲜美。终于有一天，上海的菜肉大馄饨到北京来了，而且就在这个馄饨侯旁边开了店。不光是我，包括其他一些南方的朋友也都很开心，想着这下可以经常吃到我们心中真正的混沌了。而且上海大馄饨只比馄饨侯贵一块钱，馄饨侯是6块，它是7块，当然愿意多一块钱买这个更好吃的上海大馄饨了。我们几个南方的朋友还非常得意地想，这次馄饨侯没什么生意了，上海的菜肉大馄饨肯定会把它挤垮。可是半年以后被挤垮的不是馄饨侯，反而是上海的菜肉大馄饨，馄饨侯还侯得好好的！北京人就爱吃它这一口，这就结了，这就齐了，凭什么多花一块钱去吃那个什么菜肉大馄饨？菜肉怎么样？大又怎么样？混沌侯就蛮好的，虾米皮紫菜汤喝惯了，顺口！北京文化它有自己固有的特点，你得跟着它转。

相对来讲，构成上海文化发展的机制与北京不一样。上海文化是一种什么样的发展机制呢？支持上海文化发展的，是它的适应力和应变力。上海文化有一种独特的适应力和应变力。北京文化是你要适应我，你要跟着我变，而上海文化呢，是我适应你，我跟着你变。你需要什么，我就给你什么。上海文化能够使来自任何地方的人都感到一种舒服，感到一种适应，感到一种有被人服务的感觉。多数外国人普遍感到在上海要比在北京舒服得多，说在上海，有钱基本上就行，而在北京，往往是有钱也不行，在北京光靠钱是不能什么问题都解决的。关于北京与上海文化的不同机制，我举个例子，北京和上海有两个文化鲜明的标志性的地方，北京是后海及什刹海。各位去过北京就会知道，后海什刹海形成了北京的一个非常独特的市区文化圈，各种中外的酒吧、餐馆，加上极富北京风情的三轮车或人力车的胡同游，每天吸引了大批的中外游客，尤其是外国人非常集中、非常多。上海是什么呢？上海有一个"新天地"，在中共一大会址旁边。新天地也是各类酒吧、各类餐馆的集中地，特别是外国的酒吧更多，因此这里同样聚集了大量的中外游客，而且也是外国人居多。我去年 11 月份到上海参加复旦论坛，我指导过的一位博士现在在华东师大任教，她一定要陪我再到新天地去看看。没有想到去的那天晚上正好赶上西方人的万圣节，那天晚上的上海新天地让我第一次亲眼看到那么多的外国人在中国的土地上是那么的放松、那么的放纵，单个的、成群结伙的、全家倾巢而出的，那种尽情地狂欢，那简直就是跟他在自己国家一样，没有任何拘束，他已经和这个地方完全融为一体了。这突然让我感觉到

什么是北京，什么是上海，这是两个很不一样的地方。我刚才讲北京的后海什刹海，这里的外国人再多，你也不会有丝毫的怀疑，这个地方是中国的，是北京的，一点儿问题都没有，不管是洋酒吧还是中国的茶马古道之类的餐馆，都是中文招牌，都是中国字号；而上海的新天地已经很少有几个中国字的招牌了，那些餐馆，那些酒吧大都是外国字，上海新天地有时已分不清它是什么地方了。上海它能给人一种如此舒适、如此回到自己家的感觉，这就是它的适应力和应变力，这种力量使上海的文化更加复杂，更加丰富多彩，如前所说，上海同样有一种海纳百川的容量。但上海文化的这种感觉在北京很难产生，这是北京不大可能如此的适应外国人，还是那句话，外国人你适应北京可以。这是北京与上海很不相同的文化发展机制。

说到山西文化的发展机制，我觉得它有一种自信力，山西文化有一种来自历史深处的自信力。我看有关材料，阐述了山西文化自信力的八个理由，我把八个理由概括为四个方面的自信力：即山西文化有着历史遗迹的自信力，这是物质方面；有着历史传统方面的自信力，这是非物质方面；另外还有文化名人的自信力和有晋商文化的自信力。这四大自信力是非常突出的。太原市委申书记也强调，山西人要提升自己的文化品位，要开阔眼界，借鉴国内外的先进经验，尽快让山西优秀文化走向全国，让三晋优秀文化感动世界。我也来过山西六次了，我的总体感觉是山西文化底气十足、活力四射，这不是恭维话，事实是当今中国很少有地方能与山西相比的，有的地方历史丰厚，但是现实活力不足，有的地方现代有余，但历史底蕴相对薄弱，像山西这样历史文化底气十足，现实发展又活力四射的地方不多，所以我觉得山西的确有自信力来展示自己的文化和潜能。当然，我也想讲一句，山西打造文化品牌的时候，也面临一个重要的问题，那就是如何真正地把深刻的文化历史积淀与当今经济的发展结合起来。比如晋商是一个很响亮的牌子，在中国还有浙商、徽商等，但尽管晋商是一个很响亮的牌子，但在我的感觉中（可能我的局限性很大），人们更多的是把晋商跟历史结合在一起，他更多的层面跟历史相关，我们当今新一代的晋商虽然名字还叫"晋商"，是跟辉煌历史的晋商一模一样的名字，但是新一代的晋商在文化上，继承了多少以往的积淀与辉煌？今天的晋商和以往的晋商一样吗？我们自己如果不多问问，人家总是会感觉到差别的，这一点我觉得是我们当今建设中要注意的一个很深的文化问题。

三、文化开发与文化发展规划

文化要为经济服务，特别是为当前的经济建设服务，这是肯定的，但是文化也不能只是为了开发而开发，尤其不能过度开发。不能只顾眼前的经济建设而损害文化自身的价值，这一点很重要。特别应该注意的是，经济要建设，文化也要建设，而且文化建设更有自己的特点。前面我几处讲到，文化建设不应该是一拥而上的，文化建设也不可能是一蹴而就的，文化需要积累，需要长期的积累。文化就像陈年佳酿，喝一瓶少一瓶，没有多少年前的准备，就没有今天的美酒，所以我们在喝美酒的时候，喝那些陈年佳酿的时候，要一边喝一边储存，光喝不储存，那么很快就喝完了。我们今天的文化都是老祖宗留下来的，我们要多想想，我们给下一代，给后几代留下什么呢？关于文化的开发与文化发展规划，我讲几个具体的问题。

第一个问题，要注意及时抢救那些遭受破坏的、即将消失的文化遗产，这是文化开发和文化发展规划中特别要注意的一个问题。要切实关注并及时抢救那些遭受破坏、即将消失的文化遗迹，我们北京文化发展研究院正在建议北京实施一项工程，这项工程就叫"即将消失的文化遗迹抢救工程"。那些已经被人保护起来的，那些已经明确挂牌要加强保护的，就不在这个工程范围内了。我们要及时抢救的是那些还没有被人注意，至今还没有挂上一个牌子，甚至很快就要破损消失的那些具有重要历史文化意义的遗迹，这是很切要的工作。举个大家都知道的例子，比如说北京的菜市口，菜市口谁不知道？看过一点儿历史书的，谁不知道菜市口在历史上是一个什么样的地方？在菜市口这个地方，当年上演过多少幕撼动人心的历史大戏？但是今天任何一个人，在北京的菜市口，你能看到一星半点有关当年历史的记载吗？任何东西都没有，这个地方已经面目全非了，已经无法引起人们对历史的任何想象了。现在我们不要求别的，我们希望先在菜市口立一块牌子行不行？立一块精致一些的牌子，上面刻录着菜市口是个什么地方，当年在这里发生过哪些重大的事情。现在连牌子都没有，再现代化建设若干年，几代人之后，恐怕"菜市口"三个字就没人知道了，即使在书上看到过，在现实当中也没有意义了，因此要赶紧抢救。类似这样的地方还有很多很多，北大燕园、北洋政府黎元洪大总统的住处、现北京海淀八一中学原著名的清王府，而且跟老字号同仁堂有关，此外，还有张自忠路，西郊挂甲屯当年软禁彭德怀老总的地方等等，这些地方马上就要消失了，不及时地挂上一个牌子，不加以抢救就没有了。大家都会说这样一些话，诸如历史是不会重复与再现的，忘记历史就等于犯罪等等。其中最为要紧的是，历史的消失将意味着永远的消失。我们这个工程就是要通过给即将消失的历史文化遗迹挂上牌子，使整个北京的大地成为一个偌大的、鲜活的博物馆，在北京的地面上随处都能感受到历史上曾经发生过的、今天我们至少还要记住的那些重大事情。我不知道这个做法对山西的历史文化建设有没有一点儿参考作用。话说回来，历史与现实总是矛盾的，历史要保护，现实要发展，有些楼上的东西由于现实建设的需要，该拆的也要拆，不可能什么都不拆，但是留下个牌子行不行？留下一个历史的记忆行不行？这总是可以的。

第二点，文化开发要真正做在文化上。我们现在经常听到这样的话，叫做"文化搭台，经济唱戏"。我个人强烈地认为这句话是很不全面的，这句话至多只讲对了一半。"文化搭台，经济唱戏"这句话在我看来，必须补上另外一半，这就是文化不仅要给经济搭台，而且文化自身也要唱戏！文化不仅仅是一个搭台的问题，文化自己也要有戏。如果这个台子上文化自己没有戏，那么这个台是搭不好的，硬搭起来这台戏也是唱不成的，这个台子也是要倒塌的。所以文化在搭台的过程中自己要唱戏，自己要有戏唱，意识到这一点是非常重要的。比如说旅游文化是现在开发最热门的一个项目，但究竟什么是旅游文化呢？旅游文化说到底，就是让人家来看我们的文化，来看我们的历史。我们拿什么给人家看？怎么拿给人家看？这是旅游文化的关键所在。山西提出"华夏文明看山西"，那么人家要问，为什么看山西？看山西的什么东西？怎么个看法？你就必须要形成一整套的东西。不是挂上个招牌，喊出几句口号，把人弄来了就行的。"文化唱戏"就是说要把文化自身最响亮点的东西展现给人看。我前不久刚刚去过四川乐山郭沫若故居，中国有数不清的文化名人故居，乐山郭沫若故居保存得很好，很有特点。乐山市政府特别担忧，他们说乐山有两大宝，第一有大佛，第二有大师。乐山大佛大家都知道，大家都会去看，不用担心；大师就是郭沫若，可是去郭沫若故居的人不多，很让人发愁。我对当地的同志说，郭沫若是大师，这不假，但你要让人来看郭沫若故居，你要让人首先知道他为什么要看这个故居？是天下最大的，还是天下最好的，还是有什么非看不可的东西？其实乐山郭沫若故居是有他的特殊看点的，那就是在中国那么多文化名人故居当中，乐山郭沫若的故居是保存得最原始、最完整的一个。原因是郭沫若的原配夫人死得比较晚，比郭沫若去世得还要晚，而且她一直住在那个故居里边，所以一直保存得很好，当年的床，当年的蚊帐，当年家里面的水井、灶台等等都是原初的，绍兴鲁迅等人的故居都不如乐山郭沫若这个故居保存得完整，这就是乐山郭沫若故居的亮点与看点，你要昭示天下，我乐山郭沫若故居是当今中国所有名人故居中保持最原始、最完整、最具原生态的，是独一无二的，那人家就非要来看看不可。没有这个

戏，你再宣传，硬把人家弄了来，也没什么可看的。山西平遥的"日升昌"票号，我当时参观留下的最深的印象，就是这家票号藏钱的地方，它不是躲在什么私密或隐蔽的地方，而是大大方方地就在一进票号大门前台面前的大堂中间，这里人来人往，按理说是一个最不保险的地方，但最不保险的地方往往就最是保险，这本身就体现了票号主人的理念和智慧，光这一处就很有看头，就很耐人寻味。一个景点，一处历史遗迹，你把它那个最值得看的亮点亮出来就可以了，吸引人的往往就是那一点，有那一点就够了。但那一点你要让人知道，你文化要把这个戏唱出来，你不唱出来，人家怎么知道你有的可看，你又怎么能为经济建设服务？天下那么多名人故居，为什么偏偏要来看郭沫若故居？

对旅游文化来说，看什么很重要，而怎么看也很重要，没有精巧的方式方法，再好的内容也很难展示出来。有些考虑看起来很平常，很琐细，但往往就是这些方面能够把内容与形式很好地结合起来。比如设计旅游线路，这个线路有大小两种，大的指如何更好地把游客不方便到达的几个景点串联起来，小的指某一个景点内的参观路线。我多次提到日本，日本所有的景点都有两个字，用箭头标着："顺道"。就是游客只能顺着这个路线走，不能东跑西跑的，更不能逆向而行。这样做的好处是，第一不影响参观秩序，游人不会拥堵、混乱；第二，顺着指定路线走，所有的景点都是最佳观看的位置，既节省时间，又看得满意。一个景点如此，一个地区、一个大省，我们的旅游文化能不能安排一个大的顺道，让人怎么看更好？意大利最近推出了一个文化遗产开发的新战略，其中有四个新的思路值得我们参考和借鉴。第一是要改变目前抱残守缺的观念和状况，进一步发掘历史遗迹，并且完善现有的文物古籍、考古场所和其他各类博物馆的保护和服务设施，使之对国内民众和国际游客都更具有吸引力。这里的重点是完善，不但有历史古迹，而且怎么开发的，开发的价值如何等等，要用非常好的东西把它介绍出来。第二，加强规划、统筹管理。文化遗产的价值是通过旅游来实现的，那么政府文化遗产部门要会同旅游管理部门，把全国的文物、古迹、博物馆按照不同风格纳入精密的旅游路线的设置，组成不同但是可以互相交叉的观光考察的路线和平台，以满足所有不同参观者的各种需要。第三是组建文化遗产开发联合体，鼓励私人企业参与文化遗产的开发和利用。第四是扩大国际交流，与外国的企业，或者事业单位组合成博物馆，将意大利的馆藏文物和古迹展品运到对象国去展出，对方也可把本国相关产品拿到意大利来展出，互相展出，增进国际间的交流。这些思路还是值得我们参照的，就是说文化在搭台过程中，文化要唱戏，但是文化不要把戏唱歪了。文化要唱正戏，不要唱歪戏，要立足于文化本身的建设，不要太急功近利。我最近看到报纸上介绍，电视剧《潜伏》刚刚热播完一轮，马上就有人要推出叫做"平西情报站新红色景点游"的旅游项目。同样正在播映的电视剧《杀虎口》，也有人要以此为背景搞一个"走西口游"。我个人认为，这些做法多少给人不那么像文化建设，而是想利用文化来捞一把的感觉，反正我有这种感觉。这些电视剧本身的影响能有多大多深？"平西红色景点游"能游多久呢？你又花钱又打着文化建设的牌子建造的这个景点，只是今年游一下呢，还是明年后年能够长期游下去呢？不能给人一种"捞一把是一把"的感觉，那不是文化建设。

第三点，就是文化建设要追求高品位，要坚持打造经典。文化建设要有长远的眼光，不能只顾眼前利益，不只搞一些所谓的标志性的成果。文化建设要着眼于打造精品，比如讲"文化节"，我总觉得文化节不能太多，我也看到许多地方的文化发展规划，包括山西的文化发展规划，有些地方要建设的文化节太多了，太多就容易缺乏质量，甚至容易过滥。现在时时刻刻都在过节，各种各样名目繁多的节。过节本来是让人享受轻松和愉悦的，享受那份富于文化情调的安闲与舒适，毕竟大家都以过日子为主，而不是天天过节，既然是节，你就要给人

留下相当的空间和回想。节太多了反而给人以麻烦和负担，一个节接一个节，文化节的文化含量和它的文化影响力自然就会减弱，到最后文化节就没文化了。我们能不能全力打造几个精品文化节，这几个节打造成功以后，让人人都真正想过这个节，而不是一到过节就烦，或者可过可不过，那这个节就没有多大的意义。我们在《北京文化发展报告》中，曾经对中国大学校园里面的"大学文化节"作过一个考察与调研，题目就是"大学文化节文化有多少"。现在各类大学里的各种文化节可以说是数不胜数，除了文学院的文学节之外，还有讲演文化节，生物文化节，数学文化节，物理文化节，化学文化节等等。不是说数理化里面就没有文化，而是说为什么偏偏都要戴上文化节的帽子呢？我很难理解。你要讲文化什么学科都有，但是不是什么都能变成节的，问题是现在文化节在大学泛滥成灾，你刚过完"节"，他又登场，一个接一个，不厌其烦。在我看来，大学所有的文化活动它的根本指向只有一个，那就是应该让大学的校园安静下来，而决不是相反。大学被各种节搞得成天喧闹不已，弄得师生心情浮躁不定，那还是大学吗？那大学里还有文化吗？为什么很多大学从大门走向主楼和教学区的通道都很长很长，那就是让人进入大学校门之后，要抛开杂念，远离社会上的那些浮躁的东西，沿着校园长长的道路一路走一路思考：现在你要进入学术研究了，要潜心看书想问题了……如果一进校门，校园里面到处是一个节接一个节的，那校园文化的价值究竟在哪里呢？人们到学校里来究竟是过节的，还是静心学习、潜心思考的呢?! 所以我觉得不仅是校园里，而且地方上也一样，文化节不要太多，真正打造几个精品文化节就可以了。

关于文化的高品位，我还想强调一点，就是文化不应掉价，文化自身的含量一定要保持住，不能用文化来俯就某些所谓的"经济建设"。文化的价值第一是自身的含量，第二是自身的品位和追求，任何时候要保持住这一点，不能一味地去适应市场，更不能去适应那些低俗的欣赏水平。有的时候文化也可以通俗一把，但是要在保持文化自己的品位和追求的前提之下。文化应该靠自身的品位来提升欣赏者的水平和品位，而不是低就，更不是媚俗。我看过一个真实的故事，讲的是一位艺术大师，这个大师年轻的时候在上海非常穷困潦倒，常常为一顿饭都发愁，鞋子裂开了很大的口也没有钱买新鞋子，甚至连缝补的钱都没有。那么有一天，这个大师画了一只老虎，拿到街上去卖。一个外国人看中了这幅画，想买，就问多少钱，大师说 500 美元。这个外国人觉得 500 美元太贵，但他还是想买，就说能不能少一点儿呢？大师说"不能少"，而且一边说，一边就把这个老虎的画给撕碎了。这个外国人吃了一惊，就说，年轻人，你为什么撕了这个画呢？多可惜呀？500 美元卖不出去，少卖一点儿也行啊！400、300 也可以商量，你是不是生气了？这个大师平静地说，先生，我没有生气。这个画我要价 500 美元，说明我认为它值 500 美元。你跟我讲价，不愿意出 500美元，说明在你眼里，它不值这个数，也认为它不好。所以我要继续努力，下一次画得更好一些。这次画得肯定不行，所以我撕了它，我要重画，一直到顾客认可为止。那个时候的大师还不是大师，只是一个普通的、默默无闻的青年。大师那个时候太穷了，太需要钱了，可他没有降低追求的标准，没有让物质的诱惑干扰他的最高追求，他追求的不是钱，他追求的是艺术的境界，是文化的本质。假如是常人，他能卖多少卖多少，先换点儿银子再说。但就是这种心态，使这个青年日后成为一代雕塑大师，当上了中国美术馆馆长，主持人民英雄纪念碑上浮雕的雕塑，留下了许多传世的经典作品。这个人就是一代宗师刘开渠。他的故事告诉我们，文化是不能降价的，文化要有自己的品位，没有品位不成为文化，这点给了我很深的教育和启发。

要保持文化的高品位，再一个方面，就是文化不宜过多或过度开发。我去过很多文化开发区，比如浙江绍兴鲁迅故居，那条街修得那么新，那条街上除了满街飘的臭豆腐的那个味道，真的没有什么太多

的文化气息，连基本的鲁迅故居新旧的区别都没有展示出来。街上盖了个非常现代、非常豪华的博物馆，跟鲁迅故居很不协调。特别是在绍兴郊外专门仿造鲁迅作品里面的内容修建了一个"鲁镇"，这个鲁镇就更失败，完全是新修的，毫无历史文化气息，在我看来，那么多钱完全是打了水漂，一文不值。不光是我一个人，许多鲁迅专家也都有这个感觉，觉得这个地方的开发实在是太遗憾了。其他一些地方的文化开发也是类似的情况，像江苏的周庄，安徽的宏村、西递这些地方，过度开发的趋向越来越明显。周庄到处都在卖那个肘子肉，我到现在都不明白，卖一些是可以的，可为什么要卖那么多呢？好像人家到周庄来就是为了来买这个肘子肉的。"肘子肉"即使会获取相当的经济利益，但也在相当的程度上影响了周庄的文化魅力。"平遥牛肉"还有一个说法，是当地的特产，周庄的肘子肉又不是特产，为什么要那么集中地卖它呢？莫名其妙。相对来说，我觉得山西的平遥比洪洞要保护得好一点，洪洞有些地方人造的东西太多了，在历史文化建设上，人造的东西，新建的东西，总是要尽量地慎重，这不是花钱多少的问题，有的时候，人造的东西花再多的钱也不一定效果好，当然平遥城墙上的那些旗子和招牌最好拿掉，历史遗迹讲究的就是原汁原味，多一点原生态更好一点，这只是一些个人的建议。

　　关于文化开发，我最后还想说明一点，就是文化建设与全体民众和整个民族的文化素养的提高是密不可分的，这点很重要。文化建设不只是政府重视，国家拿钱，也不只是专家、学者几个人在保护和研究，文化的建设靠的是全民的参与，文化建设的最终标志是全体民众文化素质的提高。没有民众文化素养的提高，你就是把文化开发好得再好，保护得再好，也没有人能欣赏。还是说旅游，像出租车司机、讲解员等等，他们都是文化的直接窗口。我前几年在大同云冈石窟，遇到一个讲解员讲得非常好，给我们留下了很好的印象，那个讲解员既专业，又有地方特色，是我们遇到的难得的优秀的讲解员，他的出色讲解极大地丰富了我们对云冈石窟的知识和提高了我们对云冈石窟的兴趣。同样在我去过的很多地方，一些讲解员不仅仅是水平差，关键是没有文化的意识，文化底蕴差，不好好地去琢磨这个景点的历史文化蕴含以及自然风情等等，而是编造一些低俗的笑话，极大地降低了人们对景点的兴趣。武夷山十八曲漂流，多美的自然景致，多丰富的历史底蕴，可是一些划竹筏子的员工，用那些美丽的景物编造成低俗甚至下流的段子，来取悦游客并伺机收钱，这些做法极大地败坏了人们对武夷山美景的兴致和印象。我最不愿意去一些景区里的溶洞，原因是我受不了那些讲解员的讲解，讲解员拿着手电筒随手一照，说你看这个石头像不像长二捆？你看那个石头像不像孙悟空？那个石头凭什么像长二捆呢？像长二捆有什么意义呢？像孙悟空，像猪八戒又有什么意义？那个石头究竟是怎么形成的？形成这种形状的石头的地貌、地理原因是什么？这是人们真正需要了解的。像长二捆有什么价值？有什么意义？所以讲解员有没有文化直接关系到这个景点文化本身的展示，讲解不准确、不到位，甚至乱讲，不靠文化本身吸引人，而是靠花里胡哨的东西糊弄人，这样的现象还不是少数。

北京奥运前前后后，最让领导放心不下的就是市民人文素质的提高，这点既很重要，又很难办。前面讲了，为什么奥运过后要把"人文北京"调整在第一位。事实证明，奥运过后不久，奥运的那些场馆，奥运的一些设施，它的卫生状况，它的秩序程度等等明显地变差了，跟奥运期间完全不能相比了。单说奥运前有几场彩排，有几场演练，我也去看过一次，我还用相机照下了当时鸟巢观众席上丢弃的各种饮料瓶、各种纸屑和吃剩下的东西等垃圾。特别是有些观众的素质也很差，那天正好刘翔也出场彩排，许多观众都只盯着刘翔一个人看，刘翔一出来全场欢呼，刘翔一下场，大家一起走人。什么文化，什么素质？就看刘翔一个人，其他的运动员都不值得一看？这样的人文素质不提高怎么行？这样的人文素质怎样才能提高？何时能够提高！

最后我讲一个例子来说明问题，就是北京的路，北京的车。在北京我自己开车，深知开车路上的一些情形，在北京一些高速路的入口处，其实只要大家顺着道路开是没有什么问题的，即使车多，大家按照先来后到顺着走，一会儿也就通畅了，但有些人根本就不顺着走，旁边明明是实线，硬是一辆接一辆地超过你，往前赶，最后一起堵在入口，硬把路口活活堵死，人为地造成长时间的拥堵。为什么不顺着走呢，顺着走不是很容易吗？这里面究竟是什么问题呢？不开车有时候感觉不到，开车置身拥堵的洪流，面对那些不顾规则不顾公德的开车人，我真的只想用两个字来表达，就是"无耻"！党中央不是提倡"八荣八耻"吗，这些人怎么如此不管不顾呢？我无数次地站在北京的马路上考虑过一个问题：难道北京的马路会比日本、新加坡、香港的窄吗？难道北京的车比日本、新加坡、香港的车多吗？人家的路比我们的窄，人家的车不比我们的少，那为什么人家的车开得嗖嗖的？而我们就偏要堵成这个样子？现在我们的硬件不比人家差，那我们究竟差在哪里呢?！不久前我看到一则"笑话"，这个笑话说什么呢？说的是一个有 100 个停车位的停车场，在这个停车场，美国人停了 80 辆车，因为美国人的车大；日本人停了 120 辆车，因为日本人的车小；德国人正好停 100 辆车，德国人精确，一辆是一辆；最后轮到中国人停车，说这 100 个车位的车场，中国人停车停了几辆呢？两辆！入口处横着一辆，出口处斜着一辆。但愿这只是一个笑话，但愿这个笑话对我们有所触动，但愿这个笑话能使我们警醒！

今天我讲的非常杂乱，主要是我的一些生活体会，讲得不对的地方，请领导和朋友们批评指正，谢谢大家！

孟子的人格与思想

时　间：2009 年 5 月 23 日

地　点：山西省图书馆报告厅

主　讲：鲍鹏山

鲍鹏山

鲍鹏山,上海电视大学副教授,著名作家,中国作家协会会员,民革成员。安徽六安人,毕业于安徽师范大学中文系,毕业后申请支边十七年,曾任教于青海教育学院、青海师范大学。

主要从事中国古代文学、古代文化的教学与研究。主要著作有《论语导读》、《后生小子——诸子百家新九章》、《再读〈诗经〉》、《寂寞圣哲——影响我中学时代的一本好书》、《论语新读》、《中国古代文学作品选》,"思想的历史"丛书《天纵圣贤》、《彀中英雄》、《绝地生灵》等。主编《中国古代文学通论》等。曾在《美文》、《寻根》、《中学生阅读》等杂志开设先秦诸子评论专栏。发表论文 20 多篇,诗歌、散文、散文诗数百篇,其中《庄子,在我们无路可走的时候》、《庄子,永恒的乡愁》分别入选全国中学语文教材。

1995 年被评为青海高校青年骨干教师;1996 年荣获小岛基金奖,同年又获青海省高校青年教师大奖赛优秀奖;2000 年获青海省首届青年文学奖。2008 年 12 月,在中央电视台"百家讲坛"主讲"新说《水浒》",创下自 2008 年 10 月以来"百家讲坛"最高收视率。

祝左源神旺

越办越好！

熊师范

2009·5·23.

今天我们讲的这个人物是一个非常重要的人物，我有一个观点，就是一个民族的性格，往往是由这个民族的圣贤们塑造出来的，孟子确实在塑造我们这个民族的性格方面，有着他自己非常独特的贡献，所以我们今天讲孟子的时候，首先讲到孟子的人格。为什么我们要特别讲讲孟子的人格？因为孟子的这种人格，由于孟子的巨大、深远的影响，已经深深地渗透到了我们中华民族的每一个个体的身上。我们中华民族的这种民族性格里面，就有孟子的人格精神在。那么孟子的人格精神到底对中华民族的塑造主要体现在哪些方面？我们今天主要谈谈这样一些问题，当然在谈这些问题之前，我们可能要先看一看孟子所生活的时代。

像孟子、孔子这样的人物，都是大人物，大人物往往需要一个大的时代，孟子所生活的时代确实就是一个大的时代，那么这个大时代我们怎么来描述它？我是这样来对它进行描述的：就是孟子的时代有两副面孔。孟子生活的时代我们知道是战国中期，中国的历史到了东周进入春秋战国以后，就进入一个比较混乱的时代了，孟子讲"春秋无义战"，而且春秋时候战争的规模发展到战国以后，就已经非常之大了，所以那时候确实是一个非常混乱的时代。但是这个时代有两副面孔，第一副面孔就是我刚才讲的：杀伐征战，合纵连横。这个时候的战争我们看孟子是怎么描述的："争地以战，杀人盈野；争城以战，杀人盈城。"战国时候战争的规模是非常之大的，死亡的人数动辄就是上万人。比如说秦国和赵国之间那场长平之战，被秦国大将白起活埋的就有40万人。这样的一个战争的规模甚至引起了当代学者的怀疑，现在很多西方的学者，他们就怀疑这样的人数的记载是不是被夸大了，但是《史记》上确实是这么记载的。而我们知道，司马迁本人是一个非常严谨的、非常客观的、非常诚实的一个历史学家，有很多的学者曾经在一段时间里，怀疑司马迁的很多的记载是否真实，但是最终考古的发现都证明司马迁是对的，我们现在还没有发现司马迁在重大的历史事件上有过错误，所以我认为司马迁对于战国时期战争规模以及死亡人数的记载，我们不应该有什么怀疑。那么为什么西方的人对中国的战国时候的战争死亡人数有那么大的怀疑呢？因为这个数字确实太庞大，死亡的数字确实太庞大。但是我们通过孟子的这个话也可以印证司马迁讲的话，"争地以战，杀人盈野；争城以战，杀人盈城"，那可以说真是一个非常残忍的、非常血腥的时代。而且这些诸侯们都已经有了什么样的毛病呢？他们已经都有了心理上的疾病，嗜杀人，"今夫天下之人牧，未有不嗜杀人者也"，这是孟子对当代诸侯的一个整体的评价。那些所谓的牧人的人，本来"牧人"就应该像"牧羊"一样，你本来应该让羊吃饱，把羊给养好，你诸侯国君，你应该把老百姓像羊一样养好，可是今天的这些诸侯怎么样呢？"未有不嗜杀人者也"，孟子放眼望去，当时的诸侯，没有一个不是"嗜杀人"，就是杀人对他们来说，已经不是一种政治需要，已经不是一种政治手段，已经不是为了巩固统治的一种方法，是什么呢？是满足心理上的一种嗜血的欲望，长期杀人杀上瘾了。这是孟子对他那个时代诸侯的道德上所作的评价。所以下面我要讲到，孟子在这些诸侯的面前，他对他们一点点的敬意都没有。为什么？就是因为他从道德上评价了这些人，这些人都不是好东西。既然你们都不是好东西，我凭什么要尊敬你们？然后孟子有这样的一些评价："民之憔悴于虐政，未有甚于此时者也。王者之不作，未有疏于此时者也"，所谓的"王者"，就是实行王道的，实行仁政的，对人民比较仁慈的这样的国君，从来没有像今天这样稀少。老百姓被暴虐的政治弄得非常地憔悴、民不聊生，也没有比今天更严重，这都是孟子对他那个时代所作的评价，而且这个评价我们说非常客观，确实如此，那么孟子就生活在这样的时代。

但是我们说假如一个时代只有这一副面孔，我们无法想象在这个时代里面还会出现孟子这样的人物，还会出现庄子这样的人物，还会出现商鞅这样的人物。跟孟子同时的还有两位大人物，一个就是庄周，庄子，一个就是商鞅。其他的，二三流的就更多了。同一个时代，孟子、庄子在同一个时代出现，所以这个时代也一定有它的可取之处。这个可取之处是什么呢？就是这个时代的第二副面孔：处士横议，众说纷纭。一个杀人盈城、杀人盈野的时代，没有一个思想家被杀掉，没有一个学者被杀掉，没有一个人因为思想罪而被逮捕、被流放，所以那个时代恰恰又是一个什么样的时代呢？又是一个思想非常自由的时代。我们一讲到那个时代，常常我们要讲这样的一句话，叫"百家争鸣"，那么孟子这样的人，从春秋后期老子、孔子，然后一直到孟子、庄子，再往下面荀子、韩非子，我们把这个时代也就称之为"百家争鸣"的时代，称之为"诸子"的时代，大思想家出现了，自由地发表自己的思想，自由地表达自己的观点，自由地提出自己对于国家的一些见解、一些方案，没有一个思想家，没有一个学者因为他们的思想问题而遭到迫害。所以结果是什么？"处士横议，众说纷纭"，所以孟子给这个时代的评价，十二个字："圣王不作"，仁慈的国君，仁慈的天子没有了。剩下的是什么？放恣的诸侯和横议的处士。什么叫"诸侯放恣"呢？因为上面没有天子管着他，下面又没有什么东西能够约束他，所以他们可以肆无忌惮，胡作非为，以至于杀人盈城、杀人盈野，以至于杀人杀上了瘾啦，没有任何力量可以约束他们，没有现实的政治力量可以约束他们，也没有理论上的思想力量来约束他们，所以他们是"放恣"，可以说是放荡不羁，无恶不作；同时与之相应的是"处士横议"，什么叫"处士"呢？没有做官的那些读书人。用我们一个现代化的词来讲，那就是"独立的知识分子"，我们后来，比如说隋唐以后，进入科举考试以后，中国古代就没有独立知识分子了，独立的知识分子我们一般把他称之为什么？称之为"士"，但是到了科举考试以后，这些士通过科举考试都做了官了，所以"士"就变成了什么呢？变成了"士大夫"，做官了，没有独立知识分子了。那么在孟子的时代，庄子也好，孟子也好，这很多人他没有做官，他们就在独立地进行自己的思考，所以称之为什么呢？"处士"。我们一般，比如说我们把没有结婚的女人叫"处女"，没有做官的男人就叫"处士"，你做官了就不叫"处士"了，我们今天在台下的都不是处士了，因为你们已经做官了。什么叫"横议"？那就是想怎么说就怎么说，没有人来约束他们，没有谁来统一他们。所以到了一个大一统的时代，比如说政治比较稳定的时代，中央政权集中的时代，我们希望有一个统一的思想，但是在那个时代因为是诸侯，"诸"也是多的意思，天下没有统一，所以呢他们也想怎么说就怎么说，大不了你不爱听，你不爱听了我也不跟你讲，我就走了。所以那个时候的士是非常自由的。然后出现什么样的情况呢？"杨朱、墨翟之言盈天下"，孟子是非常讨厌杨朱和墨翟的，杨朱就是道家思想，墨翟就是墨家思想，他认为这两家思想都不好，他认为只有一种思想才是人间正道，那就是孔子的思想，就是儒家的思想。所以他对于当时的杨朱、墨翟之言盈天下他非常不满。下面他讲到了，"天下之言不归杨则归墨"，现在天下的言论，天下的思想不是被杨朱拉过去了，就是被墨子拉过去了。可是在他看来"杨氏为我，是无君也；墨氏兼爱，是无父也。无父无君，是禽兽也"，孟子骂人是很厉害的，孟子是一个脾气非常不好的人，这点和孔子有很大的区别，我们下面可能要讲到孟子和孔子在个性上的一个区别。那么这就是这个时代的两副面孔，一边是统治者，是诸侯的残忍的杀戮，一边却又是什么呢？是这些读书人的自由思想，以及自由地表达思想。这两种情况共同促成了孟子、庄子这样的大思想家的产生。那个时候，我们刚才讲到这个"士"，没有做官，独立，而且我们说在那个时代，没有一个人因为思想的罪而遭到迫害，所以那个时候独立的知识分子，这些"士"们往往脾气也非常之大，他们往往可以傲视王侯。我讲几个例子，我们来感性地体验一下孟子时代的这些知识分子，他们的这种横议，这样的一种胆量。

孟子生活在齐宣王的时代，他一辈子跟齐宣王打的交道也最多。齐宣王是个非常非常了不起的一个国君，后来明代的李贽把他称之为"一代圣主"，孟子对他很不满意，但是明代的李贽把齐宣王称之为"一代圣主"，评价非常之高。为什么呢？齐宣王这个人他确实有很多值得我们肯定的地方，我们看看下面有这么个故事，有一个叫颜斶的人要去见齐宣王，齐宣王早晨上朝了，颜斶来见他，齐宣王就说颜斶你走近一点，你站得那么老远的，讲话听不清。所以齐宣王讲了一句话，大概话说得也不够客气，"斶前"！就是"颜斶，靠近一点"！颜斶一听这个话以后，马上就回了一句，"王前"！齐王，你走近一点！那齐王就不高兴了，齐王的左右就说，国王那是人君，你们是人臣，人君跟你说"走近一点"，你跟人君说"你走近一点"，可以这样吗？颜斶说当然可以这样啊！不但可以这样，而且应该这样。为什么呢？我要是走近齐王那是趋炎附势，他要是走近我那是礼贤下士。与其我去趋炎附势，不如他来礼贤下士。他不但不给齐王面子，还说出了这一番歪理。所以那个时候的读书人都有很多的坏脾气，这个坏脾气后来到秦始皇那地方就变好了，但在秦始皇之前，这些人脾气都很坏的。齐王一听就更生气了，齐王就说了，如果你照你这么讲的话，你回答我一个问题，到底是一个普通的读书人地位高贵呢，还是一个国王地位高贵？颜斶毫不客气地马上就回答了，当然读书人地位高贵呀！"士贵，王者不贵"，齐王就更加生气了，那你告诉我，你的根据是什么？如果有根据，那我就承认，没有根据，那你要小心。颜斶说你要让我讲根据，那好，我就说一个根据给你，不过你可不要生气。以前秦王带兵攻打齐国，进入齐国境内之后，秦王下了两道命令，分别针对齐国的两个人，一个活人，一个死人，活着的就是齐国的国王，死掉的是齐国以前的一个普通的读书人，叫柳下季。那么这个秦王给军队下的两道军令是怎么下的呢？说如果谁能够把齐王杀了，把他的脑袋砍下来，我封他万户侯，还再送他一千金，这是一个军令。还有一个军令是什么呢？齐国有一个读书人叫柳下季，他已经死了，他的坟墓在那个地方。如果我们的士兵谁敢到他坟墓前面 50 米之内去砍柴，那我要杀他的头的。颜斶讲了这个事情，然后颜斶的结论是什么呢？也就是说活着的国王的脑袋，还比不上死去读书人的一个坟墓，可见"士贵，王者不贵"。这个例子太有点儿极端了，弄得齐王太尴尬了，活着的齐王的脑袋，这活着的齐王就在这儿坐着，还不如人家死去的一抔黄土。齐王我们刚才讲了，李贽说齐宣王是"一代圣主"，他这个人为什么一代圣主？他是讲道理的，做领导我们说你什么都可以，你只要有一点，只要讲道理就行。齐王就讲道理，一听他这么讲，好像是有道理，有时候他有点儿傻，傻没关系，傻却有点儿可爱。按说这个不一定有道理的，你这一个例子，就能说明这个问题吗？然后齐王一听，觉得很惭愧，你说得太有道理了，你真是大学者，你真是思想高尚，那行，你能不能收我做你的弟子？我愿意好好地向你学习。你看这个齐王的态度。如果你做我老师，接受我这样的学生，我给你什么待遇呢？"食必太牢"，生活特别好，最高级的待遇，然后给你小别墅住，然后出门有车，同时你一家人的生活我全部包了。给他这么好的条件，就是骂了一顿以后，反而给他这么好的条件。可是这个颜斶怎么说的呢？颜斶说我不稀罕，我还是愿意回到我的故乡去，"安步以当车，晚食以当肉，无罪以当贵"，你那个钱我不要，我在家里面自己一个人，吃过饭了我安然地散散步，那就比你坐小轿车还舒服；如果我生活水平不高，家里没有肉，我等饿了再吃，同样吃得很香；我也不要你尊贵的地位，我只要不犯法，"无罪"就是"贵"，所以我不稀罕，说完转身就走了。《战国策》上这个故事也很有意思，也不知道颜斶今天是来干什么的，好像来了就是骂齐王一顿，骂完就走，这是《战国策》上的故事。

　　下面还有一个人，齐王碰到这个颜斶已经够生气的了，下面还要碰到一个更糟糕的，一个叫王斗的人。王斗自己大清早跑到齐王的宫殿的外面说要见齐王，然后齐王一听到手下人报告，有人要见他，他就说那你们叫他进来吧！这个使者出去了，说我们国王请你进去。这个王斗就说了，我怎么能进去呢？应该他出来迎接我才对呀！使者就跑进去报告，说国王，他让你出去迎接他。齐王说那行，你们赶紧告诉他，让他在那儿等着，我马上就来。然后齐王用什么样的方式跑出去迎接他的呢？"趋而迎之"。什么叫"趋"呢？古人在长辈的面前，在领导的面前走路是趋的，你比方说孔子，他在鲁国的国君鲁定公面前走路，他总是"趋"的，小步快走叫做"趋"，为什么要小步呢？你不能在国君的面前，在长者面前大踏步走过去，多傲慢啊？所以一定要小步，你小碎步慢慢地走行不行？慢慢走人家不烦你吗？也不行，所以小步快走，你看日本女人走路那个方法，就是古代的"趋"，所以我们古代的男人一碰到长辈，一碰到领导，就变成今天日本的女人了，就是那样走路的方法。现在我们的齐王听说外面有一个王先生要来见他，他然后就是用日本女人的方式走到门口来请他，然后拉着他的手，一块儿把他请进来。按说，王斗应该受到很高礼遇了吧？而且齐王说了一句很好听的话，哎呀王先生，你怎么大老远跑来指教我？我好好感谢你。你还很瞧得起我，愿意来指教我，那么既然你愿意来指教我，你就这样，你来有什么话，你就直言不讳，没有关系，随便说。这个态度够好了，可是王斗怎么说呢？王斗说好像不是这样吧？我生活在这个乱世里面，碰到的又是一个昏君，我怎么敢随便说呢？你说齐王今天早晨是不是触霉头了，大清早迎接这么一个人进来，一句话，一开口就是"昏君"，又没惹他呀！那齐王当然就有点儿不高兴了，脸色就不大好看了。过了一会儿，王斗发现齐王脸色不好看，就开始说话

了，说我们齐国以前有一个国君齐桓公，有五个爱好，他因为有了这五个爱好，他就怎么样呢？"九合诸侯，一匡天下"，做了霸主，很了不起。今天你呢也已经有了他的四个爱好了。齐王一听很高兴，有五个爱好就可以做霸主了，一匡天下了，那我现在已经有他四个爱好了，如果五个爱好是 100 分，我四个，我至少有 80 分了。所以齐王一下子又觉得王斗在夸奖他，所以他就不好意思，就赶紧谦虚，哎呀我哪能做到这一点呢？肯定我不行。王斗说你也不要谦虚嘛，我给你讲一讲。齐桓公哪五个爱好呢？齐桓公喜欢马，你看你也喜欢马；齐桓公喜欢狗，你看你也喜欢狗；齐桓公喜欢美女，好色，你也喜欢你也好色；齐桓公喜欢喝酒，贪酒，酗酒，你也好酒，你不是四个都有了吗？不过齐桓公还有第五个爱好，齐桓公喜欢人才，就这一点你没有。所以你有时候读《战国策》，你会碰到很多很多像王斗一样，像颜斶这样古里古怪的人，但你读了以后，你觉得很痛快。当然做了领导的你们不知道痛快不痛快，反正我老百姓读了很痛快。这就是那个时代的"士"的这样一种个性特征，也就是说他们在王侯面前没有一点的奴颜媚骨，反而还故意地经常去找一找他们的茬。如果没有这样的一个大时代的特征，孟子也不会出现在那个时代。

我刚才讲的两个都是齐宣王。在那个时代经常碰到这样的知识分子来找他麻烦的，找他茬的、触他霉头的还不光是齐宣王，你比如说还有这么一个人，魏国魏文侯请了一个私人老师叫田子方，田子方也是儒家的一个学者。然后这个魏文侯有一个太子，魏文侯是国君，他有一个太子叫子击。注意这三个关系：魏文侯，魏文侯的儿子——太子击，然后魏文侯的老师。老师也就是普通读书人，聘来做家庭教师的，今天要你就行，明天不要你就走了。有一天，这个家庭教师田子方赶着马车在大街上走，前面正好迎面来了太子的马车。我们知道，中国古代是有规矩的，按照原先的《周礼》的规定，包括后来封建王朝的规定，两个做官的人在大街上马车相遇，应该是怎么样呢？"贵者先行"，地位低的，比如说一个厅长和处长马车在路上碰到了，怎么办？处长"引车避"，把马车赶到马路边上，然后让厅长的车先过去，这是历代的规矩。那么现在田子方的马车和太子的马车相见了，应该说是田子方让太子过去。太子是什么人呢？太子是储君，那就是储备的国君，下一任的国君。可是这个太子是非常懂事的，他自己主动地把自己的马车赶到了路边上，让田子方这个马车先过去，而且他还自己从马车上下来，站在路边上，拱着手请田子方的车过去，这个太子做得够好的了。那么田子方怎么做的呢？田子方仰着头，看都不看一眼，就过去了。这个太子就生气了，因为毕竟在大街上，还有很多人看着，就搞得太子太没有面子了，对吧？我让你已经是给你作礼貌了，我又下车给你作拱，我对你是多重礼貌了，你哪怕看我一眼，你给我拱拱手、打个招呼、笑一下，给我个眼色也行啊！眼色都不给，就这样过去了。所以太子生气了，一生气就把这个田子方的马车给拦住了，说你是不是太过分了？你今天怎么这么傲慢？你告诉我，到底是我太子可以傲慢，还是你这样的普通的一个读书人可以傲慢？田子方说当然是我可以傲慢了，你凭什么傲慢呀？你要是傲慢的话，你国家就灭亡了。国家灭亡了，你算什么东西？我要是傲慢，你不喜欢我，没关系，你不喜欢我，明天我到吴国去，后天我到楚国去。此地不留爷，还自有留爷处。当我到别的国家去的时候，我抛弃你魏国，就像扔掉一只破鞋子一样。这就是田子方跟太子说的话，太子听了这个话以后怎么样呢？哑口无言。

那么通过这些故事，我们来看看，这些士在那个时代为什么这么狂、这么牛？三个因素决定的。第一，"无产"。没产业，他的所谓"产业"，后来商鞅讲的话，学者的产业就是他头脑中的知识和他的嘴巴，走到哪儿就可以带到哪儿，是自由的，不是不动产，是随时跟着动的产。然后还有一点特别重要，"无国"，没有国家。但是怎么没有国家呢？哪个国家他都可以去。那个时代的学者们就叫"朝秦暮楚"，早晨在秦国，帮秦国出主意打楚国，晚上就有可能跑到楚国，又帮楚王出主意打秦国了。所以那个时候的读书人没有什么我们今天讲的"爱国"的观念，甚至忠君的观念都没有，在战国，在孟子的时代都没有。那你说怎么那个时代不爱国呢？他不存在这个概念，因为那个时候的天下已经没有了，那些诸侯国大家是"天下一家"的，所以我们今天人比如说讲到屈原的时候，我们老说屈原是个"爱国主义者"，这都是一个误解。屈原不离开楚国，是因为楚国是他的祖先之国，所以屈原的爱国跟我们今天的爱国不是一回事的。如果说屈原是爱国的，那其他人就不爱国了。那孔子周游列国，跑了十来个国家，那你也说屈原坚决不离开楚国，屈原何等爱国，孔子跑了七个国家，他至少卖了七次国，那可以吗？那孟子也是一样，孟子是（邹国人），但是他自己怎么样呢？他学成以后，他跑到齐国，跑到魏国，跑到滕国，跑到这些国家去活动，所以无国就自由了，他从这个国家到那个国家都不要签证的，不要护照的，所以田子方讲的，今天我在魏国待着，我不高兴了，我明天到吴国去，吴国不行我到楚国去，楚国不行我到秦国去。那么多的国家，我随便到哪儿去，雇主多得是。所以他就自由了。那你说，好，你无产，你狠，对吧！因为他本来什么都没有，所以他最有革命性，反正什么都没有，那我革命一把，革命一把成功了我就得到了，没有反正我也没什么可丢失的，这是有关的，无国他就自由了，然后还有一点很重要，"有用"。你没有用，谁会在乎你呀？那个时候的这些士都是有用的人，那个时候列国之间在竞争，我们可以把那些国家都看成什么？看成一些大公司，这些公司都在竞争，竞争什么呢？政治上的竞争、军事上的竞争，争夺领土、争夺城池，争夺人口，都在竞争，那么竞争的时候需要人才，所以这些士就是他们那个时代最为难得的、最为重要的人才资源，所以各国都在争，所以你这儿不要我，我那个地方有。所以那个时候是什么市场呢？从人才的角度来说，叫"卖方市场"，因此才有这样的地位。你看战国时代，有所谓的"战国四公子"：齐有孟尝，赵有平原，楚有春申，魏有信陵，这战国的这所谓的四个"公子"都是以养士著称，据说他们每人手下养的士都有 3000 人之多。那你说那个时代有这么多的读书人吗？里面已经不光是读书人了，比如说这个孟尝君，他的手下甚至有很多鸡鸣狗盗之徒。有人到孟尝君这个地方来求职，孟尝君总是要面试一下，跟我们今天的老总差不多，面试一下。那就问了，你有什么才能啊？我没有别的才能，我会学鸡叫。那行，来吧。过两天又来一个人，你有什么本事？我也没什么本事，我以前是小偷，我会钻狗洞。那也行，来吧！过几天又来一个人，你有什么本事啊？我别的没本事，你看我就嗓门大。那也行，这都来了。那么你这个说明什么问题呀？说明那个人才难得，所以他都降格以求了，不像我们今天大学生都分配不了，太多了。那个时代你会嗓门大，你会偷东西，你会学鸡叫都行。今天你到一个企业应聘，你会学鸡叫，那肯定没人要你的。这都可以，甚至你什么不行都可以，有一个叫冯谖的人就跑到孟尝君那儿去了，他在家里面饿得活不下去了，"贫乏不能自存"，活不下去了，没饭吃，然后托了个关系，说你能不能跟孟尝君推荐一下，让我到他那地方做一个门客，混一口饭吃。相当于我们今天老是找不到工作，怎么办呢？老是没工资，钱都花光了，想找一份工作，然后好了，孟尝君来面试他，孟尝君问了他两个问题，"客何好"啊？你有什么爱好啊？没爱好。那么"客何能"啊？你有什么才能啊？没才能。这个冯谖也是有个性的，至少他很诚实，对吧？不像我们现在大学生，对吧！弄那个简历都是老厚的，写着他在哪个地方实习过，拿了很多奖，拿了很多证，我看好多都是假的，至少很多实习是假的。这个冯谖够老实，有什么爱好？没爱好。有什么才能？没才能。但是孟尝君听了以后，竟然是笑着说好吧！来吧！录用了。这很有意思，为什么会出现这样的情况？有些人不理解，我说这有两个，第一，孟尝君这个人确实很宽容；第二说明什么呢？那个时代大家都在竞争人才，那么有的时候，你的这个名声就非常重要，如果你把这个人赶出门去，那个人赶出门去，这些人出去以后就会说，你们都说孟尝君这个人爱好人才，我看不是，我去他就没要，名声就坏了。孟尝君家里反正也不缺这一碗饭，你来你就吃吧！孟尝君家里的门客的待遇是三个等次，最高的门客是有车坐的，有肉吃的，有鱼吃的，齐国那叫"鱼都"；次一等的门客没有车坐，但是有鱼吃；第三等门客没有车坐，也没有鱼吃，就一点粗茶淡饭。像冯谖这样，那你又无好又无能，那给你点儿粗茶淡饭，成本也不高，我至少减少一个人到外面说我坏话的这样一种可能，所以收下来了。那我们可以想一想，无好无能、鸡鸣狗盗之徒在那个时候都能够受到尊重，都能够找到岗位，那么像我们前面讲的颜斶，像王斗这些的人当然他可以很傲慢了，那就更何况孟子了，孟子就更为傲慢了。

孟子一傲慢，就傲慢出什么来了？他的人格精神。孟子在齐国待的时间最久，有些学者考证他两次到齐国，那么这个我们暂且就不管他，反正在齐国待得最久。在齐国干什么？齐宣王很了不起，齐宣王在齐国造了一个"稷下学宫"，这个稷下学宫倒不是齐宣王自己首创的事，齐宣王的父亲齐威王时就有了，但是到了齐宣王的时代，这个稷下学宫就变得规模很大。什么叫"稷下学宫"？"稷下"是齐国都城临淄，临淄城的东门叫"稷下门"，靠近东门，稷下门这个地方，齐国的政府在那个地方盖了很多的建筑，造了一个学宫，相当于我们今天的"社会科学院"，中国历史上，我要说中国历史上最早的，由政府来出钱办的社会科学院，就可以追溯到齐国的"稷下学宫"，所以齐国确实对这个中国的文明作出了很大的贡献，我以前给我的学生们就出过一个题目，让他们去考察一下，去研究一下这个齐国的"稷下学宫"在中国学术史上的地位。那么这个稷下学宫是面向当时天下的，天下所有的学者，不管是哪个国家的，你齐国的也好，齐国以外的，魏国、赵国、韩国，所有国家的学者，只要你愿意到我这学宫来做学者，也就相当于"访问学者"吧，然后这个给你的待遇是什么呢？每人一套住房，每人一架马车，要是今天就是一个小轿车。住的、行的解决了，那生活问题更没有了，给你什么待遇呢？"列大夫"。什么叫"列大夫"？大夫的俸禄，照大夫的俸禄标准按月给你发。大夫是什么？大夫就相当于今天的部长。就是说你到了中国社科院去当一个学者，然后一套别墅给你，给你个小轿车，然后你拿的是部长的工资。然后你干什么呢？这一句话最好："不治而议论"，不用干活，不用上班，没有任何职责，没有任何任务，如果你愿意的话，你就议论议论，你就批评批评，你就对我们的齐国，哪些政策好，哪些政策不好，你批评批评，你经常来教导教导我们就可以了。所以这个"稷下学宫"对当时的学者们是有无比巨大的诱惑力，孟子就去了，后来荀子也去了，荀子在稷下学宫还做了三轮祭酒，就是说荀子在稷下学宫里面，做了三届的社科院院长。那么孟子在齐国所受到的待遇是什么？"受上大夫之禄，不任职而论国事"，"上大夫"，最高的部长，接受的是部长的待遇，然后呢不任职，没有任何具体的职务，所以就不要负责任，然后干什么？就是天天在那地方发发议论、批评批评，这是孟子在齐国过的日子，这个日子真是天堂一般的生活。后来，结果孟子在齐国的派头有多大？孟子上街的时候，孟子的马车在前面，孟子的学生"后车数十乘"，所以我们可以把他换成现代的这种形式，孟子的小轿车在前面开，后面跟着数十辆小轿车。比如说太原的大街上，猛然某一天你看到这么一个阵势来了，你以为是谁来了，不是什么国家领导人来了，谁来了呢？孟先生来了，这就是孟子在齐国的都城临淄城的派头。没有官，只是做"卿"。当时战国时候，官和卿是分开的，官就是有具体职务的，有具体职责的，卿呢？没有具体职务，没有具体职责，但是有相应的待遇的，那么孟子在齐国就是做卿而不做官。是不是人家不愿意给他官做呢？不是的，孟子不愿意做官。为什么呢？孟子说如果我做了你的官，我就变成你下级了，这像什么话呀？我从老远跑来了，我是做你下级的吗？不是的，我是来做你的老师的，我是看得起你，我来教育你。你让我做官，我变成你下级了，我每天要在那儿报到，早上起来要打卡，对吧？要签到，这不像话，所以他坚决不要这个官。但是待遇我是要的，这就是孟子。然后他说，这样我就可以"来去绰绰有余裕"了，我想来就来，想不来就不来。我高兴了，我就来教导教导你，我不高兴了，我都懒得见你。所以孟子有一次很有意思，一次大清早，孟子今天早上起来心情好，想着好长时间也没有见齐宣王了，今天心情好，那么就跟他聊聊天吧，教导教导他吧！他是这样的心态。孟子是做王者师的，你不要认为孟子是普通学者。他的心里面，总是把他自己当成是"王者之师"，这是他自己对自己角色的一个定位。所以今天早上起来他很高兴，穿戴整齐准备上朝。他想去就去，不想去就不去的，今天高兴，他就准备去了，马车都准备好了。正要去，齐王派使者来了。因为齐王不知道孟子今天要去，但是齐王今天也特别想见孟子，所以他就派使者来，就跟孟子说，我们的国王昨天就想来见你，可是昨天我们国王感冒了，受了风寒，没能来见你。今天他特别想见你，不知道你今天能不能去上朝，如果你去的话，我们的国君就可以见到你了。话说得特别客气，不是说"我们齐王要见你，你赶紧去"，而是说不知道你今天去不去，如果你去，就能见着你了。很委婉。那我们想是什么结果呢？孟子已经穿戴好，自己就正准备去，对吧！现在齐王又派小轿车来接他，那行，走吧！这是正常的吧？孟子说，我不去，我也感冒了。这就是孟子的脾气，对不起，我也感冒了，不去。不去也就算了，到了第二天，孟子大清早起来，今天有一个大夫叫东郭氏，家里面死人了，对吧，我一直没去吊唁，我今天就去吊唁。孟子的学生公孙丑就提醒他，你昨天跟齐王的使者说你感冒了，你今天跑去吊唁，这不大好吧？你不是穿帮了吗？你不是撒谎？给人家知道了，你撒谎没给人家知道可以，知道了怎么行呢？孟子就把眼睛一瞪，昨天感冒了，今天好了，难道不可以吗？谁能说孟子说不可以呢？可以，那你就去吧！孟子就去了。孟子这边刚出门不久，那边齐王又派使者来了，而且这个使者还把齐王的御医都带来了。齐王对他太好了，听说孟子生病了，第二天就赶紧怎么样？使者去了，而且把医生都带去了，给孟先生看病去。一到孟先生家里，孟先生不在家，那孟子的弟弟就很紧张了，说这下很糟糕啊！真的穿帮了，至少不礼貌啊！于是赶紧就撒了个谎，跟使者撒了个谎，今天我大哥身体已经好了，他已经上朝去了，可能你们路上没碰着，但是我估计他现在已经到了，你回去吧！就把使者打发走了。然后同时赶紧派人到路上去拦截孟子，你可不要去吊丧去了，你赶紧上朝吧！我们已经给齐王撒了谎了，你一定要圆这个谎。到这时候你总得要去了吧？可是孟子怎么样呢？不去，还是不去。公孙丑家里面吊丧他也不去了，又跑到另一个朋友，一个大夫家，景丑家，跑到景丑家去了，跟景丑一讲，景先生就说了，孟先生今天怎么有空到我这儿来呀？孟子就说了，我今天什么什么情况，就跟他讲了一下。然后景丑就很生气，景丑说孟先生，你到了我们齐国来以后，我们的齐国、齐王一直非常尊重你，这个我们所有的人都看在眼里了，可是我们从来没有看到你孟先生尊重过我们齐王。孟子怎么说的呢？孟子说，错了，在齐国没有任何一个人比我更尊重齐王了。你跟孟子辩论，你总是辩不过他，因为什么？他不照你的逻辑来，他总是制定他自己的一个标准。你比如他说齐国人他最尊重齐王，为什么呢？我不是照你的标准来判断的，照我的标准来判断。我的标准是什么呢？他说比如说，你们从来不跟齐王讲仁义道德。为什么？是不是你们认为仁义道德不好呢？那显然不是，你们也一定认为仁义道德好。既然你们认为仁义道德好，为什么你们又不跟齐王谈仁义道德呢？孟子通过他的这个逻辑推论，结论是什么？那是你们认为齐王这个人道德和智力都太低下，不值得和他谈，所以你们从来不和他谈仁义道德，好的东西不给他，因此可以证明，你们在骨子里面是看不起你们齐王的。而我呢？我跟你们齐王见

面的时候，从来不说别的一些乱七八糟的事情，我跟他总是谈仁义道德，可见我才是真正尊重齐王。我觉得这个想一想倒是很有道理，我们做领导的假如一个下属老是在你面前说一些胡说八道的东西，讲一讲黄色段子，那估计也是他不大尊重你。如果一个下属跟你讲一点治国安邦的道理，讲一讲怎么把工作做好，那可能真是把你看成君子，所以孟子讲的这个它未尝不是道理。可是景丑说是呀，景丑说我说的不是这个意思。我说的是什么意思呢？你看你们《礼记》上就有，你们儒家特别讲"礼"，那么你们的《周礼》上规定的是"君召，不俟驾；父召，无诺"，如果有国君来召见你，你应该赶紧去，连驾马车的时间都不要等；如果父亲叫儿子，儿子你说一声"好"，等一会儿都不行，必须马上就去，这是你们《周礼》规定的，你们儒家最讲周礼。"君召，不俟驾"，现在我们齐王来召见你，你竟然连着两天都不去，你不是违背周礼吗？所以我们的周礼在先秦有一个过程，孔子特别尊重周礼，到了孟子以后，孟子把周礼是不放在眼里的，然后到了荀子，把周礼进行改造，这是一个礼在儒家三代人身上的一个变化。孟子不把周礼放眼里，但是孟子自己不能这么说，因为孟子是一个遵从儒家的，尤其是他敬重孔子的，他不能说他反对周礼呀！他自己也在很多地方要讲礼，讲"仁义礼智信"，所以他表面上，他是不能够反对的，因此景丑跟他讲这段话，说你这个行为违背了周礼。按说到这个时候，孟子应该真的是无话可说了吧？可是我刚才讲了，孟子这个辩论的技巧在哪里呢？他总是另立一套标准。他说你讲的这个话我还是不承认。因为他说你看，一个人要受人尊敬的话要三个条件：第一，地位，爵位，级别，就是我们官场的级别，级别低的要敬重级别高的，级别高的应该受人尊重，这是第一点；第二，年龄，年纪大受人尊敬，年轻人在老年人面前要敬重老年人，这是第二个标准；第三个标准是什么呢？道德。哪个道德高，哪个受人尊敬，所以受人尊敬三个条件，要综合考虑。你把这三个条件放在一起一比较，你看看，齐王是国君，我是一个普通学者，所以齐王地位比我高，没错，这一点他赢了；可是下面的两条，我年纪比他大，我道德比他高，所以我二比一我赢了，应该是他敬重我，他想见我的话是必须他来找我，凭什么他随便地给我下召，让我去见他呢？非常傲慢，而且更糟糕的在哪里？我们来看看这段话里面所讲的，他竟然认为他的道德比齐王高。这个胆量是够大的，我们知道我们在普通人面前，我们也不好意思这么说人家，我说年龄比你大，没问题，对吧！地位比你高，那在这个地方，咱们比一比，拿出来；你说道德比别人高，这有一点侮辱人，道德比别人高是侮辱人的一种说法，但是孟子竟然就这么说了，我就是道德比你高，我就是品行比你好。

讲到这儿我想起一件事来，就是在我们中国的大学里面，我随便说说，各位领导，在中国大学里面有一个职称叫什么？叫"德育教授"，我每次想到"德育教授"，我心里就不舒服。为什么呢？因为我不是德育教授，他是德育教授。我要碰到一个数学教授，我觉得他不伤害我，为什么？他数学比我强，对吧？他是教授，我不是。我要碰到一个比如说计算机教授我也不生气，我要碰到个比如说物理学教授我也不生气，但是我要碰到德育教授我就生气，你知道为什么吗？因为一碰到德育教授，感觉他道德比我强。这不是侮辱人吗？对吧？你一千个教授，只要有一个德育教授出来了，那999个都受侮辱啊！怎么能有德育教授呢？有人讲，鲍老师，不是这个意思，德育教授是说他会讲德育。我说这不能这么讲，道德难道是讲的吗？比如说我是文学教授，那我文学素养应该高一点吧？你是数学教授，你数学素养高一点吧？那你德育教授，你道德素养应该高一点吧？所以我觉得这些地方经过逻辑一推论，我觉得有时候我们经常会受气，所以人呢有时候敏感了不好，傻一点好，也是有这个道理的。所以我在读到孟子这段话的时候，我就代齐宣王生气，你孟子怎么动不动说道德比别人高呢？但是孟子就这么傲慢，这种傲慢和孔子是不一样的，我们说孔子

的个性特征是哪几个字呢？五个字：温、良、恭、俭、让。孔子自己
讲一个君子应该具备五个特点：恭、宽、信、敏、惠。第一个就是
"恭"，恭敬；"宽"，宽容；"信"，诚信；"敏"，敏捷；"惠"，要
给别人好处，给别人提供帮助。孔子对人确实非常恭敬。孔子讲君子
有三畏，一个君子应该有三个他敬畏的东西：畏天命、畏大人、畏圣
人之言。要敬畏天命，要敬畏圣人之言，这一点好像我们都能做得到，
我们都能想得通。但是孔子还特别讲到了第二个畏，是什么？"畏大
人"，什么叫"大人"？"大人"就是地位比你高的人。这是孔子讲的，
一个君子应该有这几个特点，对天命要敬畏，然后你看领导来了你也
要敬畏，领导来了你不能大大咧咧跟他坐着，那不行。今天我在外面
坐着，不断地跟领导握手，来的都是领导。然后还有什么？圣人之言，
我们现在讲孟子就是圣人之言，一定要有敬畏之心。那么孔子的这个
修养是什么修养？孔子的这种修养实质上是贵族式的修养，贵族式的
君子式人格。你看贵族的人，比如你看看英国的绅士，或者法国的贵
族，你到了英国的王室你看看，英国的什么查尔斯王子这样的，你看
他的气质，这就是贵族修养。而孟子不一样的，孟子就不再是一种贵
族式的修养了。孔子讲"人有三畏"，其中有一个就是"畏大人"，而
孟子怎么说的呢？"说大人，则藐之，勿视其巍巍然"，那这孟子的意
思是什么？说我在游说这些大人的时候，我在碰到这些领导，跟他们
谈话的时候，我总是藐视他们，我从来不看他们那个官场的派头。为
什么孟子藐视他们？孟子说因为他们的生活方式我看不上。他们是什
么生活方式呢？住着高楼大厦，住着别墅。孟子说，你可不要说我是
吃不着葡萄说葡萄酸，"我得志弗为也"，即使哪一天我得志了，我有
了这样的条件，我也不这样。然后吃得好，生活很奢侈，"食前方丈，
侍妾数百人"，那个饭桌有多宽呢？一丈见方的大饭桌，上面摆满山珍
海味，陪着吃饭的美女都数百人，这就是他们的生活方式。我怎么样？
"我得志弗为也"，我将来有这个条件，我得志了，我也不忍心做。然后他们平时干什么呢？喝酒、打猎、游玩，我怎么样？我得志弗为也，这样的一种骄奢淫逸的生活我看不惯，这种生活不是高贵的生活。那么我要的是什么样的生活呢？我要的生活就是符合古代的那种制度的生活。我觉得孟子这段话讲的是非常好的，我记得有一次胡锦涛总书记讲"要清清白白地来做事"，我觉得这话讲得就非常好，这就是孟子的思想。什么才是真正的高贵的生活？高贵的生活在我看来（我指的是孟子看来），高贵的生活不是豪华的生活，不是骄奢淫逸的生活，不是一掷千金的生活，而是清清白白的生活，干干净净的生活。你清清白白，你干干净净，那你才能够真正做到高贵，那才是真高贵。而孟子眼前所看到他那个时代的这些贵族，这些诸侯恰恰相反，所以孟子为什么对他们没有敬意？讲到这儿我们就说一下，孔子为什么对他那个时代的大人有敬意，而孟子为什么对他自己这个时代大人是没有敬意？不光是孔、孟两个人个性不一样，而且还和他们所面对的人也不一样。孔子在春秋后期，春秋后期的很多国君虽然说也不怎么样，但是整体也比孟子时代的这些诸侯要好得多了，孔子时代的诸侯不管怎么说还是贵族，到孟子时代的很多诸侯就已经完全是一副暴发户的面孔了，所以我一开始就讲到了，因为孟子看到他那个时代的诸侯是"诸侯放恣"，是"杀人盈野"、"杀人盈城"，所以孟子说凭什么我要敬畏你们这些人呢？不光是孔、孟的个性不同，而且是他们面对的对象也不同。孔子面对的那些，比如孔子见到鲁定公也好，包括孔子特别不喜欢的鲁国的权臣，季氏家族的季康子、季桓子、季平子，他们固然有很多弱点，但是整体而言，季康子也好，季平子也好，季桓子也好，这一家三代，包括鲁昭公、鲁定公、鲁哀公这几个国君，整体而言他们还真是有一些贵族气质的，还是有受人尊敬的地方的。比如说我举一个例子，孔子跟季桓子两个人关系很不好，孔子很不喜欢季桓子，孔子曾经当过季桓子的助手，季桓子就相当于鲁国总理，孔子当他的助手，相当于副总理，干了一段时间以后，季桓子表现得很不

好，他把齐国送过来的一帮美女都收下来了，然后孔子说这个家伙很不行，然后孔子就弃官不做了，然后周游列国，也就是说，因为孔子看不惯季桓子，然后导致孔子离开鲁国，在外面流浪了14年才回来。那你说这个季桓子应该很糟糕吧？但是有一件事情你可以发现季桓子毕竟是有贵族气质的，季桓子到了最后快死的时候，那时候孔子周游列国已经七八年了，季桓子老了，快死了，有一天他自己觉得自己可能身体不行了，就叫一帮人把他拉到城外，坐着马车到城外，到鲁国的都城曲阜城周围转一圈，看一看，算是最后一眼看一看鲁国的山川、江河，然后他很伤心，说了一句话，说我们鲁国本来是有机会强大起来的，就是因为我个人品行不好，得罪了孔子，让孔子离开我们鲁国了，到别国去了，所以我们鲁国就失去了这次强大起来的机会，我很惭愧，我很内疚。然后回头对自己的儿子，后来就是季康子，说我死了以后，你再做了丞相以后，你一定要把孔子召回来。你看他最后讲的这个话，他骨子里面不是一个十足的坏人，他还有值得尊敬的地方，所以孔子才说"畏大人"。鲁昭公、鲁定公也都是这样，都有他们可取之处，但是你到了战国时候真的是不一样了，所以孟子对战国时候的大人那就是"藐之"，完全是一副藐视的眼光了。那么在这样的情况下，我们说孔子是一个贵族式的君子人格，那么孟子是什么人格呢？孟子就是大丈夫人格，"大丈夫"这个词是孟子自己提出来的。

我说中华民族的这种民族个性、民族的性格是由中华民族的历代圣贤塑造出来的。孟子给我们这个民族性格里面注入的是什么样的精神呢？就是一种大丈夫的阳刚的精神。有一天，有一个叫景春的人跟孟子说，说孟先生，我觉得这个世界上有两个人真是了不起，那是大丈夫。哪两个人呢？公孙衍和张仪，张仪我们知道，就是搞合纵、连横的。他们"一怒而诸侯惧，安居而天下熄"，这两个人他一旦发怒了，诸侯都害怕，他们如果安安稳稳地待在家里，天下也就平静了，你看这两个人多厉害！真是大丈夫，我们都是小民。这是景春跟孟子讲的，孟子就批评他，说你这个人真是无知，这两个人怎么能算得上大丈夫呢？真正的大丈夫是什么样子呢？"居天下之广居，立天下之正位，行天下之大道"，这句话讲得特别好。"居天下之广居"，住在天下最宽敞的房子里面。这是什么？不是指实物的房子。是指什么呢？"仁义道德"的"仁"。"行天下之大道"，天下的大道是什么？是"义"。"立天下之正位"，天下的正位是什么呢？是"礼"。所以我们后来有个成语，叫"居仁由义"，就是你自己内心的修养是仁，你做事的标准是义。然后一举一动按照礼来，"居天下之广居，立天下之正位，行天下之大道，得志，与民由之；不得志，独行其道"，每次读到这段话的时候，你会觉得节奏感非常强，特别有正气。得志的时候，我一旦得志了，"与民由之"，带着老百姓都走在这个正道上；如果不得志了怎么办？"独行其道"，一意孤行，我一个人走。"富贵不能淫，贫贱不能移，威武不能屈，此之谓大丈夫"，所以我在很多地方，我在讲这一句话的时候，我对很多企业家讲这一句话的时候，我说你们企业家老是喜欢烧香磕头，去想着辟邪，我说你买一本《孟子》放在家里面就可以辟邪，《孟子》真的是可以辟邪，因为一本《孟子》就是四个字：浩然正气。它不仅能够辟外来的邪，还能辟你内心的邪，你经常读一读《孟子》，它能辟你内心的邪。我在很多学校、教育系统做讲座，我讲到这一段的时候，我就说你们要让小孩写好作文，要让他读《孟子》。我昨天在通宝育杰学校座谈的时候，我也讲到这个问题，为什么，我说《孟子》为什么可以作为作文的典范？因为孟子他有两大最重要的东西，第一他讲的是正派的道理，第二他讲得特别有激情。如果一个人写的是正派的道理，而且又用很有激情的语气写出来，那就是天下最好的文章，《孟子》就是天下最好的文章，你看这一段话，"居天下之广居，立天下之正位，行天下之大道，得志，与民由之；不得志，独行其道。富贵不能淫，威武不能屈，贫贱不能移，此之谓大丈夫"，语言的节奏，那样地一气贯注堂堂正正地做人的道理，这才是大丈夫，所以我们一般都记住了后面几句，叫"贫贱不移、威武不屈，富贵不淫"，这个非常重要，但是前面还有三句话，"居天下之广居，立天下之正位，行天下之大道"，"居仁由义"这四个字，我都是非常希望我们在座的诸位把这四个字找一个书法家写出来，作为座右铭，居住的"居"，由，自由的"由"，居住在仁中，走在义上，在仁中安身，在义中做事，然后你真的就可以成为一个高尚的人、纯粹的人，一个脱离了低级趣味的人。这是我们讲的孟子的人格。

下面我们看下一个问题，孟子建立了中华民族的道德基础：人性善。我们的道德基础是由孟子给我们建立的，为什么？我们来往下面看，"孟子道性善，言必称尧舜"，孟子一生就是鼓吹人性善，然后只要讲话，总是张口闭口就是尧舜，因为尧舜是人性善的一个典范。宋代的一个学者程颐说："孟子有大功于世，以其言性善也。"孟子对这个世界有那么伟大的功劳，就是因为他讲人性善。很有意思了。

我们说在先秦关于人性问题有好几种说法，我简单说一下，孟子讲"人性善"；后来比孟子小 30 岁左右的是荀子，讲"人性恶"；还有一个叫告子的人讲人性没有善恶，善恶是后天的结果，后天影响的，环境的结果；甚至还有人讲，人性里面有的人人性是善的，有的人人性是恶的。而孟子坚决要证明人性是善的，孟子为了证明人性善，他费了很多的工夫。我看过我国台湾的一个学者叫傅伟勋，傅伟勋先生曾经写过一篇很有意思的论文，他说"孟子对于人性善的十大证明"，就是说孟子对于人性善，他要尽力来证明人性就是善的，他在十个方面，用了十种方法来证明"人性本善"。我觉得傅先生这个文章写得倒是很细，但是啰嗦了一点，我倒是觉得可以把它简化一点，孟子证明人性善，我觉得他主要用了三种方法，我们先把这三种方法看一看。

首先孟子用比喻来论证。这个比喻论证我这个地方要说明一下，我不知道现在的中学语文课本，我好多年没看了，我不知道现在还有没有这个说法，反正我们以前的高中语文课本上，论证的方法里面其中有一个方法叫"比喻论证"，这个是错误的一种观念，比喻是不能用来论证的，比喻是一种修辞的手法，而不是一种论证的方法，比喻可以把话说得漂亮，可以把话说得通俗，可以把话说得形象，但是呢，它不是论证的方法，论证的方法必须是科学的方法，而比喻不是科学的方法，比喻是文学的方法。但是孟子他偏偏就用比喻来论证，我们来看看，有一段对话。告子跟孟子讲，因为告子这个人认为人性没有善恶，他说善恶是后天影响的，告子就做了个比喻来说明这个问题，他就说，比如说水吧，我们围堵一圈水，水本身没有什么方向，你把东边挖开了它就往东边流，你把西边挖开了它就往西边流，水没有东西的趋向的，东西的趋向是我们怎么引导它，所以人性也没有善恶，善恶也看我们后天怎么引导它，这是告子的观点。然后孟子就对告子讲，说你讲这个话，我就照你的话来讲，水固然是不分东西，但是水难道不分上下吗？孟子讲得还真有道理呀，水是不分东西，你往东边挖往东边流，你往西边挖往西边流，可是水有一个特点，总是由高往低流啊！由上往下流啊！讲到这里，孟子就来了一句："水无有不下，性无有不善"，一下子就把告子给傻掉了，告子说这对呀！好像是这样子的，对吧！水全是往下流，这是水的一个固定的趋向，而且水没有不往下流的，人性没有不善的。孟子下面很快就得出这个结论来了，但是我觉得这个论证是说不通的，首先我们现在科学就证明了，水往下流也不是水的本性，它那是外力影响的结果，万有引力，地球引力造成的，也不是水的本性；其次，我们说，那我们不能要求孟子那个时候就知道万有引力呀！那也没有问题，我们看孟子的这个话，叫"人无有不善，水无有不下"，这个"水无有不下"你只能够证明水有一定的方向，人性有一定的方向，但是你不能够证明人性有具体的方向啊！我们把这个话题改一个字，你就知道错了，"水无有不下，性无有不恶"，可以不可以？一样的嘛，所以你一个论据竟然证明了两个截然相反的观点，所以这个证据怎么样？不是一个正当的证据，因此

我们的结论是，孟子用了很多比喻论证来证明人性善，但是我们说这个证明是无效证明。

然后孟子还有第二种论证方法——经验论证，他根据经验，这一点最能够打动我们，比如说孟子讲了，他说你看，假如我们看到一个小孩，我们根本不认识这个小孩，在一个井台上玩耍，很危险，井台上玩耍，他一不小心就掉到井里去了，这个时候，他说我们不管是什么人，只要看到一个小孩在井台上玩耍，你在一瞬间，你首先是特别紧张，在你头脑里一下子反应就是特别紧张，然后第二个动作就是赶紧把小孩从井台上抱下来。然后孟子就问我们了，你这样做的时候，难道是因为你觉得这个小孩是你的朋友家的孩子吗？你才这么做的吗？不是。你是觉得如果你不救下这个小孩，然后别人知道了会骂你吗？也不是。还是因为你看到小孩在井台上玩，声音很大，在那儿哇哇叫，你听着很烦，才把他抱下来呀？也不是。那是因为什么呢？既不是要名誉，也不是因为跟他父母认识，也不是因为别的原因，那么结论是，因为你有恻隐之心，有善心，所以就把他抱下来了，可见人的本性是善的。这个证明很多人一下子就给他迷惑住了，对吧？有道理。但是我们说，经验只能用来说明，也不能用来论证，因为我们可以举出相反的经验。我们固然有比方看到别人倒霉了我们想帮一把的冲动，我们有的时候看到别人成功了，我们还有妒忌的时候呢，是不是啊？那么如果举个这样相反的例子，我们又能证明人性恶了，所以你能举出一百个人互相帮助的例子，我们也可以举出一百个人互相陷害的例子。因此，经验论证仍然不是有效的论证方法，如果经验论证是有效的论证方法，那就很简单了，比如说我们在初中的时候，我们要证明平面几何，三角形的内角和等于180度，对吧，我记得我自己就犯过这么一个很可笑的错误，我拿了个量角器量，量了一个加起来180，量了两个加起来180，量了十几个，怎么加起来都是180呢？我觉得我自己很了不起，我终于证明了三角形内角和等于180度。那能行吗？你量一万个它都是 180，但是都不是证明，证明必须要寻找一揽子解决方案，不管多少例证都不管用。如果例证多了管用的话，那陈景润的"哥德巴赫猜想"就不要论证了，那个例子可以举无穷个。所以经验论证、举例论证都是无效论证。好了，孟子这一个论证又没用了。

然后孟子还用什么呢？用类推论证。类推论证是中国古代思想家一个常用的方法，但是这种方法真的是一个非常非常糟糕的方法。我在读中国古代的一些思想家的作品，比如说读先秦诸子，然后比如说读到汉代董仲舒的时候，我就发现我们的思想家特别喜欢搞类推，但是类推不能够做论证的方法呀！你比如孟子怎么类推的呢？他说你看，嘴巴对于口味有共同的嗜好，对吧？大家都喜欢吃好吃的，不喜欢吃不好吃的。耳朵对于音乐也有共同的喜好，眼睛对于美色也有共同的嗜好，那么凭什么说，人性就没有共同的嗜好呢？然后孟子进一步论证，那么人性的共同的嗜好是什么呢？人性的共同的嗜好就是"善"。一看这个论证，我们随便找一个初中生，就知道这个论证是漏洞太多了。耳朵有共同爱听的音乐，眼睛有共同爱看的美色，嘴巴有共同爱吃的美食，你就能够证明心就一定有共同喜欢的东西吗？不一定。更何况，谁说我们都爱吃一样的东西呢？谁说我们都爱听一样的音乐呢？谁说你看到美的，我也觉得美呢？庄子就不这么认为，庄子就觉得每个人眼中所看到的世界都是不一样的，这是第二个问题。第三，即使你能够证明人性有共同的爱好，你也不能说他一定爱好善啊！我也可以说是爱好恶，不行吗？

所以我们说，孟子提倡人性善，而不是证明了人性善，这一点我们要搞清楚。孟子在他的一本书，就是《孟子》今天的十四篇里面，他根本就没有能够证明人性善，他的所有的证明都是无效的证明。那么既然这样，他讲的"人性善"还有没有价值呢？当然有，实际上孟子是先做了价值选择，然后再去证明的。在孟子看来，你要是假如孟子今天在场，我们要问他，孟子先生，你为什么一定要说"人性善"

呢？你不能证明人性善啊！孟子会怎么回答你呢？我想到了，他肯定会这样回答我们，他说诸位你们不要着急，我说人性善不是说人性善是真的，而是说我们如果要认为人性是善的，这样的结果是好的。就是说这个结果不一定是真的，但是呢这个结果是好的。那什么意思呢？"是真的"是一个事实判断，"是好的"是什么判断呢？价值判断。孟子反问了我们一句这样的话："言人之不善，当如后患何？"这句话的含义是什么？说我现在讲人性善，你们一定要讲人性不善，那好，你们现在都说人性不善，假如有人做了坏事，然后你去批评他，你怎么做坏事啊？那这个人就可以告诉你，我做坏事不很正常吗？人性就是这样嘛！你怎么去制止他，怎么批评他呢？你没有制止他的理由了，你没有批评他的理由了，所以我说"人性善"是为了防止人作恶。他是要给我们的道德做一个基础。讲到这个地方，我们要讲一个很重要的问题，孟子确立人性善对于我们中华民族来说，它为什么是如此重要？我们来从这几个方面来看。

首先，道德存在着一个特别大的悖论。这个悖论是什么呢？第一，道德的行为不能以利益的追求作为目的。这是第一句话。第二句话，可是呢，没有利益的承诺与诱导，又不能导致普遍的道德行为，或者说，不能让大多数人实行道德行为。你看，这两句话加到一起就是悖论了，首先道德不能有利益追求，如果有利益追求就不是道德，可是如果没有利益的许诺，人们又不能实行道德。大家去循环上了一个悖论，很麻烦。那么我们再回来看一看，为什么说道德的行为不能以利益的追求作为目的？是因为有下面两个原因决定的。

既然是追求利益，就无所谓道德行为。人的行为从道德的角度来看，可以有三种，第一，道德行为；第二，非道德行为；第三，不道德行为。什么叫"道德行为"？比如说你做好事，你做志愿者，你捐款，你学雷锋，帮助别人，这都叫"道德行为"；什么叫"不道德行为"呢？你坑蒙拐骗，你贪污受贿，这叫"不道德行为"；但是这两种行为不是很多，最多的是什么行为呢？中间状态，"非道德行为"，你吃喝拉撒，这是道德行为吗？不是。是不道德行为吗？也不是。今天你来听讲座，你是道德行为吗？你说我今天做好事去了。你回家能不能这样给单位汇报啊？那也不是。那你说我今天是做坏事去了，也不是。就是听讲座，这叫什么？"非道德行为"。有利益追求了，就是不能够把它称之为"道德行为"，只要有利益的追求，就不能是道德行为。你既然有利益追求，那你有别的目的了。比如说我上班，我举个例子，我们现在有很多人上班，说"我为党工作"，或者怎么样，我觉得上班的时候我们当然要好好地为党工作，但是你不能以此向党要挟，你说你看，我为党工作了那么多年，我都在做道德行为。你错了，你上班，你固然是在工作，可是你也拿了工资了。你到企业上班，你拿工资，你不能说我到企业来，我来帮你忙的，这是第一个问题。

第二呢，为什么说道德行为不能有利益追求？由这几个决定的，因为道德行为并不能够确定带来利益，好人未必有好报，所以当你有利益期待的时候，你一定会失望，当你失望的时候，你就对道德产生怀疑，从而引发道德危机，最终你就说"我不做好人了"。所以，为了维护道德的神圣，我们不能够允诺任何道德的报酬。于是，道德就出现了这样的两个悖论了，道德行为不能以利益追求作为目的，可是没有利益的允诺，你又不能导致普遍的道德行为，这就很麻烦了。

我们举一些例子，实际上这个说明一个什么问题呢？实质上就是一个所谓的"前道德问题"，就是在道德之前，我们首先必须要回答一个道德的基础问题，前道德问题。什么叫"前道德问题"？前道德问题说简单也不难，不复杂，很多人把这搞得太复杂，实质上我觉得可以把它简化为一个幼儿园的小孩问老师的一个问题。幼儿园的两个小孩比如在抢一个皮球，然后老师，或者是阿姨跑去劝他，比如说劝一个比较大一点的小孩，说你做一个好孩子，把皮球让给他，不要跟他抢，做个好孩子。可是呢，假如这个孩子反过来问老师"老师，我为什么要做个好孩子"？这就是前道德问题，就是我们成人了以后，我为什么做个好人？或者理论性一点，就是我们为什么要做一个道德的人？我们现在都是在道德以后讲话的，我们要做一个道德的人，我们要做好事，要为人民服务，我们要讲诚信，我们要讲谦让，我们要帮助他人，我们要爱党，我们要爱国，我们要爱人民，这都是有那个道德前提，为什么？你要做好人，然后你该这么做。但是假如有人问了，我为什么要做好人？这个问题是道德之前的问题，必须先解决这个问题，你才能道德有一个立足点，所以我们把它称之为"前道德问题"，这是个非常非常大的一个问题，没有这样的一个大的问题不解决，我们可能下面很多问题都不好做的。你比如我们刚才讲到了，你做好人不一定有好报，对吧？所以你不能够简单回答。比如我刚才讲到幼儿园，幼儿园一个小朋友问老师，老师我为什么做个好孩子啊？那幼儿园老师说，你做个好孩子我喜欢你呀！那没问题呀！然后幼儿园老师还可以说，你做好孩子，我给你可以发一个小红花呀！这个也没问题，小红花太多了，老师剪一晚上可以发一个星期，对不对呀？所以我一直认为，幼儿园是一个最好的道德培训所。为什么呢？为什么说它最好呢？它不是把小孩子理想化了，它是把环境理想化了，就是你只要做好孩子，我一定有小红花等着你。但是你到了社会上去以后，你发现不是这个情况，你做了好人就一定有人喜欢你吗？你做了好事就一定有小红花发给你吗？你做好人就一定有好报吗？这种情况只能在幼儿园才能出现，在别的地方出现不了，很多时候出现不了，至少是这样。所以我看到有这么个笑话，说有个男人在大街上走路，看到一帮女人都在那个地方抢买一种商品，他一看，这个东西挺好，也准备回家，买一个回家送给自己的老婆，讨个好。他是个绅士，然后就在那儿站着排队。可是那一帮女人都不排队，都在那儿抢，他都站了一个小时了也没轮到他，他着急了，他就上去抢。然后就有人告诉他，你是个绅士啊！你怎么能抢呢？这个男子怎么回答的呢？我已经做了一个小时的绅士了，现在我不做绅士了，我要做女士。这就是一个很典型的例子，对吧？很小，说明一个问题，就是说假如我们有人可能说，比如我们一直在做好人，可是你渐渐地发现我都做了十年好人了，我好像什么都没得到；我身边不做好人的，好像什么都有了。这个时候，你还能够坚定不移地要做好人吗？你难道不会对道德的有效性产生怀疑吗？而且怀疑了之后，你还能够坚持吗？你能坚持，是不是（我不能要求所有的人）大多数人都能坚持呢？这个时候道德就要崩溃，你像那个窦娥也是这样，我们昨天在那个育杰学校，有人就跟我提过《窦娥冤》的问题，这个大家都熟悉了，对吧？那个窦娥是一辈子要做好人的，父亲窦天章把她卖给了婆婆家里面做童养媳，然后结婚了，然后老公又死了，然后又碰到两个坏蛋，最后诬陷她杀人，把她送到监狱里去了。在把她送到刑场去的时候，窦娥在刑场上有这么一段唱词，她这个时候突然发现她做了一辈子好人，但是到了刑场上以后，她所有的道德观点都崩溃了。她是怎么样来反思的呢？"为善的受贫穷更命短，造恶的享富贵又寿延"。做好事的人一辈子受贫穷，而且还短命，那个作恶多端的人一辈子享尽荣华富贵，还老不死。这就是窦娥到临死之前，她对道德的一个反思啊！所以我们说窦娥到那个时候，关汉卿把她写死了。她应该死了，她不死怎么办？她不死道德就死了。但是我们的问题是这样子，我们总不能够把人骗得一辈子都做好人，到死的时候才明白，或者说一明白就把他杀死，对吧？他明白了以后你不能把他杀死啊！那么假如说我们今天在座的，比如我们有200人，200人中190个人明白了，做好人没好报，然后190个活下去，那190个都不搞道德了，我们整个道德不就崩溃了吗？所以窦娥死得其所，死得其时啊！她给我们留下了一个美好的印象。所以我们说，道德必须解决两个问题，一个是前道德问题，为什么做好人，然后这个前道德问题说到底是解决一个什么问题呢？就是对于道德有效性的一个怀疑，我们怎么来说明这个问题。

　　实际上这个问题人类对它有很好的解决的办法，解决悖论的办法。对于西方人来说这个不是问题——宗教的解决办法。他们很简单，他把你做好人、做好事的那个好报推到什么时候去了呢？推到你死后，或者来生。但是现在不是很多人他也未必就真的认为是有一个循环的世界存在的，但是他已经变成一种道德信仰了，这就是宗教的解决办法，它是把问题由上帝来解决，我觉得这是最好的一种解决办法、最彻底的解决办法，因为这样的一种解决它可以有效地避免我们做好事求利的问题，以及对于道德失望的问题，而且还能够避免急功近利的心态。我们一做了好事马上就要报，我今天刚刚做了活，马上就"工资呢"？对吧？活还没干完，钱呢？这是急功近利，对吧？既然一切都要在今生实现，那当然要越早实现越好啦！你实现得晚了有什么用呢？我到70岁了才功成名就，后面还能活几年都不知道了。对吧？所以张爱玲说"成名要趁早"，趁早有什么好处啊？你30岁成名了，后面还可以享受40年的成名的好处。你70岁成名了，如果活到73岁就死了，只能享受三年，而且那三年你可能还没有能力享受了，可能在医院里躺着，嘴都歪着。对吧？所以没有宗教感他就没有来生，没有来生，他今生就显得特别地急功近利，这就是没有宗教的坏处。所以我自己经常讲一句话，这也算是我的名言，"上帝不是一个事实，但是上帝是一个价值"。上帝是事实吗？我们是唯物主义者，我们知道不是事实。但是上帝是一个价值，这个价值我们丢不了。多年以前，那个德国的尼采说"上帝死了"，说那句话什么意思啊？价值死了，一切成古。结果是什么呢？上帝没死，尼采疯了。上帝死不得啊！上帝死了以后，我们整个的道德屏障没有了，道德的根基没有了，所以，这是西方的办法。

　　那么我们中国，一讲到这个问题我们就麻烦了，我们中国人没有全民信仰的宗教啊！我们后来有了一点宗教信仰，比如到汉代以后了，佛教有一点点的苗头了，然后道教开始出来了，但是至少不是全民信仰，所以他不能够解决全民的道德问题，不能够解决国家的道德问题。但是讲到这个大家可能就会想到，那么既然我们又没有宗教，我们又没有全民信仰的宗教，那我们中华民族道德水准是不是很糟糕的？可是我们看看历史，我们至少可以这样讲，在我们中华民族的几千年的历史上，我们当然也不愿意，也不能够说我们比别人的道德高，但是我们中华民族的整体道德水准，我不说今天，对吧，至少在漫长的时期里面，我们中华民族的整体道德水准一点也不比有宗教国家的人民低。这可是一个非常了不起的奇迹，也就是说，没有上帝，我们还仍然可以活得有尊严；没有上帝，我们仍然活得很体面；没有上帝，我们仍然可以活得很高贵，这就是人间文化的奇迹。我们凭什么创造了这个奇迹？我们不得不从孔孟开始，那么我们今天讲孟子，就是孟子的这个"性善论"。中国的解决办法是什么？是所谓的"史官文化"，中国在没有宗教以前我们有史官文化，这个史官文化是什么？宗教就告诉我们有来生，史官文化不是告诉你有来生，什么也没有了，但是他告诉你可以什么呢？你可以不朽，可以流芳千古。你人虽然死了，但是你可以流芳千古。所以你虽然活着，你此时此刻虽然活着，而且你在一定的岁数，你的生命会终结，但是你还是有来生的，你会活在后人的记忆之中，假如你愿意做的话，追求不朽。所以从《左传》开始，我们中国人就特别讲究"不朽"，而"不朽"里面三个层次：太上立德，其次立言，其次立功。一个人要不朽，我们看，最高的境界他不是立功，最高的境界是立德，其次是立言。

我们来看一下什么叫"立德"。"立德"就是成圣，"立言"就是成贤。孔子、孟子就叫"成圣"，按照中国人的观点就是"成圣"了。老子、庄子、荀子、韩非子等等这些人都叫什么？"成贤"了，他们立言了，所以我们叫"圣贤"。成圣也好，成贤也好，实际上就是一个词，"成人"。《论语》里面有这个词，子路就问孔子，什么样的人才叫"成人"？这个地方"成人"不是说我们18岁就成人了，而是什么呢？"完成的人"，你的个性得到了充分的和全面的发展的人，就叫做"成人"。个性一旦得到了全面和充分的发展了，那么你就会成什么了呢？就会成圣了，至少是成贤了，你也就成人了。所以在这个意义上我们就可以知道，在儒家看来，人性中的"善"的充分而全面的发展就叫"成人"。既然如此，人性善的价值就体现出来了，假如我们一个人做了坏事，我们可以制止他，你不要做坏事。如果他反问我们，我为什么不可以做坏事？我们可以告诉他，做坏事是违背你的本性的。我们鼓励人做好人，他问你，我们为什么要做好人？我们可以告诉他，因为你的本性是善的，所以做好人就是在完成你自己。这就是我们中国人对前道德问题的回答。西方人对前道德问题的回答是，你要做好人，因为这样你将来可以上天堂。我们中国人对前道德问题的回答是，你要做好人，这样将来你可以永垂不朽，这样你可以成人，你可以成圣，你可以成贤。为什么？因为你的本性是善的。所以我们说，孟子是奠定了中华民族的道德基础的一个绝顶的伟大的人物，我们也就是靠着孟子的这个"人性善"，我们解决了我们的道德的大问题。

有了这样的"人性善"，虽然没有宗教，但是我们从人性出发，我们照样可以活得崇高与尊严，我们不要神性。西方的尊严，西方的官方话，观点里面，人的高贵、人的体面都来自于什么呢？来自于上帝，来自于神性。而我们中国，我们中华民族，我们人的高贵、人的体面来自于什么？来自于人性，因为我们人性就是善的。从人性出发，我们照样可以活得崇高与尊严，我们一样可以实现道德的自我完善，人性善可以使我们获得对自我的肯定，对人类自身的信心。人性是善的，所以我们对人类都有信心。人类在没有上帝的情况下，仍然可以过一种体面而有尊严的生活，孟子很了不起。

然后我们再看看，孔子讲"杀身成仁"，孟子讲"舍生取义"，这是我们中华民族，可以说是在我们这种高贵的民族品性之上，一种最为辉煌夺目的人格的一种顶点，"杀身成仁"和"舍生取义"。一个是孔子讲的，一个是孟子讲的，这两点就成为我们中华民族的伟大的精神。在没有宗教的民族，但是我们仍然有信仰，我们仍然具有伟大的精神力量。我在上海待的时候，我碰到很多的企业家，他们跟我讲，他们跟西方外国人做生意的时候，西方人老是用一种怀疑的眼光看我们，说你们连上帝都不信，我们为什么要相信你们呢？我说你们可以告诉他，我们没有上帝，但是我们有孔子、孟子，我们有圣人。我们没有上帝，我们没有宗教信仰，没有宗教，但是我们仍然有信仰，我们这个民族仍然具有伟大的精神力量。

孟子有一段特别好的文字，这一点大家一定都很熟悉，就是他对于舍生取义的证明："鱼，我所欲也，熊掌亦我所欲也；二者不可得兼，舍鱼而取熊掌者也。生亦我所欲也，义亦我所欲也；二者不可得兼，舍生而取义者也。生亦我所欲，所欲有甚于生者，故不为苟得也；死亦我所恶，所恶有甚于死者，故患有所不辟也。"活着是我的欲望，但是还有一种欲望比活着更重要，那就是什么呢？就是义。死是我很惧怕的，但是还有一种东西比死亡更可怕，那是什么呢？那就是不义。所以在义和生之间两个面前，我们选择了义。在不义和死之间，我们选择什么？选择死。所以我说，我们中华民族它有这样一种高贵的精神，我们没有宗教，但是我们真的是可以毫不自卑地、非常自豪地在全世界宣告，我们中华民族有着无比的精神力量，因为我们的圣人早就告诉我们，我们要舍生取义，我们要杀身成仁，而且我们历来就有人这样做的。比如说文天祥，"人生自古谁无死，留取丹心照汗青"，文天祥被逮捕到北京，大都，关在一个很小的一个小牢房里面，他说我在这个小牢房里面有各种各样的污秽之气，水汽呀、潮气呀、臭气呀等等，他一下列了七种伤害人身体的气，他说我身体这么弱，我在这个牢房里待了两年，有这么多污秽之气，我的身体还那么好，为什么？因为我还有一个气：正气。我一个正气就打倒了七个气了，所以他写了一首歌，《正气歌》，"正气"就是孟子的话，我养我浩然之气。文天祥最终慷慨就义，我们说烈士的死我们把他称之为什么？"就义"，你知道这个词的意思吗？"就"是"靠近"，他不是死，是靠近义了，这就叫什么？"舍生取义"，所以叫"就义"。文天祥死了以后，人们在他的衣带上发现了这么几句话："孔曰成仁，孟曰取义。唯其义尽，所以仁至。读圣贤书，所学何事？而今而后，庶几无愧。"这就是我们中华民族精神伟大的一个最好的证明，读圣贤书所学何事啊？不是学知识，是学一种精神。看鲁迅先生的话，"我们自古以来就有埋头苦干的人，有拼命硬干的人，有为民请命的人，有舍身求法的人，……这就是中国的脊梁"。你说为什么总有这样的一些人？总有这样的一些特别具有精神力量的人，总有这样的人冲破种种物质上的利诱，什么富贵之淫，什么贫贱之移，什么威武之屈，为什么总有人冲破这些，然后让自己的人格站在那么高的高地之上？我们的精神力量来自于何方？文天祥告诉我们，读圣贤书。所以我现在很关心教育问题，我在很多地方，我老是到学校里面做讲座，我就一再说，我们一定要读我们的传统经典，因为那是我们精神力量的来源啊！我们现在有很多人傻乎乎地问了，凭什么我们还要去读经典？我说精神上的信仰，这对一个人来说很重要。我们当代的伟人邓小平讲过一句话，"人总是要有一点精神的"，没有精神不就活成动物了吗？所以孟子也警告我们，孟子虽然讲人性善，然后孟子还很自豪地说"人皆可以为尧舜"，所有的人都可以成为尧舜，但是孟子也警告我们了，"人之异于禽兽者几希"呀！人和禽兽之间的差别特别特别小啊！就那么一点点区别，一不小心，这一点点区别就没有了。这一点点区别没有了，人就变成禽兽了。所以孟子实际上有两句名言，第一鼓励我们，"人皆可以为尧舜"；第二警告我们，"人皆可以成禽兽"，没有精神力量，你就是禽兽。为什么要读圣贤书？因为它是一个民族的精神力量的来源。从古以来，这些埋头苦干的人，这些拼命硬干的人，这些为民请命的人，这些舍身求法的人，这些中国的脊梁是怎么被塑造出来的？

读圣贤书。所以儒家的思想里面有着大勇的一面，你看孟子的这一段话。孟子说，以前曾子曾经对他的学生子襄说，他说你这个人很喜欢勇敢，那我告诉你，我曾经听我的老师讲过勇敢。曾子的老师就是孔子，孔子怎么样来界定勇敢呢？孔子说"自反而不缩，虽褐宽博，吾不惴焉；自反而缩，虽千万人，吾往矣"，这是很了不起的一种精神，我自己反省一下自己，反省的结果，假如是我不直，是我错了，即使是一个普通的人，我也要认错，我也要向他承认错误，我绝不恐吓他；但是假如我反省一下自己，我是对的，那么前面哪怕是千军万马，我也勇往直前，"虽千万人，吾往矣"，所以我们说，我们中华民族的个性里面有他温柔敦厚的一面，但是我们的骨子里面有什么呢？有至大、至刚、至坚、至烈的一面，我们有很多汉奸，但是我们也有很多烈士。正是因为有这么多的烈士，所以我们中华民族一直五千年来没有中断我们的文明，全世界唯一的一个、从来没有中断过自己文明的国家、民族就是我们中华民族。

我上次在广州，有一个记者来采访我，让我谈一谈《论语》，我就说，《论语》我们用一句话来概括，就是"一部《论语》聚天下"，我们现在讲"半部《论语》治天下"，以前老说的，对吧，我说我们中华民族幅员辽阔，人口那么多，我们又没有一个统一的宗教，我们怎么把这么辽阔的土地上的人全部能够凝聚起来，有一种文化上的认同感？为什么北京人说的话，到了贵州老山区的人也听得懂？我们的价值观为什么是一样的？在那么辽阔的空间和漫长的时间里面，这个中华民族一直在，"一部《论语》聚天下"，因为我们的古代的教育，古代的孩子，北京城的孩子也好，贵州的山区的孩子也好，云南的边疆的孩子也好，只要他读书，只要他打开课本，无论是北京的还是贵州的，还是新疆的，还是什么地方的，翻开的课本都是《论语》，读的第一句话都是"学而时习之"，他的心目中树立起来的第一个信仰的人都是孔子，这就是伟大的文化的凝聚力，一个没有宗教的，没有统一宗教的

国家能够这样长久地，五千年来凝聚在一起，经历了那么多的苦难，经历了那么多的外患内忧，这样的一种文化奇迹只有我们中华民族创造过，并且我们现在还会迎来中华民族的伟大的复兴。我们不该自豪吗？我们不该对孔子、孟子这样的历史上的伟人给予极大的尊敬吗？

孟子确立了中华帝国的政治理念——仁政的理想，那么中华民族几千年我们的政体是什么样子呢？我们说中华民族几千年的政体是封建、专制、独裁，我本人对这样的政治体制，可以说我对它的批判是不遗余力，批判、否定、揭露，甚至带有着很强烈的个人的成见，都有的，但是有一点我又不得不承认，这样的一种专制和独裁的制度为什么几千年来，它竟然能够延续下来？也就是说这个制度本身是非人道的，一个非人道的制度，为什么能够存在那么多年？我最后得出一个结论是什么？在非人道的制度里面，我们加上了很多人道的东西，孔子、孟子就是一个学者，他可能无法改变这样的体制，或者说他在那样的时代里面，他也不可能设计出一种更好的体制来，这种选择不是哪一个人选择的，它是一种历史的选择，但是孔孟的伟大在于什么呢？他在这样的一个冷酷的、不人道的制度里面，他们加进去了人道的东西，然后让这样的制度变得可以忍受了，这就是什么呢？这就是孔子讲的"仁政"、孟子讲的"王道"，你专制，你独裁，在那样的历史条件下，可能这是一种合理的制度，但是在你这个制度里面，你可不要忘了你要仁，你要义，你的政治一定是仁义的政治，你的道一定是王道，而不是霸道。你要以德服人，而不能以力服人。那么这个话题讲起来举例就比较多了，我就简化了，不讲了。那么孟子他一整套的政治构想是这样的，人的本性是善的，如果你不养育这个善，因为"善"只是个小苗头了，你不养育这个善，比如它就是萌芽，你不养育这个善，小萌芽可能就会夭折了，我刚才讲了，对吧，你甚至变成禽兽了。所以本性是善，但是你不能说，我本性是善的，所以我一辈子怎么搞我都是善的。那不对的，一不小心，你就变成恶了，所以一定要"养善"，你把"善"养好，然后"修身为圣"，通过修身把自己修养成圣人，然后把你的这种东西再推广下去，叫"推恩"，你内心里不是有仁慈吗？你内心里不是有爱吗？然后把这种仁慈，把这种爱体现在政策上，体现在政治上，这就叫"推恩"，于是你的政治就变成仁政了，这是孟子对统治者，给他们开出的一个治国的方略。

有一次他跟齐宣王在一块儿对话，齐宣王这个家伙他想搞霸道，战国时候那个君主们都想搞霸道，都凭着武力打天下。但是孟子不愿意跟他谈霸道，孟子说我们还是谈一谈王道吧！齐宣王也不愿意跟他谈王道，齐宣王说像我这样的人能搞王道吗？孟子毫不犹豫地给他回答，可以。齐宣王本来的意思是说，你看，你平时也瞧不起我，对吧，我问你我能行吗，你肯定说不行。你要是说不行那就好，你看我既然不行，我还是搞霸道去吧！这个齐宣王自己就是这么想的。孟子早就看出来，这小子想溜，所以你问我行不行，毫不犹豫，可以。一下子就把齐宣王的路给挡住了。齐宣王特别生气，你凭什么说我行啊？孟子几乎是逼着齐宣王来实行王道，这个在孟子和齐宣王的很多对话特别有意思。有一次齐宣王说，孟先生，你不要跟我说搞王道了，我这个人不行，我有毛病。孟子说，你有什么毛病呀？齐宣王说你看，我喜欢打仗，我这个人就好战，我是好战分子。孟子说好战也没问题呀！你记住你要为人民而战，不就行了吗？那齐宣王想从这条路溜走，被堵住了。齐宣王说那不行，我还有个毛病。又找一条路，什么毛病啊？我这个人贪财。孟子说贪财也没问题呀！贪财你想到人民也贪财，你不要把财都搞到你这一个家来了，你给人民也有一点财，不就行了吗？齐宣王一看这个路又走不通了，干脆一不做二不休，把自己说得再难堪一点，我好色。孟子说好色也没关系，那个周代的先祖，太王就好色，一个老婆就生十个儿子，不好色哪有那么多儿子呢？问题是你好色的时候，要知道人民也好色，你不要把人民，对吧，男人都搞到前线，都打仗去，修陵墓，然后让他们夫妻分居，对吧，让他们在家也团聚团聚，这不就行了吗？这个对话特别有意思，你看到齐宣王给孟子逼得走投无路。齐宣王自己都往头上扣屎盆子，就说自己不好，又说自己好战，一会儿又说自己好色。你见过谁这样往自己脑袋上扣屎盆子的？就是齐宣王。他愿意往自己头上扣屎盆子吗？不愿意。那为什么呢？孟子逼的。就是这样三个屎盆子扣到头上去了，孟子还没饶了他，不行，你还必须搞王道。所以齐宣王被孟子真是逼得没有办法。然后齐宣王就讲，你凭什么说我行呢？孟子说因为我知道你的人性还是善的，你这个家伙平时表现不好，但本性还是不错的。齐宣王说，你怎么知道我本性不错啊？孟子说前天发生了一件事，有一个人牵着一头牛要去杀掉，要用这头牛的血去祭大钟，然后你看到了，你就说把这个牛放了吧，拿一头羊去换它吧！可见你有同情心。老百姓都说你很吝啬，你知道吧，舍不得一头牛，用一个小羊。齐宣王说那怎么对呢？我不是吝啬，我真的是同情那一头牛。孟子说，你既然同情那头牛，你为什么不同情那只羊呢？齐宣王搞得没办法，是啊，那怎么回事啊？我也想不通了。不过倒是真的，我确实不是吝啬。但是我当时怎么想的呢？我真想不通。那是孟子把他推下水去的，知道吧！孟子故意恐吓他，你知道吧，现在全国老百姓都知道这个事了，全国的老百姓都在说，我们的齐王好吝啬啊！齐宣王真的就吓傻了，这个人好面子，好面子的人一定很可爱。他说，怎么都谈起来，不是这样子的，我不是那么吝啬的。孟子说，不是吝啬，你为什么用羊来换牛呢？齐宣王自己讲不清了。等于说是孟子把他推到水里去，然后孟子说现在我拉你上来，我告诉你，你之所以对这头牛有同情心，是因为你看到了这头牛，你之所以对那个羊没有同情心，是因为你没有看见那只羊。这个解释是非常有心理学的依据的，孟子说，你比如说，我们一个君子到了餐馆里面，来一盘烤牛肉，你吃的时候一点点惭愧都没有吧？但是如果说你自己去杀一头牛，你就舍不得了，下不了手了。难道这是虚伪吗？不是。这么一解释齐宣王特别高兴，孟先生，你讲得太好了，全国人都不理解我，就你理解我，现在你说什么我都听。那好，还是搞王道。齐宣王真的是被孟子逼得走投无路，你要读《孟子》，你看孟子和齐宣王的对话，你会觉得特别好玩，孟子特别可敬，齐宣王特别可爱。哪一个国君会被一个普通读书人逼成这个样子呢？对吧？孟子这样的话能跟秦始皇谈吗？孟子这样的话能跟朱元璋谈吗？朱元璋后来读《孟子》，对吧，当了皇帝以后读《孟子》，读得读得气得把孟子的书扔掉了，这个老头子，这么胡说八道，他要活在我明朝，我早就把他的脑袋砍掉了。这就是朱元璋，对一千多年以前的人他还这么生气，所以孟子也真是运气好，活在战国时代。活在后面的时代，他的头早被砍掉了。然后他证明了齐宣王人性是善的，然后就告诉齐宣王，你要养善，然后你要修身为圣，然后你要推恩，要"老吾老以及人之老，幼吾幼以及人之幼"，然后把天下就治好了。

然后我们再来看下面一段话，《大学》里面讲的治理天下的一个四趋势：格物—致知—修身—齐家—治国—平天下。如果我们觉得挺复杂，前面我们可以不看，"修身—齐家—治国—平天下"，所以《大学》中的政治思想就来自于孟子。而我们知道，中国历来的封建的统治理论就是修身、齐家、治国、平天下，就是四个字——内圣外王。那么这个理论来自于谁？你可以最早的追到孔子，但是对它作系统论证的就是孟子，修身、齐家、治国、平天下，就是孟子。所以我们说，孟子是建立了中华民族的政治理念。当然这个仁政的核心是什么呢？"民贵君轻"思想，民为贵，社稷次之，君为轻。所以我说传统的专制政治确实是一个冷酷的、无情的政治，但是儒家的思想进去了，让冷酷无情的政治有了有情和温暖的内容，民为贵，社稷次之，君为轻，这我就不多解释了。

最后我们看一个问题，孟子论证了人民革命的权利。这里面还有一个问题，假如有一个国君，不管你怎么劝我实行王道，我就不实行王道，怎么办？这个孟子必须考虑这个问题吧？你天天跟着齐宣王，

教他实行王道，那齐宣王可能就不干，那历代的国君可能都有这样的人，怎么办？孟子说好办，我还有下面一手呢，革命。孟子真了不起，所以我们中华民族历代都有血性，我们中华民族没有成为奴隶之邦，因为我们的孔子和孟子都是希望我们革命的，我们举这个例子。你看这个，这段对话特别精彩。有一天，齐宣王问孟子，说孟先生，你能给我谈一谈"卿"这个爵位到底是怎么回事？平时都是孟子找齐宣王的茬，今天可真是齐宣王自己撞上枪口上来的，他主动撞到枪口上来的，他自己要问一个问题，而孟子一抓住这个问题就要找他麻烦了，孟子说那你到底问的是什么样的，哪一种类型的卿呢？齐宣王说卿还有不同的类型吗？孟子说有啊！有贵戚之卿，有异姓之卿。什么叫贵戚之卿呢？就是跟你一个家族的，对吧，比如一个老国君死了，老国君比如说，假设有十个儿子，老大做了国王了，那下面还有九个是什么？那不就是卿吗？这就叫贵戚之卿。可是孟子此时不也在齐国做卿吗？那跟齐王没有血缘关系的叫什么卿呢？异姓之卿。没错，那齐宣王就问了，那么你告诉我一下，贵戚之卿有什么样的职能。"君有大过则谏，反复之而不听，则易位"，恐怖吧！这个贵戚之卿在孟子看来就相当于什么了？相当于英国的上院下院。国君有大过就劝谏他，如果反复不听怎么样？换了他，换人了。齐宣王一听，"勃然变乎色"，一下子脸色都变了，齐宣王跟孟子之间的对话，变色的时候多着了，真的是变色的时候很多。有一次齐宣王就上了孟子的当，孟子老是让齐宣王上当，有一天孟子找到齐宣王，问了齐宣王一个问题。当孟子来找你问题的时候，你就一定要小心了，他肯定要收拾你。他说齐王，我假设有一个好朋友，两个人关系很好，其中有一个人比如说要离开齐国，到楚国去旅游，那时候旅游不像今天很快就回来了，那一旅游走一两个月，然后走的时候，他跟他的朋友交代，你看我去旅游去了，我家的老婆、孩子在家，我拜托你关照关照。然后他就走了，然后过了一个月，他从楚国回来了，他发现他的这个朋友根本就没有关照他的家人。然后孟子就问齐宣王，他说你看，这样的朋友应该怎么办？齐宣王是个很正直的人，齐宣王说这种人不够朋友，断交。孟子说对，回答正确，加十分。他说再有一个题目，他说假如你手下的一个地方官把这个地方没有治理好，应该怎么办？齐宣王说撤职。回答正确，再加十分。孟子下面就问了，那么假如一个国王把国家没有治理好，应该怎么办呢？齐宣王怎么样？"王顾左右而言他"，没法回答了，所以最终齐宣王是不及格，这就让他难堪。孟子就是在暗示你齐宣王，你干不好你就怎么样？主动下台，不要站在这个位置上。这样的话孟子不光是跟齐宣王谈，孟子对齐宣王还是比较尊敬的，因为齐宣王这个人确实很不错。孟子最不喜欢的国君是谁你知道吧，就是梁惠王，孟子见梁惠王，梁惠王这个人也是不大可爱，你翻开《孟子》第一篇，孟子头一次到梁国去，就是到魏国："孟子见梁惠王，王曰，'叟，不远千里而来，亦将有以利吾国乎？'"你说孟子那个时候岁数已经很大了，大概 70 多岁了，跑到梁国去，见了梁惠王，梁惠王一见，那梁惠王没教养、没文化呀，一见他就说哎哟老头子，你怎么大老远跑来了？是不是带来对我有利的东西呀？你看孟子对他有好印象吗？从此以后，孟子一讲到梁惠王，他就皱眉头，所以讲到梁惠王的时候，他就特别讨厌，他甚至当面骂梁惠王是"率兽食人"，你以为你是国君哪，你以为你是好人哪？你手下的贪官污吏就是野兽，你呢就是这个野兽的头子。"兽王"，狮子王，你就带着这一帮野兽吃老百姓，当面说的。梁惠王死了，梁襄王即位了，孟子跑去看看他，出来以后有人就问他，你见了梁襄王，你觉得梁襄王怎么样啊？他说那个家伙看起来简直不像人。这就是孟子，所以他对齐宣王还算是尊敬的。有一天孟子到了邹国，见到了邹穆公，邹穆公那一天心情特别不好，因为什么呢？因为邹国发生了一件特别奇怪的事。邹国和鲁国打了一仗，鲁国当然跟齐国比是弱小的国家，但是跟邹国比，那它还是个大国了，小国跟大国打仗，一定肯定是没有好处的了。邹国和鲁国说是打仗，

实质上也可能就是边界的一次小型冲突。但是这次冲突结果特别奇怪，邹国的军官死了 33 个，邹国的士兵一个都没死，太奇怪了，33 个军官死了，士兵一个没死，你说哪一场战争会是这样的？所以邹穆公就特别生气，把孟子找来，说孟先生，今天我气死了，你说这些士兵太不像话了，眼睁睁地看着他们的长官在前线战死，他们帮忙都不帮忙。我要惩罚他们吧，法不责众，人太多了，不惩罚他们吧，我实在咽不下这口气呀！他想让孟子给他出出主意，怎么惩罚这些士兵。孟子怎么说的呢？孟子说活该，你也不想想，你这些长官平时怎么对待他的部下的，你这些地方官平时怎么对待老百姓的。平时盘剥百姓，在荒年的时候老百姓流离失所几千人，你这些地方官有没有把灾荒的情况向你如实汇报啊？有没有向你请示国家来赈灾呀？没有，他们从来没有尽责，所以今天到战场上去，眼看他们被战死，老百姓说好，我终于等到机会了，你死得好。然后孟子还引了曾子的话，叫"出乎尔者，反乎尔者也"，我们现在有个成语叫"出尔反尔"，那是什么意思啊？我们现在"出尔反尔"是讲人说话不算数，但是孟子这句话引曾子的话的意思是什么？就是说，你当初怎么对待别人的，别人会怎么对待你。你当时草菅人命，你对人民的苦难毫不关心，那么好，到了战场上去，我们就终于找到报复的机会了。在这样的情况下，孟子没有站在统治者一边，他站在了普通的百姓和士兵的一边。

下面有一个对话是最为精彩的一段了，齐宣王曾经问过孟子一个特别特别重要的问题，这一个问题确实是一个非常非常大的一个问题，也是很难于在理论上解决的问题，但是孟子竟然在谈话之间轻轻松松地把大问题解决了。齐宣王问孟子一个什么问题呢？他说"汤放桀，武王伐纣，有诸？"商汤把夏桀流放了，武王讨伐了商纣王，有这样的事吗？孟子对曰："于传有之"，不光说有之，而且说"于传有之"，历史上有这个记载，没错。齐宣王问这个问题他实质上不是问一个事实，他是要问下面的问题，那么既然有，那么就有问题了，"臣弑其

君，可乎?"你要知道，商汤在流放夏桀的时候，夏桀是天子，商汤是
臣子;武王在讨伐商纣的时候，商纣王是天子，武王只是他的一个下
属的小部落的首领，也是他的下属。那么如果历史上有这样的情况，
那么就必须要说明"臣弑其君"也是可以的。这难道行吗? 做臣子的
能够弑君吗? 为什么我说这个问题是个特别难回答的问题? 因为大家
知道，这个"弑"这个词是特别特别有意义的，"弑"跟"杀"之间
有区别，"杀"不带有道德评价，杀人不好，杀敌人就好，对吧，杀
猪就没问题，对吧，还有一个地方把西瓜切开了叫"杀瓜"，我不知道
是不是山西的，反正有一个地方叫"杀瓜"，那都没问题。但是呢，就
是说"杀"它只是一个动作，"弑"不仅是指一个动作，而且是指一
种罪行，这种罪行甚至在后来，在中国古代的封建社会里面，在所有
的刑法里面是第一大罪，刑法中的第一条大罪就是"弑君之罪"。而且
这个"弑"字谁用得最多? 实际上我们说这就是孔子，孔子在《春秋》
里面就用了这个"弑"字，而且把这个"弑"字用得出神入化，我们
后来把这个词就专门指什么? 儿子杀了父亲、大臣杀了国君就称之为
"弑"，这种行为不仅仅是指代一种行为，而且同时是一个什么呢? 是
一个司法审判和道德审判。当用这个"弑"来判断你这个行为的时候，
那就说明你就犯了十恶不赦的大罪。因此，儒家是坚决反对臣弑君的，
所以现在齐宣王问的这个问题非常尖锐，臣弑其君可以吗? 孟子不能
说"可以"，也肯定不能说可以，臣怎么能弑君呢? 儒家不赞成这个观
点。而且从长期的统治来讲，对吧，它政治有个秩序，这个不仅仅是
某一家学派的观点，它是这个政治的需要，所以不能说臣弑其君可以。
但是如果你说"不可"怎么样呢? 也不行，这个统治如果特别黑暗、
特别残暴，我们也只好认着吗? 后来在汉代就发生过这样的一次讨论，
汉景帝的时候就发生过讨论，一个叫辕固生的人和一个黄生就讨论，
臣能不能弑君，那黄生就说臣怎么能弑君呢? 国君就像帽子一样，大
臣就像鞋一样，帽子再破它也能戴在头上呀! 鞋子再好也只能穿在脚

下呀！你鞋子好，怎么能戴到头上呢？他以此证明大臣再好也不能做国君，国君再差也能戴在头上。这是个非常混账的理论，难道一个破帽子，我就一直戴下去呀？我换一个新帽子也不可以呀？很混账的理论。那么在这个之前，实际上孟子已经把这个问题回答了，而且回答得特别好。孟子避开了这个事，孟子说什么呢？孟子不跟你讲君臣的问题，讲君臣就上你的圈套了，讲君臣那是啊，商汤是臣，周武王是臣，他杀掉的夏桀和商纣都是君，那不是臣弑其君吗？我不上你的圈套，我绕一个弯子：贼仁者谓之"贼"，贼义者谓之"残"，损害了仁的人就是贼，损害了义的人叫做残，残贼之人叫做"一夫"。孟子真厉害。损害了仁的人、损害了义的人叫做残贼，残贼是谁呢？那就是夏桀和商纣啊！夏桀和商纣因为他们损害了仁和义，所以他们变成了残贼之人，残贼之人还是国君吗？孟子说不是了，他变成什么了？"一夫"。什么叫"一夫"？天下跟他没关系了，他被天下的人抛弃了。所以我们知道，我们在解放战争的时候，我们怎么样说蒋介石的，你知道吗？叫"独夫民贼"，我告诉你，我们能够在毛泽东第一代领导人领导下推翻三座大山，打败蒋介石，靠的是孟子的理论。毛主席讲了一句特别好的话，没有革命的舆论，就没有革命的行动。你要革命，你首先要有舆论，首先你要有革命的理由。蒋介石是残贼之人，是独夫民贼，所以我们就应该推翻他，这就是孟子讲的。所以夏桀也好，商纣也好，他们是"一夫"，什么叫"一夫"啊？全国人民都抛弃你了，你已经不是国君了，虽然你站在这个位置上，但是你是一夫，一夫你站在这个位置上就是不对的，你是僭位者，你是篡位者，谁都可以把你推翻，谁也有理由把你推翻。所以孟子说，我只听说周武王把那个独夫民贼商纣王给杀了，我没有听说弑君啊！多么巧妙地把这么一个重大理论问题解决了，既不违反儒家一贯的忠君理论，又给我们的革命找到了一条特别好的理由。所以有一次孟子跟齐宣王对话的时候，孟子讲了一个问题。齐宣王说是不是大臣一定要忠于国君呢？国君如果死了,大臣是不是就应该给他服丧啊?孟子说那不一定。如果这个国君对大臣很好,好到什么程度下面有很多标准,那就很复杂了,比如说当官的时候应该好好对待他,他哪天辞职了,到别的国家去了,不在你这儿干了,你还得要派人帮他打前站,到别的国家把他的位置安顿好,然后再把他送过去,然后在家里还要等三年,如果他真的不回来了,才把这个地方的封地和别墅给收掉。这样,你对臣下这么好,然后你死了他才能够给你服丧。如果你对他不好,他没有必要给你服丧。然后孟子告诉齐宣王说,如果一个国家的国君把老百姓看成是手足,那么老百姓就可以把国君看成是心,忠于你。如果国君把老百姓看成是一般的陌生人,国人就是一个普通的陌生人,跟你没关系,死活我不关心,那好,国君,也可以把你看成陌生人,你死活也跟他没关系。如果国君把老百姓当成草芥来蹂躏,来践踏,那么人民都可以把国君看成仇人,只要有机会,他就有理由、有权利杀你。这就是孟子的革命理论。所以我们说,儒家的理论实际上就是革命的理论,孔孟之道就是革命之道。为什么我这么说,难道孔子也讲过革命吗?孔子没有明确讲革命,但是孔子支持什么,你就知道了。孔子心目中的圣人有几个呢?尧、舜、禹、商汤、周文王、周武王,然后再加一个,周公,孔子心目中的圣人是这七个,孔子自己是圣人,但是孔子心目中的圣人是七个。这七个里面我们看一看,除了最后一个周公,除了第一个尧,其他的,中间的五个都是革命的,舜是革尧的命的,禹是革舜的命的,商汤是革夏桀的命的,周文王、周武王是革商纣王的命的。所以孔子心目中的圣王是什么王?孔子心目中的圣王就是革命的王,就是对残暴的、黑暗的统治说"不"的王,就是敢于起来造反的王,所以我说孔孟之道就是革命之道。孔子没有证明,孟子把它又证明了。所以我们说,我们中华民族经历了几千年封建专制独裁的统治,但是我们这个民族没有在沉默中灭亡,我们在沉默中总是爆发,为什么?因为我们有孔孟的革命理论,孔子和孟子给了我们革命的理由,给了我们革命的权利，所以毛主席才会说出这样的话来：哪里有压迫，哪里就有反抗。我们历来有革命的传统啊，中国历史上第一个起来造反的人是谁呀？陈胜。陈胜造反以后只有几十年的时间，司马迁出来写《史记》，把陈胜列入"世家"，这是一个非常伟大的、了不起的举动，也就是说，一个伟大的历史学家用这样的一种方式，肯定了陈胜造反的正义性。所以从孔子到孟子，到司马迁，这样革命的传统就形成了，有了这样的传统，所以毛主席才能说出"哪里有压迫，哪里就有反抗"，才能够推翻三座大山，才能建立新中国。所以我们中华民族，我们虽然历经多年的专制统治，但是我们仍然是一个有生气的民族，而且我们还会有非常美好的未来。

今天我的讲座就到这里，谢谢大家！

吴建民眼中的世界外交风云

时　间：2009 年 7 月 28 日

地　点：山西省图书馆报告厅

主　讲：吴建民

吴建民

　　吴建民,1939年生,1959年毕业于北京外国语学院法语系。现任中国外交学院教授,中国外交部国际咨询委员会委员,欧洲科学院院士、副院长,国际展览局名誉主席等职。

　　1959年到1971年曾为毛泽东、周恩来等老一辈国家领导人担任过法语翻译。1971年,成为中国驻联合国第一批代表团工作人员。四十多年的外交生涯中,曾任中国常驻联合国代表团参赞,中国驻比利时使馆、驻欧共体使团政务参赞,外交部新闻司司长及发言人,中国驻荷兰大使,中国常驻联合国日内瓦办事处和瑞士其他国际组织常驻代表、大使,中国驻法国大使,中国外交学院院长,中国国际关系学会常务副会长,全国政协外委会副主任,全国政协副秘书长兼新闻发言人等职。2003-2007年任国际展览局主席,是担任这一职位的第一位亚洲人。2003年荣获法国希拉克总统授予的荣誉勋级会大将军勋章。

　　多年来还从事国际政治、经济、文化问题的教学研究,著有《外交案例》、《吴建民访谈录》、《外交与国际关系:吴建民的看法与思考》、《交流学十四讲》、《在法国的外交生涯》等。

文源他坊
开阔视野
促世宅考
左氏山西

姜建民
09.7.28 于太原

今天跟大家讲两部分内容，第一部分内容，形势；第二部分内容，思考，讲两点。我希望跟大家有一点交流，我讲完之后你们有什么问题，我愿意回答，你举手我很欢迎，有什么问题可以直截了当地向吴某人提出来，这个我可以讲讲我的看法，如果你们愿意写条子，也可以。

一、形势

形势我想讲三点，第一点，时代变了。大家记得，1960 年春天，中国与苏联关系出现分歧，开始跟苏联人辩论了，我们以"列宁主义万岁"为题发表了三篇文章。辩论的主题之一，时代变了没有？赫鲁晓夫说变了，我们中国人说没变。我们坚持的是什么？是列宁同志1916 年在布尔什维克党内提出的一个观点，就是我们的时代是帝国主义战争和无产阶级革命的时代。这个老同志大概都记得，就是列宁关于"帝国主义论"里面很重要的一个论断。列宁这个看法对不对？1916 年的观点到现在 90 多年过去了，回头一看对不对？列宁的看法是对的。爆发了两次世界大战，爆发了十月革命、中国革命，以及二战前后，一系列国家爆发了争取民族地位和解放的斗争。这些所发生的事情证明列宁同志的论断是对的，而且列宁同志这个论断对于中国革命、十月革命都有很强的指导作用，中国人起来革命也受了这个启发。当时的时代是"帝国主义战争和无产阶级革命"的时代。对不对？但是事实上，任何事物都是变化的，不是不变的。

中国发现时代变化的第一人是邓小平，小平同志在 80 年代初会见外宾，反复讲了一个观点，就是说世界面临两大问题：一个和平，一个发展，这两个问题一个也没有解决。这话听起来像大实话，但是讲得不简单，很管用。因为帝国主义战争和无产阶级革命的时代面临的主题是什么？是战争与革命。现在面临的两大问题，和平与发展。后来将小平同志的这一思想写进了我们的党代会，就是我们的时代是以"和平与发展"为主题的时代。这个变化对于我们国家来讲太重要了，人民共和国成立之后，很长的时间里面，我们中国人关心一个什么问题？关心人民共和国的生存，我们的生存受到威胁，我们要时刻准备打仗。

我是1959年大学毕业，大学毕业之后，当时周总理有一个很有远见的思想，就是要培养一些好的翻译。当然老的翻译很好，但是他们年龄慢慢增长。总理提出从一些学校找了一些人，由国家出资，托北京外国语学院（现在的北京外国语大学）培养，成立了一个培养高级翻译的"翻译班"。本人有幸参加了这个班，一个班上就五六个人，请外国老师教。我学了一年半，就被派到匈牙利的布达佩斯"世界民族青年联盟"当翻译。

一个人一辈子可能会经历一些事情，终身难忘，特别是年轻的时候，记忆力好，所以我到了外交部之后经历一件事情。首先就是1965年9月29号，陈毅副总理兼外交部长，在政协礼堂举行中外记者招待会，领导为了培养年轻人，让我这个小翻译去见习。1965年中国面临外交上的形势是非常严峻的，第一，1962年跟印度打了一仗，然后是三年自然灾害，这时候蒋介石叫嚣反攻大陆，1965年中苏关系相当坏了，苏联人在中苏边境陈兵，增加部队。所以那个时候，外交上中国面临的形势非常严峻，所以陈老总举行中外记者招待会，当然会问到战争问题。

讲到战争问题的时候，陈老总激动起来，说你们都来吧！苏联人从北边来，印度人从西边来，美国蒋介石你们从南边来，我等你们来，头发都等白了。当时我26岁，听得我热血沸腾，打吧！打完仗再说吧! 就准备打仗了。据说毛主席对陈老总这个讲话非常欣赏, 也反映了他这个思想。大家想一想, 当年人民共和国成立之后, 战争对于决定我们内外政策是一个关键因素。毛主席有一个九字方针: 深挖洞, 广积粮, 不称霸。今天的年轻人听了耳边风一样就过去了, 我们从那个时代过来的知道这九个字, 全国地动山摇, 到处挖洞, 在北京我也参加过挖洞, 做好战争的准备。洞挖得深一点, 打仗要吃粮食, 存积点粮食, 就是我们当时对形势的估计。毛主席 60 年代见外宾的时候, 他就经常对外宾讲 "山雨欲来风满楼", 70 年代见外宾的时候, 他说现在 "燕子已经低飞了", 就是我们家燕一种自然现象, 暴风雨来临前夕, 不是家燕低飞了吗, 那就是说世界大战要来临了, 这是毛主席对形势的估计。现在看看毛主席对形势的估计可能过于严峻了, 但是他是不是完全一点根据也没有呢? 我想也不是一点根据都没有。1969 年珍宝岛打了一仗, 大家知道, 那是几百人的规模, 是吧, 当时全中国几千万人上街了, 上亿人上街了。老同志可能记得这个。1969 年 5 月到 7 月在新疆铁列克提地区又有一些小的边界冲突, 这个时候中苏关系非常紧张。你看我们苏联大使馆前面一条街, 当时我们改成 "反修路", 老同志可能记得, 现在又改回去了, 反对修正, 反修路, 那个时候是这样。苏联领导层曾经有一种想法, 中国这个国家是共产党领导的, 但这个共产党不像其他共产党, 不听话, 七捣鼓八捣鼓, 又弄出一点核武器, 很讨厌。1969 年的时候大家知道, 人造卫星已经从卫星上面可以照地球, 很多照片很清楚了, 它分辨力可以到什么? 网球场上一个网球, 他能分辨到这个程度, 所以当时中国有多少核武器, 大概他们能够从卫星上看得到。苏联领导层当中有一个想法, 说能不能对中国领导人采取一些行动? 所谓 "外科手术式" 的行动, 把中国的核武器干掉, 苏联领导人当中有这个想法。当时苏联的领导是勃列日涅夫, 大家知道, 他是有很大冒险性的一个人。1968 年出兵捷克他拍的板, 1979 年打阿富汗也是他拍的版, 这个人在苏联执政时间不短,

领导层有这个想法。当时的世界是美、苏的两极体制，他想对中国动手，至少要问问美国人的意见，美国人反对大概不行，至少可以争取得美国人的默许，所以苏联人他就想办法向美国人发出了试探信息，结果美国人说不行。美国人尽管这个时候越南战争已经爆发了，打得很激烈，美国人的处境不妙，但是美国人有个判断，出兵中国，世界会乱，美国也承受不起。美国人说不行，苏联也不好动手。基辛格《白宫岁月》回忆录里面提到这个事情，出现争端，解决问题无非两条，一个是打，一个是谈。所以 1969 年，当时发生了这样一件事情，就是苏联的部长会议主席柯西金想跟周恩来总理通电话，《中苏友好互助同盟条约》的时候有一条热线，后来关系紧张之后就没有用了。1969 年柯西金想跟周恩来总理通电话。老同志知道，1969 年正是中国人搞"文化大革命"的时候，极"左"思潮甚嚣尘上，电话打到北京长途台，长途台二十几岁的电话接线员就把柯西金骂回去了，说他是修正主义，你没有资格跟周恩来总理通电话。后来总理知道后很生气，说外交总还得讲一点纪律。

中国人经历过外交上非常糟糕的一段时间的。但外交一点儿不来往行吗？不行。1969 年 9 月 3 号胡志明主席去世了，总理马上飞到越南。总理跟胡志明主席感情很深的，20 年代在法国认识的，差不多近半个世纪的友谊。胡主席死了之后总理非常难过，哭得泪流满面。在离开越南之前，总理说你们正式举行葬礼的时候，再派党政代表团来。9 月 8 号中国党政代表团到了河内，是由李先念同志带队，本人是代表团的一个小翻译。9 月 8 号到了河内，代表团内有一条纪律，见到苏联人不理，不能握手。你握了手变成立场问题，丧失立场，你跟修正主义怎么能握手啊？当时都是这样的思想，都是这个思想。9 月 9 号在越南巴亭广场，巴亭广场相当于我们的天安门广场，但比天安门广场小多了。50 万人参加葬礼，我当时很震撼，因为 50 万人哭声震天，没见过这种场面，胡主席去世，越南老百姓非常伤心。在主席台上，是苏联代表团团长柯西金，我们代表团团长李先念同志，柯西金想跟先念同志讲话，但先念不理他。葬礼结束之后，柯西金通过越南方面向中方转达，柯西金说："我能不能在返回苏联的途中，在北京机场（停经北京机场）会见周恩来总理？"那个时候苏联部长会议主席不能访问中国，那么在机场见一见行不行？当然这个事件向先念一报告，先念就马上向北京，向主席、总理报告，经北京研究后决定同意柯西金的请求。等北京回电到了河内的时候，柯西金的飞机已经起飞了，等他得到消息说中方同意他停经北京机场时，他的飞机已经飞到今天的塔吉克斯坦首都杜尚别了。但是他想跟中方谈的心还是很迫切，听到这个消息，掉转机头到了北京。后来周恩来总理在北京机场会见了柯西金。这就是对世界有震动的 1969 年 9 月 11 号，中苏两国总理在北京机场的会晤，这件事情外交上是很漂亮的。

我想，在谈到中国外交大的举动，中美关系打开应当记四位老帅一大功，哪四位老帅？叶剑英、陈毅、徐向前、聂荣臻。这四个老帅真是不简单，身经百战，观察问题入木三分，不拘泥于条条框框。议论天下大事之后，这四位老帅实在是分析天下形势，他们最后得出两条结论，第一条结论叫做"美苏矛盾大于中苏矛盾"，第二条结论，"中苏矛盾大于中美矛盾"。老帅对形势的议论是有作用的，美苏矛盾大于中苏矛盾，中苏矛盾大于中美矛盾，按照毛主席矛盾论来讲，就为中美关系奠定了基础。毛主席是战略眼光，中美关系要打开，特别当时我们主要压力是苏联。基辛格回忆当时的情况时说："1971 年我到中国来的时候，我们有一个估计，就是一个独立的中国，不是跟苏联站在一起的中国，一个独立的中国对美国是有利的，他这个观点，符合美国的利益。我为什么要到中国来呀？就是这个原因。"以上问题说明，战争对于我们国内政策、外交政策影响巨大。

1978 年十一届三中全会规定把党的中心工作转移到经济建设上来，这是一个很重要的根据。中国的大发展主要在邓小平同志 1992 年"南巡讲话"之后。1992 年的国际形势是什么？东欧发生了剧变，苏联垮掉了，对吧？如果我们的观念还停留在战争与革命的时代，那么我们得出来要做的事情，行动应当怎么做，应当非常明确，因为当时的国际形势是西方世界大举进攻。在敌人大举进攻的时候，我们该干什么事情？我们应当关上大门固守阵地，对不对？邓小平说什么？"胆子再大一点，步子再快一点"，中国的大门不仅没有关上，开得更大了，1992 年到现在不过是 17 年，从 1978 年到 1991 年，进入中国的外资才多少？一二百亿美元。现在多少？一万亿美元。中国大发展，两次两位数的增长每年，都是在"南巡讲话"之后，17 年的大发展证明小平同志的决断是何等的英明。他这个决断的根据是什么？时代变了，所以我认为，时代的变化是国际关系当中最大的变化，这个变化对我们内外政策影响巨大，小平同志认识到时代的变化，反映了我们党与时俱进。

那么大家会问我，时代为什么变了？是哪些因素推动了时代变化的？因为任何东西变化，它一定有动因，不推动它变不成。那么时代变化的动因是什么呢？我想起码有五条：

第一，是两次世界大战的惨痛教训。有人类历史就有战争，但是人类打得最惨烈的是两次世界大战，因为两次世界大战死多少人？加在一起 1 亿人。那个时候的世界可不是今天 67 亿人，那个时候十几亿人，不到 20 亿人，死 1 亿人，死很多了，太惨烈了。科学技术进步了，死了好多人。所以二战结束的时候，大家觉得要结束这种状况，要成立联合国，成立联合国首先要起草宪章，《联合国宪章》是用英文起草的，我们中文是联合国的官方语言之一，但是中文是根据英文翻译的。你们看看《联合国宪章》，在座的同志可能你们懂英文，一看，《联合国宪章》第一句话，"We the peoples of the United Nations determined to save succeeding generations from the scourge of war"——我们联合国各国人民决心使后代免除战争的浩劫。这个英文用了很强的字眼，翻成中文也是用了很强的字眼，这个是人类的共识，是吧，打得太惨烈了，不能再打了。《联合国宪章》国共两党的代表都签了字，国民党代表是顾维钧，共产党代表是董必武。我们遵守《联合国宪章》和宪章所确定的义务。

第二，推动时代变化，核武器的出现。核武器大家看，一次世界大战和二次世界大战之间相距距离很短，第一次世界大战1914到1918年，爆发了一战，二战1939年就爆发了，两次世界大战就隔了21年，对吧？1939年9月1号希特勒打波兰，世界大战爆发了，两次世界大战距离很短，21年。可是二战结束到现在，1945到现在，64年没有打世界大战，尽管局部战争不断，但没有打世界大战。你们想，核武器是不是个原因？核武器对战争有制约作用。因为战争的目的是什么？占领对方领土，统治对方的人民，对吧？取得对方的资源，战争的目的不是大家都完蛋。基辛格7月2号在北京讲了这样的话，他说1914年、1939年发动战争的人，都是以为打完仗他的土地会更好。可是大家想一想，冷战时期美苏两家都制造、储存了大量的核武器，专家们一致认为可以毁灭地球若干次，你说地球毁灭一次跟毁灭十次有什么差别？没什么差别。虽然二次大战结束之后世界爆发了很多的局部战争，但没有打世界大战，这是第二个因素。

第三，全球化。这个大家懂，对吧，全球化你中有我，我中有你，他不能自己打自己，全球化把世界连在一起了，这是第三个因素。

第四，革命。我的看法就是西方世界在19世纪中叶出现的国际共产主义运动冲击下，国际工人运动的冲击下，以及二战结束之后一批社会主义国家的出现，这个强大的压力下，西方世界进行了深刻的改良。什么意思？我们大家都懂，第一次分配讲效率，第二次分配讲公平，你看这个国家拿出多少钱来进行第二次分配，这个很说明问题，对吧？我在法国当大使的时候，法国有一个部长，法国没有副总理，有一个叫做"财政经济工业部长"，这个部长相当于国务院副总理，常

务副总理，他又管财政，又管经济，又管国务院，很了不起的，很有学问的一个人，作为大使跟他接触，大使是国家元首代表，上到国家总统，下到老百姓，我都可以接触，跟他聊天，我问这位法国的财政经济工业部长，我说你们拿出多少钱来进行第二次分配？他看了看我，笑了笑，吴大使，我们拿出不得了的钱进行第二次分配。我说你能不能给我一个数字概念？占你 GDP 多少？他给了我个数字，占法国GDP 的 46%。你想想看，他的 GDP 两万多亿美元，法国人口就 6200万，拿出 46%进行第二次分配意味着什么？他有一个强大的，庞大的，丰厚的社会保障体系，失业保险、养老保险、疾病保险、生孩子补贴，法国白人不大生孩子，很多黑人移居到法国本土之后是法国公民，有些地方还搞一夫多妻制，就到法国什么事不干，生孩子，生孩子生活就很好，生得越多补贴越多。你想，有一个庞大的、丰厚的社会保障体系意味着什么？意味着人活得下去。

我 1996 年到日内瓦去，去的任务之一就是出席我们人权委员会。美国人批评我们不尊重人权，我说不对，我说中国人为什么起来革命？就是活不下去了，中国人起来革命就是为了人权。我说我们 1949 年，我们人口 5 亿，4 亿没饭吃，没有饭吃才革命的，你说他活得下去会革命吗？不会的。中国人活不下去革命，全世界任何地方都是这样，活不下去了闹革命，革命要掉脑袋的呀，是不是？由于西方世界进行了深刻的改良，他活得下去。所以前几年法国大城市郊区爆发了骚乱，记者跑来问我，说吴大使，会不会爆发革命？我说不会，可预见的将来看不到这样的形势，这是第四个因素。

四大因素促使时代变了，从战争与革命的时代进入了以和平与发展为主题的时代，了不起的变化。时代变了，解决国际争端的思路要变，小平同志在这方面给我们做了非常好的榜样，国外很多领导人谈起邓小平时认为小平同志是世界上 20 世纪的政治天才。昨天我去了广安，看了邓小平故里，我的感觉就是随着时间的流逝，邓小平这个形象，邓小平对世界，对中国历史的影响可能会越来越突显出来的。

时代变了，解决国际关系的思路要变。这个邓小平是首先觉悟的，大家想一想，80年代，1984年11月22号，邓小平在中顾委第三次全会上讲话，他大体上原话说，解决国际争端，要根据新情况、新问题提出新办法。邓小平一连讲三个"新"，不是今天中国有些地方赶时髦，他三个"新"，每个"新"都有含义，"新情况"，最大的新情况，时代变了，对不对？"新问题"，1984年距离1997年、1999年临近了，港澳回归的问题提上议事日程了。"新办法"，一国两制。大家今天听了"一国两制"觉得很好，可是在1984年的时候，摆在中国人面前的，解决港澳回归问题的这个选择不止是"一国两制"。当时我在外交部政策研究室工作，外交部有个大食堂，那个时候也不分什么司局级食堂和司局级以下的食堂，大食堂都在一起，我在政策研究室工作，吃午饭大家就聊天，我就跟港澳办的同志聊天。他们说香港、澳门要回来，回来很容易，不要说动武了，英国驻香港的几个大兵是不够打的，葡萄牙在澳门连兵都没有，就几个警察，那更不行，到时候这要回来很容易，我把香港、澳门需要的淡水给他断了他就得回来，回来是很容易的事情。但是这个时候邓小平讲了几句话，我们外交部的人听了之后觉得讲得非常深刻，邓小平说："我要回归的香港、澳门是保持繁荣稳定的香港、澳门，而不是贫困动荡的香港、澳门。"这话讲得多好，回来是回来了，外资全撤走了，老百姓的生活水平大幅度下降，天天上街游行，你中央有多少钱往里贴吧！无底洞。这个不是邓小平设想的，邓小平设想的回归的港澳是保持繁荣稳定的。香港回来快10年了，是吧？澳门回来快8年了，多好，保持了繁荣稳定，西方世界对中国批评，有些问题批评很多，但是对这个"一国两制"，西方世界不得不承认是个好办法。好在什么地方？他考虑到中华民族的根本利益，包括港澳同胞的根本利益，也考虑到外国在香港的利益，而且先找到这个平衡点，是吧，实现了共赢，这个思路可是跟战争与革

命的时代思路不一样，在战场上你能共赢吗？在战场上是你死我活，不能共赢，你能共赢吗？只有在时代变了之后，才出现这个可能，对不对？我们还想用这个办法解决台湾回归的问题，中国的最终统一的问题。

同一篇讲话，就是在 1984 年 11 月 22 号小平讲话，就讲到解决南海诸岛的问题，当时包括钓鱼岛，邓小平的办法八个字，"搁置争议，共同开发"，别小看这八个字，人类历史上关于领土、主权的争端不计其数，有块地方你说是你的，我说是我的，怎么办？打，谁打赢是谁的，对吧？人类历史上几百年，不就是这么过来的吗？是吧！可是今天，邓小平从中华民族的根本利益、世界人民的根本利益考虑，"搁置争议"，你说是你的，我说是我的，我们不吵这个，不是下面有资源吗？我们来共同投资，商量一个分成比例，行不行？这个办法当然好了。当然，我们要看到谈判不大容易，但是这个办法总比打要好吧，是不是？所以这是邓小平我觉得在解决国际争端方面给我们树立的榜样。我觉得对邓小平这种大思路我们要认真理会，跟上邓小平的步伐，这是我讲的第一个问题，就是形势第一个问题，时代变了。

我要给大家讲的第二个问题，就是世界形势变了的第二个问题，就是国际关系的重心正在从大西洋向太平洋转移。这个观点首先提出来的是美国人，2006 年 10 月，当时基辛格到北京去，我们认识若干年了，因为刚才张厅长介绍，我 1971 年就去美国了，我在美国干了十年，前后两任，干了十年，都在常驻联合国代表团。他到北京来，说是我们见面、聊天。我说你怎么样？到外交学院给学生讲一次话吧，我说你在学生当中很有影响。基辛格说讲话我不讲了，他说我能不能跟你们学生座谈一次？我说为什么要座谈呢？他说座谈，我可以了解你们学生的思想情况。他说现在中美关系很好，可预见的将来中美关系也不错，但是我不知道 20 年之后中美关系会怎么样，所以了解了解青年人的思想状况。我说好，我给他组织了 20 个本科生、研究生跟他座谈，这些青年人跟基辛格座谈起来蛮有意思，童言无忌，青年人他也不是外交官，他仅仅是外交学院的学生，什么问题都可以问。基辛格一上来讲了一篇，他讲几分钟话，基本思想，就是国际关系的重心正在从大西洋向太平洋转移，这个观点大概目前全世界都接受。大家知道，国际关系的重心，世界的重心在欧美，先在欧洲，后来到美国，所谓大西洋是中心，指欧美这地方是中心，这种状况大概有几个世纪了，因为欧洲经过文艺复兴、宗教改革、启蒙运动，然后工业革命。工业革命爆发在英国不是偶然的，不知道大家想过这个问题没有，工业革命爆发在英国一点儿不偶然。为什么呢？1649年，英国的国王查理一世被送上了断头台，被处决了，处决他的根据是什么呢？就是13世纪英国人通过的一个大宪章，实质是什么呢？"法比王大"，这个法律要比国王还大，他根据这个法律把英国的国王给处决了，所以这个是很了不起的事情，他这个思想解放是走在人类前面的，这个是非常了不起的，所以工业革命发生在他那儿不是偶然的。工业革命、科技革命，现在科学技术不都是西方发明的吗？我们现在学的数理化基本是西方那边过来的，对不对？走在人类的前列。当然他们起来的过程当中，他们干了不少坏事，我们中国人也吃过苦头。是的，但是你不能不承认，他这个方面走到人类前面去了，他有力量，对不对？他没力量，他怎么走到前面？那不行的。所以他们走到前面去了，成为世界的中心。但是今天这种状况正在变化，怎么变？就是重心正在向太平洋地区转移。为什么？亚洲在崛起，这是了不起的事情。亚洲在人类历史上，大概大部分时间在西方崛起之前，亚洲在经济上，在世界上是最重要的，到1820年，中国的GDP占全球多少？1/3，比今天的美国还要多，但是后来亚洲，我们大家所知道的原因，一落千丈。可是现在亚洲在起来，不仅亚洲在起来，非洲、拉丁美洲都有一批国家在起来，这些国家你把他人口加在一起多少？33亿，人类历史上没有占世界人口一半的国家崛起的先例，今天这个事情正在发生，主力军

是亚洲，道理很简单，33 亿已经算好了，中国 13 亿，印度 11 亿，这是 24 亿，东南亚国家联盟 5.6 亿，29.6 亿，大部分在亚洲，主力军，亚洲在起来，这就会改变 21 世纪的世界格局。

亚洲第一个崛起的是日本，对吧？日本人他发明了一个出口导向型的发展模式，这个模式有用，然后 60 年代的"四小龙"，我国的台湾、我国的香港、新加坡、韩国，学了这个模式在发展。70 年代，一些东南亚国家联盟的国家，印度尼西亚、泰国、马来西亚、菲律宾这一块也是这个模式起来的。我们 1978 年实行改革开放，我们过去 30 年大部分也是出口导向型的模式，对吧？但我们现在要转。这个模式起来了，1978 年中国改革开放，我们参加了亚洲国家崛起的大潮，然后 1991 年印度实行改革，参加了这个大潮，所以中国和印度参加了亚洲国家崛起大潮，这就使得整个国际局势在发生变化，所以现在全世界认为世界经济最有活力的地方是亚洲，亚洲是全球经济增长的中心，就是我们现在面临经济危机、金融危机，可是亚洲还在保持增长，这点不得了，这个形势，导致了世界的重心在转移。当然，基辛格也讲了这观点，我是赞成的，我问他，你说任何事情变化都是分期的，请问，你说重心在从大西洋向太平洋转移，我们是在它的初期、中期，还是后期？他说大体上处于初期。我同意这个观点，还在一个初期，但是金融危机使这种转移的速度在加快。这是我要跟大家讲的第二点，重心转移，不是小变化，是大变化。因为你看看，欧美是世界的重心，意味着什么？欧美的标准是世界的标准，欧美的规则是世界的规则，欧美的文化是世界的主导文化，欧美的时尚全世界学习，对吧？你们看到今天的中国地位正在开始提高，但是刚开始，你们在座年纪轻点的同志过几十年会看到，中国的地位会进一步上升，只要中国保持这样一个发展的势头。亚洲在世界上的地位会进一步上升，你看看这个时装好了，时装，亚洲元素，中国的元素在增加，这就是开始，刚开始。但是我们整个经济的分量在上升，这是根本的，这个变化不得了，所以你看看，中国地位的提高他不是一个孤立的现象，它是跟发展中国家一起提高。

我们怎么起来的？我们30年，我想，第一，和平。如果我们还在打仗，我们能发展吗？不行吧？第二，你得承认全球化，对吧？跟世界的变化有关系。如果还是战争与革命的时代，我们一打开大门，他们都打进来了，你说我们能发展吗？不行的，全球化给中国人提供了一个很好的条件，你说我们大量引进外资，全球化提供的条件，资金、技术、先进的管理方式进来了，对吧？然后我们参与了全球化，我们的商品不始终是销售型吗？我们商品销往全世界，这个条件你也不能不肯定，这是跟世界变化联系在一起的，世界不变化，我们能发展吗？不行的，对吧？再就是很重要一条，我们抓住了机遇，实行改革开放的政策，了不起，这个我们才能发展起来，对吧？我们一动，印度也跟着动，你看看我们这里一动，包括越南的政策也有变化，对吧？他们不叫改革，叫"革新"，本质上，他们自己讲，他们对中国这样一个发展是很关注的，他们觉得走这条路子是有出路的，正在一个大变化的过程当中，而我们中国人看到了时代的变化，调整了政策，我们开始起来了，这是世界变化的第二条。

第三条我要跟大家讲的就是世界了，正处在三大革命的前夜。哪三大革命？第一，新能源革命；第二，新的产业革命；第三，新的生活方式的革命。我的看法，处在这三大革命的前夜。这三大革命不得了，这三大革命也会改变世界的面貌，我认为今天的中国人必须充分认识这三大革命对我们提供的机遇和挑战。为什么讲这三大革命，是什么力量推动这三大革命要发生？我想是两大动力推动着三大革命，第一大动力是一批发展中国家在崛起。我刚才讲到，33亿人在崛起，人类历史上没有的。大家想一想，人类历史上首先崛起的是西方国家，他们崛起多少人？几千万人、几亿人，了不起了，没有33亿人在崛起。而我们崛起的模式，我们这个发展的模式基本上是西方国家创造的，对不对？我们基本上是学的他们这个做法，他这个市场经济，这样一个发展的模式。但是当33亿人在崛起的时候，一个问题马上出来了，能源，资源的贫瘠突出了，因为西方国家刚刚崛起的时候他人很少，几千万，几亿人，他有全世界的资源，所以他那时候是可以持续的。但是33亿人都那么用，那不得了了。大家想一想，美国人均每年消耗8吨标准煤，美国一个国家的人口占世界5%，消耗世界1/4的能源。我们中国人，13亿人，我们如果学美国这个模式，世界没有那么多能源了，没那么多资源了，再其他的发展中国家都这么做，有那么多能源？没有，能源首先化石能源，它的储量是有限的，对吧？人类必须寻找可再生能源，这是第一，所以能源的领域将会出现一场革命。

能源一革命，会带来各种产业的革命，对吧？大家在座的同志有很多搞经济，懂得能源是一个根本，它一变了，很多产业就跟着变，咱们现在这方面有很多科学技术正在突破。太阳能、风能、生物能，现在他们是讲，在法国有一个核聚变的国际组织，在研究。大家知道，我们现在的核电站是核裂变，核裂变，原子弹是核裂变，氢弹是核聚变，这个氢弹是原子弹引爆的，它有100万度的高温才能够爆炸一颗氢弹。但核聚变很难控制，一旦核聚变方面有突破不得了，核聚变它通过海水里面氘和氚，那很多很多，稍微提取一点，那这个能量不得了，但是这个突破要很长的时间，所以一定要转向可再生能源，这个世界正处在这样一个前夜，能源，一个原因就是一批发展中国家在崛起；第二个因素就是气候变化，我们都感到气候变化，山西的气候也在变化。为什么变化？就是气候，大气当中二氧化碳的浓度太多了，人类生存所允许的大气当中二氧化碳浓度550ppm，现在已经突破380ppm，去年奥运会大家看到，就是我们到珠峰去取圣火，点火炬，不知道你们看没看到这张照片，就是去年取圣火的照片，跟40年前珠峰的照片一比较差别很大，珠峰那边的雪，积雪在减少，珠峰附近冰川在融化，这个是很大的问题。

　　去年 7 月份我到柏林去开会，出席了联合国气候变化会议，专门委员会的主席叫 Pachauri，在会上说："亚洲的水塔青藏高原的冰川在融化，这意味着什么？今后几十年，亚洲可能有 15 亿人缺水。这个缺水，一缺了之后你很多问题很难办，这个原因是大气当中二氧化碳浓度太多了，你说现在人类生存所能允许的是 550ppm，现在已经到了 380ppm，而且还在上升，你说这种形势，你人类不控制行吗？当然，我们现在跟发达国家在谈判，大气当中二氧化碳它主要是发达国家排放的，85%，因为二氧化碳排到大气当中了，它可以在那儿停留上百年，所以大部分是他们排放的。他说我们现在也排放，中国大概是现在成为第一排放大户，当然这要商量一个解决办法。我跟美国人讲，我说现在一批发展中国家在崛起，你不能叫发展中国家不发展，这不行，对吧？要发展。要发展的话，我就说那就要能源革命。

　　能源革命包含两个方面，第一个方面就是要大大提高现有能源的利用率。这些，我们照明大致是白炽灯，科学家研究，白炽灯 90% 的能源是浪费的，因为它还变成热能，不只变成光能。所以现在一种节能灯泡它是变成光能，不发热，这个将来你说会不会变？会变的。

　　所以能源革命、产业革命，必然会带来一种生活方式的革命，衣食住行都会变。我们盖的房子很多是不节能的，消耗大量的能源，建筑行业，就是房子，住房消耗能源 1/3，但是如果你把它改成节能的，他们称为是"绿色建筑"，那可以能源大大减少，衣食住行我看就要变。我看可能全世界的比较当中，中国人举行宴会是最浪费的。中国人喝酒方式大概也是不可持续的。我们是一个发展中国家，但是我看吃饭方面，比哪个国家都浪费。世界上的资源是有限的，我们那样吃行吗？我们那样喝酒行吗？大概不行。我想这三大革命会带来一系列的变化，你们信不信？有些地方的领导他看到这一条，我去年到长沙去开会，长沙的市长张剑飞去了不久，就到他们那个政府开会的会议室，一看，开会的会议室照明 9 千瓦。9 千瓦他说能不能改一改呀？用

了 5 千瓦就解决照明的问题。你说 9 千瓦可持续，还是 5 千瓦可持续？我们党很英明，很早就提出来，我们要建立一个节约型的社会，中国13 亿人浪费起来，我们没那么多资源，我们还是一个发展中国家。我这个意思，这三大革命给中国人提供了很多机遇，我们的思路要变，不变是不行的，对吧？温家宝总理前不久讲了一个观念，讲得非常好，"金融危机告诉我们，人类要想走出危机，必须依靠科技创新"。事实上是这样，任何人类历史上大的危机，都是科技出现重大突破，出现重大发明的一个温床，因为他要走出危机，就是过去推动生产发展的一些东西，他的力量用得差不多了，需要一批新的科技发明，找到一个新的科技发明，使得人类的经济，全球的经济进入一个新的经济增长周期，这个时候，这样一个危机跟三大革命不期而遇，所以我想，看世界的变化，我讲这三条，时代变了，重心在转移，国际关系的重心在转移，这是 400 年最大的变化，然后这三大革命，你说三条加在一起，是不是世界正处在一个槛上？而这个世界处在一个槛上的时候，中国人处在一个相对有利的地位，对吧？我们经过 30 年的大发展，我们还处在一个社会主义初级阶段，我们今后走的路还很长，但是我们今天在世界上的地位在上升。我的看法，中国的地位已经从世界的边缘走入了世界的中心，你们同不同意这个看法？你看看，这次王岐山副总理、戴秉国国务委员到美国去，全世界都关注，美国没有跟其他国家搞经济战略对话，跟中国是唯一的一家，为什么？重视你，对吧？这种地位我们什么时候有过？没有过的，鸦片战争以来没有过的，是吧？这个大变化，而这个世界处在一个槛上，中国处在一个相对有利的地位，我认为我们必须认识这一点，这是我讲形势的看法。

二、思考

思考我想讲三点。第一点，我们必须充分认识世界的变化，因为不认识世界变化，就不可能正确地认识我们自己，就不可能抓住机遇，也不可能恰当地应对挑战。江泽民主席曾经问了一个问题，说为什么毛泽东同志没有提出改革开放，为什么邓小平提出改革开放？我不知道在座的诸位你们想过这个问题没有，我想我的看法就是，毛主席不大了解世界，邓小平了解。这个很大的差别，毛主席一辈子就去过两次苏联，他没有出过国，就两次苏联，第一次 1949 年，到苏联去待了快三个月，去了之后毛主席心情不大舒畅，不知道你们听说这个事情没有，毛主席去了之后斯大林开始不见他，因为斯大林对毛主席有看法，认为他是东方的铁托，就是独立性太强。你想想看，中国人听了共产国际的一些主张，必须在城市发生暴动，中国暴动了一次，暴动两次，都失败了，中国还是中国，中国是一个农业国，必须到农村去，没有听共产国际的一套，不听共产主义国际的一套，他们不太高兴，独立性太强。不独立性太强，不从中国革命的实际出发，中国革命能成功吗？不会成功的。所以毛主席去了他不见他，毛主席不大开心，发牢骚，当时翻译是苏联方面提供的，他就对苏联翻译，就是俄文和中文的翻译了，说我到你们国家来干吗？一天就做三件事：吃饭、睡觉、拉屎。不大开心。然后这个消息慢慢传到斯大林那儿去了，斯大林也见了，待了快三个月，这不是很正常的，一个大国的领导人到苏联待了快三个月，这个太长了，对吧？当然最后结果还是不错的。第二次是 1957 年，1957 年那个时候苏联发了卫星，毛主席就是那时候到莫斯科大学去见中国留学生，讲"世界是你们的，也是我们的"，我们大概年纪大一点的同志都记得毛主席那番讲话，听完那番讲话，那是很振奋的，那个是毛主席讲话，但对世界不了解。

邓小平不然，邓小平，我昨天去广安，邓小平他的父亲思想比较进步，所以邓小平他当时在四川，要去到法国留学，勤工俭学，他父亲就极力主张。邓小平在家里是长子，他上边有姐姐，他父亲让他去留学，15 岁就到了重庆区留学预备班学了一年，16 岁就去法国了，我到了法国当大使，我就了解。邓小平什么时候去法国的？邓小平是

1920 年 10 月到法国的，1920 年 10 月，当时邓小平 16 岁。什么时候离开的？1926 年 1 月 7 号离开的。在法国待了五年两个多月，了解世界跟不了解世界是差别很大的，中国人讲"见识"，中国人这个"见识"很有道理，你得见过，你什么事情没见过你是不行的，邓小平见过，法国是西方一个主要国家，他待了 5 年多，从 16 岁到 21 岁，正好是人的世界观、基本思想形成的过程。了解世界不了解世界差别到关键时刻就显出来了，1974 年，年纪大一点的同志可能记得，当时"四人帮"极力反对开放，反对跟国外合作，把所谓"自力更生"推到极致，完全排斥同外国合作，1974 年当时我们造了一艘货船，亿万吨的货船，到世界上跑了一圈，回来就吹得震天响，说是"万吨巨轮"，扬眉吐气在世界上跑了一圈。邓小平听了就不以为然，说你万吨巨轮，那个时候世界上已经能造几十万吨的油轮了，我们造一万吨就吹起来，叫"巨轮"，邓小平说 1920 年我去法国坐的就是五万吨的客轮。你过了 54 年才造出一万吨，有什么吹牛皮的？1974 年邓小平同志出席特别联大，有个周末时间比较空闲，小平说想看看华尔街（Wall Street）。当时我们懂的人就告诉小平同志，说是华尔街周末关门，没什么好看的，他说我还要看。当时谁陪他去的？唐明照，当时我们驻联合国的副秘书长，他是老美国通，美国的《侨报》是他创办的，很了解美国，讲的一口美国英文，这个英文讲得很漂亮的，他陪同小平同志到华尔街看了一圈，他能介绍很多情况。你想想看，周末他想到华尔街看看，因为金融是经济的血脉，纽约是全球、全世界金融的中心，看不见也看看去，到这个地方看看，这就是邓小平。他是一个有大战略、大智慧的人。

1978 年 10 月 22 号到 29 号，邓小平访问了日本八天，目的是中日两国互相签订了《和平友好条约》。但是邓小平有更深层次考虑，考察日本，了解日本现代化的进程。邓小平去看日本的日产汽车厂，比较了一下，日本汽车厂的劳动生产率是我们当时一汽的几十倍。看完之后邓小平说了一句，"我现在懂得了什么叫现代化"。所以邓小平当时很真诚，对日本人讲，你们帮我们一把。二十年后，日本人还对邓小平访问记忆犹新，说邓小平那次访问讲得很真诚，很实事求是，日本人很感动。改革开放初期，我们研究日本人的经验，对我们是有帮助的，日元贷款对中国经济发展还是有好处的，这一点我说，战争给我们造成的损害那是历史上的，毫无疑问，中国死了很多人，但这个时候他是做了好事，我们中国人也应当记住这个事情，对吧？这是实事求是。你想想看，同样是伟人，毛泽东、邓小平，一个不了解世界，一个了解世界。所以我想，了解世界才能更好地认识自己，了解世界才能抓住机遇，这是我们过去60年的经验所告诉我们的，这是我第一点体会。

第二点体会，我认为我们中国人今天需要有一点全球眼光。什么意思？大家想一想，毛主席何尝不想发展中国？三年自然灾害的时候，毛主席怕自己听不到真实情况，把他身边的警卫员派回老家去看看，派老乡回来跟毛主席谈，说家乡饿死人。毛主席听了哭了，他也想发展中国。邓小平也想发展中国，为什么改革开放前我们的票子越来越多，东西越来越少？我想很重要的原因是邓小平把中国的发展放在一个世界的大局来考虑，邓小平是有全局眼光的，对吧，你看，很早提出来两个市场、两种资源，如果我们还自力更生，关起门来，我们能有今天这样的局面吗？不可能的，所以同样今天世界在大变化的时候，我们中国人要继续发展，我们没有一点全球眼光行吗？在座的都是一些领导干部，我说你们千万不要封闭了，中国历史上是很厉害的，我们历史上两次失去了非常好的发展机遇，第一次就是明朝，郑和下西洋的时候。郑和下西洋不得了，郑和下西洋的舰队是当时全世界最强大的舰队，60多艘船，28000海员，郑和坐的旗舰可以上1000人，那个时候我们的造船技术，我们海上的通讯，都是最好的，中国人是蛮聪明的，解决了这些问题，28000人浩浩荡荡齐下西洋，那个时候你跟哥伦布发现新大陆比较一下就看清楚了，哥伦布发现新大陆的时候3艘船，是1492年，比郑和下西洋，第一次下西洋晚了80多年，3艘船，80多人，我们是60多艘船，两万七八千人，中国通向世界的航道给打开了。但是后来明朝的皇帝犯了一个子孙后代不可原谅的错误，下令封海，违者斩。这是个给子孙后代带来极大祸害的决定，这是我们自己，不怪天，不怪地，怪我们自己，我们没有沿着郑和下西洋这条道路走下去，我们错过了一次非常好的发展机遇。多可惜啊！郑和下西洋实际上对中国的经济发展是有好处的，康乾盛世跟郑和下西洋有关系，这个事情是中国人犯的一个错误，所以邓小平在总结我们中国历史经验的时候，提出来"封闭导致落后，落后就要挨打"，所以提出"改革开放"这四个字一点儿不偶然，总结了我们的历史经验，必须把中国放在世界这样一个范畴里面来考虑，这就是全球眼光，第一次机会我们失去了。

第二次，清初，清朝初期，康熙大帝的时候。康熙大帝应当是中国历史上一个比较有作为的皇帝，对吧？康熙大帝，康乾盛世是他开创的，对吧？康熙大帝是不是看到了西方世界比我们先进呢？看到了。康熙大帝当时他找了一批外国的传教士，就是耶稣会的教士到他宫廷里面给他讲几何，讲天文，讲西方的医学，康熙的疟疾就是耶稣会的教士给他吃奎宁治好的。新疆那个时候出现了准噶尔的叛乱，他派了两千洋枪队去平定叛乱，这个洋枪的杀伤力比冷兵器的杀伤力要强得多，这两千洋枪是从西方引进的，他看到了，看到了西方比我们先进。当时宫廷里面，那个时候玻璃很先进，好东西，宫廷里面用。但是他看到了，他没有决定去争取，这是一个很大的错误，那个时候要学来得及，那个时候中国的经济力量，各方面我们来得及，把它们引进来，要开放的话，康熙皇帝实行开放的政策那不一样，你比较一下，康熙在位1661年到1722年，康熙在位61年，一比较一下彼得大帝，俄国的彼得大帝，康熙继位的时候彼德还没有生，彼得大帝是1672年生的，他后来当了皇帝之后，当了沙皇之后，他看到了西方欧洲比俄罗斯先进，这个人当时听了他的一个顾问，后来当了首相，这个人是瑞士人，叫罗弗奥，就给他出点子，你到西方考察去。他就化名米哈伊洛夫下士，带了几十人到欧洲去考察，包括荷兰。我1994年到荷兰当大使，1995年我到阿姆斯特丹去访问，他们带我去看造船厂，带我去了车间，当年彼得大帝在这里工作过。到西方去考察，带了几十人，在西方考察一年半时间，回来之后非常坚决，向西方学习。那个时候派贵族子弟出去，强迫的，不像今天的中国，中国人都愿意出国学习。派出去，把西方人引进来，俄罗斯的崛起就是从彼得大帝开始，走上了崛起的道路。我想从历史的经验，从我们自己的经验来说明一条，要有一个全球眼光。我想今天中国的各省、市、自治区的领导他们某种意义上也是一种观念上的竞争比赛，你从东部到西部，你从各个省市比较，差距有，经济发展差距有，我认为最大的差距是观念，观念落后是最大的落后，如果看不到世界变化，我看是一个观念上的落后，我相信山西的同志这方面观念一定能够跟上中央的步伐。

最后我讲一条，就是思考邓小平提出来的"韬光养晦，有所作为"的方针。我发现国内不断有人对这个提出异议，说什么我们还要"韬"吗？老子现在天下第二第三，该中国人抖一抖了。你说行吗？"韬光养晦"什么意思？中央领导同志一再讲，这是从中国国情，从全球力量对比的情况，得出一条非常明智的方针。中国，邓小平讲，长期处于社会主义初级阶段。什么含义？家宝总理有一次解释，一个含义就是我们的经济相对来讲还是落后的；第二，我们的制度还不够成熟，有一个不断成熟的过程，对吧，社会主义制度还有一个自我完善的过程。我们人民共和国成立才60年，对吧，西方世界经过几百年了，我们这个制度还有一个完善的过程，这样一个决定就使得我们必须长期坚持"韬光养晦、有所作为"的方针。"韬光养晦"什么意思？中央讲得很清楚，不当头，不扛旗，不说过头话，不做过头事，这些方针我觉得非常正确，但是为什么有人经常对这个提出异议呢？我觉得就是没有正确认识今天的世界，没有正确地认识"韬光养晦、有所作为"它是一个辩证的统一，并不是无所作为，你看看我们中国外交，改革开放以来，我们作为是越来越多，世界上对中国外交的赞扬在增多，我们是有所作为，不是无所作为。为什么要韬光养晦？我们处在一个崛起的国家，就像大家，你们想，一个人在社会上一样，人和国家一样，你是锋芒毕露好，还是夹起尾巴做人好？就这个道理。我看你们没有一个人会要自己的孩子锋芒毕露的，如果你们的好朋友锋芒毕露，你劝他要收敛点儿锋芒，对不对？就是这个意思。我认为小平同志提出"韬光养晦、有所作为"，他是经过深思熟虑的，他是考虑中国的现状、国际的形势得出一个方针，所以前几年，报纸上有一次出现一个大标题，"中国外交韬光养晦的时代已经结束"，谁说的？过了几天，家宝同志一次讲话讲，我看韬光养晦至少还得管一百年。是对的，这个方针是对的，为什么？我想大家要考虑到一条，我们作为一个新兴的国家，一个正在崛起的国家，我们崛起的前进道路上还有很多艰难险阻。为什么？三个原因决定的。

第一个原因，中国是一个正在崛起的国家，世界上很多人他要看，他的参照数是什么？他想到历史上大国崛起的过程。历史上大国崛起的过程总是腥风血雨，你中国就例外？你就不会欺负人家？人家会有看法，对吧，这种观念不是很轻易能消除的。第二，我在美国，在欧洲有跟他们谈论过，他们下面就问你，他说苏联强大起来就侵略，就扩张，就称霸，苏联是共产党领导的，你也是共产党领导的，你起来，为什么就不跟苏联一样？他有怀疑。这当然是一种意识形态上的偏见，但是我们要承认这种偏见的克服，不是短期内能克服的。第三条就是我们在崛起的过程当中，我们是13亿人崛起，人类历史上没有13亿人崛起的先例，对吧，我们崛起必定会打破现成的利益格局，对不对？利益格局打破了，必定有赢家、有输家，新兴国家是赢家，那些输家会开心吗？大概不一定，这个调整的过程不是很容易的，调整的过程是艰难的。所以这三条决定，中国崛起将走过一条荆棘丛生的道路，对吧，我们面临着不少艰难险阻。怎么办？是锋芒毕露好，还是夹起尾巴做人好，还是韬光养晦好？当然是韬光养晦好，邓小平给我们留下的宝贵遗产我们不要随随便便地给抛弃了。

张明亮：现在我们进入互动时间，哪一位同志有问题提问？

听众 1：谢谢您极富魅力的演讲。几年前拜读过您的《交流学十四讲》和《外交与国际关系》，您的著作和演讲引领着我和家人对世界外交和外交世界的观察，今天特意把您的两本书带来了，请您签名留念。

吴建民：没有问题，这个没有问题，谢谢你的好意。

追问：您刚才讲到的"韬光养晦"是一个非常精辟的观点，我记得几年前读您的著作，您著作当中告诫国人要克服弱国心态，请您做简要的说明。

吴建民：弱国心态，我不知道大家有没有这个观察，因为存在决定意识，一个国家起来，跟一个人一样，我们是一个弱国逐渐强盛起来的，所以我们有的时候，有弱国心态。我跟大家解释一下什么叫弱国心态，第一，讲什么东西喜欢拔高，就喜欢显摆。我举一个例子，我到国外当大使的时候，有的人出去穿西服，穿西服，他的名牌在袖口上面，现在不大看得到了。我说为什么要袖口上呢？他说我这是名牌呀！他是穷惯了，慢慢富起来，好像人家看不到，就怕人家瞧不起，我想显摆，这是一个表现，喜欢显摆，有的时候喜欢拔高。我不知道你们赞不赞成这个意见，要记住列宁同志一句话，"真理过头一步就是谬误"，不要吹牛皮，中国人吃吹牛皮的苦头太多了，不能再吹牛皮，这就是弱国心态。你看看，他刚刚富起来，他就喜欢吹，这是一种。第二种表现就是喜欢讲曾经，不喜欢讲问题，问题总是遮遮掩掩，这也是一种弱国心态的表现。第三，对人家的评论非常介意，人家说我好，那马上报上大字标题，张三说我好，很高兴，对方要批评两句就很反感。其实我想，我们国家正在强盛起来，你讲我好也好，你批评我也好，我们中国人可能都要有一种平常心，对吧，好你可能讲过头了，过头了也不好，对吧？鲁迅讲，有一种是打杀，一种捧杀，捧杀也不好，对吧？你讲我不好，我分析讲得有没有道理，有道理我接受你，你讲得不对我回敬你几句，我把这个道理讲清楚，对吧，所以这些东西都是一些弱国心态的表现，这种心态它不会很快消除的。

但是随着我们国家国力的增长，我们是不是应当有更多一点平常心呢？你讲我好，我分析你讲得是不是有道理，你讲我不好，我分析有没有可取之处，或者你完全是诬蔑，诬蔑了我就批评你，我回敬你，这没有问题，你讲得有些合理之处，我们采纳。这是不是一个比较正常的心态？因为我们国家长期积弱积贫，现在正在一个大发展过程当中，我有一次到报社去讲，他们说有些同志，有些人的表现有点儿像暴发户的心态，暴富的心态，那种心态人家看不起，还是一种平常心，我说这比较好。

听众2：一，弱国形象会影响南海领土吗？二，东北亚、朝核问题您如何看？

吴建民：我想，弱国心态有的时候容易做出过度反应。我想今天应当看清楚，一个国家走向强盛的时候会面临很多问题，一个国家走向衰落的时候，也会有很多问题。当一个国家走向衰落的时候要避免示弱，示弱人家会得寸进尺，可是一个国家走向强盛的时候，他看问题的角度跟走向衰落的情况就有所不同，所以弱国心态有的时候，我觉得容易有过度反应，过度反应并不好。我觉得毛主席过去讲过这句话，还是很有道理的，"世界上的事情有大道理，有小道理，小道理总是由大道理管着"。我不知道大家想过这个问题没有，中国现在最大的道理是什么？我想，最大的道理就是我们中央提出来的，我们全面建设小康社会，就是我们十七大提出的目标，到 2020 年，最大的道理是抓住 20 世纪头 20 年提供给我们的战略机遇期，把国家发展起来。就现在的情况看，这个战略机遇期我的看法还可能延长，抓住这个机会，这个机会可能是鸦片战争以来第一次机会，对吧，鸦片战争之后的 109 年，中国为自己的民族救亡图存，我们这个民族的生存受到了威胁，那谈不上发展，首先要为国家的独立和解放而斗争。人民共和国成立之后我们走过一段弯路，当然有客观原因。今天中国人面临着了不起的机会，再有三十年、四十年中国人起来了，这个机会抓住，抓不住就怕后代会谴责我们的，对不对？抓住了就起来了，这个是最大的道理。是，我们的南海跟一些邻国是有争端的，所以我们说，我们划了一条虚线，但是你必须承认，这条线是我们划的，我们是有根据的。但是你并没有一个国际条约来规定你这个东西。我们讲，所以有争论是可能的，那当然我们要跟人家进行谈判，谈判来解决这个问题。当然，现在有的同志觉得好像我们国力强了，老子为什么不能来一下厉害的？你们想想看，为什么小平同志解决港澳回归的问题也好，解决南海诸岛的问题也好，小平同志反复讲一个问题，不采取打的办法。为什么小平同志不愿意？他是打过来的，他为什么不愿意用这个办法？他是考虑到中华民族面临这个发展的机遇。我们现在这个局面多好？跟全世界都有关系，跟邻国虽然有矛盾，有摩擦，但总体我们同邻国的关系是往前发展的。维持这种局面好，还是动一下好？动一下整个的局面就会发生变化，因为今天时代变了，时代变了，这是个最大的变化，不能那样，这个我们要非常小心，除非人家把战争强加到中国人头上。我跟美国人讲过这个话，我说你们要考虑你们的历史，中美关系的历史，中美之间是动过手的，朝鲜战争就是一个，朝鲜战争是中国人打得筋疲力尽的时候跟你打了一仗，还打了个平手。越南战争本质上也是中美之间的一场较量。现在的中国可跟过去不一样了，你要把战争强加给中国人，中国人跟你拼命。中国是爱好和平的，但

是谁要把战争强加给中国人，那我们不会答应的。这个话讲清楚了，我们有做最坏的准备，但是我们要争取好的可能，要发展、维持中国改革开放、国际合作的大好局面，这个是大局。老祖宗讲过，小不忍则乱大谋，这个是有道理的，这是一个问题。

朝核问题我觉得大家要看到，今天的形势跟 1950 年大不一样，朝鲜采取的行动中国是不赞成的，又是搞核试验，又是试射导弹，中国是不赞成的。我们跟朝鲜方面也讲得很清楚，我们觉得核武器不能带来安全。什么能带来安全？是发展。老百姓没饭吃，你能安全吗？大概不行。为什么今天形势跟 50 年代大不一样？50 年代那是两大阵营的较量，对吧？今天世界虽然不太平，但世界大国没有分裂成对立的阵营，这是一个新的现象，几百年来国际关系当中一个新的现象。这个现象好，朝鲜搞这个，没有一个大国支持他，这个很好，就是希望，我们还是希望劝说，我们也劝说美国人，不要采取极端的办法，联合国安理会制裁，我们是不大赞成制裁的，但是这次我们同意了，目的还是希望朝鲜能够回到谈判的轨道，六方会谈，这个解决办法是最好的。所以我认为六方会谈虽然目前陷入了困境，但是也不要太悲观，我不悲观的理由就是大国都赞成通过外交来解决，我们中国人也认为外交解决是最好的办法，比动武好。美国打伊拉克，有的人嫌中国外交太软了，再硬硬不过美国吧？打得结果如何？我问美国人，我说你们打伊拉克给你解决什么问题？美国人说，没有解决任何问题，给我们惹了一大堆麻烦，这个麻烦需要很长的时间才能解决。是啊，时代变了，这就是时代的变化。过去大家想想，战争最后解决问题，对吧，伊拉克战争你解决什么问题了？美国陷入了前所未有的困境，你看这次金融危机来，金融危机来他们讲原因，讲金融方面的原因，没有人讲伊拉克战争、阿富汗战争时美国人花了多少钱。美国人自己讲，伊拉克战争可能花了几万亿美元，内囊空虚了，危机来了，没有钱，陷入了极大的困境，那说明不行的，还是中国这个办法好。你看我们改革开放，冷战结束以来你比较一下，中国的做法跟世界其他大国的做法，哪个做法好？中国的做法。中国同世界的关系在发展，胡锦涛主席在十七大报告讲，中国的发展离不开世界，世界的繁荣稳定离不开中国，这个话讲得非常好，美国原来说安理会不支持，没关系，老子照样打，结果如何？美国陷入了前所未有的困境。奥巴马上台说美国需要世界，世界需要美国，这是个本质上的思想，我想跟中国人很早以来提出的主张是有相似之处的，所以我想，我们必须把这些问题，不要就事论事看，把它放在一个世界全局来看，看到世界的潮流。做逆潮流而动的事情，大概不会有好的结果。

张明亮：谢谢吴先生。提问题的同志很多，刚才吴先生把南海的问题，会谈的问题等，已经一并回答大家了，最后一个我看是个年轻同志提的问题，请吴先生满足一下，请您给刚走出校门的年轻人推荐一些了解世界的书目，人文的、社科的都需要，谢谢。

吴建民：要一下子我给你讲出很多书来，我脑子里面开不出很多的书目，但是我建议大家，因为现在这方面的书很多，你看美国的 Thomas Friedman 他原来写《The World is Flat》，就是《世界是平的》，他又写了本书，世界是 "hot，crowded and flat"，就是世界是 "平的"，又是 "人很多的"，又是 "热起来了"，这是气候变化，这些是当时美国比较有影响的一些人的看法。当今世界有很多书，我前两天到一个地方去开会，有人跟我讲，他们现在出现了一个新词，不是叫 "out sourcing"，外包，现在有一个新词叫做 "crowdsourcing"，什么意思呢？利用互联网，中国人的话，把人民群众的智慧，把它发掘出来。他有些问题他可以到公司去做，面临一个问题，他可以到互联网上招标，这小青年可能出点儿好点子，你出个好点子就给你报酬，所以这叫 "crowdsourcing"，"crowd" 是 "人群"，人群当中去寻找智慧，这也是一个办法，就是这个世界是平的，就是我们现在中国人的平台。跨国公司可以用全世界的资源，中国人为什么不能利用？不仅是物质的，智慧上的资源，我们为什么不可以用？我讲总的一个意思，我希望大家看一点书，描绘当今世界变化的书，跟过去不一样了，描写世界上有什么新的东西，这样的书，中国的，外国的，都有些书，看一点这个东西，我讲了半天，希望大家千万不要用"阶级斗争为纲的观念"来看待现在的世界，阶级斗争为纲那一套东西，锦涛同志在十七大报告里讲，我们坚决否定了阶级斗争为纲错误的理论和实践，对的。但是你想想，我们今天的中国人，可能有些人看世界还是阶级斗争为纲，有没有？我看是有的，这样的话把眼睛就堵住了，该抓住机遇抓不住了。所以我今天讲了很多话，我讲了那么多，我们就是要正确地认识今天的世界，我们要跟上邓小平的思路，我们要跟上中央的思路，这样的话我们就能够抓住机遇。我主张大家了解一下今天的世界，青年人我希望你们到国外走一走，没有多少钱，出去勤工俭学也行，有这段经历可能还好一点，否则父母出很多钱，那当然很好，但是你想想，有点吃苦的经历，他知道这个来之不易。

21世纪是中国人走向世界的世纪，一句话不够，也是外国人大批来到中国的世纪。青年人我希望你们记住我这个话，因为今天你们的平台是全世界，光讲一句话你也害怕，对吧，你想想看，1949年到1978年，我们中国人出国的人数加在一起，总共20多年，多少？28万人，一年不到一万人。去年一年出国到4500万，过30年、40年之后，你回头一看，4500万你还是个小数，有一天中国人走向世界，可能会有上亿人。就是我们现在活动的平台扩大到全世界，多好啊！当年我走出世界的时候可困难了。我是1961年到布达佩斯工作，年底去法国学联开会，邀请我们去，我去做翻译，一个代表，一个我，到法国使馆，拒签。后来又是到塞内加尔，非洲学生总会开会，领导上派我，派一个代表去，我给他做翻译，我们那时候到塞内加尔去，到了塞内加尔边防，一看，两个中国学生，拒签，48小时坐第一班飞机回去，我们就在候机室这么待了48小时。今天中国人走向世界多方便，这个机会，中国几千年文明史上前所未有的，睁开眼睛看世界，今天看世界的机会比过去好多了。当然我们今天的钱比过去稍微多一点，但是我们还不是很富裕，我希望今天的青年人走出去看一看。现在世界各地很多人也来到中国，这是一个大交流的世界。我今天讲话的核心目的，睁开眼睛看世界，认识我们今天的世界，我想我们中国一定能够发展得更好。

个人意见，讲得不对的大家批评，谢谢大家！

走进音乐的世界

——兼谈艺术在人类生活中的意义

时　间：2009 年 10 月 23 日

地　点：山西省委多功能厅

主　讲：周海宏

周海宏，1963年生，辽宁沈阳人。现任中央音乐学院副院长，博士、教授、博士生导师。

主要从事音乐心理学、美学教学与研究工作。先后在《中国音乐学》、《中央音乐学院学报》、《人民音乐》等有影响的刊物发表论文40余篇，博士论文《音乐与其表现的世界》获2001年"全国优秀博士论文"，由中央音乐学院出版社出版。合作出版有《音乐美学》、《儿童钢琴学习指南》、《社会科学成果评估的指标体系的研究与设计》、《钢琴之路——结构定向设计钢琴集体课教材》等著作。负责文化部"九五"规划教材《音乐美学》"音乐表现的美学特征"与"音乐音响结构的审美特征"章节的编写。

1992年起在中央音乐学院先后开设"音乐心理学"、"音乐学研究方法"、"计算机应用基础"、"音乐教育心理学"等课程。1997年主持《父母必读》杂志"琴凳上下"专栏，进行音乐教育心理学普及。1998年以"音乐何需'懂'"为总题，发表系列文章指出音乐普及中存在的音乐美学认识误区，引起社会广泛反响，提出的"关怀强迫症"、"成就焦虑"等概念产生广泛影响。2002年获第三届教育部"高校青年教师奖"。

近年来致力于严肃音乐普及工作，经常在国家行政学院、中央党校、中组部培训中心、清华大学、北京大学、人民大学、中科院研究生院、复旦大学等高校和各大部委举行讲座，受到广泛好评。

为音乐为人生增色添彩

周晓
Zhou 10.23

一、高山流水的故事

春秋时期，有一个叫俞伯牙的人，琴弹得特别好。有一天，伯牙弹琴的时候来了个砍柴人钟子期。子期听了伯牙的弹奏，张口就说"巍巍乎若太山"。伯牙觉得十分惊讶，因为他正想表现高山。于是伯牙再弹一曲，表现流水。子期听了，就说"汤汤乎若流水"。伯牙很是惊讶，不管伯牙弹什么，钟子期总能听出其中的意思，于是两个人成了好朋友。不久，钟子期去世，伯牙十分伤心，把琴摔了，发誓终生不再弹琴——既然没有人能理解我，还为谁演奏呢？留下了"知音难觅"的千古佳话，"高山流水"的成语也由此而来。

故事讲的是两千多年前的事情，一晃过了两千多年，人类文明发生了翻天覆地的变化，但是听不懂音乐这件事好像一点都没有变化。为什么音乐这么难懂？

二、音乐何需懂

1.调查的结果——听不懂的困惑最多

我们曾经做过一个调查，这是我的研究生在北京六所国家重点大学和中央音乐学院做的对比调查。其中有一个问题是如果你不喜欢严肃音乐，原因是什么？在各种各样原因中，"听不懂、不知道表现了什么"占了最大比例。

两千多年前俞伯牙知音难觅，两千多年后在座的听不懂音乐，这个问题困惑了我很多年，特别是我上中央音乐学院的前两年，一度觉

得非常沮丧。直到上了音乐美学这门课，老师讲了一个非常简单的道理，才使我豁然开朗。

2. 音乐艺术的基本属性

音乐美学告诉我们，音乐的基本材料——音响有两个根本属性。第一它没有空间造型性，也就是说音乐不能传达视觉形象。其次它不像语言，不是声音符号，所以音乐不能表现明确的概念性和逻辑性的内容。正是因为音乐的这一本质，造成了大多数听众听不懂音乐，说不出音乐表现的是什么了。"高山流水"这个故事所蕴含的音乐审美观念给我们每个人都造成了压力——要听懂音乐。然而音乐听不懂，并非听众的音乐欣赏水平差、没有音乐细胞、缺乏音乐修养，而是音乐本身就不能直接传达视觉性和语义性的内容。

音乐的欣赏当中不一定非要听出明确的概念或视觉性的内容，我们没有必要用文学化和美术化的方式来解说音乐。这可能是大家以前很少听到的观点。我认为在音乐当中去追求明确的概念性、视觉性的内容，用文学化、美术化的方式欣赏音乐，是一个误区。正是因为这个误区，给人们欣赏音乐造成了很大的障碍。

大家听到莫扎特的钢琴协奏曲，一想这是严肃音乐，再一听什么也听不出来，觉得高深难懂，没法欣赏，就不听了。还是这个作品，放到一张轻音乐唱片辑里，大家一听，觉得挺好听、挺舒服、挺悦耳的，就听下去了。为什么同样一首曲子，在不同的情况下就出现了这么大的差别？

3. 关于音乐的误区

之所以形成全国人民认为严肃音乐普遍难懂的现象，除了历史上"高山流水"这个故事的影响之外，还有一个更直接的原因。在过去几十年来，我们国家所进行的音乐普及工作都是以乐曲解说为核心的。不知不觉这种观念进入了大家的头脑：严肃音乐和通俗音乐不一样，它有深刻的思想内涵，要想欣赏它就要理解它，要想理解它就要了解时代背景、作者背景、创作背景等等内容。我们音乐工作者也做了很多这样那样的努力，然而结果却适得其反。严肃音乐听众少，和人们对音乐审美方式的误导有关系。解铃还需系铃人，当年我也做过那样的解说性的讲座，今天我来到这里提出一个口号："音乐何需懂！"下面请大家闭上眼睛，打开耳朵，享受音乐之美，别想懂不懂的事。

我想已经有一些朋友产生疑问了，这么简单的事情，连我们这些外行人也一听就都明白的道理，为什么那么多专家学者都想不明白？其实问题没有那么简单。我现在就开始站在另一个角度讲话了，音乐真的不能表现形象性的内容吗？让我们用事实来说话。

三、如何"懂"音乐

我这里有四个场景，险峻的高山、清澈的小溪、秀丽的田园、汹涌的大海，我现在放一段音乐，请告诉我大家觉得这个音乐表现了哪个场景？上到音乐学院的大学生、研究生，下到扶贫地区初一、初二的小孩，回答的最多的是大海，其次是高山，和在座的完全一样。还是四个场景，来听听第二段音乐。回答最多的是小溪，其次是田园，也和在座的完全一样。如此一致的理解说明了什么？难道音乐不是可以听懂的吗？

其实要听懂与何需懂是争论了上千年的两个观点，为什么音乐这样一门纯粹声音的艺术，能够使人产生这么多听觉之外的感受呢？带着这样的问题，我们进入了今天第二个话题，如何懂音乐。

1. 联觉的现象

在这个话题下面，我们介绍一下音乐表现的机制。其实这个问题非常简单，大家只要理解一下联觉的理论就可以了。举个例子，我这里有两块糖，一块是巧克力，一块是薄荷糖，大家都吃过，嘴里已经有这两种味觉了，这是味觉的感受。这里还有两个声音，一个是中低音，一个是高音，请告诉我你觉得这两个声音哪个像巧克力，哪个像

薄荷糖？一种听觉的感受和一种味觉的感受产生某些联系，这就是联觉的现象。一个熟香蕉，一个青苹果，哪个是高音？——青苹果。闷热和凉爽呢？亮色和暗色呢？羊绒和真丝呢？这些味觉、触觉、视觉的感受和听觉的高低、强弱等都有联系，这就是联觉的现象。

音乐心理学告诉我们，在人的心理活动中有一种被称为"联觉"的现象。通过刚才的例子大家知道，联觉是本能的反应，是人与生俱来的感觉。这种联觉现象表现为一种感官的刺激，可以引起其他感觉器官的感受，比如听觉上的高音可以与视觉的明亮、情绪的兴奋、物体的轻、小等等具有联觉上的对应关系；而听觉的低音则与视觉的暗，情绪的抑制、物体的重、大等具有联觉上的对应关系。声音的强、弱在感觉上可对应于物体的大、小，心理冲击的强、弱等等。

2. 音乐音响所可能引起的联觉反应

我们说正是因为在人的心理活动当中存在着联觉，这样一种反应机制，才使得音乐这样一门纯粹声音的艺术得以表现思想、哲理、情绪、概念等。作曲家凭联觉选择与组织声音去表现，听众也是在同样心理活动的机制下，在作家的作品当中体验了所表现的意图。

作曲家——创作；欣赏者——理解。

现在请在座的当一把作曲家，看看你的音乐细胞够不够，创作一首哀乐。如果你来写哀乐，准备用高音还是低音？——低音。快速还是慢速？——慢速。上升旋律还是下降旋律？——下降的。你们和伟大的作曲家肖邦的音乐细胞是一样的。外国音乐也是这样给人悲伤感，中国的音乐也是这样给人悲伤感。我有一个同学跟我讲，他说哄小女儿睡觉，小女儿当年才八个月，他唱中国民歌小白菜哄她睡觉。小孩哭了，话还不会说呢，音乐就听懂了。

再请大家创作一首作品来表现黎明，彻底巩固在座的对自己音乐细胞的信心。先表现黎明前的黑暗。高音还是低音？——低音。长音还是短音？——长音。天越来越亮了，怎么办？——越来越高，越来越短。你们和伟大的作曲家穆索尔斯基的想法是一样的。

3. 听得懂与听不懂的音乐

现在两大观点都各打了五十大板。首先我们说没有必要用文学化、美术化的方式理解音乐，音乐何需懂。但同时我们要指出的是你认为音乐什么也表现不了，音乐欣赏就是纯粹听觉的感受也是错误的，在联觉的作用下音乐还是能表现很多东西的。大家产生疑问了，到底什么时候听得懂，什么时候听不懂啊？怎么以前什么都听不懂，现在周老师往这一站什么都听得懂，进步也太快了。我们继续往下分析。

首先从作品角度看，一个作品是否能够使人产生很明确的内容理解，取决于持续而稳定的联觉对应关系。如果作曲家选择和组织声音的方式，与想表现的东西之间，在人的联觉上一直都对应得非常好，像刚才的作品，那么人人都能听得懂。如果作曲家对应得不好，那就不能怪我们听众听不懂了，是作曲家你写得不像。比如这个曲子我们就听一句，慢速、低音、下降，什么情绪啊？悲伤，这是巴赫的《约翰受难曲》。而换个作品听一下，一上一下，一快一慢，这样的音乐往往很难使人产生感觉。大多数情况下，音乐的音响总是在不断变化，所以实际上我们很难保持一种想象的内容。刚才的作品为什么大家反应那么明确？因为我选的全是最像的作品。

音乐听不懂，我们听众并非没有一点责任，因为敏感的联觉、丰富的联想是理解音乐的前提条件。当然大家不用担心自己的联觉能力，这是与生俱来的，尤其是小孩，联觉非常敏感。关键是体验联觉的习惯，这件事我们平时没有注意。

总结一下，理解靠联觉，联觉人人有，就看你是否关注。每个人的音乐细胞都很发达，每个人的音乐感受力都很强，因为联觉是人本能的一种反应。

4. 实战演习

了解基本原理以后，现在我们听一首完整的作品，这个作品是伟大的芬兰作曲家西贝柳斯创作的交响乐《芬兰颂》,曲子是在沙皇俄国统治的社会背景下写的。作品写完了,也上演了,但是刚演了一个月就被禁演了,因为沙皇俄国统治当局的文化检察官听出来了:这个作品是想造反。一个纯粹的器乐作品又没有词,怎么能够使人有这么鲜明的政治思想意图的感受呢?现在我请在座各位当一把沙皇俄国的文化检察官,看看你们的音乐细胞够不够格。表现内容分析:压迫/黑暗统治,苦难/沉重/压抑,抗争/觉醒,斗争/战斗/反抗,镇压/斗争,斗争/前进,反扑/战斗,芬兰的颂歌,继续斗争/胜利向前,辉煌的胜利……看来在座的不仅企业家当得好,还胜过沙皇俄国的文化检察官。大家能够看到这个作品的每一个主题,和人的情绪反应都有非常准确的联觉对应的关系,这些主题串接起来又形成了一个逻辑非常通顺、意图非常完整的思想艺术的表达。

但是现在我想告诉一个令你们失望的消息,刚才所有这些解释都是我自己猜的,西贝柳斯从来没有说过这个曲子哪段是什么意思,所有的解释都是我根据自己的感觉猜的,没有任何依据。大家就产生疑问了,猜得对吗?人家是这意思吗?现在进入第三个话题,音乐理解何需正确。在这样的标题下面我们介绍一下音乐理解活动的特点。

四、音乐理解何需正确

1. 如何看待标题与解说

经常有人问我,这首曲子给我这样的感觉,我理解得对吗?我自己也遇到过这样的现象,一个曲子好不容易产生一点感觉了,一翻乐曲解说十有八九都是错的。为什么会这样?我们还要回到研究上来。研究告诉我们音乐仅仅能够表现那些和它在高、低,强、弱,张、弛,节奏与速度,起音速度五个方面具有联觉对应关系的对象,不具有这五种特性的对象是不能用音乐来表现的。音乐心理学的规律使我们认清了音乐能够表现什么,同时也就使我们认清了音乐不能表现什么。

许多音乐的标题及音乐内容解说是违背音乐本质规律决定内容表现能力的。很多东西音乐不能表现：明确、具体的视觉对象，比如家具、水果、长相；特别抽象的概念，博爱、平等、经济、法律、财政等。

下面请大家听这首曲子表现了什么？这首曲子叫《亚麻色头发的少女》。谁能从音乐当中听出亚麻色？还是头发的亚麻色，还是少女头发的亚麻色，这三件事音乐当中根本表现不出来。所以我们很多作品的标题、内容介绍，实际上是听不出来的。

下面的作品是美国作曲家格什温的作品《一个美国人在巴黎》，作品解说是作曲家亲自委托他的好朋友写的："在一个阳光和煦的早晨，一个美国人漫步去爱丽舍广场，走过一家敞了门的咖啡馆，这位美国人过了河，坐在左岸咖啡馆的露天椅上。"谁能听出来这是在法国巴黎爱丽舍广场的咖啡馆？听不出来。所以说理解错误不是我们听众的错，是因为那些东西音乐根本就表现不了。我要告诉大家的是，绝大多数音乐作品，作曲家都没有透露他们的表现意图。我们知道贝多芬有《命运交响曲》、《英雄交响曲》，还有第一、第四、第七、第八等没有题目的交响曲。莫扎特、海顿写了那么多的乐曲，都没有说音乐表现了什么，即便作曲家有时候给个标题，但作品的绝大部分也是没有解说的。绝大多数乐曲解说都包含了很多解说者个人主观想象的成分。很多乐曲解说误导了听众的理解，这些解说当中包含了大量音乐根本没有办法表现的东西，结果势必使人们因为听不出这些内容而感到沮丧。

2. 每个人都有阐释音乐的权力

以联觉对应关系为基础，同一作品一定会有多种解释的可能性。因此，完全可以根据自己的感受去理解音乐作品，乐曲解说并非都是正确的。其实搞音乐的人和音乐爱好者，他们在听音乐的时候往往并不在乎自己的感受和作曲家的意图是否吻合。对待同一个作品，不同的人在不同的时间也会产生不同的感受，这是很正常的，不仅如此，

连演奏家们的理解差异也很大。

"听不懂"，把一大批人挡在了音乐艺术大门之外；而"理解错误"又把一批人推出了音乐艺术的大门之外。我们之所以强调音乐何需懂，音乐理解何需正确，就是因为"要听懂、要正确理解"等要求，使听众背上了沉重的理解负担，也限制了听众的审美想象力。我们认为在音乐欣赏活动当中体验重于理解，理解得对不对并不重要，重要的是有感觉。

五、音乐的欣赏方式

1. 音乐是听觉的艺术

我们现在讲第四个话题，什么是音乐的欣赏方式？音乐欣赏方式可能很多，我这里强调两种最基本的。首先音乐是听觉的艺术，人有各种各样的感觉器官，每种感觉器官都有美的感官享受的需要，音乐就是耳朵的美餐。正像我们吃饭的时候不用去管二锅头表现的是什么形象，只要好喝就行了。其实在音乐的欣赏中，体验听觉的感受就是最主要的欣赏方式。感受纯听觉的美，是音乐欣赏最基本的方式，而不是低级的方式。

2. 音乐是情绪的艺术

音乐还不仅仅是听觉的艺术，在人的各种各样的感觉系统当中，除了有视听味嗅触这些外感感触以外，人类还有非常重要的内感世界，那就是情绪和情感的活动。这些内心感觉和活动是那么细腻、丰富、微妙，看不见摸不着，说不清道不明，音乐正是最擅长表现人类内心世界这些感受的艺术，我们说是情绪的艺术。在音乐的欣赏中体验这种微妙的情绪感受就是音乐欣赏的关键性心理活动。

3. 音乐中的情绪与情感

世界上没有任何一门艺术能够像音乐这样如此细腻、丰富、微妙、动态、及时地表现人类微妙的情绪变化。美术很伟大，但是美术是静态的，没有过程，而人类的情绪和情感是在时间中展开的；文学很伟大，也有时间也有过程，但是需要通过阅读、理解、想象才能加以体验，对于人类的情绪活动来说，文学来得太慢；电影和喜剧即时性很强，要通过外在的表现去体验人物内心的活动，太间接了。音乐是从心灵说向心灵的语言，音乐可以言说语言无法言说之物。音乐起始于语言终止的地方，音乐是情绪的语言。

4. 深刻的理解是为了更好的体验——理解在音乐欣赏中的作用

讲完前四个话题以后，大多数朋友关于音乐欣赏难懂观念层面上的障碍基本上被扫除了，但是曲高为何和寡，人们之所以难以欣赏严肃音乐，除了观念的障碍以外，还有其他方面的原因。

六、曲高为何和寡

当一个人说我不懂音乐的时候，其第一层含义就是指不知道音乐表现了什么意思，我刚才说还有其他层面的原因，就是感觉上没有办法接受，不习惯、不适应这种感觉。我们可以和美食做比较，在美食的世界，酸甜苦辣百味俱全，但是你要想享受苦的、辣的、臭豆腐、洋奶酪这些食物还是需要适应和培养的。

1. 人类审美知觉的发展——形态的复杂性

我把人们从感觉上没有办法接受严肃音乐的原因概括为以下三个现象：一觉得不好听；第二个就是没有旋律；第三太吵闹。我们下面分别解释：

首先不好听，觉得一点都不优美，我比喻为不甜。我认为这是人们对音乐功能需求的定位导致的障碍。在人们传统概念当中，一个音乐作品总应该是优美悦耳的，这样的音乐一般都能接受。但是有些音乐就不行了，特别是外国的音乐，首先一个就是觉得音调怪异。什么叫音调怪异呢？大家都知道音乐是由 1234567 七个音符构成的，实际上中国的传统音乐不是七个音符，主干音只有五个音，12356，缺少

47，缺少半音关系。当音乐中有许多半音时，许多中国听众人就不适应了。多数人还不爱听低音，如果再和半音结合起来更不爱听。另外，没有歌唱性的音乐人们一般也不爱听。

大家就提出疑问了，难道我们要求音乐好听是一种错误的观念吗？在生活中，我们对音乐的需求，仅仅是起到放松、休息、怡神养性的作用。但是音乐的功能绝不这么少，音乐是人类情感的艺术，有什么样的心情就有什么样的音乐，就好像美食的世界不能只有甜味一样。由于人们把音乐在生活当中的功能定位太窄，所以没有办法接受不优美的音乐。这是个小小的定位问题。

第二个不爱听的原因就是老觉得没有旋律。有一位朋友说，老说你们那玩意高雅高雅，我怎么觉得所有高雅的东西都听不出调调来。怎么样欣赏音乐当中的这个部分呢？其实很简单，就是个习惯问题。没有强烈的期待就没有强烈的感动。一件事情结果是什么样，在很大程度上取决于前面的过程。这就好像相声一样，你要想把"包袱"抖得响，前面的关子要卖得很充分。我经常把音乐和足球相比，大家知道很多人不爱看足球，因为老也不进球，但是爱看球的人看的更是一个过程。要学会欣赏篇幅较长的大型音乐作品，就要学会欣赏其中的铺垫。我下面用一首曲子培养一下大家在音乐的欣赏当中感受发展过程的欣赏方式。这个曲子特别像一场足球赛，我们能听到球在天上飞，在地上滚。音乐往上升就像进攻，下降就是撤退。进攻，没准备好，全部撤退，放慢节奏，稳定阵脚，调整阵容，然后发起第二轮进攻。经过多轮的进攻，这一轮进攻能感觉高潮，最后是大军压进，杀到禁区外围，这时候前锋单刀直入，带球闯入禁区，一脚射门，全场欢声雷动。这时候旋律才响起来，痛快、豪放，激动人心。下面我们来听听柴可夫斯基的这首钢琴协奏曲《降 b 小调第一钢琴协奏曲》第三乐章，这首曲子就是这样的感觉。最后的旋律，那么豪放、那么抒情。可是如果一开始就来旋律，那就不能像经过一番铺垫后再出旋律那样给人以激烈的感觉了。我想让大家注意,刚才那段大家听了半天没有旋律的东西,怎么听?其实道理很简单,感受这个过程就行了。欣赏音乐的关键是:让自己的情绪跟着音乐的升降、强弱而起伏、涨消。

第三个不爱听严肃音乐的原因,就是觉得太紧张、太激烈、太复杂、太吵闹。我比喻为太辣,就像有人不爱吃辣椒,不爱喝白酒。这是偏好、心情、能力的问题。有些音乐有非常刺激的音响,下面这部作品是由伟大的前苏联作曲家肖斯塔科维奇写的作品《第八交响曲》。每当听到这段的时候,给我的感觉就好像音乐在表现一个民族英雄———一个巨人在战场壮烈牺牲的过程。能够听到他大踏步地走过来,然后挣扎,一头栽倒在地;紧接着站起来,再挣扎,再倒地;再站起来……最后哄然倒地,壮烈牺牲,最后是战场上死一般的沉寂。这是真正的英雄之死。

下面我们将要听的作品是伟大的俄罗斯作曲家斯特拉文斯基的作品《春之祭》。作品在上世纪初首演的时候,场下的听众打起来了。为什么呢?因为这个作品是表现原始春天到来祭祀天地这样一个过程,是一个芭蕾舞剧的配乐,音乐非常原始、非常野蛮、非常刺激。那时候的人们没有听过这么野蛮的音乐,所以场下的听众当即分成了两半,一半觉得这根本就不是音乐,认为这是对人类一切审美的践踏;另一半人觉得太好了,太过瘾了,两派就打起来了。作品的首映式最后以一场混战结束,这是音乐历史上非常著名的一个事件。但是第二年作品再次上演的时候,这个作品被誉为人类历史上最伟大的作品之一。它是一个里程碑式的作品。因为自从这个作品事件以后,音乐艺术就像打开了潘多拉的盒子,向着"不美"的世界大踏步前进,开启了各种各样的现代音乐。下面我们听听最后一段《大地之舞》。很多人不爱听这样的音乐,我想可能和偏好有关,有的人天生不喜欢刺激,但是我喜欢听这样的东西,可吃饭的时候也不呀——还和心情有关,但是,还和听觉能力有关。

为什么严肃音乐会出现曲高和寡的现象？一个非常重要的原因，敏锐的听觉感受力是欣赏音乐最重要的基础条件，但是人的感受能力是有发展过程的，需要一步步培养。当一个人经验不是很丰富，比较年轻比较稚嫩，感官不是很发达的时候，喜欢鲜明、单纯、明确、艳丽的作品；一个人比较成熟，经验比较丰富了，感受力比较敏感的时候，就喜欢细腻、复杂、强烈、刺激的东西。但是，告诉大家一个心理学规律，简单的东西容易腻。

2. 音乐与生活

我们为什么非要听严肃音乐？音乐在人类的生活当中有很多作用，比如说音乐能够调节人的行为。不知道大家听没听说过，据说在国外某个国家的城市里，自从在地下通道和地铁里播放音乐以后，这些场所的犯罪率直线下降，音乐比警察还厉害，这是有道理的。现在大家一块想象一下，一个歹徒手持一把匕首来到地下通道准备实施抢劫。一进了地下通道以后，听到了里面在放这样的音乐（马斯涅《沉思》），你告诉我他的抢劫出得了手出不了手？在这样的音乐氛围下还能犯罪吗？估计手腕已经软了。

音乐对人的情绪影响非常大。比如说大家早上起来昏昏沉沉的，伴随着这样的音乐刷牙洗脸（泰勒曼《巴黎四重奏》），多好。下午四五点的时候，昏昏沉沉的，没劲了，头脑不清楚了，还有很多活要干怎么办？听听这样的音乐（罗西尼《威廉·退尔序曲》）。有一天你犯错误，看着老板怒气冲冲地从走廊那边过来，马上就要大难临头了，赶快放这样的音乐（广东音乐《步步高》）。他想批评你，他严肃不起来。音乐对环境的氛围影响特别大，所以我想建议大家，很多工作场所下有一点音乐有个特别大的好处，可以降低你的疲劳。

中国近代有一个人说了一句特别精彩的话，他说音乐是人类灵魂的避难所。我知道在座的都是企业家，工作压力非常大，精神很紧张，已经到了需要精神减压的程度。音乐就是随时可以掌控在你自己手里的精神解压良方。

有一个学科叫音乐治疗，在这个学科里有一个原则叫同步性原则，所谓同步性原则，就是你要选一个和你当前情绪一样的音乐，让音乐逐渐把你带到另外一个状态去。音乐的作用很大，在音乐治疗领域有两个流派，一个叫认知派，一个叫情绪派。认知派就是讲道理，把心头的扣解开了，问题就解决了。但是你会发现有些道理是讲不清楚的，剪不断理还乱，心有千千结。有时候在做思想工作的时候感觉挺好，你一转身他又钻牛角尖了。为什么呢？情绪派说当人的情绪在相当焦虑的情况下，抑制了大脑的其他思维方式。你讲的这些道理他都知道，但是这种情绪导致他没有办法解脱出去。所以通过音乐先把焦虑降下来，焦虑降下来以后，自己就会自动想明白。所以大家在感觉精神很紧张的时候，有的时候想不开的时候就别想了，听听音乐吧。

光有通俗音乐是不够的，严肃音乐的世界丰富多彩，最重要的是它超越了简单的感官愉悦，触发了人心灵伸出的感动和全身心的震撼。我们很多人不听严肃音乐，我认为不是没有这种要求，而是你还不知道音乐的力量。有人说现在没有时间，忙。我告诉你在你所有的享受当中，音乐享受是最不需要时间的，音乐来得最容易，更重要的是音乐享受最健康、最养身、最环保。

大家听完了我这番宣传和渲染之后就开始跃跃欲试了，我给大家一个建议，放松地听。但是我要强调一点，要选择适合的音乐。

3. 音乐与人生

为什么我到处搞讲座，把这件事情作为自己的使命？是因为我有一个背后的目的，我想谈谈艺术在人类生活当中的作用。

我有一个学生，从小跟我学钢琴，这孩子不仅仅学钢琴，一共要上六个课外班。星期六的时候像赶场一样，把孩子压得透不过气来。那天我问他妈干吗逼这个孩子，凡是与学习无关的事一律不让做？他妈说为了将来让他考上名牌大学。我说考上名牌大学的目的是什么？

找到好工作。找到好工作的目的是什么？有出息挣大钱啊。有出息挣大钱干什么？孩子将来生活就幸福了。我说对啊，归根到底我们对孩子的最终目的就是为了让孩子幸福，但是我说像你这样的除了学习什么都不让他干，这孩子将来能幸福吗？

当你要求你的孩子凡是和学习无关的事情一律不许做，当你的孩子在旅游的时候还被要求去长知识，有没有意识到他失去了什么？我的回答是你剥夺了孩子感性能力的发展机会。人身上所有的能力都是要经过训练才能发展的，如果你不从小就重视一个人感性能力的发展，你会使他的一生枯燥乏味。不知道大家见没见过这样的人，有钱有房有车，生活当中该有的一切都有，但是他对生活中什么都不感兴趣，他不幸福，因为他没有幸福感。我们说获得幸福的人生有一个前提，就是必须要有良好的感性能力。作为一个完善的人，不仅仅要有获得幸福条件的能力，还要有体验幸福感受的能力。我们可以这样说，在同等物质生活水平条件下，一个细腻敏感丰富的人，比一个枯燥乏味麻木的人生命质量高得多。

我们说体验幸福是需要能力的，感性能力是获得幸福人生的重要条件，但是我们的家长、教师乃至全社会还没有把这种能力的培养与其他能力的培养放在同等重要的位置上，非但如此，我们还往往剥夺这种能力发展的机会。在我们国家中小学如果要停课的话先停什么课？不管你怎么排，音、体、美。为什么这些课程不重要？因为人们还没有意识到感性能力的发展对人一生的幸福是多么重要。现在我们国家已经富裕了，很多人已经达到了小康水平，小康水平的特点是大家衣食无忧了，开始享受生活。但是现在大多数人都怎么享受生活？除了吃就是吃。这些东西都是简单的感官愉悦。我认识一个小伙子，32岁，亿万富翁，那天跟我说："周老师我现在对什么都不感兴趣，每天一杯茶，办公室一坐，坐一天。"大家想想一个亿万富翁，生活当中想要什么东西都能得到，他家里有三辆奔驰两辆宝马，但是自己开一辆特别一般的车，我估计这种简单的感官愉悦他早就腻透了。在他的生活当中没有文化和艺术消费，生命质量无法进一步提高。人生命的总能量是一个常数，不花在这些地方就需要花在那些地方。我想在座的都是很成功的企业家，经济不是主要问题，要考虑怎么样再进一步提高生命质量，提高欣赏文化和艺术的能力。

4. 艺术与社会

从社会发展的角度再来看看。这是办公室里一个电话转接器的声音，非常刺耳难听。可是这么一个难听的产品，工程师设计出来觉得挺好才会给厂长看，厂长觉得挺好才会生产，百货商店觉得挺好才会进货，员工觉得挺好才会买回去使用。从最初的设计者穿过了所有人的检验走到了最终用户的手里，这说明了什么？说明我们全社会普遍感觉麻木。所以我想，我们国家和发达国家之间的差距，不仅仅在于经济和科技方面，还在于我们国民对环境的感性质量缺少要求。

现在大家都谈素质，什么是素质？我想作为一个完善的人，必须同时拥有以下三种素质：第一种素质称之为理性素质，由人的认识能力和追求构成。我们人类认识世界、改造世界，分析问题、判断问题、解决问题，在社会竞争中战胜他人成为强者，需要的就是这种素质，没有这种素质将一事无成。第二个素质称之为感性素质，是由人的体验能力和对美的追求构成，我们人类美化世界，创造优秀的文化艺术，体验生活的幸福和美好需要有这种素质，没有这种素质生活会乏味，环境将丑陋不堪。第三个素质称之为情感素质，由人的亲和能力和对善的追求构成。创造友爱、关心、和谐的社会，在个人生活中营造良好的氛围，在个人的事业发展中获得来自群体的资源和帮助，需要良好的情感素质。现在，理性素质已经得到充分强调，情感素质，近年来随着情商概念的推出也得到了一定的呼吁，但是对于感性素质人们还没有一个明确的概念。

大家都知道苹果公司，在上个世纪 80 年代的时候很有实力，但是

到了 90 年代却濒临倒闭，于是请回了乔布斯。乔布斯曾在离开苹果公司后开了一个电脑动画公司，我们看的《玩具总动员》《海底总动员》都是这个公司拍的。由此我们可以想象这位先生的感性素质怎么样。他回到苹果公司以后，除了一系列的企业改革之外，请来世界上最好的工业设计家，亲自督战，设计出非常漂亮的产品，特别是 iMac 产品使得苹果公司重新崛起，iMac 还带动了全球工业化产品人性化的浪潮。大家想想没有企业家的感性素质，哪儿来人性化的产品？

所以我想在当今时代，企业家和员工的感性素质对一个企业的发展具有生死攸关的关系。大家注意你的员工，当他的工作遇到困难的时候分析三个原因。第一个智力的问题，他能力不行拿不下来这个活。第二个态度的问题，他不爱干，没有动力。第三个感觉的问题，他没感觉，他不敏感，他感受不到这些细节的东西。千万不要把感觉的问题等同于态度和能力的问题，你会伤害他，他很努力，很积极主动，但是他麻木你一点辙都没有。

我想说缺少国民感性素质的基础，生产力的发展是可怕的。这是我在青岛拍的一张照片，青山绿水已经是满目疮痍，不是因为战争，而是因为建设，建设需要石头。连崂山这样世界著名的风景地都有人就地取石。

为什么有些人只注意经济增长不注意保护、建设环境？我想固然有非常复杂的原因，但是有没有这样的原因，就是他感性素质低，所以环境问题根本进不了他思考的要素当中？由于感觉麻木，就没有发自内心、来自感官的触痛，任何一件事情和环境相权衡的时候都要放弃环境。

感性素质的培养，要通过艺术教育来实现！我绕了这么大一个圈子，就是为了说这句话！也许大家觉得我的圈子绕得有点大，有点烦了，但是我就要指出我们生活当中司空见惯的东西，当我们的社会经济生产力发展了之后，缺乏国民感性素质的基础会出现哪些问题？希望大家能够意识到你生活和工作当中遇到的很多问题的深层原因来自于感性素质的不足。现在我们的生产力发达了，但是国民的感性素质没有同步提高，一个社会的发展需要两个轮子同时转。所以我想说让我们全社会都来重视艺术，重视艺术教育，重视个人艺术素养，这就是我讲座的核心目的。

良好的感性体验是幸福人生的具体体现，个人感性素质是获得幸福人生的条件，良好的感性环境是文明社会的具体体现，民族的感性素质是创造现代文明的保证。没有丰富感性体验的人生是枯燥的人生，没有艺术的人生是不完整的人生，不能享受音乐的人生是遗憾的人生。

谢谢大家！

留住民族文化的"根"与"魂"
——我国文化遗产保护的现状与展望

时　间：2009 年 11 月 25 日

地　点：山西省委多功能厅

主　讲：单霁翔

　　单霁翔,1954年7月生,江苏江宁人。清华大学建筑学院城市规划专业研究生,工学博士,高级建筑师,注册城市规划师。现任文化部党组成员、国家文物局党组书记、局长,第十一届全国政协委员,首都规划建设委员会委员。清华大学兼职教授,西北大学文化遗产学院兼职教授、博士生导师,中国艺术研究院研究员、博士生导师。曾任北京市城市规划管理局副局长,北京市文物事业管理局党组书记、局长,中共北京市房山区区委书记,北京市规划委员会(首都规划建设委员会办公室)党组书记、主任等职。

　　80年代在日本学习期间,开始从事关于历史性城市与历史文化街区保护规划的研究工作。先后主持北京市文物局"故宫筒子河保护整治"、"圆明园遗址保护整治"、"明北京城墙遗址保护整治"等项目规划实施,取得了较好效果;主持北京市规划委员会"北京旧城25片历史文化保护区保护规划"、"北京皇城保护规划"、"北京历史文化名城保护规划"、"北京奥林匹克公园总体规划"等项目,并已实施。2002年以来,在国家文物局积极倡导、推动并实施在城市化进程加速背景下的各项文化遗产保护工作,推动乡土建筑、文化景观、文化线路、工业遗产等文化遗产保护新领域的研究和实践。

　　出版有《城市化发展与文化遗产保护》、《从"功能城市"走向"文化城市"》、《从"文物保护"走向"文化遗产保护"》、《走进文化景观遗产的世界》等系列专著。2005年获美国规划协会"规划事业杰出人物奖"。

近年来，在山西省委、省政府的正确领导下，山西省在各个方面不断创造新的业绩，尤其是文化遗产保护方面，为全国文化遗产事业的发展创造了许多宝贵经验。到山西来汇报工作，其实我有些如履薄冰的感觉，因为山西的很多同志对历史颇有研究，对自己家乡的文化遗产了如指掌。回想几年前，胡苏平同志在运城工作的时候，叫我到运城去看一看，运城的书记黄有泉同志在车上拿着一个制作的纸板给我介绍运城的历史，滔滔不绝、如数家珍地讲了将近两个小时，当时我感觉到山西的文物是中华文化的缩影，那次就决定：一定要在山西南部发起一个文化遗产保护战役，把运城、晋城、长治、临汾一线的100多个中国早期木结构建筑群妥善地修缮好、保护好，这就是今天仍在实施的晋东南文物保护工程的由来。刚才宝顺同志已经谈到，其实我一半工作时间在规划局，一半工作时间在文物局，两次任规划局长，两次任文物局长，因此对文物保护与城市规划的关系略有心得，下面我借此机会谈一点这几年的工作体会，前半部分谈从"功能城市"走向"文化城市"，后半部分谈从"文化保护"走向"文化遗产保护"。

一、从"功能城市"走向"文化城市"

城市是一个既古老又年轻的话题。与具有大约40多亿年历史的地球相比，人类的历史是短暂的。而与具有大约300多万年的人类历史相比，城市的历史也相当短暂。从新石器时代算起，城市历史至今只有6000多年。然而，当人类一旦走进城市，人类社会便进入了快速发展的进程。

　　城市既是人类文明的成果，又是人们日常生活的家园。各个时期的文化遗产像一部部史书，记录着城市的沧桑岁月，唯有保留下来具有特殊意义的文化遗产，才会使城市的历史绵延不绝，才会使今日人类发展的需求不断得到满足，也才会使城市永远焕发着悠久的魅力和时代的光彩。

　　今天，我们没有必要担心列入保护的文化遗产数量太多，与当代人应该承担的历史使命相比，与我们子孙后代的需要相比，可供我们选择保护的文化遗产已经不是太多，而是太少。我们应当争分夺秒地既为当代，更为后代，把更多珍贵的文化遗产抢救下来，列入保护之列。从 2007 年开始，国务院部署了新中国成立以来规模最大的文物普查——第三次全国文物普查。第一次、第二次文物普查是文物系统自己开展的工作，而这一次是由国务院亲自领导、包括部队在内的 17 个部门参与的文物普查，我们共培训了 4.7 万名普查人员，对祖国的山川、田野、高原、海域进行着一次前所未有的大普查。截至到 2009 年底，全国共调查登记不可移动文物 90 余万处。

　　当前，我们国家正处在城市化快速发展的阶段，城市建设也以空前的规模展开，文化遗产和文化特色保护处于最紧迫最关键的阶段。为什么这么说？这并不是我们国家独有的现象，世界上任何国家，特别是发达国家，进入这一个历史阶段的时候，都必然是文化遗产和城市特色保护最紧迫、最关键的历史时期。瑞典首都斯德哥尔摩是个历史悠久的城市，瑞典驻华大使傅瑞冬回国的时候在《人民日报》发表了一篇文章，当时北京市委书记刘淇给我看，他说你看瑞典在上个世纪六七十年代的时候，满城都在建设，满城都在拆迁，但是当时瑞典有识之士呼吁政府保留下来大约一个平方公里的老城区，而今天这一个平方公里的老城区，为斯德哥尔摩这座城市带来的效益达 75% 以上，刘淇书记嘱咐，一定要把北京的历史街区、传统胡同、四合院多保留一些。

为什么这样一个历史阶段是文化遗产保护和城市保护最紧迫、最关键的一个历史时期呢？从城市化的角度来看，我们现在每年大约要增长 0.8 到 1.2 个百分点，那就意味着每年有一千二百万到一千五百万农民进入城市，这些人到城市里要工作，要生活，要出行，必然就会引发大规模的城市建设。另外，我们每个家庭支出也发生了很大的变化。在上世纪 70 年代，家里要花几十块钱的话，就要开个家庭会议研究一下，因为每个人的工资只有五六十块钱；到 80 年代，家庭支出要花几百块钱的话，要开个家庭会议商量买不买；到 90 年代花几千块钱，才要开一个家庭会议商量一下，而今天我们的城市里很多家庭花上万块钱才开家庭会议商量，时代进步就是这样快，这个家庭支出直接影响到经济社会环境。人均国内生产总值不足一千美元时，人们买的东西主要还是衣食，吃的好一点、穿的好一点，吃的营养一些、穿的体面一些。而进入三千美元以下的时候，家庭的主要支出是用，主要是家用电器，先是老三件，后是新三件，再后来是电脑、空调等。但人均国内生产总值在三千美元以上时，家庭支出结构开始进入一个新的阶段，主要是两项，就是住行。很多家庭都希望自己拥有成套住宅，很多家庭都希望拥有自己的私人轿车，这必然引发大规模的城市建设，必然引发大规模的城市基础设施、道路基础设施建设，必然引发地上地下大规模的文化遗产保护与大规模的基础建设之间的矛盾。这个时期，文化遗产保护的成败关系到今后子孙后代文化利益问题。所以每一座城市都必须以文化战略的眼光进行审视，从全局的、发展的角度进行思考和分析，以期得出正确的创新理念。

近 30 年来，我国城市建设在众多领域取得了举世瞩目的辉煌成就，但是，一些城市在物质建设不断取得新进展的同时，在城市文化建设方面重视不够。归纳起来涉及 8 个方面的问题或应该避免出现的情况。由此可以看出加强城市文化建设，避免城市文化危机加剧的紧迫性。

一是避免城市记忆的消失。城市记忆是在历史长河中一点一滴地积累起来，从文化景观到历史街区，从文物古迹到传统民居，从传统技能到社会习俗等，众多物质的与非物质的文化遗产，都是形成一座城市记忆的有力物证，也是一座城市文化价值的重要体现。

但是，一些城市在所谓的"旧城改造"、"危旧房改造"中，采取大拆大建的开发方式，致使一片片历史街区被夷为平地，一座座传统民居被无情摧毁。由于忽视对文化遗产的保护，造成这些历史性城市文化空间的破坏、历史文脉的割裂，社区邻里的解体，最终导致城市记忆的消失。

二是避免城市面貌的趋同。城市面貌是历史的积淀和文化的凝结，是城市外在形象与精神内质的有机统一，是由一个城市的物质生活、文化传统、地理环境等诸因素综合作用的产物。一个城市的文化发育越成熟，历史积淀越深厚，城市的个性就越强，品位就越高，特色就越鲜明。

但是，一些城市在规划建设中抄袭、模仿、复制现象十分普遍，城市面貌正在急速地走向趋同，导致"南方北方一个样，大城小城一个样，城里城外一个样"的特色危机。各地具有民族风格和地域特色的城市风貌正在消失，代之而来的是几乎千篇一律的高楼大厦，"千城一面"的现象日趋严重。

三是避免城市建设的失调。城市建设是为了创造良好的人居环境，既包括物质环境，也包括文化环境。而城市规划则是合理配置公共资源，保护人文与自然环境，维护社会公平，弥补市场失灵的重要手段，它的根本目的不仅是建设一个环境优美的功能城市，更在于建设一个社会和谐的文化城市。

但是，一些城市在建设中缺少科学态度和人文意识，往往采取单一依赖土地经营来拉动经济的增长方式，导致出现"圈地运动"和"造城运动"。一些城市盲目追求变大、变新、变洋，热衷于建设大广场、大草坪、大水面、景观大道、豪华办公楼，而这些项目却往往突出功能主题而忘掉文化责任。

四是避免城市形象的低俗。城市形象是城市物质水平、文化品质和市民素质的综合体现。既表现出每个城市过去的丰富历程，也体现着城市未来的追求和发展方向。美好的城市形象不仅可以实现人们对城市特色的追求和丰富形象的体验，而且可以唤起市民的归属感、荣誉感和责任感。

但是，一些城市已经很难找到层次清晰、结构完整、布局生动、充满人性的城市文化形象。不少中小城市盲目模仿大城市，至今仍把高层、超高层建筑当作现代化的标志，寄希望于在短时间内能拥有更多"新、奇、怪"的建筑，以迅速改变城市的形象，结果反而使城市景观变得生硬、浅薄和单调。

五是避免城市环境的恶化。城市环境是城市社会、经济、自然的复合系统。城市环境与城市的生态发展密切相关，具有高度的敏感性。好的城市环境不但可以保证人们的身体健康，而且可以激发人们的积极性和创造性。今天，研究城市环境的基点应是如何使城市既宜人居住，又宜人发展。

但是，一些城市以对自然无限制的掠夺来满足发展的欲望，致使环境面临突出问题：空气污染、土质污染、水体污染、视觉污染、听觉污染；热岛效应加剧、交通堵塞加剧、资源短缺加剧；绿色空间减少、安全空间减少、人的活动空间减少。不少文化遗产地也出现人工化、商业化、城市化趋势。

六是避免城市精神的衰落。城市精神是城市文化的重要内核，是对城市文化积淀进行提升的结果。城市精神的形成是一个长期的过程，并在历史上和现实中发挥着异常重要的作用。通过对城市精神的概括和提炼，可以使更多的民众理解和接受城市的追求，转化为城市民众的文化自觉。

　　但是，一些城市追求物质利益，而忽视文化生态，在城市建设中存在盲目攀比、不切实际的倾向。实际上是重经济发展，轻人文精神；重建设规模，轻整体协调；重攀高比新，轻传统特色；重表面文章，轻实际效果。表现出对文化传统认知的肤浅、对城市精神理解的错位和对城市发展定位的迷茫。

　　七是避免城市管理的错位。城市管理是一项复杂的系统工程，应肩负起对未来城市的责任。通过城市管理不但要为人们提供工作方便、生活舒适、环境优美、安全稳定的物质环境，而且要为人们提供安静和谐、活泼快乐、礼让互助、精神高尚的文化环境，这就需要用文化意识指导城市管理。

　　但是，一些城市在管理内容上重表象轻内涵，在管理途径上重人治轻法治，在管理手段上重经验轻科学，在管理效应上重近期轻长远。不能从更高层次上寻求城市管理的治本之策，问题已然成堆，才采取应急与补救措施。"城市病"的病根在于城市管理缺乏长远的战略眼光，缺乏应有的文化视野。

　　八是避免城市文化的沉沦。城市文化是市民生存状况、精神面貌以及城市景观的总体形态，并与市民的社会心态、行为方式和价值观念密切相关。城市文化不断积淀与发展，形成城市的文脉。城市的文化资源、文化氛围和文化发展水平，在一定程度上体现出城市的竞争力，决定着城市的未来。

　　但是，一些城市面对席卷而来的强势文化，不是深化自身的人文历史，而是淡化自己的文化内涵，使思想平庸、文化稀薄、格调低下的行为方式，弥漫在城市的文化生活之中，销蚀着人们对于优秀传统文化的理解和继承，究其深层次原因，是文化认同感和文化立场的危机。

　　1933年，诞生了关于"功能城市"的《雅典宪章》，主张以功能分区的观念规划城市，并指出城市的居住、工作、游憩和交通四大功能要协调、平衡发展。这一理念对各地城市规划和发展产生重要影响。但是，我们从实践中逐渐认识到，仅仅依靠功能分区无法解决城市的诸多复杂问题，必须用文化理念来规划城市。

第一，城市文化构建和谐城市。城市文化是社会文明在城市的缩影，是社会和谐在城市的集中表现。"以人为本"和"科学发展观"既是治国谋略，更是城市文化的精髓，是实现社会和谐、诚信、责任、尊重、公正和关怀的保证。只有将这一文化精髓贯彻到城市发展的各项事业之中，才能实现文化与经济发展的良性循环。比如一些城市在城市化进程中，极力保持自己的文化传统，并引以为傲，吸引了全世界的眼光。我听说我国东北有一座城市把校园的大片地改成了种麦子，让学生体验到什么时候种麦子，麦子什么时候翠绿，什么时候金黄，校园的景观不断变化，收到较好的效果。很多城市的广场有许多不同的文化活动，在菲律宾拉瓦格市，一些市民把一些老厂房保留下来，把它恢复成一个社区传统记忆的空间，让学生们在这里体验，并且老人们每天在这里聚集回忆过去的日子，生活很快乐。

适宜居住是和谐城市的重要特征。将城市目标定位为宜居城市，体现了城市建设和发展从以物为中心向以人为中心的转变，不是片面地追求"形象工程"，而是更关注文化的发展，关心人的发展，重视和发挥人的作用。这对城市的管理者和决策者提出了更高的要求。城市的生活必然是多种多样的，既要有适合年轻人现代生活方式的生活环境，也要有适合老年人安度晚年的生活环境。广州市把隋唐时期的道路进行了妥善保护，这条街叫北京街，人们可以在这条融现代元素和饱含历史内涵为一体的道路上漫步。维也纳在修建广场时发现了一个大约200年前的遗迹，他们很智慧地把这个遗迹进行了展示，并对遗迹进行了说明。所有到维也纳去的游客，导游都会进行详细地解说。这个城市建设者太聪明了，200多年的城市遗迹在中国不算历史悠久，却给这个城市创造了取之不尽的经济价值，滞留的时间因为这个遗址，

每个人至少延长了一小时。

第二，文化竞争力决定城市竞争力。城市竞争力是一个综合概念，既包括经济竞争力，也包括文化竞争力。当前，文化竞争力的影响与作用越来越突出，成为推动城市可持续发展的重要力量。在物质增长方式趋同，资源与环境压力增大的今天，城市文化成为城市发展的驱动力，体现出更强的经济社会价值。在今天家庭支出结构发生变化后，人们休闲的时间增多了，大量涌入文化遗产地，故宫等地节假日期间游人爆满。很多城市不断挖掘自己的文化内涵，吸引来访者，让人们能够在城市的大街小巷里解读到城市的文化片断。如波恩的贝多芬故居是每个到访的游客必去的地点，山西的彭真故居、徐向前故居、薄一波故居、陈永贵故居等，也是山西吸引游客的重要文化符号。

文化软实力能够使人们潜移默化地接受文化价值观。当今经济活动依靠的是文化内核，科研创新依靠的是文化创造，生产管理依靠的是文化修养，技术掌握依靠的是文化素质，更重要的是依靠民族的文化精神，文化对经济社会的发展起着越来越重要的作用。

第三，城市文化创新引领城市发展方向。当前城市不仅面临文化遗产保护不力问题，也面临文化创造乏力问题。丧失保留至今的文化遗产，城市将失去文化记忆；没有新的文化创造，城市将迷失方向。城市文化必须承载历史，反映城市文化积淀；也要展现现实，反映城市文化内涵；还要昭示未来，反映城市文化创造。今天很多文物古迹仍在人们现代生活中持续发挥着力量。比如罗马剧场，在欧洲是最高雅、最高尚的演出场所之一，美国旧金山的一个巧克力工厂今天成为著名的游客中心。我们有时候为游客考虑得太多了。比如过去游客进故宫时，旅游车是停在神武门前，导游引领游客经神武门进入御花园。但是，这种看似便捷的方式，会使城市损失很多，游客本人也损失很多。作为游客，他并没有看到紫禁城的城墙、美丽的角楼、筒子河整体壮观的景象。后来我跟故宫的同志说，你要让游客看到故宫的整体面貌，不要让游客在神武门下车。对于停车场等问题应该是由城市管理者来解决，而不是由故宫来解决。于是，为了保护文物，规定神武门前不再让停车了。后来我观察那些旅游车就停在景山后面，导游从景山举着小旗开始一路讲下去：这边是北京传统的四合院，这边是什么胡同，有什么历史，大家迎面看到的就是角楼，再往前走，角楼下面的城墙是怎么回事，筒子河是怎么回事等等。在导游的引领下，游客沿着筒子河走，不断调整心情，以期待的心态慢慢进入故宫，虽然多了二十五分钟，但他们获得了更多的对中华文化的理解和更深的记忆。所以，我们在文化旅游方面如何诠释和展现我们辉煌的文化创造确实需要动脑筋。

城市文化不是化石，化石可以凭借其古老而价值不衰，城市文化是活的生命，只有发展才有生命力，只有传播才有影响力，只有具备影响力，城市发展才有持续的力量。所以，城市文化不仅需要积淀，还需要创新。只有文化内涵丰富、发展潜力大的城市，才是魅力无穷、活力无限的城市。今天在各级党委、政府的高度重视下，文化遗产保护不仅仅要坚守固有的阵地，而应使其成为促进经济社会发展的积极力量，应该对改善今天人们的现实生活有所贡献，所以我们一直在探索文化遗产保护怎么样能够融入经济社会生活。遍布我们国家的古代地下遗存由于距离城市中心较远、占地面积又大、保护条件又差而很难融入当地经济社会发展。但我们也不能以静止的眼光看待这些历史，使大片的土地成为环境最脏乱、人们最嫌弃的地方。

北京在举办奥运会之前，北京社科院出了一本调查报告，说奥运会之前北京还有两千多个死角需要整治，这些死角是由于七种原因造成的，其中有一种原因是文物保护，因为文物保护才把城市某些地方变成今天的死角。如果文物保护都是这样一种"贡献"的话，那么人们肯定不会支持文物保护。所以我举几个例子来讲文物保护应该如何融入经济社会发展而成为经济社会发展的积极力量。北京有一段城墙，

当时城墙下住着两千多户居民，生活条件极差，把北京最能体现古都风貌的地段湮没了，后来城市规划和文物保护部门进行合作，下决心将 2600 多户居民搬迁走，建设成为一个遗址公园。现在该遗址公园成为北京城市一道亮丽的文化景观。圆明园的遗址上住着大约 600 户居民、13 个工厂和企事业单位。为了让圆明园在城市发展中发挥更大的作用，我们决定将其作为遗址公园进行整体保护。最终，圆明园遗址公园以一个全新的文化景观形态展现在世人面前。

在对河南安阳殷墟进行整治的过程中，如何使这个古代遗址能引起参观者的兴趣是我们面临的一个重要难题。为此，我们做了大量有关地下遗存展示方式、方法的研究。最终决定在地下文物能得到妥善保护的前提下在地面覆土 50 公分，进行场景复原，形成一个非常漂亮的遗址公园。此后，殷墟遗址成功列入世界遗产名录，游客数量比公园建成前增长了十几倍。

成都金沙遗址发现以后，我们面临的是同样的难题，是把金沙遗址作为一个遗址公园还是把清理出来的文物移交到博物馆保护后再继续开发，成为当时金沙遗址保护争论的焦点。最终，成都市以非常大的魄力，把 460 多亩地整体建设成一个大遗址公园，今天确实已经成为每个到成都的人都希望去的文化景点。我最近两次陪中央领导同志去成都，晚上吃完饭后我问他们去不去金沙遗址，他们都说要去参观。但事实上今天金沙遗址开挖的只是遗址内的一个角，连十分之一都不到，但已经出土了数以千计的珍贵文物。

大明宫遗址位于西安道北地区，是唐王朝的统治中心，也是遗存至今的我国古代规模最为宏大的宫殿区，遗址面积达 3.2 平方公里，是北京故宫的 4.5 倍。长期以来，这里成了城市贫民的聚居地点，特别是解放前大批黄泛区的河南老乡，沿着陇海铁路逃荒到西安城下，在城墙北面道北地区的大明宫遗址附近落户，逐渐形成西安"南富北贫"的格局。几十年来，道北地区由城乡结合部，变为"城中村"。人们的生活始终伴随着环境污染、交通堵塞、景观杂乱、犯罪率高等问题，与遗址保护之间的矛盾越来越尖锐。为了谋求生活的改善，人们不断在遗址上搭棚建屋、打井造园、饲养家畜，种植林木等，造成遗址夯土流失、城墙倾倒、河道淤平，严重威胁大明宫遗址的安全。长期以来各级政府始终把大明宫遗址作为城市发展的负担，经济发展的包袱，环境改善的死角。

但是，随着人们对文化遗产态度的转变，随着"大遗址"整体保护的推进，随着建设大遗址公园的思路的成熟，近年来西安市政府转变观念，不再把大明宫遗址当作城市的负担、包袱和死角，而认识到这里应该成为城市的宝贵财富、成为城市发展的动力和资本。这一由"负担"、"包袱"和"死角"向"财富"、"动力"和"资本"的定位转变，带来了奇迹的发生。

西安市将大明宫遗址及周边的 19 平方公里的城市用地统一规划，加以宏观控制，随后向国内外推出大明宫国家遗址公园的概念，告知社会各界大明宫遗址将是最美丽、最有文化气息的城市公园，大明宫遗址周边将是环境最为优美，升值潜力最大的地区。几年来，我们对大明宫遗址保护整治所补助的资金仅 4500 万元，但这一地区的土地价格由每亩 50 万元，迅速提升至每亩 300 多万元。此项城市财政收益促进了大明宫遗址的整体保护进程，一次性对 3.2 平方公里的大明宫遗址范围内，不合理占压遗址的建筑物实施整体拆迁，短短几个月的时间内，共拆除建筑面积 350 万平方米，妥善安置居民 10 万人，以及数以百计的企事业单位，投入资金达 80 亿元。令人印象深刻的是拆迁的时候，五个拆迁工作站都被锦旗布满了，收到了千封群众热情洋溢的感谢信和几百面锦旗，表明人们在热切盼望着改善自己的生活环境，用行动表明了自己是文明古都的市民，文明古都已经回到了市民中间，大明宫遗址公园的效益不断放大。

2008 年 10 月 21 日我们邀请郑州、洛阳、无锡、杭州、成都、广州、扬州、开封、安阳、荆州、朝阳等城市的书记、市长们到西安来，共同见证大明宫遗址公园的启动仪式和拆迁安置小区的开工仪式，并参加了"大遗址保护高峰论坛"。此前，我们担心他们不来，但没想到12个城市中有11个城市来的不是书记就是市长。这些拥有重要大遗址城市的主要决策者们，通过西安大明宫遗址公园的实现深受启发，纷纷表示要学习西安的经验，会后迅速启动各自城市的大遗址公园建设。例如郑州市委书记王文超同志，当即决定近期全面启动郑州商城遗址的拆迁整治工作；洛阳市委书记连维良同志表示，第二年的大遗址保护峰会一定要在洛阳开，将给大家一个惊喜；内蒙古也于两个月前正式启动了元上都遗址公园。还有杭州良渚遗址公园和辽宁红山遗址公园，这两个遗址不得了，都是中华文明5000年历史的见证。山西有更多、更辉煌的大遗址。比如侯马晋国遗址、太原晋阳古城遗址、曲村——天马遗址、陶寺遗址等，在中华文明史上都有着非常重要的历史价值。我们现在做的两个国家级科研工程，一个叫中华文明探源，一个叫中国古代发明创造，都离不开这些大遗址。而这些大遗址，我认为应该以国家考古遗址公园的形态吸引全世界的游客，展示我们的辉煌。

我觉得新时期文化遗产保护应该树立三个目标：第一，新时期文化遗产应拥有自己的尊严，让文化遗产成为城乡最美的地方，成为城乡最有品位的文化空间，成为城乡发展的动力、资源和宝贵财富，成为国家和民族的骄傲；第二，文化遗产事业应融入经济社会发展，把文化遗产保护与当地经济社会发展相结合，与当地群众生活水平提高相结合，与当地城乡基本建设相结合，与当地环境改善相结合，努力营造文化遗产保护与经济建设和谐共融、协调发展、互利双赢的新局面；第三，文化遗产保护成果应惠及广大民众，进一步强化人民群众的主体地位，强化广大民众与文化遗产之间的情感和关联，强化以人为本，使人民群众在参与文化遗产保护上"各尽其能"，在共享文化遗产保护成果上"各得其利",努力使文化遗产保护成为民心工程、民意工程、民生工程。

二、从"文物保护"走向"文化遗产保护"

文化遗产是一个大的概念,它包括物质文化遗产和非物质文化遗产,物质文化遗产分为不可移动文物和可移动文物。对不可移动文物,国务院公布全国重点文物保护单位,省级人民政府公布省级文物保护单位,地市级人民政府公布地市级文物保护单位,还有些文物虽然尚未被公布为相应级别文物保护单位,但被列入保护名录。据正在开展的第三次全国文物普查初步统计,目前已调查登录的不可移动文物达90余万处,其中有各级文物保护单位7万余处,包括全国重点文物保护单位2352处。国家核定公布110座国家历史文化名城,251处国家历史文化名镇、名村。我国已拥有世界遗产38处,其中世界文化遗产27处,文化和自然混合遗产4处。

可移动文物分为国有馆藏文物和民间收藏文物。国有馆藏文物又分为珍贵文物和一般文物,珍贵文物分为一、二、三级。我国现有博物馆2900余座,各类博物馆每年举办10000项左右展览。每年有近100项文物展览在世界各地展出。2008年4月,全国的博物馆开始实施向全社会免费开放。民间收藏文物群体逐渐扩大,文物监管旧货市场稳步发展,文物艺术品拍卖行业迅速崛起。

《中华人民共和国文物保护法》明确文物保护实行属地管理、分级负责的行政管理体制,各级人民政府负责本行政区域内的文物工作。2002年10月,新修订的《文物保护法》公布以后,文物保护资金投入也在逐年增加。我是2002年到国家文物局工作的,近几年来文物保护资金从当年的2.5亿到2009年的48.6亿,几乎每年都翻一番。这不是向财政要来的,而是全国文物工作者在当地党委政府的正确领导下干出来的。所有的钱都是项目经费,都是靠完成一件件实事才获得的,

都必须在严格审计的情况下实施的。每年要钱的压力很大，花钱的压力更大。

2005 年 12 月，《国务院关于加强文化遗产保护的通知》，是我国第一次以"文化遗产"为主题词的政府文件，表明开始了从"文物保护"走向"文化遗产保护"的历史性转型。这些年来，我们一直在探索"文物保护"和"文化遗产保护"究竟有哪些区别，经过实践，我归纳了一下，在内涵方面有两个变化，在外延方面有六个变化。

(1) 文化遗产保护内涵的深化

在内涵方面，第一更强调世代传承性，第二更强调公众参与性。所谓世代传承性，强调文化遗产的创造、发展和传承是一个历史过程。每一代人都既有分享文化遗产的权利，又要承担保护文化遗产的责任。人类文明就是在世代的文化创造和积累中不断发展和进步，每一代人都应当为此做出应有的贡献。这种贡献既有自身的文化创造，也包括将文化遗产传于子孙。作为当代人，我们并不能因为现时的优势而有权独享，甚至随意处置祖先留下的文化遗产。未来世代同样有权利传承这些文化遗产，与历史和祖先进行情感和理智的交流，吸取智慧和力量。因此，我们不仅要为当代保护这些珍贵的文化财富，适当地加以利用，还要使"子子孙孙永葆用"。

公众参与性强调文化遗产保护不是各级政府和文物工作者的专利，而是广大民众的共同事业，每个人都有保护文化遗产的权利和义务。广大民众的支持是文化遗产保护事业赖以存在和发展的决定性力量。如果民众不珍惜、不保护、不传承文化遗产，文化遗产将无法挽回地加快走向损毁和消亡。所以，我们必须尊重和维护民众与文化遗产之间的关联和情感，保障民众的知情权、参与权和受益权，只有当地居民持久的自觉守护，才能实现文化遗产应有的尊严，有尊严的文化遗产才具有强盛的生命力，只有全体民众积极地投入文化遗产保护，才能使文化遗产保护事业形成强大力量。但是，我们过去是怎么做的呢？

我们把它作为自己的专利，比如，在进行一些考古发掘时，我们习惯性地围起了彩条布。发现珍贵文物后，申请武警站岗，然后考古学家再进行考古发掘。当做这一切的时候，想没想过这个墓穴和当地的老百姓之间有没有什么血缘的、亲缘的、地缘的联系，这些老百姓会不会因为自己的家乡出土了珍贵文物而倍感自豪，充满尊严？没有想过！是不是应该把它展示出来，让更多的学科能够参与其中，让更多的民众能够看到，没有考虑！我认为文化遗产保护如果这么做，那么，它绝对不可能成为促进社会生产发展的积极力量，人民群众也不会看到我们在做什么，这样做的意义又何在，人民群众也不可能真心地投入文化遗产保护。

其实，广大民众对历史文化是有渴求的，对自己祖先的遗产充满了敬意。比如，陕西宝鸡眉县杨家村，2003 年 1 月 19 日，王宁贤等 5 位农民，在村边劳动取土时，意外发现了一处储满珍贵文物的窖藏，他们意识到这是些无价之宝，应该赶快报告政府。于是他们进行了分工，有人保护现场，有人跑去报告。当文物保护人员赶来一看，惊呆了，被眼前的精美文物所震惊，被农民的行为所感动。出土的 27 件青铜器，距今 2800 多年，件件都有铭文，件件都是"国宝"。后经专家考证，这批青铜器具有极高的历史、艺术和科学价值，甚至对当时正在开展的"夏商周断代工程"也具有重要的学术意义。农民们的壮举，被评为 2003 年度"全国十大考古新发现"之一。新闻媒体对这一事迹作了报道，带来了很好的社会反响，特别是当地民众深受鼓舞，不断引发出一系列感人的事迹。在 2003 年至 2006 年的短短 4 年中，竟然在同一地区又连续出现了 11 批农民群体在生产劳动中发现文物后，自觉报告文物部门或将出土文物上交国家的事迹。经他们保护下来的出土文物足以丰富一座博物馆的陈列。国家有关部门依照法律规定给予了表彰奖励，这一事迹引起社会的广泛关注。国家文物局在 2007 年"文化遗产日"活动期间举办了弘扬陕西宝鸡农民护宝精神的"厚土吉

金，国宝荟萃"展览，在人民大会堂召开表彰活动。

　　还有一件事情发生在贵州黎坪乡，一个年人均收入不足 700 元的村寨。2004 年 7 月 20 日，一场百年未遇的洪水咆哮着冲毁全国重点文物保护单位地坪风雨桥时，当地数百名侗族村民自发跃入洪水，拼死打捞风雨桥构件，随后村民们沿着河继续寻找，走过一座座村寨，请人们把已经打捞上来的风雨桥构件还给他们，经过三天三夜的奋争，从贵州打捞到广西，抢救回了 73% 以上的风雨桥构件，特别是桥上的全部 28 根跨河大梁无一遗漏地被运回了村庄，使风雨桥如今得以重建，上演了一幕我国文化遗产保护史上的壮举。我去参加风雨桥的复建仪式时，看到全乡民众载歌载舞，场景十分感人。我问一位老人，村民和风雨桥为什么有如此深的感情，老人告诉我，地坪风雨桥连接着上寨村和下寨村，这里共生活着 1500 余位侗族群众。风雨桥既是他们休闲、节庆的场所，也是侗族青年行歌赏月、谈情说爱的地方。当地人以此为自豪，把它当作村寨的精神财富，祖祖辈辈都把守护它当成自己的义务。他说：花桥是我们侗族人生命中的桥，孩子们是唱着"地坪花桥传万代"的侗族大歌长大的。地坪人就是在这种氛围中成长、生活的，爱护花桥、保护花桥的意识已经溶入了他们的血液，他们为花桥做任何事情都如同呼吸般自然，文物保护的民众意识在这里得到了最强烈的表达。国家有关部门也依照法律规定给予了表彰奖励。从中也看出，中国民众对文化遗产是有感情的。

　　(2) 文化遗产保护外延的拓展

　　一是在文化遗产的保护要素方面，从重视单一文化要素的保护，向同时重视由文化要素与自然要素相互作用而形成的"混合遗产"、"文化景观"保护的方向发展。文化遗产的产生和发展与所处自然环境密不可分。我国自古以来崇尚人与自然和谐共处，形成文化与自然遗产相互交融的重要特性。

　　二是在文化遗产的保护类型方面，从重视"静态遗产"的保护，向同时重视"动态遗产"和"活态遗产"保护的方向发展。文化遗产并不意味着死气沉沉或者静止不变，她完全可能是动态的、发展变化的和充满生活气息的。许多文化遗产仍然在人们的生产生活中发挥着重要作用，充满着生机与活力。

三是在文化遗产的保护空间尺度方面，从重视文化遗产"点"、"面"的保护，向同时重视"大型文化遗产"和"线性文化遗产"保护的方向发展。文化遗产保护的视野已经从单个文物点，或古建筑群、历史文化街区、村镇，扩大到空间范围更加广阔的"大遗址群"、"文化线路"、"文化遗产廊道"等。

四是在文化遗产保护的时间尺度方面，从重视"古代文物"、"近代史迹"的保护，向同时重视"20世纪遗产"、"当代遗产"的保护方向发展。当前，我国社会生活的各个方面都在发生急剧变化，如不及时对现代文化遗存加以发掘和保护，我们很可能将在极短的时间内忘却昨天的这段历史。

五是在文化遗产的保护性质方面，从重视重要史迹及代表性建筑的保护，向同时重视反映普通民众生活方式的"民间文化遗产"保护的方向发展。例如对"乡土建筑"、"工业遗产"、"老字号遗产"的保护。这些过去被认为是普通的、大众的而不被重视，但是它们是文化多样性的重要表现形式。

六是在文化遗产的保护形态方面，从重视"物质要素"的文化遗产保护，向同时重视由"物质要素"与"非物质要素"结合而形成的文化遗产保护的方向发展。物质与非物质文化遗产的区分只是其文化的载体不同，二者所反映的文化元素是统一和不可分割的。因此，必然是相互融合，互为表里。

为什么要提出"从'功能城市'走向'文化城市'"？并不是认为现代化城市不应该重视城市功能，反而，城市必须不断努力满足全体市民的各种功能需求。但是，城市的发展不能仅仅关注经济积累以及

建设数量的增长，更要关注文化的发展。城市不仅具有功能，而且应该拥有文化。

这一年来，我看报纸时，对山西省的资源保护，特别是煤矿环境的整治充满敬意，我觉得这是一个造福子孙后代、维护社会和谐的大手笔。2008年，国务院发展研究中心出了一本蓝皮书叫《中国文化遗产事业发展报告》，研究人员对文化遗产的投入与产出比例进行了统计估算，"十五"期间，全国文物系统财政拨款占同期 GDP 的 0.018%，而同期全国文物系统对国民经济贡献占 GDP 的 0.143%，文物系统对国民经济贡献是同期财政投入的 8.1 倍，即文物系统财政投入 1 元给国民经济所带来的产出为 8.1 元。需要特别说明的是这仅仅是指直接经济产出，不算间接产出。我们的大遗址保护，国家给的就是 2 到 3 个亿，我们补助不到 10 个亿，能带动 800 多个亿，陕西大明宫遗址，投入了 7000 万，带动了 20 多个亿，所以文化遗产在山西也一定有这个力量，也一定能有更大的创造力，我们对此充满期待，也真诚希望参与其中。

为什么要提出"从'文物保护'走向'文化遗产保护'"？并不是简单的词语转换，而是在原有基础上的继承与发展。从古物—文物—文化遗产，反映出人类认识由注重物质财富，向注重文化内涵、再向注重精神领域的不断进步。与文物的概念相比，文化遗产的概念更为宽广、更为综合、更为深刻。我们现在正在开展的第三次全国文物普查和山西南部早期建筑保护工程都要加大力度，大同云冈石窟、平遥古城、五台山申报世界遗产以后，下一个目标是什么？我想会有很多需要深入探讨的东西，希望我们在省委、省政府的领导下继续努力工作，使 21 世纪的城市成为文化城市，中国特色的文化道路越走越宽广，我们的目标就是让传统文化和现代生活能够实现美好对接。

毛泽东的读书生涯与政治实践

时　间：2009 年 11 月 28 日

地　点：山西省委多功能厅

主　讲：陈　晋

陈晋

　　陈晋，中共中央文献研究室副主任，中国中共文献研究会副会长，中国毛泽东诗词研究会副会长，研究员，中国作家协会会员，中国人民大学、武汉大学等多所高校兼职教授。

　　主要著作有《悲患与风流——中国传统人格的道德美学》、《当代中国的现代主义》、《毛泽东的文化性格》、《毛泽东与文艺传统》、《独领风骚：毛泽东心路解读》、《毛泽东之魂》、《毛泽东读书笔记解析》、《毛泽东传》(合著)、《世纪小平》、《文人毛泽东》、《读毛泽东札记》、《大时代的脉络与记忆》等。电视、电影文献片作品有《毛泽东》、《周恩来》、《邓小平》、《新中国》、《使命》、《改革开放二十年》、《独领风骚：诗人毛泽东》、《走近毛泽东》、《大国崛起》、《伟大的历程》等10余部。

文源讲坛

以文化人

陈碧
2009.11.28

一、毛泽东作为"读书人"的形象

提出毛泽东作为"读书人"的形象，不是要淡化毛泽东作为伟大的革命家、战略家、理论家的历史定位，而是说，在古今中外的革命家、军事家、政治家中，像毛泽东这样酷爱读书、读有所得、得而能用、用而生巧的人，确实非常罕见。对毛泽东来说，读书不是一种可有可无的选择，不是简单靠兴趣支配的选择，甚至也不只是为了工作的需要，而是他的一种精神存在和思想升华的必要方式，是一种基本的生活常态，是一种"别无选择"的选择。

我接触到的不少朋友，都很难理解，毛泽东治党、治国、治军的实践是那样精彩，在内政、外交、国防各方面的活动是那样的丰富，他的行动能力是那样的突出，但他读的书，却并不一定比一些终生治学的人少，甚至比一些学问家还要多。人们很难相信，这却是事实。

我们可以从以下几个方面来说明这个问题。

第一，读书广博而兼偏深。

毛泽东住在中南海颐年堂里面的一个院子，叫菊香书屋。他逝世后，保存在菊香书屋的书，有9万多册。不能说所有的藏书他都读过，但这些书是他进城后逐步积累起来的，用得上的，其中有不少书籍上留下他的批注和圈画。而毛泽东读而未藏的书籍，或读过藏过但后来丢失的书籍，就更不知几何了。总的说来，毛泽东的阅读范围，可以概括为马克思主义、哲学、自然科学、政治、经济、军事、历史、文学、书法、报纸杂志、丛书工具书，共11大类。

　　以上是毛泽东读书之广博。所谓偏深，就是除了常用的马列经典和文史哲方面有代表性的著述外，毛泽东还有兴趣读一些在特定环境中流传不广的书，并注意其中一些细琐的观点。例如，长征刚到陕北，他就同斯诺谈到了英国科幻作家威尔斯（H.G.Wells）的作品，后者写有《星际大战》、《月球上的第一批人》。他曾经细读过苏联威廉斯的《土壤学》，多次在一些会议上谈论书中的一些观点。读《徐霞客游记》，他注意到书中提出长江的发源，是"金沙江导江"，而不是传统说的"岷山导江"。读周汝昌的《红楼梦新证》，他细细圈画其中关于"胭脂米"的一段考证文字。中央文献研究室在编辑和整理毛泽东的著作和谈话时，对一些引文做注释，需要查很多书，有的就很难查到出处。例如，编《毛泽东文艺论集》时，对毛泽东提到的徐志摩说"诗要如银针之响于幽谷"这句话，在陈西滢、鲁迅的文章中看到了，但没有查到原始出处。毛泽东经常讲拿破仑说过一支笔可以抵得上三千毛瑟兵，还写进了给丁玲的诗："纤笔一支谁与似，三千毛瑟精兵。"中央文献研究室的同志问了许多专家，都没有弄清楚出处。还有一个例子，1971年发生"九·一三"事件，林彪乘飞机外逃，有关人员问毛泽东怎么办，毛泽东说："天要下雨，娘要嫁人，由他去吧。"这句话肯定是一个俗语，但这个俗语出自哪里，一直找不到。这些年才知道，出自清朝嘉庆年间一个叫张南庄的人写的一本讲鬼故事的叫《何典》的书，是一本滑稽章回小说。毛泽东最晚是在1941年就读了《何典》，那时他曾托人为远在莫斯科的两个儿子从中国带去一些书，其中就有《何典》。毛泽东晚年在一次会议上讲过："药医不死病，死病无药医。"是说吃药只能医那些不会死的病，注定要死的病，药是治不了的。他用这句话比喻像花岗岩一样的人，怎么做思想工作都是做不通的。这句话也是来自《何典》。

　　第二，活到老、读到老。

　　毛泽东在延安的时候说过一句话："如果再过10年我就死了，那么我就一定要学习 9 年零 359 天。"讲这个话是希望领导干部们抓紧时间读书学习，毛泽东自己确实做到了这一点。1975 年他 82 岁了，眼睛不好，还专门请一位大学老师给他念书。我们知道，他是 1976 年 9 月 9 日零时 10 分逝世的，根据当时病历的记录，9 月 8 日那天，他全身都插满了管子，时而昏迷，时而清醒，清醒过来就看书、看文件，共 11 次，用时 2 小时 50 分钟。这当中，他已说不出话来，敲了三下木制床头，工作人员开始不知道他要看什么，有人想到，当时日本正在大选，毛泽东或许是要看自民党总裁、日本首相三木武夫的材料，就用手托着三木的材料给他看。最后一次看文件是下午 4 时 37 分，此后再也没有醒过来，7 个多小时后便逝世了。这样的情况很感人，可以说已经不是活到老，读到老，而是读到死。

第三，真读真学，绝非做样子。

毛泽东读书，是发自内心地对知识、对真理的一种渴望。有这种渴望，才可能用心用脑去真读、真学、真思考。什么叫真读真学？具体表现在这么几个方面：

一是经典的和重要的书反复读。毛泽东曾对人说，他在写《新民主主义论》的时候，读了好多遍《共产党宣言》，为了学英文，他找来中文版和英文版的《共产党宣言》对照起来，在一本英文版的《共产党宣言》里还留有他的批注。列宁的《国家与革命》是他经常阅读的。《资本论》很难读，但毛泽东读《资本论》留下的批画有四个时间，说明他起码在四个时间段里读过《资本论》，当然不一定是全读。在 50 年代初，毛泽东对人说，《红楼梦》他已经至少读了 5 遍，此后他也读过，还让人从北京图书馆手抄过一部胡适收藏的《石头记》。

一是相同的题材内容，毛泽东习惯把不同的甚至是观点相反的版本对照起来读。例如，他读美国历史的书，就让人到北京图书馆、北大图书馆去借，还专门写条子说，不光是马克思主义学者写的，也要有资产阶级学者写的。读《拿破仑传》、《楚辞》时，他都要找不同人

写的和不同人注释的版本来读，《楚辞》曾经要了十几种版本对照起来读。

一是除了写读书批注外，毛泽东注重讨论式地阅读。他不光是自己读，读完以后还常常和别人讨论，有时是边读边议。比如，延安时他专门组织了德国军事家克劳塞维茨的《战争论》读书小组，每天晚上读10多页，然后各自谈看法。1959年底还组织读书小组专门到杭州研读苏联的《政治经济学（教科书）》，读了两个月，议出了许多好的思想。把社会主义分为不发达的社会主义和比较发达的社会主义两个历史阶段，就是毛泽东在这次阅读中提出来的，这是我们党后来提出"社会主义初级阶段"这个概念的一个重要认识源头。参加这个读书小组的同志根据毛泽东当时谈话的记录，后来印了两卷本的《毛泽东读社会主义政治经济学批注和谈话》。

二、毛泽东读书历程

毛泽东早年有个外号叫毛奇。关于这个外号的来历，一说是因为他崇拜当时的德国元帅毛奇，一说是他常讲读书要为天下奇，即读奇书，交奇友，创奇事，做奇男子。按后一种说法，毛泽东是把读奇书当作成为奇男子的第一个条件。

早年毛泽东读书的目的，先是说为了"修学储能"，然后说要寻求"大本大源"，最后是要找"主义"。概括起来，对他影响比较大的书有四类。

第一类是中国传统的文史典籍。他深厚的国学功底就是这时候靠读这类书打下的。在传统的文史典籍中，他偏好以王夫之、顾炎武为代表的明清实学和晚清湖湘学派的著述，诸如顾炎武的《日知录》、曾国藩的《经史百家杂钞》以及他的老师杨昌济的《论语类钞》等等。这类书在立志、修身、处世方面很有用。第二类是近代以来的西方著作和有关西方的著作，比如郑观应的《盛世危言》、赫胥黎的《天演论》、斯宾塞的《群学（社会学）肄言》以及卢梭、亚当·斯密等人的著作。阅读这些书使毛泽东能够跳出中国传统思维来看世界。第三类书是新文化运动开始后国内学者传播新思潮方面的书，特别是李大钊、陈独秀、胡适等人的著述。第四类是《共产党宣言》等马克思主义书籍。

五四时期，一批知识分子首先传播和接受马克思主义，参加建党的人都是一色的知识分子。以毛泽东、周恩来等为代表的五四运动的精神产儿也是知识分子，换句话说都是读书人。他们对各种理论思潮做了认真的比较，最后选择和确立了自己的信仰，信仰一经确立，就为它献身，一直干到底，这种现象值得我们思考，从中也可看出那一代人真读真学，追求真理的精神风尚。

大革命和土地革命时期，毛泽东所读的书，主要是为了革命实践的需要。特别是大革命失败后，在偏远农村开辟革命根据地，领兵打仗，环境变了，常常是无书可读，毛泽东感到很苦闷。这与青年时代"读书"，建党前后办文化书社"卖书"，大革命时期"编书"，形成强烈反差。于是，他给当时上海的党中央写信说，无论如何给他搞一些书，还开了一批书单，说"我们望得书报如饥如渴，务请勿以小事弃置"。可惜毛泽东开的书单没有保存下来，他当时想读哪些书不得而知。不过，在一封信中他曾经点名要斯大林的《列宁主义概论》和瞿秋白的《俄国革命运动史》。1932年，他带领红军打下福建漳州时搞到了一批书，其中有列宁的《两种策略》和《"左派"幼稚病》。读完第一本推荐给彭德怀看，写信说此书要在大革命时候读着，就不会犯错误。读完第二本毛泽东又推荐给彭德怀看，写信说"左"与右同样有危害性。在艰苦的环境中，为了做到思想上的清醒，毛泽东是多么渴望读到有用的书，读书之用非常明确。

延安时期，是毛泽东读书的一个高峰期。他以异乎寻常的热情和精力来读书，并倡导大家都来读书。他以前没有时间写日记，唯独到了延安以后写了一段日记，为什么写日记？日记的开头说："20年没有写过日记了，今天起再来开始，为了督促自己研究一点学问。"他的日记事实上是读书日记，记录了哪天读了哪本书，读了多少页。从这个日记看，1938年二三月间他读了李达的850多页的《社会学大纲》，还有克劳塞维茨《战争论》和潘梓年的《逻辑与逻辑学》等等。梁漱溟访问延安时，毛泽东读了他的《乡村建设理论》，写了不少批注，还花好几晚上同他讨论。

毛泽东当时为什么特别提倡在党内要形成读书学习的风气？一个重要原因是，总结历史、分析现实急迫需要理论的指导，但党内理论素养准备不足，这是亟待克服的矛盾。解决这个矛盾的最好办法，就是读书学习。从思想方法角度讲，毛泽东在延安时期的阅读和理论创造，确立了毛泽东此后看待实践、分析问题的两个最根本的方法和一个根本主张。所谓"两个根本方法"，一个是实事求是，一个是对立统一。所谓"一个根本主张"，就是马克思主义中国化。

中国共产党历来重视科学理论的指导。毛泽东深知，作为党和人民的革命领袖人物，光会打仗不行，要有理论创造。土地革命时期，王明、博古这些人在党内占据领导位置，一个重要原因是他们在理论方面说得一套一套的，对马克思主义的"本本"掌握得比较多，但他们脱离中国革命的实际。中国革命的实际迫切需要上升到理论上的创造，形成中国化的马克思主义理论。正是在延安时期，毛泽东在丰富的实践基础上，通过真读真学，在哲学上写出《实践论》、《矛盾论》，军事上写出《论持久战》等，政治上写出《〈共产党人〉发刊词》、《新民主主义论》等，文化上还有《在延安文艺座谈会上的讲话》。这些理论创造，全党上下都佩服。可以这样说，正是在延安的窑洞里，他完成了从军事领袖到政治领袖，从政治领袖到理论权威这两大跨越。陈云1941年在中央书记处工作会上说："过去我认为毛泽东在军事上很行。毛泽东写出《论持久战》以后，我了解到毛泽东在政治上也是很行的。"任弼时 1943 年在中央高级学习组上说，1931 年他到中央苏区，认为毛泽东"有独特见解、有才干"，但"在思想上'存在着狭隘经验论，没有马列主义理论'"，"读了毛泽东的《论持久战》、《新民主主义论》和《中国革命战争的战略问题》……认识到他的一贯正确是由于坚定的立场和正确的思想方法"。

新中国成立后，毛泽东读书更多更广了。这里再讲讲他晚年读文史古籍的情况。从 1972 年开始，他先后开列有 86 篇作品，让人印成大字本，供中央一些领导人读，他自己更是细读圈画。这些作品涉及史传、政论、诗词曲赋。按时间划分，从 1972 年到 1973 年 7 月读的主要是历史传记；1973 年 8 月到 1974 年 7 月读的主要是历史上的法家著作，包括韩非子、柳宗元、王安石等人的著作；1974 年 5 月到 1975 年 6 月，主要是一些诗词曲赋。这些，都与当时的政治背景有关，与毛泽东晚年的思绪与心境有关。读诗词曲赋的时候，政治、社会，理想、现实，壮志、暮年，往往能在他的感情世界掀起巨大的波澜，从中寻求心志的勉励和抚慰。他晚年反复读庾信的《枯树赋》，还考证一些词句的意思，比较各种注解，读到"树尤如此，人何以堪"这样一些句子时，年逾 80 岁的一代伟人禁不住泪水纵横。

三、编书、荐书和讲书：毛泽东经常使用的领导方法和工作方法

编书、荐书、讲书，前提都是读书，而且是要精读之后才能去编去荐去讲，最终让别人让社会分享自己的读书心得。毛泽东是政治领袖，又是读书人，两种身份的结合，自然引出这一特殊的政治领导风格和工作方法，把书作为动员和宣传工具，作为理论创造和思想普及的工具。毛泽东始终相信，人们以各种方式所接触到的知识、理论、观点，有助于他们在实践行为上的选择，对现实社会改造十分重要。他更清楚，要培养高素质的领导干部，与其授人以鱼，不如"授人以渔"。读书学习，就是"授人以渔"。因此，需要解决什么现实问题或

需要提倡什么精神风尚的时候，他总是开列出一些有现实针对性的书目让干部们去读，以便打通思想。有时在一些会议上也印发他选编的著作篇章，甚至还亲自在会议上逐一讲解。这是他比较鲜明的政治领导风格。

(1)关于编书

编书就是根据某种需要择书而读。早在读师范的时候，毛泽东就曾开列77种经史子集的书目送给同学，认为是国学研究的必读书目。大革命时期的第一次国共合作期间，他曾担任国民党中央宣传部代部长，后来又专门从事农民运动，这期间他做的一项重要事情，就是编了两套书。一套叫"国民运动丛书"，毛泽东亲自开列书目，还聘请当时在商务印书馆工作的文学家沈雁冰（茅盾）作编纂干事。此后又编了一套"农民运动丛刊"，计划出版52种，实际出版了26种。延安时期，毛泽东编的书就更多了。其中重要的是《六大以来》、《两条路线》这两部党的文献集，成为当时参加整风学习的高级干部的必读书，效果非常好。这个做法，开启了中国共产党文献编辑事业的先河。改革开放以后，中央文献研究室跟踪式地编选了《十一届三中全会以来》、《十二大以来》一直到《十七大以来》（上），成为辑纳党的方针政策的文献系列。新中国成立前夕，毛泽东在中共七届二中全会上为干部开列了12本必读的马列主义著作，总称《干部必读》，包括《社会发展史》、《政治经济学》、《社会主义从空想到科学的发展》、《国家与革命》、《共产主义运动中的"左派"幼稚病》、《论列宁主义基础》、《列宁斯大林论社会主义建设》、《列宁斯大林论中国》、《思想方法论》。1955年农业合作化时期，毛泽东读了各地大量的农业合作化的材料，选编了一本90多万字的书，叫《中国农村的社会主义高潮》，写了一篇有名的序言，并为其中的104篇材料写了按语。这本书在当时被称为"农业合作化的百科全书"。除了编选一些政治书，毛泽东还编过一些看起来似乎是闲书的东西给领导干部们读。例如，1958年3

月在成都召开的中央工作会议期间，他编了一本《诗词若干首》，印发与会者。他讲："我们中央工作会议，不要一开会就说汇报，就说粮食产量怎么样，要务点虚，要务虚和务实结合，我们可以解决钢铁的问题，煤的问题，同时我们也要拿一点时间来谈谈哲学，谈谈文学，为什么不行呢？"意在让会议的气氛活泼一些，思路开阔一些，思想解放一些，特别是在四川开会，让外地的干部多了解一下四川的情况，以扩展他们的知识领域。1961 年，根据国际形势的需要，他指导文学研究所所长何其芳从古代笔记小说中编选了一本《不怕鬼的故事》，细读之后还帮助修改了序言。

(2)关于荐书

毛泽东荐书，是一种常态化的事情。一是在会议上公开向领导干部们推荐，目的是要倡导或纠正某种或某些风气。一是平时向一些个人荐书，用意更具体，往往是针对一些人的情况，希望他们能从所荐之书中有所领悟和借鉴。这里只讲讲毛泽东晚年私下荐书的情况。李德生担任北京军区司令员时，毛泽东向他推荐顾祖禹的《读史方舆纪要》，说这是一部军事地理的参考书，可以先读有关华北部分，要他注意华北地理特征。他还让许世友这位文化水平不高的将军读《红楼梦》，说许世友有些像汉初大将周勃，"厚重少文"。此前许世友觉得《红楼梦》没有什么好读的，那是"吊膀子"的书，毛泽东就对他说："你要读《红楼梦》，读五遍你才有发言权。"回南京后，许世友让秘书抄成大字本给他读，据说直到去世也没有读完。

(3)关于讲书

如果说荐书是希望人们自己领会，给人讲书，则是直接向人宣达他的思想观点。1942 年整风学习期间，毛泽东在西北局高干会议上逐条讲解斯大林的《关于德国共产党的前途和布尔什维克化》。斯大林的这篇谈话提出了一个党要实现布尔什维克化，必须具备 12 个基本条件。毛泽东的讲解，是一次相当深入的党性党风教育。1958 年 11 月，他在郑州中央工作会议上讲解斯大林的《苏联社会主义经济》，意在让干部弄清商品生产和价值规律这些在大跃进和人民公社化运动中被忽视、丢弃的经济学的原理和原则。1959 年 4 月，他在上海会议上讲解《明史·海瑞传》和《三国志》里的《郭嘉传》，目的是提倡领导干部讲真话、讲实话、做事情、订计划要"多谋善断，留有余地"。这些，也是为了改变在大跃进和人民公社化运动中暴露的一些干部的不良作风。1962 年 1 月，他在七千人大会上讲《史记》中记载的刘邦善于纳谏而取得胜利，项羽一意孤行而最终失败"别姬"，目的是要在党内倡导民主作风。1967 年他还讲解了《战国策》中的《触龙说赵太后》一文，意在提醒领导干部，在教育和锻炼下一代的问题上，要注意不能让子女"位尊而无功，俸厚而无劳"。

读书是为了获取未知的知识，提升思想的境界。毛泽东把读书作为精神存在和思想提升的必要方式，表明未知的东西对他有一种极强的诱惑，要以有涯之生尽量包容、填充那未知的空间。读书对毛泽东来说，也是一种独特的对话，一种与古人今人、中国人外国人的思想交流。在对话交流中除了实现思想境界的提升外，还会实现一种只有读书人才乐于寻求和可能获得的心理期待、智慧愉悦和审美满足。其中感受，或许如鱼饮水，冷暖自知。

读书、编书、荐书和讲书，形成了毛泽东鲜明而独特的文化个性，从而散发出一种令人折服的文化气息和智慧力量。通过毛泽东的读书生涯，我们可以从一个角度了解他的智慧源流，了解他对前人和同时代人创造的思想，提供的知识，积累的经验，是如何吸收、扬弃和发展的。毛泽东留存世间的功业，多多少少也可以从他徜徉的书籍世界里找到一些伏线。也就是说，从毛泽东通过读书积累和营造的"胸中日月"，到他通过实践行动积累和创造的"人间天地"，是有迹可寻的。

当然，历史在发展，社会在前进。毛泽东那时喜欢读的书和他强调必须读的书，以及他所发表的有关评论，我们很难一一地去遵循，也无必要按图索骥地去一一仿效。讲读书之重要，体会毛泽东读书、编书、荐书、讲书的故事，意在倡导和弘扬毛泽东的那种结合实际的读书精神，而这种精神是永恒的。从毛泽东身上，我们能够感受到，对领导干部来说，读书学习是一种历史责任。